東洋古典譯註叢書 59

譯註 唐宋八大家文抄

蘇轍 1

金東柱 譯註

傳統文化研究會

東洋古典譯註叢書를 발간하면서

우리의 古典國譯事業은 민족문화 진흥의 기초사업으로 1960년대부터 政府 支援으로 古文獻 現代化 작업을 추진하여 많은 成果를 거두었다. 당시 이 사업 추진의 先行課題로 東洋古典이라 일컬어지는 중국의 基本古典을 먼저 飜譯하여야 한다는 學界의 주장이 있었음에도 불구하고 우리 고전이 아니라는 일부의 偏狹한 視覺과 財政 事情 등으로 인하여 배제되어 왔다.

전통적으로 중국의 기본고전은 우리 歷史와 함께 숨쉬며 각종 교육기관의 教科書로 활용됨은 물론이고 지식인들의 必讀書가 되어 왔으며, 우리 文化의 基底에 자리잡고 거의 모든 방면의 體系와 根幹을 형성하여 왔다. 그래서 학문연구의 기본서 역할을 해 왔을 뿐만 아니라 오늘날에도 우리의 國學徒 및 東洋學 研究者들에게 같은 역할을 하고 있음은 주지의 사실이다. 그럼에도 불구하고 中國古典은 우리 것이 아니라 하여 專門機關의 飜譯對象에 포함하지 않음으로써, 대부분 原典에서의 직접 번역이 아닌 重譯이나 拔萃譯의 방식이 주를 이루면서 教養水準으로 出版되어 왔다.

오늘날 東洋 三國 중에서 우리의 東洋學 연구가 가장 부진한 이유는, 東洋基本古典에 대한 폭넓은 이해의 부족과 漢文古典 讀解力의 저하에 기인함을 우리는 솔직히 인정하여야 한다. 따라서 이들 중국고전에 대한 신뢰할 만한 國譯이 이루어지는 것이 한국학 연구를 촉진시키는 시급한 先行課題라 할 수 있다.

이에 韓國學 및 東洋學의 연구와 古典現代化의 基盤構築을 위해서는, 전문기관으로 하여금 동양고전을 단기간에 각 분야의 專門 研究者와 漢學者가 상호 협동하여 연구번역하여 飜譯의 傳統性과 效率性, 研究의 專門性을 높일 수 있도록 政策的 配慮가 있어야 한다.

이에 本會에서는 元老 및 中堅 漢學者와 斯界의 專攻者로 하여금 協同研究飜譯하여 공부하는 사람들이 믿고 引用하거나 깊이 있는 註釋 등을 활용할 수 있게 하고, 知識人들의 教養을 증진시켜 줄 수 있는 東洋古典의 國譯書 간행을 지속적으로 추진해 왔다. 근래에 다행히 이 사업에 대하여 각계 지도층의 폭넓은 이해와 지원에 힘입어 2001년도부터 國庫補助를 받아 東洋古典譯註叢書를 간행하게 되었다. 이를 계기로 우리 先學의 註釋과 見解를 반영하는 등 국역사업의 內實을 기하게 되었음을 이 자리를 빌어 衷心으로 감사드리며, 아울러 國譯에 參與하신 관계자 여러분의 勞苦에 깊은 謝意를 표한다.

끝으로 우리의 이러한 작업은 오랜 역사 위에 축적된 先賢들의 業績과 現代學問을 이어주는 튼튼한 架橋와 礎石이 되어 진정한 韓國學과 東洋學 발전에 기여할 것을 굳게 믿으며, 21세기를 우리 文化의 世紀로 열어 가는 밑거름이 되도록 우리의 力量을 本 事業에 경주하고자 한다. 江湖諸賢의 부단한 관심과 지원을 기대해 마지않는다.

社團法人 傳統文化硏究會 會長 李啓晃

解 題

金東柱(前 한국학중앙연구원 전문위원)

1. 序 言

≪蘇轍文抄≫는 ≪唐宋八大家文抄≫ 중의 하나로, 소철의 시호를 따서 ≪蘇文定公文抄≫라고도 한다. ≪唐宋八大家文抄≫는 옛날 文人들이 문장을 공부하기 위하여 널리 읽던 책이다. '唐宋八大家'라는 명칭은 宋나라 때의 眞德秀가 처음으로 일컬었는데, 唐나라 때의 韓愈, 柳宗元과 송나라 때의 歐陽修, 蘇洵, 蘇軾, 蘇轍, 曾鞏, 王安石을 가리킨다. 이후 明나라 때에 이르러 唐順之가 이 여덟 명의 산문을 가려 뽑아 ≪文編≫이라는 선집을 간행하였고, 이어서 明나라 때의 茅坤이 ≪唐宋八大家文抄≫를 편집하여 세상에 널리 읽혀졌다. 거의 같은 시기에 당송팔대가의 문장을 편집한 당순지와 모곤은 이른바 唐宋派로, 秦漢의 문장을 모방하던 당시 문단을 비판하고 당송팔대가의 문장을 본받아야 한다고 주장하여 새로운 문풍을 진작시켰다.

모곤의 ≪唐宋八大家文抄≫가 우리나라에 언제 수입되었는지는 분명치 않다. ≪조선왕조실록≫에는 모곤의 이름이 단 한 차례 언급되었을 뿐이며 그것조차도 ≪唐宋八大家文抄≫와는 관련이 없는 대목이다. 따라서 우리나라에서 반드시 모곤의 ≪唐宋八大家文抄≫가 널리 읽혔다고 할 수는 없다. 하지만 고려시대의 문인들은 소식의 글을 문장의 으뜸으로 숭상하였고, 조선시대에도 구양수를 비롯한 팔대가의 문장을 익힌 문인들이 많았다. 특히 문인관료를 중심으로 국가가 운영되었던 조선시대에는 이들 문장가의 저작이 더더욱 중시되었을 것임은 의심의 여지가 없다. 正祖의 경우 文體反正을 주도하면서 당송팔대가의 문장을 중시하여 스스로 당송팔대가의 문장 중에서 14종 1백 편을 가려 뽑아 ≪唐宋八子百選≫을 편찬하기도 했다.

우리나라의 경우 대부분의 지식인들이 唐宋八大家 중 韓愈, 柳宗元, 歐陽修, 蘇軾 등의 글을 보는 데 집중하여, 그 밖의 글은 널리 애독되지 못하였다. 그중에서도 특히 蘇轍의 글은 문장의 宗師로 자리 잡은 형 蘇軾의 그늘에 가려 상대적으로 빛을 보지 못하였다.

본서는 明나라 茅坤이 편찬한 ≪唐宋八大家文抄≫ 중 ≪蘇轍文抄≫의 원문에 현토하고 번역한 것이다. 譯註底本은 조선 英祖 年間에 간행된 戊申字本 ≪唐宋八大家文抄≫ 중 ≪宋大家蘇文定公文抄≫이다. 본서의 간행을 통하여 그간 접하기 어려웠던 蘇轍 문장의 면모가 조금이나마 드러날 것을 기대하며, 이를 통해 소철의 문장에 대한 관심이 높아진다면 다행이라고 할 것이다.

2. 蘇轍의 生涯 및 저작

蘇轍(1039~1112)은 字가 子由, 號는 東軒長老, 潁濱遺老이다. 부친 蘇洵과 모친 程氏의 셋째 아들로 태어났다.[1] 부친 洵, 형 軾과 함께 唐宋八大家의 한 사람이다.

蘇轍의 고향은 巴蜀의 眉山으로, 당말 오대십국의 혼란기 때 전란을 피해 선조들이 옮겨와 정착한 후 대대로 이곳에 모여 살았다. 부친 蘇洵(1009~1066)은 일찍이 19세 때 과거에 낙방한 이후 학문을 그만두었다가 부인의 설득으로 27세 되던 해에 학업에 매진하여, 소철이 태어나기 1년 전에 다시 과거에 도전했지만 실패했다. 이후 다시는 과거문장을 짓지 않겠다고 맹세했는데, 范仲淹을 중심으로 한 慶曆新政의 개혁정책에 희망을 갖고 다시 과거에 뜻을 두었지만, 京師에 도착한 후 新政이 실패로 돌아갔다는 소식을 듣고 남방으로 유람을 떠난다. 이 유람으로 소순의 안목은 더욱 넓고 깊어졌다. 유람을 떠난 지 얼마 안 되어 부친 蘇序[2]의 부음을 듣고 고향에 돌아와, 근 10년 동안 자제교육에 온 열정을 쏟았다.

이때에 蘇轍은 형 蘇軾과 함께 부친과 모친 程氏의 정성 어린 훈도를 받았다. 17세가 되던 1055년에는 두 살 어린 史氏와 혼인하였고, 이듬해 三父子는 함께 과거를 치르기

---

1) 蘇轍의 가계도를 그려보면 다음과 같다.

杲(配 宋氏) — 序(配 史氏) ┬ 澹(早死)
├ 渙
└ 洵(配 程氏) ┬ 軾(配 史氏) ┬ 邁
├ 迨
└ 過
└ 轍(配 史氏) ┬ 遲
├ 适
└ 遜

2) 金鍾燮은 蘇氏 三父子의 글 제목에 序 대신 敍를 쓴 것은 蘇序의 이름을 避諱한 것이라고 보았다.(金鍾燮, 〈蘇轍散文硏究〉, 서울대학교 중어중문학과 박사논문, 1995)

위해 京師로 떠났다. 2년 후인 1057년에는 蘇軾과 함께 大科에 급제하였으며, 4월에 모친의 부음을 듣고 蜀으로 돌아갔다가, 1061년에 制科에 응시하였다. 마침 蘇轍이 병이 나 시험에 참가하지 못하게 되자 재상 韓琦가 황제에게 양해를 구하여 과거 일자를 연기할 정도로, 이미 蘇氏 三父子의 명성은 널리 알려져 있었다. 이 과거시험에서 蘇轍은 당시 황제였던 仁宗의 정치를 놓고 잘잘못을 따졌다가 물의를 빚었는데, 仁宗이 嘉納하여 합격하였다. 당시 王安石의 극렬한 반대에도 불구하고 합격하게 되는 이 사건은 蘇轍이 이후 철두철미하게 舊法派의 길을 걷는 요인이 되었다.[3)]

28세 때인 1066년 부친 蘇洵이 사망하자 蜀으로 돌아가 장례를 치렀고, 3년 뒤인 31세 때(1069) 神宗의 부름을 받고 三司條例司 檢詳文字가 되었다. 이때부터 王安石과 의견이 자주 충돌하여, 青苗法의 시행에 관하여 이의를 제기하다가 다른 관직으로 옮겨졌다. 이후 王安石이 神宗의 절대적인 신임을 받게 되자 소철은 여러 관직을 전전하다가 1076년(熙寧 9년) 왕안석이 파면되자 新法의 해독을 주장한 〈自齊州回論時事書〉를 지었다.

41세가 되던 1079년(元豐 2년)에는 王安石의 新法을 반대하다가 지방관으로 전전하던 형 蘇軾이 詩를 지어 新法을 풍자했다가 御史臺에 신문을 받고 하옥되는 일이 있었다. 소위 '烏臺詩案[4)]'이라고 불리는 이 文字獄은 蘇軾의 관직생활에 큰 전기가 되는 사건인데, 蘇轍 또한 관직을 걸고 형을 구명하다가 유배되기에 이르렀다.

이후 5년 동안 監筠州鹽酒稅 등 微官을 전전하다가 46세 때 績溪知縣이 되었고, 哲宗이 즉위하고 太皇太后 高氏(宣仁后)가 수렴청정하자 다시 중앙관직에 기용되었다. 48세 때인 1086년에는 秘書省校書郎, 右司諫이 되어 蔡確, 韓縝, 章惇 등을 탄핵하여 외직으로 내몰았다.

이 무렵 司馬光이 差役法을 회복시키고 과거제도를 개정하려 했다. 이에 소철은 차역법은 서서히 시행해야 하고 과거는 진사시가 얼마 남지 않았는데 갑자기 개정하기는 어렵다고 하였으나 모두 받아들여지지는 않았다.

---

3) 金鍾燮, 앞의 논문.

4) 新法의 번거로움을 풍자한 '眼看時事力難任, 眼看時事幾番新'과 水利의 불편을 풍자한 '作堤捍水非吾事'와 鹽法의 太急을 풍자한 '邇來三月食無鹽' 구절이 빌미가 되었다. 熙寧 9년(1076) 왕안석이 재상에서 물러나자 수세에 몰린 何正臣, 李定 등 신법파들이 蘇軾이 神宗에게 올린 〈湖州謝上表〉의 글귀를 빌미로 蘇軾의 제거를 시도하였다. 이 사건으로 蘇軾은 사형 직전까지 몰리게 되었다.

神宗代에 증설된 熙河의 蘭州, 延安의 安疆·米脂 등 5寨의 땅에 대하여 夏國이 사신을 계속 보내오자, 蘇轍은 바로 지금이 땅을 되돌려주어 은혜를 베풀 기회라고 하였다. 그의 제안에 따라 땅을 되돌려주자 夏國이 복종하였다. 이때 蘇轍은 起居郎에 이어 中書舍人으로 관직을 옮겼고, 얼마 후 戶部侍郎으로 승진되었다. 또한 哲宗에게 주청하여 外水監丞을 없애고 河北河事 및 諸路의 都作院은 모두 轉運司에, 都水監·軍器監·將作監은 戶部에 예속시켰다.

51세 때인 1089년에는 蘇軾을 대신해서 翰林學士가 되고, 얼마 후에는 임시로 吏部尙書를 겸하였으며, 이듬해에 契丹에 사신으로 갔다 돌아와서 御史中丞으로 승진되었다. 이때 元豐 연간의 新法黨이 邪說을 퍼뜨려 여론을 조장하자 呂大防과 劉摯가 이를 우려하여 그들을 포용하면서 '調停'이라고 하였는데, 蘇轍은 宣仁后의 면전에서 調停說이 잘못된 논리라며 과감하게 배격하였다. 1091년에는 尙書右丞에 임명되었고, 이듬해에 門下侍郎으로 승진되면서 권력의 정점에 도달했지만, 1093년에 든든한 지원자였던 宣仁后가 붕어하고 哲宗이 親政을 확고히 할 의도로 신법파를 다시 등용하면서 점차로 견제를 받았다.

56세 때인 1094년에는 李淸臣이 지은 策題에 대하여 邪說이라고 지적했는데, 여기서 哲宗은 蘇轍이 漢 武帝를 언급한 것에 대하여 '漢 武帝를 先朝에 비유하였다.'고 하여 폄직시켜 汝州를 다스리게 하였고, 재차 책임을 물어서 袁州를 다스리게 하였다. 이에 新法派는 대대적으로 舊法派를 몰아붙여 司馬光과 呂公著 등의 官職·諡號 등을 몰수하였고, 蘇轍 또한 汝州刺史의 직함으로 試小府監이 되어 南京分司의 명을 받으며 筠州에 한하여 거주토록 하였다. 59세 때인 1097년에는 化州別駕로 옮겨 雷州에 安置되었다가 循州로 옮겨졌다.

62세 때인 1100년에 哲宗이 붕어하고 徽宗이 즉위하여 천하에 大赦令을 내리자, 永州·岳州로 옮겨졌다가 太中大夫에 복직되었으나 京師에는 거주하지 못한다는 명을 받았다. 이때부터 74세로 죽을 때까지 소유지가 있던 潁昌府에서 13년 동안 살게 되었다. 이듬해 형 蘇軾이 죽자 형에 대한 제문과 묘갈명 등을 지었다.

65세 때인 1103년에 蔡京이 정권을 잡자 다시 한 번 구법파에 대한 대대적인 견제가 있어 관직이 강등되었는데, 70세 때 대사령을 내려 太中大夫로 복권되었다가 致仕하였다. 潁州에 집을 짓고 스스로 '潁濱遺老'라고 호를 짓고 빈객을 사절한 채 저작에 몰두하였다.

1112년 74세로 작고하자 端明殿學士로 복직되었으며, 淳熙 3년(1176)에 '文定'이라는 시호가 내려졌다.

蘇轍의 성품은 沈靜하고 簡潔하며, 문장은 汪洋하고 澹泊하였다. 저작으로는 ≪詩傳≫ 20권, ≪春秋集傳≫ 12권, ≪老子解≫ 2권, ≪欒城集≫·≪欒城後集≫·≪欒城第三集≫ 84권, ≪應詔集≫ 12권이 있는데, 대부분 許州에 있을 때 편집한 것이다.

蘇轍의 문집들은 자신이 직접 정리하고 간행했다는 점이 주목된다.[5] 일생 동안 정치적 浮沈이 많았기에 소철은 자신의 저술을 혹 政敵들이 훼손할까 염려하여 집안 가솔들에게 잘 보존하라고 부탁했다고 한다.

3. ≪蘇文定公文抄≫의 목차와 주요 내용

唐宋八大家의 글을 엮은 편집본으로는 茅坤의 ≪唐宋八家文抄≫, 張伯行의 ≪唐宋八大家文鈔≫, 呂留良의 ≪晩村先生八家古文精選≫, 康熙帝의 ≪御選古文淵鑑≫, 乾隆帝의 ≪御選唐宋文醇≫, 儲欣의 ≪八大家類選≫, 樓昉의 ≪崇古文訣≫, 金聖歎의 ≪天下才子必讀書≫, 吳楚材·吳調侯의 ≪古文觀止≫, 沈德潛의 ≪唐宋八家文讀本≫, 林云銘의 ≪古文析義≫, 蔡鑄의 ≪古文評註補正≫, 浦起龍의 ≪古文眉詮≫, 王文濡의 ≪評校音注古文辭類纂≫ 등이 있다.

이 중에서 東洋 三國(韓·中·日)의 문인들이 많이 읽은 책은 唐順之의 ≪文編≫를 참고하여 明代에 茅坤이 만든 ≪唐宋八家文抄≫, 그리고 淸代에 沈德潛이 儲欣의 ≪八大家類選≫을 바탕으로 八家의 全集에서 발췌하여 만든 ≪唐宋八家文讀本≫이다. 또 朝鮮의 正祖가 만든 ≪唐宋八子百選≫은 우리나라 士大夫들 사이에서 많이 애독되었다.

≪唐宋八家文抄≫, ≪唐宋八家文讀本≫, ≪唐宋八子百選≫에 수록된 蘇轍의 문장을 살펴보면 다음과 같다.

모곤의 ≪唐宋八家文抄≫는 소철의 글 중에서 皇帝에게 올린 글 및 箚子와 狀 19首, 執政들에게 보낸 書札 10首, 諸論 및 歷代古史名論 82首, 策 25首, 敍·引·傳 7首, 記 12首, 說·贊·辭·賦·祭文·雜著 11首를 발췌한 다음 20권으로 정리하였는데 정식 명칭은 ≪宋大家蘇文定公文抄≫이다.

이에 비해 심덕잠의 ≪唐宋八家文讀本≫에는 書 4首, 狀 4首, 論 5首, 策 3首, 敍 2首, 記 3首, 祭文 1首를 실었으며, 정조가 편찬한 ≪唐宋八子百選≫에는 소철의 문장을 단지

5) 金鍾燮, 앞의 논문.

20편만 선별하여 실었다.

이처럼 蘇轍의 글을 편집한 책들 중에서 ≪唐宋八家文抄≫는 총 164권 중에서 20권을 수록하여 가장 많은 분량을 싣고 있기 때문에, 蘇轍 문장의 진면목을 살펴보기에 가장 적절한 편집본이라 할 수 있다.

≪宋大家蘇文定公文抄≫의 목차를 살펴보면 다음과 같다.

1권 : 上神宗皇帝書

2권 : 自齊州回論時事書, 陳州爲張安道論時事書, 論用臺諫箚子, 論衙前及諸役人不便箚子, 論冬溫無氷箚子.

3권 : 乞分別邪正箚子, 再論分別邪正箚子, 三論分別邪正箚子, 再論熙河邊事箚子, 三論渠陽邊事箚子, 論開孫村河箚子, 再論回河箚子.

4권 : 論臺諫封事留中不行狀, 制置三司條例司論事狀, 論西事狀, 論蘭州等地狀, 再論蘭州等地狀, 乞招河北保甲充役以消盜賊狀.

5권 : 上樞密韓太尉書, 上兩制諸公書, 上劉長安書, 上昭文富丞相書, 上曾參政書, 答黃庭堅書, 賀文太師致仕啓, 賀歐陽少師致仕啓, 除中書舍人謝執政啓.

6권 : 夏論, 商論, 周論, 六國論, 秦論一, 秦論二, 始皇論, 三國論, 晉論

7권 : 七代論, 隋論, 唐論, 五代論, 周公論一, 周公論二, 老子論上, 老子論下.

8권 : 三宗論, 漢高祖論, 漢文帝論, 漢景帝論, 漢武帝論, 漢昭帝論, 漢光武論, 晉武帝論, 晉宣帝論.

9권 : 宋武帝論, 宋文帝論, 梁武帝論, 唐高祖論, 唐太宗論, 玄宗憲宗論, 五覇論, 隗囂論, 苻堅論.

10권 : 知罃趙武論, 鄧禹論, 賈詡論, 羊祜論, 王衍論, 王導論, 狄仁傑論, 姚崇論, 牛李論, 陸贄論, 郭崇韜論.

11권 : 齊論, 魯論, 陳論, 蔡叔論, 衛論, 晉論, 楚論, 燕論, 越論, 晏平仲論, 屈原論, 孟嘗君論, 平原君論, 魏公子論, 春申君論, 蘇秦論, 王翦論, 刺客論, 虞卿論, 魯仲連論, 穰侯論, 范雎蔡澤論, 白起論, 李斯論, 蒙恬論.

12권 : 新論上, 新論中, 新論下, 燕趙論, 蜀論, 西戎論, 北狄論, 西南夷論, 史官助賞罰, 劉愷丁鴻孰賢, 王者不治夷狄.

13권 : 君術策一, 君術策二, 君術策三, 君術策四, 君術策五.

14권 : 臣事策一, 臣事策二, 臣事策三, 臣事策四, 臣事策五.

15권 : 臣事策六, 臣事策七, 臣事策八, 臣事策九, 臣事策十.

16권 : 民政策一, 民政策二, 民政策三, 民政策四, 民政策五.

17권 : 民政策六, 民政策七, 民政策八, 民政策九, 民政策十.

18권 : 古今家誡序, 古史序, 元祐會計錄序, 民賦序, 收支敍, 子瞻和陶詩集引, 巢谷傳.

19권 : 王氏清虛堂記, 南康直節堂記, 武昌九曲亭記, 遺老齋記, 東軒記, 待月軒記, 李氏園池詩記, 黃州快哉亭記, 齊州閔子廟記, 上高縣學記, 京西北路轉運使題名記, 杭州龍井院訥齋記.

20권 : 易說, 詩說, 春秋說, 管幼安畵贊, 御風辭, 黃樓賦, 祭歐陽少師文, 代三省祭司馬丞相文, 書白樂天集後, 書金剛經後, 書楞嚴經後.

각 권의 주요내용을 정리하면 다음과 같다.

1권은 전체가 神宗에게 올린 萬言長篇 하나가 수록되었는데, 재정을 마련하는 理財가 나라를 다스리는 근본이 됨을 강조하고, 당시 폐단이 되고 있는 冗吏, 冗兵, 冗費 문제를 차례로 다루었다. 科擧 간격의 年限을 늘리고 任子法[6]을 개혁하여 관원들에게 각각 전담 부서를 갖게 한다면 쓸데없는 관원을 줄일 수 있고, 間諜을 기르고 土兵을 양성한다면 쓸데없는 군사를 줄일 수 있으며, 황실종친을 경성 밖으로 이주시키고 군량을 운반하는 비용을 낮추며 불필요한 상품과 구호품을 줄이면 쓸데없는 비용을 없앨 수 있음을 역설하는 등 당시의 폐단을 정확하게 지적하고 있다.

2권의 〈自齊州回論時事書〉에서는 青苗, 免役, 保甲, 市易 등 네 법의 해로운 점을 論駁하였다. 青苗法에서는 利息을 現金으로 내게 한 점, 免役法에서는 돈이 없는 백성에게 力役을 내지 않게 한 점, 保甲法에서는 兩稅가 이미 兵役을 면제하는 비용에 갖추어져 있음을 고려하지 않고 한 사람이 3종의 兵役을 모두 져서 농사를 버리고 군사가 되게 한 점, 市易法에서는 商賈와 이익을 다툰 점 등을 문제 삼았다. 〈陳州爲張安道論時事書〉도 新法의 폐단을 지적한 글이다. 〈論用臺諫箚子〉에서는 臺官과 諫官은 皇帝의 耳目 역할을 하는 것으로 執政官이 독자적으로 선택하는 권리를 행하도록 맡겨둘 수 없고, 공정한 평론에 의하여 올바른 사람을 선발해서 임용해야 한다는 점을 강조하였다. 〈論衙前及諸役人不便箚子〉에서는 衙前을 差用하는 제도와 衙前을 雇用하는 제도의 이해관계를 비교분석

6) 조상의 공훈을 갚기 위하여 자손에게 벼슬을 주는 법을 이른다.

하였다. 〈論冬溫無氷箚子〉에서는 해마다 겨울이 더워서 얼음이 얼지 않는 이상기후가 일어나는 까닭은 조정에서 죄 지은 자를 처벌하지 않고 공이 없는 사람에게 상을 주었기 때문이며, 그러한 실책은 정치의 弛緩에 있으니, 政令을 修整함으로써 하늘의 질책에 답해야 한다고 하였다.

3권의 〈乞分別邪正箚子〉에서는 '調停說'을 반대하면서 執政 呂大防과 劉摯가 元豐舊臣을 등용하여 舊怨을 무마하려 한다고 지적하고, 간사한 사람과 올바른 사람을 철저하게 구별해야 한다는 점을 강조하였다. 〈再論熙河邊事箚子〉에서는 邊境의 事端을 일으킨 熙河帥臣 范育, 葉康直 등을 貶黜하고 어진 장수로 바꿀 것을 주장하였다. 〈三論渠陽邊事箚子〉에서는 渠陽邊臣 唐義問의 貶黜을 청하는 동시에 渠陽을 버리자는 주장에 반대하고 洞蠻을 굴복시킬 것을 주장하였으며, 廣西路에 詔勅을 내려 群蠻이 난을 일으키지 못하게 해야 한다는 등 여러 대책을 제시하고 있다. 〈論開孫村河箚子〉는 조정에서 孫村河를 틔워서 黃河의 물길을 도로 빼앗아 동쪽으로 흐르도록 하자고 주장한 의론을 반박한 글이다. 〈再論回河箚子〉에서는 黃河의 물길을 돌려서 동쪽으로 흐르게 하자는 의론이 재차 일어나자, 백성들의 노역 부담이 심하다면서 물의 흐름에 순응하여 서쪽으로 흐르는 대로 맡겨두자고 주장하였다.

4권의 〈論臺諫封事留中不行狀〉은 諫官을 늘리고 言路를 넓힐 것을 청한 글이고, 〈制置三司條例司論事狀〉은 新法을 비판한 글이다. 〈論西事狀〉에서는 西夏를 제어하는 방법을 제시하였는데, 변경에 주둔한 군사들에게 돈을 넉넉히 주어 사기를 북돋우고 법을 너그럽게 베풀어서 將帥와 間諜이 마음과 힘을 다하도록 해야 한다고 하였다. 〈論蘭州等地狀〉은 蘭州 및 安疆, 米脂 등 5寨의 땅을 西夏에게 돌려주어 변경을 안정시키고 人民을 휴식시키는 것이 社稷을 위하는 계책이라는 점을 강조하였다. 〈乞招河北保甲充役以消盜賊狀〉은 勇悍한 사람을 入籍하여 도적 잡는 일을 감독시킬 것을 청하였다.

5권의 〈上樞密韓太尉書〉는 韓琦의 도움을 청한 글이며, 〈上兩制諸公書〉는 聖人의 道를 自得하는 방법에 관해 논한 글이다. 〈上劉長安書〉는 劉長安에게 쓴 글이고, 〈上昭文富丞相書〉는 昭文 富丞相(富弼)에게 보낸 글인데, 만전을 기한다고 하면서 일을 너무 느리게 처리하는 것에 대해 간접화법을 통하여 지적한 글이다. 〈上曾參政書〉는 曾公亮이 〈歷代論〉 12편을 전해준 것에 감사하는 글이며, 〈答黃庭堅書〉는 황정견에게 보낸 답서로서 安貧樂道를 주제로 하였다. 啓 3首 중 첫 번째와 두 번째는 文彦博과 歐陽修의 致仕를 축하한 것이고, 세 번째는 蘇轍이 中書舍人을 제수받고 執政을 사직한 데 대해 啓奏한 것이다.

6권의 〈夏論〉에서부터 7권의 〈五代論〉까지는 모두 嘉祐 6년(1061) 전에 쓴 것인데, 소싯적에 科文으로 지은 것으로 추정된다. 〈夏論〉에서는 虞가 堯를 祖宗으로 하게 된 것과 夏가 鯀을 祖宗으로 한 것은 典禮上에 하나의 커다란 의문점이라고 하였고, 〈周論〉에서는 唐虞시대에 五敎를 베풀고 五刑을 나타내고 巡狩를 행하고 音樂을 만들어 文明이 처음 왕성하게 된 것과 周代에 周禮를 정하고 制度를 세워 文明이 크게 왕성하게 된 경과를 서술하였다. 〈六國論〉에서는 六國의 멸망은 책략상의 착오에 있었다고 강조하였다. 〈秦論〉에서는 秦이 天下를 취할 때 올바른 방법을 잃었다고 비판하였다. 〈始皇論〉에서는 秦이 六國을 멸하고 郡縣을 세운 것은 바로 대세의 흐름이었는데, 秦이 멸망한 이유는 세력을 얻고서 德을 닦지 않은 데에 있었다고 하였다. 〈三國論〉에서는 三國을 논하되 劉備만을 부각시켰고, 〈晉論〉에서는 晉나라가 멸망한 이유를 전적으로 淸談을 숭상한 데서 찾고 있다.

7권 말미의 〈老子論〉은 老聃의 虛無之學을 밝히면서 周公, 仲尼, 佛, 楊朱, 墨翟, 伯夷, 叔齊, 柳下惠, 少連, 虞仲, 夷逸, 莊周를 각각 적소에 등장시켜 조리 있게 전개한 글이다.

8권~10권에 수록된 〈歷代論〉과 11권의 〈古史論〉, 12권에 실린 論들은 각 나라의 역사와 인물들의 평전이고, 13권의 〈君術策〉, 14권・15권에 실린 〈臣事策〉, 16권・17권의 〈民政策〉은 蘇轍의 정치경제사상을 엿볼 수 있는 글이다. 〈古史論〉 24편은 蘇轍의 古史評傳인데, 是非得失에 대하여 예리하게 평론한 글이다. 18권~20권에는 그 외 짧은 敍, 引, 傳, 記, 說, 贊, 辭, 賦, 祭文, 雜著 등이 수록되어 있다.

4. 蘇轍의 文章과 그에 대한 評論

蘇轍은 스스로를 평하여 "나는 독서할 적에 諸子百家의 紛紜同異한 言辯이나 後世의 교묘하고 화려한 작품과 깊이 연찬하고 정밀하게 분석한 학설들까지 두루 섭렵했다."[7]고 하였다. 이러한 博學多聞은 茅坤도 평하기를 "그 문장을 보면 마치 廣陵의 물결이 사납게 요동을 쳐서 제어할 수 없는 것과 같지만, 문장의 짜임새는 비유하자면 도끼를 휘둘러서 잘 다듬어놓은 것과 같으니, 눈부시게 찬란하다."[8]고 하였다.

7) 轍讀書 至於諸子百家紛紜同異之辯 後世工巧組繡鑽研離析之學(蘇轍, 〈上兩制諸公書〉)

8) 覽其文 如廣陵之濤 砰磕洶悍而不可制 然其骨理少切 譬之揮斤成風 特屬耀眼(茅坤, ≪宋大家蘇文定公≫ 〈上兩制諸公書〉 評)

茅坤은 또한 〈蘇文定公文抄引〉에서 "蘇文定公의 글이 날카로운 생각은 더러 그 부친만 못하고, 웅장한 기상은 더러 그 형만 못하다. 그렇지만 문장이 沖和하고 澹泊하고, 遒逸하고 疎宕하며, 긴 문장은 萬餘言이나 되고, 짧은 문장도 千餘言이나 된다. 비유하자면, 조각배가 바다 위를 가로질러 갈 때 물결이 일지 않고 잔잔해서 모래톱과 섬들이 널려 있는 모습, 구름과 노을이 끼어 있는 광경, 해와 별들이 번쩍이는 현상, 물고기와 용들이 출몰하는 장관이 모두 손바닥 위에 펼쳐져 마냥 좋은 구경거리를 제공하고 있는 것과 같으니, 西漢 이후 별도의 格調라 하겠다."[9]고 평하였는데, 蘇轍의 문장이 모두 그 父兄만 못한 것이 아니라, 어쩌다가 그 부형만 못한 것이 있다는 뜻일 것이다.

蘇轍에 대한 평으로는 부친이라는 같은 스승을 둔 형 蘇軾의 평가가 가장 직접적인 것이라고 할 수 있다. 蘇軾은 아우를 평하기를 "子由의 문장은 실제 나보다 낫지만 세상에서는 이를 알지 못하고 나보다 못하다고 여긴다. 그의 사람됨이 깊어서 다른 사람들이 알아주기를 원치 않으며, 그의 문장은 그의 사람됨과 같다."[10]고 하였다. 즉, 蘇軾은 아우가 자신보다 뒤지지 않는다고 평가하였는데, 소철이 문장에 재주가 없는 것이 아니라 드러내기 싫어할 뿐이라고 말한 것이다.

宋代의 葉大慶은 ≪攷古質疑≫에서 蘇轍의 ≪古史≫를 평하기를 "≪尙書≫ 〈微子〉의 '父師少師'에 대하여 孔安國은 '父師는 太師로 三公이니 箕子이며, 少師는 孤卿이니 比干이다.'라고 注를 달았고, 司馬遷은 ≪史記≫의 〈周紀〉에서 太師의 이름은 疵, 少師의 이름은 彊임을 분명히 밝혔으니, 孔安國과 일치하지 않는다. 두 사람은 다같이 漢 武帝 때 사람인데, 어째서 소견이 다르고 말이 같지 않았을까? 또한 本朝(宋朝)에서 蘇子由(蘇轍)는 ≪古史≫를 지을 때 孔安國의 說을 따르고, 劉道原(劉恕)은 ≪通鑑外紀≫를 지을 때 司馬遷의 說을 따랐다. 두 사람은 우리 宋朝의 巨儒인데 각각 一說을 주장하였으니, 누구의 것이 至當한지 모르겠다."[11] 하였다.

---

9) 蘇文定公之文 其鑱削之思 或不如父 雄傑之氣 或不如兄 然而沖和澹泊 遒逸疎宕 大者萬言 小者千餘言 譬之片帆截海 澄波不揚 而洲島之棼錯 雲霞之蔽虧 日星之閃爍 魚龍之出沒 竝席之掌上 而綽約不窮者 已西漢以來別調也(茅坤, 〈蘇文定公文抄引〉)

10) 子由之文 實勝僕 而世俗不知 乃以爲不如 其爲人深不願人知之 其文如其爲人(蘇軾, ≪蘇東坡全集≫) 金鍾燮 앞의 논문에서 재인용. 김종섭은 蘇轍의 문장이 문장으로서 드러나지 못한 이유를, 그가 學術이나 修養에 치중해서 文藝作品 짓는 데에 관심을 가지지 않았기 때문이라고 주장하였다.

11) 尙書微子篇曰 父師少師 孔安國注父師太師三公箕子也 少師孤卿比干也 周紀明言太師名

朱熹 또한 ≪古史≫를 두고 "伯恭(呂祖謙의 字)이 太史公의 學을 숭상하여 '漢儒가 미칠 바 아니다.'라고 하였다. 내가 일찍이 그와 더불어 통렬하게 변론하기를 '子由가 ≪古史≫에서 司馬遷은 淺陋해서 배우지 않았고 疎略해서 신빙성이 없다고 말한 이 두 글귀는 사마천의 잘못을 가장 잘 지적한 것이다.'라고 하였더니, 伯恭은 몹시 싫어하였다. ≪古史≫의 서문에서 '옛날의 帝王들은 善行을 할 때는 마치 불은 꼭 뜨겁고 물은 꼭 차가운 것처럼 반드시 하고, 不善을 저지르기는 마치 騶虞가 살상을 하지 않고 竊脂(콩새)가 곡식을 먹지 않는 것처럼 절대 하지 않았다.'라고 하였으니, 이 말이 가장 좋다. 내가 일찍이 伯恭에게 묻기를 '이것이 어찌 司馬遷이 미칠 수 있는 것이겠는가?'라고 하였다. …… 孔子께서는 伯夷를 두고 '仁을 구하여 仁을 얻었는데, 또 무엇을 원망하겠는가?'라고 하셨는데, 司馬遷의 〈伯夷傳〉은 처음부터 끝까지 온통 원망하는 말로 伯夷를 파괴하였다. 그런데 子由는 ≪古史≫에서 그 말을 모두 깎아버리고 孔子의 말씀으로 傳을 지었는데, 어찌 子由를 그르다 하고 司馬遷을 옳다 할 수 있겠는가?"[12] 라고 하여 蘇轍의 주장을 높이 평가하였다.

明末 魏禧는 그의 ≪日錄論文≫에서 蘇轍의 문장에 대하여 "子由의 문장은 대체로 晴絲(遊絲)[13]가 공중에서 간들간들 움직이는 것과 같고, 그 雄偉한 것은 마치 공중에서 風雨가 하늘하늘 내리는 것과 같다."[14]고 평하였다.

이상과 같은 평론을 통하여 蘇轍의 문장은 蘇軾에 가려서 알려지지 않았을 뿐, 문장 짓는 재주와 식견은 결코 형에 뒤지지 않으며, 날카로운 평론과 예리한 안목은 오히려 비할 데가 없었음을 알 수 있다.

疵少師名彊 殊與安國不合 竊謂二子同武帝時人 何以所見異而言不同歟 又本朝蘇子由作古史 乃從安國說 劉道原作通鑑外紀 又從史遷說 二公乃我宋巨儒 各主一說 未知孰爲至當歟(葉大慶, ≪攷古質疑≫)

12) 伯恭 宗太史公之學 以爲非漢儒所及 某嘗痛與之辨 子由古史言馬遷淺陋而不學 疎略而輕信 此二句最中馬遷之失 伯恭極惡之 古史序云 古之帝王 其必爲善 如火之必熱 水之必寒 其不爲不善 如騶虞之不殺 竊脂之不穀 此語最好 某嘗問伯恭 此豈馬遷所能及 …… 孔子說伯夷求仁得仁 又何怨 他一傳中 首尾皆是怨辭 盡說壞了伯夷 子由古史 皆删去之 盡用孔子之語作傳 豈可以子由爲非馬遷爲是(朱熹, ≪性理大全書≫)

13) 벌레들이 토해낸 실〔絲〕이 공중에 날아다니는 것을 말한다.

14) 子由 如晴絲裊空 其雄偉者 如天半風雨 嬝娜而下(魏禧, ≪日錄論文≫)

5. 우리나라에 끼친 영향

우리나라에서는 고려의 문인인 崔瀣가 書狀官으로 중국에 가는 鄭誧를 떠나보내며 준 글에서 蘇轍이 韓太尉에게 올린 서찰을 인용하여 "옛날에 蘇潁濱은 諸子百家의 글을 다 읽고도 자신의 志氣를 격발시키기에 부족하다고 여기어, 이를 던져버리고 京師로 여행을 떠나 宮闕, 倉廩, 府庫, 城池, 苑囿의 장대함을 보고, 歐陽公을 만나 웅대한 의논을 들었으며, 또 韓太尉를 만나 賢人의 빛나는 풍모를 접해봄으로써 천하의 장관을 다 보고서야 유감이 없었다."15)고 썼다.

조선 초기에 文은 孟子와 韓愈를 기준으로 삼고, 詩는 杜甫를 본받아서, 문장으로 이름을 떨친 申光漢은 읽지 않은 책이 없었으나 오직 三蘇文만은 좋아하지 않으면서 "이 책은 읽고 나서 잊으려고 해도 안 된다."고 하였는데, 權鼈은 이에 대하여 "그는 아마 三蘇의 학술이 올바르지 못한 것을 싫어했기 때문이었을 것이다."16) 하였다.

또한 三唐詩人의 한 사람인 李達의 문인인 許筠은 "欒城(蘇轍)이 말하기를 '책을 보는 것은 마치 약을 복용하는 것과 같다. 약의 양이 많으면 약의 힘이 자연 퍼지기 마련이다.' 라고 하였으니, 책을 읽는 사람은 마땅히 이 말을 지침으로 삼아야 할 것이다."17)라고 하여 蘇轍의 문집에서 그의 명언을 인용한 것도 보인다.

조선 후기 四檢書의 한 사람인 李德懋는 "老蘇(蘇洵)의 문장은 힘이 있고 才思가 있으며, 小蘇(蘇轍)는 色香이 부족하고, 長蘇(蘇軾)는 一家를 집대성하였다."18)고 하여 蘇轍의 문장이 無味한 것으로 보았으며, 正祖는 "蘇子由의 ≪古史≫가 얼마나 뛰어난 솜씨이며 웅장한 변론인가, 쉽게 얻지 못할 인재이다."19)라고 하였다.

또한 正祖가 손수 뽑아 만든 ≪唐宋八子百選≫에는 蘇轍의 文이 〈老子論〉, 〈君術策〉,

---

15) 昔蘇潁濱 讀百氏之書 不足激其志氣 捨去京師 觀宮闕倉廩府庫城池苑囿之大 見歐陽公聽議論之宏辨 而又見韓太尉 願承光耀 以盡天下之大觀而無憾也(徐居正, ≪東文選≫ 卷84〈送鄭仲孚書狀官序〉)

16) 駱峯於書 無所不讀 獨不喜三蘇文 乃曰 曾讀是書 欲忘而不得 蓋惡其學術之不正也(權鼈, ≪海東雜錄≫)

17) 欒城云 看書如服藥 藥多力自行 讀書者 當作此觀(許筠, ≪惺所覆瓿稿≫〈閑情錄〉12권)

18) 老蘇之文 有氣力而大有才思 小蘇 色香不足 長蘇則集一家之大成者(李德懋, ≪青莊館全書≫〈嬰處雜稿〉)

19) 蘇子由古史 何等富手 何等宏辯也 自不易得之才(正祖, ≪弘齋全書≫ 제161권〈日得錄〉)

〈上樞密韓太尉書〉, 〈齊州閔子廟記〉, 〈巢谷傳〉 등 5首가 실려 있는데, 正祖는 策問을 통하여 "蘇子由의 〈老子論〉은 王安石의 〈伯夷論〉만 못하고, 王安石의 〈禮樂論〉은 蘇明允의 〈春秋論〉만 못한데, 도리어 못한 것을 취했으니 과연 무슨 의미가 있을까? …… 蘇轍의 〈君術策〉을 어찌 감히 자기 형인 蘇軾의 〈策斷〉에 비교할 수 있겠느냐마는, 도리어 子弟의 글을 취한 것에 대해 세상의 비평은 어떠하냐?"[20]라고 하여 蘇轍의 글이 제대로 뽑혔는가를 확인해본 것도 주목할 만할 점이라 하겠다.

문장에 대한 평론과는 달리, 실제 정사에서 소철의 강직함을 빗대어 논의를 전개한 경우도 있었다. 연산군 때 臺諫들이 任士洪의 등용을 저지하면서, 蘇轍이 神宗에게 올린 글인 〈上神宗書〉 중 "간악한 사람의 시초는 대간으로 꺾어도 충분하지만 커진 다음에는 干戈로 막아도 부족하다."[21]고 한 말을 인용하였고, 광해군 때 홍문관에서 과거응시자의 강직한 발언을 용서해주어 言路를 넓힐 것을 청하면서, 蘇轍이 과거에서 仁宗에게 極諫했는데도 용납된 일을 인용하였다.[22]

6. 結 語

蘇轍의 문장은 마치 도끼로 장작을 쪼개서 늘어놓은 것과 같아 곱게 다듬은 흔적이 전연 없다. 가슴속에서 우러나오는 생각을 그대로 적은 천연적인 문장으로 반드시 읽어보아야 한다. 하지만 소철의 문장은 우리나라의 文壇에 큰 영향을 주지 못했다. 우리나라에서 즐겨 읽었던 ≪古文眞寶≫에 蘇轍의 글은 고작 〈上樞密韓太尉書〉 한 편만이 뽑혀 있을 뿐이다.

蘇轍의 글은 ≪欒城集≫ 正集 50권, 後集 24권, 三集 10권, 應詔集 12권 등 너무 방대하여 다 읽기가 쉽지 않다. 茅坤의 ≪唐宋八家文抄≫의 〈宋大家蘇文定公文抄〉는 蘇轍의 저작 중에서 적절하게 발췌한 것으로, 본서는 이를 전통적 방식으로 懸吐하고 번역한 것이

20) 蘇子由之老子論 不如王安石之伯夷論 王安石之禮樂論 不如蘇明允之春秋論 而反取其不如者 果意義之可言歟 …… 君術策 何敢擬乃兄之策斷 而反取其子弟者 亦有月朝之可評歟(正祖, ≪弘齋全書≫ 제51권 策問 4 〈八子百選〉)

21) 昔蘇轍言於神宗曰 奸人之始 以臺諫折之而有餘 及其旣盛 以干戈禦之而不足(≪燕山君日記≫ 卷23 燕山君 3年 5月 甲子)

22) 宋仁宗親策士於庭 蘇轍極言得失 考官以不遜 請黜之 仁宗曰 以直言召人 而以直棄之 天下其謂我何 乃收入第四等 此實前史之所美 而殿下今日之所當法也(≪光海君日記≫ 卷39 光海君 3年 3月 戊午)

다. 본서의 간행으로 소철의 문장을 읽고자 하는 독자들에게 다소나마 도움이 되리라고 생각한다.

번역에서 原文의 잘못된 글자나 고쳐진 부분은 蘇轍의 문집인 ≪欒城集≫을 비롯하여 四書三經, 그리고 ≪史記≫, ≪漢書≫, ≪唐書≫, ≪宋史≫, 四庫全書의 ≪唐宋八家文抄≫, ≪宋名賢奏議≫, ≪歷代名賢奏議≫, ≪御選唐宋文醇≫, ≪御選古文淵鑑≫, ≪文章正宗≫, ≪東坡全集≫ 등을 참고하여 바로잡았고 그것을 註에서 밝혔다. 현토나 번역에서 잘못된 부분이 많을 것이라 생각된다. 독자들의 叱正을 바란다.

凡 例

1. 本書는 東洋古典譯註叢書 ≪唐宋八大家文抄≫ 蘇轍의 제1책이다.

2. 본서는 戊申字本 ≪唐宋八大家文抄≫(국회도서관)을 저본으로 하고, ≪唐宋八大家文鈔 校注集評≫(高海夫 主編, 三秦出版社, 北京, 1998) 및 蘇轍의 문집인 ≪欒城集≫을 참고하여 校勘하였다.

3. 본 譯註는 원전의 傳統性과 번역의 現代性을 구현하기 위해 노력하였다.

4. 原文에 懸吐하고 번역하였다.

5. 原文의 分節은 ≪唐宋八大家文鈔 校注集評≫을 참고하되, 단락이 길 경우에는 역자의 재량으로 재차 분절하여 가능한 한 原文이 지면의 반을 넘지 않도록 하였다.

6. 번역은 原義에 충실하게 하되, 이해가 어려운 부분은 意譯 또는 보충역을 하였다.

7. 譯註는 인용문의 출전과 故事, 難解語, 사건 등 역사적인 배경, 인물, 관직에 관한 사항을 밝히되 ≪唐宋八大家文鈔 校注集評≫을 참고하였다.

8. 글 제목 아래에 題下註를 달아 독자들의 이해를 돕고자 하였다.

9. 독자들의 내용검색 및 이해를 돕기 위해 첫 번째 책에는 참고문헌을 싣고, 마지막 책에는 年譜와 索引 등을 부록하였다.

10. 본서에 사용된 주요 符號와 略號는 다음과 같다.

" " : 각종 引用	〈 〉: 篇章節名, 作品名 또는 補充
' ' : 再引用, 强調	( ) : 漢字의 音, 간단한 註釋
≪ ≫ : 書名이나 出典	〔 〕: 原文 誤字에 대한 正字, 音이 다른 漢字 倂記

參考書目

〔原典 자료〕

≪古文眞寶諺解≫, 高麗書林, 1986
成百曉 譯註, ≪古文眞寶≫, 傳統文化硏究會, 1994
高海夫 主編, ≪唐宋八家文鈔 校注集評≫, 三秦出版社, 1998
茅坤 撰, ≪唐宋八家文抄≫(四庫全書)
賀復徵 編, ≪文章辨體彙選≫(四庫全書)
呂留良 選, ≪八家古文精選≫
≪唐宋八家文≫(漢文大系)
≪性理大全≫
葉大慶, ≪攷古質疑≫
蘇轍, ≪欒城集≫
權鼈, ≪海東雜錄≫
李德懋, ≪靑莊館全書≫
正祖, ≪弘齋全書≫
≪宋史≫
≪朝鮮王朝實錄≫
蘇軾, ≪蘇東坡全集≫
魏禧, ≪日錄論文≫
徐居正, ≪東文選≫
正祖, ≪唐宋八子百選≫
許筠, ≪惺所覆瓿稿≫

〔저서 및 논문〕

金庠基, 〈蘇轍의 古史에 대하여〉, ≪東洋史學硏究≫ 1, 1966
金相洪, 〈茶山의 蘇洵·蘇轍 論〉, ≪韓國漢文學硏究≫ 43, 2009
金鍾燮, 〈蘇轍散文硏究〉, 서울대학교 중어중문학과 박사논문, 1995

目 次

卷4 狀

卷5 書・啓

卷6 論

蘇文定公文抄引*

* 文定은 蘇轍(1039~1112)의 시호. 引은 문체 이름이다. 唐나라 이후에 비로소 이 문체가 생겼는데, 대체로 序와 같으나 글이 비교적 간단한 편이다. '蘇文定公文抄引'은 곧 '蘇轍의 글 중에서 뽑은 문장에 대한 서문'이란 뜻이다.

蘇文定公之文이 **其鑱削之思**는 **或不如父**요 **雄傑之氣**는 **或不如兄**이나 **然而沖和澹泊**하고 **遒逸疏宕**하며 **大者萬言**이요 **小者千餘言**이라 **譬之**컨대 **片帆截海**에 **澄波不揚**하여 **而洲島之棼錯**과 **雲霞之蔽虧**와 **日星之閃爍**과 **魚龍之出沒**이 **竝席之掌上**하여 **而綽約不窮者已**니 **西漢以來別調也**니라 **其君術臣事民政等篇**이 **尤爲卓犖**이라 **予讀之**하여 **錄其上皇帝書及箚子狀十九首**와 **與他執政書十首**와 **諸論及歷代古史名論八十二首**와 **策二十五首**와 **序引傳七首**와 **記十二首**와 **說贊辭賦祭文雜著十一首**하여 **釐爲二十卷**이니라 **歸安鹿門茅坤**은 **題**하다

蘇文定公의 글이 날카로운 생각은 더러 그 부친(蘇洵)만 못하고, 웅장한 기상은 더러 그 형(蘇軾)만 못하다. 그렇지만 문장이 沖和하고 澹泊하고, 遒逸하고 疏宕하며, 긴 문장은 萬餘言이나 되고, 짧은 문장도 千餘言이나 된다. 비유하자면, 조각배가 바다 위를 가로질러 갈 때 물결이 일지 않고 잔잔해서 모래톱과 섬들이 널려 있는 모습, 구름과 노을이 끼어 있는 광경, 해와 별들이 번쩍이는 현상, 물고기와 용들이 출몰하는 장관이 모두 손바닥 위에 펼쳐져 마냥 좋은 구경거리를 제공하고 있는 것과 같으니, 西漢 이후 별도의 格調라 하겠다.

그 중에서도 〈君術篇〉·〈臣事篇〉·〈民政篇〉 등이 더욱 뛰어났다. 내가 이것들을 읽어서 황제에게 올린 서찰 및 箚子·狀 19수와 執政들에게 보낸 서찰 10수와 論 및 歷代·古史名論 82수와 策 25수와 序·引·傳 7수와 記 12수와 說·贊·辭·賦·祭文·雜著 11수를 기록하고 정리하여 20권으로 만들었다.

歸安 鹿門 茅坤은 쓰다.

蘇文定公本傳*

* 본 〈蘇文定公本傳〉은 ≪宋史≫ 〈蘇轍傳〉과 소철이 지은 〈潁濱遺老傳〉을 바탕으로 하고 거기에 가감을 해서 작성된 것이기 때문에 두 傳과 비교하면 내용의 차이가 꽤 크다.

蘇轍은 **字**는 **子由**요 **年十九**에 **與兄軾**으로 **同登進士科**[1]하고 **又同策制擧**[2]하다 **仁宗**이 **春秋高**하니 **轍慮倦勤**하고 **因極言得失**하되 **而於禁庭**[3]**之事**에 **尤切**[4]하니라 **考臣**[5]**胡宿**이 **以爲不遜**이라하여 **請黜之**한대 **仁宗曰 以直言召人**하고 **而以直言去之**하면 **天下其謂我何**리오하니 **宰相**이 **不得已**하여 **寘之下等**하고 **授商州軍事推官**[6]이라가 **徙大名**하다 **神宗立之二年**에 **轍適除喪**[7]하고 **上書言事**하여 **得召對**[8]하다

蘇轍은 자는 子由이고, 19세에 형 蘇軾과 함께 進士科에 올랐고, 또 策制擧에도 함께 응시하였다.

仁宗이 나이가 많자, 소철은 인종이 정무에 나태해질까 염려하였고, 따라서 得失에 대해 심한 말을 하였으며, 禁庭의 일에 대해서는 더욱 절실하게 말하였는데, 考臣 胡宿이 〈소철이 주장한 對策의 말이〉 불손하다고 하여 폐출시킬 것을 청하자, 인종은 "直言을 해달라고 사람을 불러놓고서 직언을 했다 하여 사람을 버린다면 천하 사람들이 나를 뭐라고 하겠는가?"라고 하였다. 그래서 宰相이 부득이 소철을 下等에 두어서 商州軍事推官으로 제수하였다가 뒤에 大名府留守推官으로 고쳐 제수하였다.

神宗이 왕위에 오른 지 2년이 되던 해에 소철이 부친의 삼년상을 마치고 글을 올려 일을 말함으로써 召對의 기회를 얻었다.

1) 年十九……同登進士科 : 소철은 仁宗 寶元 2년(1039)에 태어나서 嘉祐 2년(1057)에 歐陽修가 주관한 禮部의 進士試에서 형 蘇軾과 함께 及第하여 榜目에 나란히 올랐다.

2) 策制擧 : 對策으로 制科擧人을 시험 보이는 일. 嘉祐 6년(1061)에 仁宗이 崇政

殿에 臨御하여 대책으로 제과거인을 시험 보인 일이 있었다. 황제가 직접 殿庭에서 시험 보이는 것을 制擧科라고 한다. 제거과를 간단하게 制擧 또는 制科라고도 하였다. 제거과는 唐代에 科擧로 인재를 뽑는 제도의 한 가지였는데, 宋代에도 그 과거제도를 그대로 따랐다.

3) 禁庭 : 宮中과 같은 말이다.

4) 仁宗……尤切 : 소철은 23세의 나이로 仁宗이 직접 주재하는 直言極諫科에 응시하였다. 당시 인종은 나이 52세로 정무에 근실함을 보였으나 後宮들을 가까이하고 있었다. 그래서 소철은 그 策問에 인종의 잘잘못을 심하게 말하였다.

5) 考臣 : 考試를 맡은 신하. 考試官과 같은 말이다.

6) 軍事推官 : 宋代에 刑獄을 맡았던 幕職官이다.

7) 除喪 : 喪期를 마치고 상복을 벗어버리는 것이다.

8) 召對 : 왕명을 받고 대궐에 들어가서 정사에 관한 일을 上奏하는 것이다.

時에 王安石이 與陳升之와 領三司條例하고 命轍爲之屬[1)]하다 呂惠卿이 附安石[2)]한대 轍與論多相牾하니라 安石이 出靑苗書[3)]하여 使轍熟議하니 轍曰 錢入民手하면 雖良民이라도 不免妄用이요 及其納錢엔 雖富民이라도 不免踰限이니이다 如此면 則恐鞭箠必用이니 州縣之事不勝煩矣니이다 唐劉晏이 掌國計에 未嘗有所假貸니이다 有賤必糴하고 有貴必糶하니 以是로 四方에 無甚貴甚賤之病이니이다 此常平舊法이니 公誠擧而行之면 晏之功을 可立俟也니이다하니 安石曰 當徐思之라하니라

이때 王安石이 陳升之와 함께 制置三司條例司를 거느리고 소철에게 명하여 屬官이 되게 하였다. 呂惠卿이 왕안석에게 붙어 있었는데, 소철이 그와 더불어 일을 논의할 때에 서로 의견충돌이 많았다. 왕안석이 〈靑苗書〉를 내놓고 소철로 하여금 熟議하게 하면서 〈"불편한 점이 있거든 주저하지 말고 말하라."〉고 하니, 소철이 말하기를 "〈돈을 백성에게 대여하고 2분의 이식을 내게 한 것은 본래 백성을 구제하기 위함이요 이익을 취하려는 것이 아니었습니다. 그러나 출납할 때에 아전들이 간계를 부리는데, 비록 법이 있어도 금할 수가 없습니다.〉 돈이 백성의 손에 들어가면 아무리 선량한 백성이라 하더라도 함부로 남용하는 것을 면하지 못하고, 돈을 납입할 때에 가서는 아무리 부유한 백성이라 하더라도 기한을 넘기는 것을 면하지 못할 것입니다. 이와 같을 경우엔

아마도 회초리를 반드시 써야 할 것이니, 州縣의 일이 번거로움을 견디지 못할 것입니다. 唐나라 劉晏이 국가재정을 맡았을 때 貸與하는 일이 없고, 곡물 값이 헐하면 반드시 곡물을 사들이고, 곡물 값이 비싸면 반드시 곡물을 내다 팔았으니, 이렇게 함으로써 사방에 너무 헐하거나 너무 비싸거나 하는 병폐가 없어졌습니다. 이와 같은 옛 常平法을 거행하면 유안의 공을 당장에 기대할 수 있을 것입니다."라고 하니, 왕안석이 말하기를 "〈그대의 말에 일리가 있으니,〉 서서히 생각해보아야 하겠다."라고 하였다.

1) 爲之屬 : 소철이 三司條例司의 속관인 檢詳을 맡아 新法을 起草하는 일에 참여했다.
2) 呂惠卿 附安石 : 왕안석이 여혜경을 삼사조례사의 檢詳으로 삼아 대소사를 막론하고 모두 여혜경과 상의하였으니, 建請하는 章奏가 모두 여혜경의 손에서 나왔다.
3) 青苗書 : 宋나라 神宗 熙寧 2년(1069)에 王安石이 민간의 高利를 없애고 정부의 세입을 증가시키기 위하여 만든 新法의 하나인 青苗法을 가리킨다. 그 법은 곧 常平倉에서 穀物을 사들일 밑천으로 青苗錢을 만들어서, 곡식의 싹이 파란 봄에 백성들에게 그 돈을 빌려주고 가을에 가서 2분의 이자를 붙여 받던 제도인데, 이자가 점점 늘어나서 결국은 백성을 괴롭게 하였으므로 악법이 되고 말았다.

旣逾月에 **河北轉運判官王廣廉**이 **奏乞度僧牒**[1)]하여 **於陝西漕司**에 **私行青苗法**하니 **與安石意合**이라 **於是**에 **青苗法**이 **遂行**하니라 **轍**이 **以書抵安石**하여 **力陳不可**라가 **觸其怒**하여 **徙他職**하다 **後坐兄軾以詩得罪**[2)]하여 **謫監筠州鹽酒稅**하고 **五年不得調**[3)]라가 **移知績溪縣**하니라

달포 후에 河北轉運判官 王廣廉이 조정에 아뢰어 度僧牒 〈수천 장을 발급하고 받은 돈으로 本錢을 삼아〉 陝西漕司에서 私的으로 青苗法을 시행하니, 왕안석과 뜻이 맞았고, 이에 청묘법이 드디어 시행되었다. 소철은 왕안석에게 서찰을 보내 그 불가함을 힘주어 개진하였다가 왕안석의 노여움을 사서 다른 관직으로 옮겨졌다.

뒤에 소철은 또 형 소식이 풍자시로 죄를 받은 일에 연좌되어 귀양 가서 筠州鹽酒稅에 관한 일이나 감시하고 5년 동안 調用되지 못했다가 績溪知縣으로 옮겨갔다.

1) 度僧牒 : 새로 중이 된 사람에게 관청에서 발급하는 허가증. 度牒이라 칭한다. 唐宋시대에 관청에서 도첩을 발급하고 군정비용을 충당하였다.

2) 軾以詩得罪 : ≪宋史≫ 〈蘇軾傳〉에 의하면, 소식은 조정에서 백성들에게 불편을 끼치는 일을 감히 말하지 못하고, 詩로써 빗대어 풍자하였다가 죄를 받은 일이 있다.

3) 調 : 調用이니, 곧 관리를 골라서 등용하는 것이다.

哲宗卽位에 召入하고 元祐元年에 爲右司諫하니라 蔡確韓縝章惇을 轍이 皆論去之하고 而呂惠卿도 亦被論從竄典하니라 司馬光이 欲復差役[1]한대 轍言 行之徐緩이라야 乃得審詳이라하니라 光이 又欲改安石新義[2]試士格한대 轍言 進士來年秋試[3]하니 日月無幾라 徐議元祐五年以後格式이라도 未晩이라하니 光皆不能從하니라

哲宗이 즉위하여 소철을 〈秘書省校書郎으로〉 불러들였고, 元祐 元年(1086)에는 右司諫으로 삼았다. 〈宣仁后가 조정에 臨御하여 司馬光과 呂公著를 써서 폐단이 되는 일을 혁파하려고 하였는데,〉 蔡確·韓縝·章惇이 〈아직 관직에 있기 때문에〉 소철이 모두 논죄하여 제거시켰고, 여혜경도 논죄를 입어 유배되었다.

사마광이 差役法을 회복시키려고 하자, 소철은 말하기를 "서서히 시행해야만 그 자세한 것들을 파악할 수 있습니다."라고 하였다. 사마광이 또 왕안석이 ≪詩書新義≫로 선비들을 고시하던 과거제도를 개정하려고 하자, 소철은 말하기를 "진사를 뽑는 내년가을 과거시험이 얼마 남지 않았는데, 〈의논이 아직 정해지지 못했으니 …… 과거 볼 사람들로 하여금 정론이 있음을 알아서 一心으로 공부하여 選試를 기다리게 한 연후에〉 元祐 5년 이후의 과거격식을 서서히 의논해도 늦지 않습니다."라고 하였는데, 사마광은 모두 따르지 않았다.

1) 欲復差役 : 差役은 宋代의 課役法. 백성을 빈부에 따라 9등급으로 나누어 4등 이상에서만 공용의 인부를 징발하고 5등 이하는 면제하였다. 사마광은 왕안석이 마련한 雇役法에 폐해가 많다고 보고 이전의 차역법을 회복시키려고 하였다.

2) 義 : 저본에는 '議'로 되어 있는데, 四庫全書의 ≪唐宋八大家文抄≫에 의하여 '義'로 바꾸었다.

3) 秋試 : 지방의 貢擧가 秋季에 거행되기 때문에 추시라고 한다.

初에 神宗이 以夏國[1]內亂으로 用兵攻討하여 乃於熙河에 增蘭州하고 於延安에 增安疆

米脂等五砦[2)]하니라 二年에 夏遣使相繼來하니 朝廷이 知其有請蘭州五砦意하고 大臣議棄守未決하니라 轍言 一失此機면 必爲後悔라하니라 於是에 朝廷許之하니 夏人遂服하니라 遷起居郎中書舍人하다

전에 神宗이 夏國의 내란을 빌미로 군사를 일으켜서 攻討하여 熙河에 蘭州를 증설하고, 延安에 安疆・米脂 등 5砦를 증설하였다. 元祐 2년(1087)에 하국이 사신을 계속 보내왔다. 조정에서는 하국이 난주와 5채의 땅을 되돌려줄 것을 청하러 온 눈치를 알아챘으나 그 땅을 버릴 것인가 지킬 것인가에 대한 대신들의 의논은 결정이 나지 않았다. 그러자 소철이 나서서 말하기를 "한번 이 기회를 놓치면 반드시 후회할 것입니다. 〈저들이 만일 군사를 집합하여 국경에 주둔할 때에 되돌려줄 것을 허락한다면 이는 군사를 길러서 주는 격이니, 은혜가 되지 못합니다. 되돌려주지 않는다면 변방의 틈이 한번 열려 禍亂이 그치지 않을 것입니다. 되돌려줄 시기는 바로 이때이니, 기회를 놓칠 수 없습니다.〉"라고 하니, 이에 조정에서 〈5채를 되돌려줄 것을〉 허락하자, 하국 사람들이 드디어 굴복하였다. 소철은 起居郎에 이어 中書舍人으로 벼슬자리를 옮겨갔다.

1) 夏國 : 西夏國. 西夏는 宋나라 때 서북방의 黨項族이 세운 나라로, 송나라에 대해 신하를 칭하다가, 1038년 李元昊가 송나라에 공물을 보내는 것을 중지하고 스스로 황제가 되어 독자적인 年號를 사용하였다. 그 뒤 송나라와 여러 차례 전쟁을 벌이다가, 1044년 평화조약을 체결하였다.

2) 砦 : 寨자와 같이 營壘를 뜻한다.

朝廷이 議回河故道한대 轍爲公著言 河決而北은 自先帝不能回어늘 今乃欲取而回之하니 是謂智勇勢力이 過先帝也니이다 進戶部侍郎하다 轍因轉對[1)]言曰 財賦[2)]之原은 出於四方하여 而委於中都[3)]니이다 善爲國者는 藏之於民하고 其次는 藏之州郡이니이다 熙寧以來로 言利之臣이 不知本末이라 內帑別藏이 雖積如丘山이나 而委爲朽壤하여 無益於算也니이다하다 尋又言 數十年以來로 利權分而用度無藝하니 願罷外水監丞하고 擧河[4)]北河事及諸路都作院하여 皆歸轉運司하고 至於都水軍器將作三監하여는 皆兼隸戶部하소서하니 從之하고 惟都水仍舊하니라

조정에서 黃河의 옛 물길을 회복하는 일에 대해 의논하자, 소철이 呂公著를 위하여

말하기를 "황하가 터져서 북쪽으로 흘러간 것을 先帝 때부터 〈옛 물길로〉 회복시킬 수 없었거늘, 지금 그것을 회복시키려고 하니, 이것은 智勇과 勢力이 선제보다 뛰어나다고 할 만합니다."라고 하였다. 〈소철은〉 戶部侍郎으로 승진되었다.

소철이 轉對를 인하여 말하기를 "財賦의 근원은 사방에서 나와서 京師로 실려와 버려집니다. 그러므로 나라를 잘 다스리는 사람은 재부를 백성에게 저장하고, 그 다음은 재부를 州郡에 저장합니다. 熙寧 이후로 이익을 말하는 신하들이 본말에 관한 것을 알지 못하여 〈富國을 구하려 하면서 먼저 轉運司를 피곤하게 합니다. 전운사가 이미 피곤하면 上供이 이어지지 못하고, 상공이 이어지지 못하면 戶部 또한 피곤해집니다. 그러므로〉 內帑과 別藏이 비록 丘山처럼 쌓였으나 버려져서 썩은 물건이 되므로 재정에 이익이 없습니다."라고 하였다.

얼마 후에 〈소철은〉 또 말하기를 "수십 년 이래로 이권이 나누어져 용도에 법도가 없으니, 원컨대 外水監丞을 없애고 河北河事 및 諸路의 都作院을 모두 전운사에 귀속시키고, 都水監·軍器監·將作監은 모두 호부에 예속시키소서."라고 하니, 철종이 이를 따랐고, 오직 도수감만은 예전대로 놓아두었다.

1) 轉對 : 宋代에 臣僚들이 돌아가면서 5일에 한 번씩 內殿에 들어가서 황제를 뵙고 時政得失을 진언하는 일. 巡對라고도 한다.
2) 財賦 : 財貨와 貢賦이다.
3) 中都 : 京師를 가리킨다.
4) 河 : 저본에는 '河'가 없으나, ≪欒城集≫에 의하여 추가하였다.

朝議以元豐吏額冗濫으로 **命轍量事裁減**한대 **轍曰 此群吏身計所係**라하고 **乃具以白宰執**하여 **請據實立額**하고 **缺者勿補**하면 **不過十年**에 **羨額當盡矣**라하다 **代軾爲翰林學士**하고 **尋權吏部尙書**하며 **使契丹還**에 **爲御史中丞**하다

조정의 논의에서 "元豐시대에 정한 吏胥의 인원수가 정원에 넘친다."고 해서 소철에게 명하여 일을 헤아려 감원하도록 하니, 소철이 말하기를 "이는 뭇 이서들의 생계가 매인 바입니다. 〈만일 分數대로 인원수를 정한다면 반드시 크게 감원을 해야 하니, 장차 소송이 어지럽게 일어날 것입니다.〉"라고 하고, 이내 사유를 갖추어 宰執에게 아뢰

어 "실제에 의하여 인원수를 확립하고 결원을 보충하지 않으면 10년 안에 응당 남아도는 인원이 다 줄어들 것"이라고 청하였다.

〈소철은〉 蘇軾을 대신해서 翰林學士가 되고, 얼마 후에는 임시로 吏部尙書를 겸하였으며, 契丹에 사신으로 갔다 돌아와서는 御史中丞이 되었다.

時에 元豐舊黨[1)]이 多起邪說하여 以搖撼在位하니 呂大防劉摯患之하여 欲稍引用하여 以平夙怨하니 謂之調停[2)]이니라 宣仁后 疑不決한대 轍面斥其非하고 復上疏云云하니라 宣仁后 命宰執讀於簾前하고 曰 轍疑吾君臣兼用邪正하니 其言極中理라한대 諸臣이 從而和之하니 調停之說이 遂已하니라 轍又奏言 大臣宜正己平心하여 無生事要功하고 因弊修法하여 以安民靖國이니이다하니라

당시 元豐舊黨이 邪說을 많이 일으켜서 在位者를 흔들거늘, 呂大防과 劉摯가 이를 걱정하여 그들을 조금 안으로 끌어들여 써서 宿怨을 없애려고 하니 이를 일러 '調停'이라 하였다. 宣仁后가 〈조정설에 대해〉 의심하며 결정하지 않자, 소철이 면전에서 그 잘못된 〈조정설을〉 指斥하고 다시 상소하니, 선인후가 宰執에게 명하여 그 상소를 주렴 앞에서 읽게 하고 이르기를 "소철은 우리 君臣이 邪와 正을 겸용한다고 의심하니 그 말이 매우 이치에 맞다."라고 하고, 여러 신하들이 따라서 화답하자, 조정하자는 설이 드디어 중단되었다.

소철은 또 아뢰기를 "대신은 마땅히 몸을 바르게 단속하고 마음을 화평하게 가져서 일을 내어 공을 노리지 말아야 하고, 폐단에 따라 법을 수정하여 백성을 편안하게 하고 나라를 평화롭게 해야 합니다."라고 하였다.

1) 元豐舊黨 : 元豐은 宋 神宗의 연호. 원풍 연간에 新法을 만든 王安石의 당을 가리킨다.

2) 調停 : 紛爭의 중간에 서서 화해시키는 것이다.

六年에 拜尙書右丞하고 進門下侍郎하니라 初에 夏人이 相繼求和하니 朝廷이 許約하고 地界는 久之不決하니라 夏人이 乃於疆事에 多方侵求한대 熙河將佐范育种誼等이 遂背約하니 西邊騷然하니라 轍乞罷育誼하고 別擇老將하니 宣仁后以爲然이나 大臣竟主育誼하

고 **不從**하니라 **轍又面奏云云**하니라

元祐 6년(1091)에 소철은 尙書右丞에 임명되었다가 門下侍郎으로 승진되었다. 전에 夏國 사람이 계속해서 和親을 요구하니 조정에서 허락하였고, 국토의 경계에 대해서는 오래도록 결정하지 못하였다. 하국 사람이 강역에 관한 일에 있어서 여러 방면으로 침범하자, 熙河將佐 范育·种誼 등이 드디어 〈하국과 맺은〉 조약을 어기고 〈質孤堡와 勝如堡를 쌓으니,〉 서쪽 변방이 소란스러웠다.

그러자 소철이 범육과 충의를 파직시키고 별도로 老將을 뽑아 〈희하를 지키게 할 것〉을 청하니, 선인후는 받아들였으나 대신이 끝내 범육과 충의를 주장하고 따르지 않았다. 소철은 또 면전에서 그 부당함을 아뢰었다.

會에 **熙河奏 夏人十萬騎**가 **壓境殺人**하고 **三日而退**하니 **乞因其退**하여 **急移近裏堡砦於界**하고 **乘利而往**하고 **不須復守誠信**이니이다하니 **下大臣議**하니라 **轍與呂大防劉摯**로 **極辨用兵曲直**하고 **復上奏曰 此非西人之罪**요 **皆朝廷不直之故**니 **臣欲詰責帥臣生事耳**니이다하니라 **後屢因邊兵深入夏地**로 **宣仁后**가 **遂從轍議**하다

때마침 희하에서 상주하기를 "하국의 10만 騎兵이 〈通遠軍의〉 경계를 침범하여 사람을 죽이고 3일 만에 물러갔으니, 그들이 退軍했을 때에 급히 서둘러서 가까이 있는 堡砦를 국경으로 옮겼다가 편리한 기회를 틈타서 쳐들어갈 것이고, 〈잠시 논의했던 국경문제에 대한〉 신의를 다시 지킬 필요가 없습니다."라고 하자, 〈선인후가 그 奏文을〉 대신에게 내려 의논하게 하였다.

그러자 소철은 여대방·유지와 함께 용병술의 잘잘못에 대해 심하게 변론하고, 다시 상주하기를 "이것은 하국 사람의 죄가 아니라 모두 조정에서 정직하지 못한 탓이니, 소신은 일을 낸 帥臣을 힐책하고 싶습니다."라고 하였다. 뒤에 자주 변경의 군사가 하국 땅에 깊숙이 들어감으로 인하여 선인후는 결국 소철의 상주에 따라 〈변경의 수비에 주의를 시켰다.〉

時에 **三省**[1)]이 **除李淸臣吏部尙書**하니 **給事中范祖禹**가 **封還詔書**하다 **三省**이 **復除蒲宗孟兵部尙書**커늘 **轍奏 前除淸臣**하니 **給諫紛然**하여 **爭之未定**이어늘 **今又用宗孟**하니 **此與**

去年用鄧溫伯無異라 **恐朝廷自是不安靜矣**리이다하니 **議遂止**하니라

당시에 三省에서 李清臣에게 吏部尙書를 제수하니, 給事中 范祖禹가 〈임명에 관한〉 詔書를 봉해서 돌려보냈다. 삼성에서 다시 蒲宗孟에게 兵部尙書를 제수하거늘 소철이 상주하기를 "전에 이청신에게 이부상서를 제수하니, 급사중 범조우가 어지럽게 간하여 그 논쟁이 아직도 끝나지 않았는데, 지금 또 포종맹을 등용하니 이는 去年에 鄧溫伯을 등용한 일과 다를 것이 없는지라, 조정이 이로부터 안정되지 못할 것 같습니다." 라고 하니, 〈포종맹에게 병부상서를 제수하려는〉 논의가 드디어 중지되었다.

1) 三省 : 中書省・門下省・尙書省을 합쳐 삼성이라 한다.

紹聖初에 **哲宗**이 **起李清臣爲中書舍人**하고 **鄧潤甫爲尙書左丞**하다 **二人**은 **久在外**[1)]하여 **不得志**러니 **稍復言熙豐事**하여 **以激怒哲宗**하니라 **會**에 **廷試進士**커늘 **清臣**이 **撰策題**하니 **卽爲邪說**이라 **轍諫謂 事有失當**이 **何世無之**리잇가 **父作之於前**하고 **子救之於後**하여 **前後相濟**하니 **聖人之孝也**니이다하고 **且及漢昭變武帝法度事**하니 **哲宗以爲引漢武方先朝**라하고 **不悅**하여 **落職知汝州**하고 **再責知袁州**러니 **未至**에 **降秩試少府監**하고 **分司南京**하며 **筠州居住**[2)]하니라 **三年**에 **又責化州別駕**하고 **雷州安置**라가 **移循州**하다 **徽宗卽位**하여 **徙永州岳州**라가 **已而復太中大夫**하고 **奉祠**[3)]하다

紹聖(宋 哲宗의 연호) 초년에 哲宗이 이청신을 기용하여 中書舍人으로 삼고, 鄧潤甫(鄧溫伯)를 尙書左丞으로 삼았다. 이 두 사람은 오랫동안 外朝에 있어서 뜻을 얻지 못하였더니, 다시 熙寧・元豐 연간에 〈신종이 법을 변경한〉 일을 말하여 철종의 노여움을 격발하였다.

때마침 대궐 뜰에서 進士를 시험 보이게 되어 이청신이 策題를 지었는데, 곧 邪說인지라, 소철이 간하기를 "일에 실수가 있는 것이 어느 세대인들 없겠습니까? 아버지는 앞에서 일으키고 아들은 뒤에서 구원하여 앞뒤에서 서로 도와 성취시켰으니, 성인의 효도였습니다."라고 하였고, 또 漢나라의 昭帝가 武帝의 법도를 변경한 일을 언급하니, 철종이 '한나라 무제를 이끌어 先朝에 빗댔다.'고 하여 못마땅하게 생각하고는 〈소철의〉 관직을 떨어뜨려서 汝州를 맡아 다스리게 하였고, 재차 책임을 물어서 袁州를

맡아 다스리게 하였는데, 〈소철이〉 원주에 이르기 전에 官秩을 깎아내려서 小府監에 이어 南京分司에서 봉사케 하였고, 또한 筠州에서 거주하도록 하였다. 3년에 또 책임을 물어 化州別駕를 시키고 雷州에 安置시켰다가 循州로 옮겨 안치하였다. 徽宗이 즉위하여 〈소철을〉 永州・岳州로 옮겨 안치시켰다가, 이윽고 太中大夫에 복직시키고 奉祠하도록 하였다.

1) 外 : 外朝를 가리킨다.
2) 居住 : 宋代에 貶謫을 입은 관원 중 경미한 죄인은 일정한 지역에 보내 거주하게 하였다.
3) 奉祠 : 郊廟祭祀를 奉行하는 일. 宋代에 宮觀使・提擧宮觀 등과 같은 祠祿官을 설치하여 늙고 병들어 廢職한 관원을 이따금 充任해서 녹을 받아먹게 하였다.

蔡京當國에 **又降秩罷祠**하고 **居許州**라가 **再復太中大夫致仕**[1]하다 **築室于許**하여 **號潁濱遺老**라하고 **自作傳萬餘言**하며 **不復與人相見**하고 **終日默坐**하니 **如是者幾十年**이라 **卒年七十四**요 **追復**[2]**端明殿學士**하다 **淳熙中**에 **謚文定**하다

蔡京이 정권을 잡자 또 〈소철은〉 관질이 강등되는 동시에 祠祿官을 박탈당하고 許州에 거주하다가 다시 太中大夫로 복직되어 致仕하였다. 許州에 집을 짓고 살면서 潁濱遺老라고 호를 짓고 萬餘言이나 되는 자서전을 지었으며, 다시는 사람들을 만나보지 않고 종일 조용히 앉아 있었으니 이와 같이 하기를 거의 10년이나 하였다. 74세에 卒하였고, 사후에 端明殿學士로 복직되었으며, 淳熙 연간에 文定이란 시호가 내려졌다.

1) 致仕 : 나이가 많아서 벼슬을 사양하고 물러나는 것이다.
2) 追復 : 빼앗은 관직 등을 그 사람이 죽은 뒤에 다시 회복시켜 주는 것이다.

轍性沈靜簡潔하고 **爲文汪洋澹泊**하여 **似其爲人**하며 **高處**는 **殆與軾軋**하다 **其使契丹也**에 **館客**이 **能誦其茯苓賦及洵軾文云**이라하다 **所著詩傳春秋傳古史老子解**는 **居許時**에 **乃成編**하니라 **又有欒城文集**하여 **竝行于世**하니라 **旣入黨籍**에 **詔毁三蘇**[1]**文**하다 **三子**는 **遲适遜**이요 **族孫**은 **元老**니라

소철은 성품이 沈靜하고 簡潔하며, 문장은 汪洋하고 澹泊하여 그 사람 됨됨이와 같았으며, 〈문장의 품격이〉 높은 부분은 蘇軾과 백중을 겨루었다. 그가 거란으로 사신갔을 때에 어떤 館客이 그의 〈茯苓賦〉 및 蘇洵과 蘇軾의 글을 줄줄 외었다고 한다. 〈소철이〉 지은 ≪詩傳≫·≪春秋傳≫·≪古史≫·≪老子解≫는 許州에 있을 때 편집한 것이다. 또 ≪欒城集≫이 있어 아울러 세상에 유포되었다. 〈소철이〉 이미 黨籍에 기입되었기 때문에 왕명으로 三蘇의 글을 사용하지 못하게 하였다. 세 명의 아들 이름은 遲·适·遜이고 族孫은 元老였다.

1) 三蘇 : 蘇洵·蘇軾·蘇轍을 가리킨다.

上書

01. 上神宗皇帝書* 神宗皇帝에게 올린 글

* 神宗이 즉위한 지 겨우 2년이 되던 해에 소철은 글을 올려 정치에 관한 일들을 말하였다. 첫째, 재정을 마련하는 理財가 나라를 다스리는 근본이 됨을 강조하고, 이어서 당시 폐단이 되고 있는 冗吏·冗兵·冗費 문제를 차례로 다루었다. 科擧 시행의 간격을 늘리고, 조상의 공훈을 갚기 위하여 그 자손에게 벼슬을 주는 任子法을 개혁하여 관원들에게 각각 전담부서를 갖게 한다면 쓸데없는 관원(冗吏)을 줄일 수 있고, 間諜을 기르고 土兵을 양성한다면 쓸데없는 군사(冗兵)를 줄일 수 있으며, 황실종친을 경성 밖으로 이주시키고, 군량을 운반하는 비용(冗費)을 낮추며, 불필요한 상품과 구호품을 줄이면 쓸데없는 비용을 없앨 수 있음을 역설하였으니, 그 주장은 당시의 폐단에 정곡을 찌르는 것이었다.

凡讀先秦史漢[1]하면 **往往言簡而意盡**하니 **固古人所不可及處**니라 **及讀子由之文**하여는 **往往如遊絲**[2]**之從天而下**하여 **嫋娜曲折**하고 **氤氳蕩漾**하여 **令人讀之**에 **情惓神解而猶不止**하니 **亦非今人所及處**니라 **此書**는 **專言理財**니 **中多名言**이요 **但冗吏一節**은 **未見的確**이니라

先秦과 史漢의 古文을 읽어보면 이따금 말은 간략하나 뜻은 충분히 전달된 문장이 있으니, 이는 진실로 옛사람들이 다 미칠 수 있는 바가 아니었다. 子由(蘇轍)의 글을 읽어보면 이따금 마치 아지랑이가 하늘로부터 내려오는 듯이 야들야들하고 한들한들하며, 포근하고 넘실거려서 사람들로 하여금 그 글을 읽어보게 하면 정신이 바짝 나게 하고도 오히려 기운이 남아도는 문장이 있으니, 이 또한 지금 사람들이 미칠 수 있는 바가 아니다. 신종황제에게 올린 이 글은 오로지 理財에 관한 것만을 다루었는

데, 그 중에는 名言들이 많이 보인다. 단, '冗吏' 1절만은 그에 대한 정확한 논리였음이 발견되지 않는다.

1) 史漢 : 司馬遷의 《史記》와 班固의 《漢書》를 이른다.

2) 遊絲 : 앞의 해제 주 13) 참조.

臣官至疏賤[1)]하니 朝廷之事를 非所得言이니이다 然이나 竊自惟컨대 雖其勢不當進言이나 至於報國之義엔 猶有可得言者니이다 昔仁宗親策直言之士에 臣以不識忌諱로 得罪於有司하니 仁宗이 哀其狂愚하여 力排群議하고 使臣得不遂棄於世하시니 臣之感激에 思有以報 爲日久矣니이다 今者에 陛下 以聖德으로 臨御天下하시니 將大有爲以濟斯世언마는 而臣은 材力駑下하여 無以自效나 竊聽之道路하여 得其一二하니 思致之左右니이다 苟懲創前事[2)]하여 不復以聞하시면 則其思報之誠은 沒世而不能自達이니이다 是以로 輒發其狂言而不知止하노이다

소신은 벼슬이 지극히 疏賤하니 조정의 일을 말할 수 있는 자격이 없습니다. 그러나 가만히 생각하건대, 그 형세에 있어서는 마땅히 진언하지 않아야 되겠지만, 나라의 은혜를 보답하는 의리에 있어서는 오히려 진언할 책임이 있는 것입니다. 옛날 仁宗께서 친히 直言하는 선비를 뽑으실 때에 소신은 忌諱하는 바를 몰랐기 때문에 담당관에게 죄를 얻었는데, 인종께서 소신의 狂愚를 애처롭게 여기어 뭇사람의 비난을 힘써 배격하고 소신이 결국 세상에서 버림받지 않게 하시었으니, 소신은 감격하여 그에 보답할 것을 생각해온 지 오래였습니다.

지금 폐하께서 聖德으로 천하에 臨御하시니, 장차 크게 다스려 이 세상을 구제하게 되실 터인데, 소신은 재질이 노둔하고 힘이 미약해서 보답할 수 없습니다마는, 도로에서 들어 한두 가지 얻은 것이 있으므로 폐하께 진달하려고 합니다. 그러나 폐하께서 만일 소신이 저지른 전일의 일을 경계하여 다시 들으려 하지 않으신다면, 보답을 생각하는 소신의 정성은 죽을 때까지 진달할 길이 없을 것입니다. 이 때문에 소신은 갑자기 狂言을 발설하여 그칠 줄을 모르는 것입니다.

1) 官至疏賤 : 이때 소철은 制置三司條例司의 속관으로 있었다.

2) 前事 : 인종이 정무에 나태함을 간하는 것이다.

臣聞 善爲國者는 必有先後之次라하나이다 自其所當先者爲之면 則其後必擧어니와 自其所當後者爲之면 則先後竝廢니이다 書에 曰 欲升高인댄 必自下요 欲陟遐인댄 必自邇[1)]라하나이다 世未有不自下而能高요 不自近而能遠者니이다 然이나 世之人은 常鄙其下而厭其近하고 務先從事於高遠하니 不知其不可得也니이다 詩에 曰 無田甫田하라 維莠驕驕라 無思遠人하라 勞心忉忉[2)]니라하니 以爲田甫田而力不給이면 則田茀而不治니 不若不田也니이다 思遠人而德不足이면 則心勞而無獲이니 不若不思也니이다 欲田甫田인댄 則必自其小者始니 小者之有餘면 而甫田可啓矣니이다 欲來遠人인댄 則必自其近者始니 近者之旣服이면 而遠人自至矣니이다 苟由其道면 其勢可以自得이요 苟不由其道면 雖彊求而不獲也니이다 臣愚不肖하여 蓋嘗試妄論今世先後之宜하되 而竊觀陛下設施之萬一하니 以爲所當先者는 失在於不爲하고 而所當後者는 失在於太早니이다 然이나 臣非敢以爲信然也라 特其所見이 有近於是者니이다 是以로 因其近似而爲陛下深言之하노이다

소신은 듣건대 "나라를 잘 다스리는 자는 반드시 먼저 할 일과 뒤에 할 일의 次序를 정해둔다."고 합니다. 먼저 해야 할 일부터 한다면 뒤에 할 일이 반드시 거행되지만, 뒤에 해야 할 일부터 한다면 먼저 할 일과 뒤에 할 일이 모두 폐지되는 것입니다. ≪書經≫에서 이르기를 "높은 곳을 오르려고 하면 반드시 아래서부터 올라가야 하고, 먼 곳을 가려고 하면 반드시 가까운 곳에서부터 가야 한다."고 하였으니, 세상에는 아래에서부터 올라가지 않고도 높은 곳을 오르는 자와, 가까운 곳에서부터 가지 않고도 먼 곳을 가는 자는 있지 않습니다. 그러나 세상 사람들은 낮은 것을 비루하게 여기고 가까운 것을 싫어하여, 우선 높고 먼 것에 힘써 종사하지만 결코 얻을 수 없다는 것을 알지 못합니다.

≪詩經≫에서 이르기를 "큰 밭을 농사짓지 말지어다. 잡초가 무성하고 무성하리라. 멀리 있는 사람을 그리워하지 말지어다. 마음이 무척 애달프고 괴로우리라."고 하였습니다. 그것은 '큰 밭을 농사짓되 힘이 부족하면 밭이 풀만 우거지고 가꾸어지지 못하니 아예 농사짓지 않는 것만 못하며, 멀리 있는 사람을 그리워하되 덕이 부족하면 마음만 수고롭고 얻는 것이 없으니 아예 그리워하지 않는 것만 못하다.'고 여긴 것입니다.

큰 밭을 농사지으려고 한다면 반드시 작은 밭부터 농사를 시작해야 할 것이니, 작은

밭을 농사짓되 힘이 남아돌면 큰 밭을 개간할 수 있을 것입니다. 멀리 있는 사람을 오게 하려고 한다면 반드시 가까이 있는 사람부터 오게 해야 할 것이니, 가까이 있는 사람이 이미 심복하면 멀리 있는 사람은 저절로 이를 것입니다. 진실로 그 길로 말미암으면 형세를 스스로 얻을 수 있거니와, 진실로 그 길로 말미암지 않는다면 비록 애써 구한다 하더라도 얻지 못할 것입니다.

소신은 어리석은 생각으로 시험 삼아 지금 세상에서 먼저 해야 할 일과 뒤에 해야 할 일을 망령되이 논하였사온데, 가만히 폐하께서 設施하시는 일의 한 측면을 보니 응당 먼저 해야 할 일은 그 실책이 하시지 않는 데에 있고, 응당 뒤에 해야 할 일은 그 실책이 너무 빨리 하시는 데에 있습니다. 그러나 소신은 감히 그것을 자신 있게 말씀드리는 것은 아닙니다. 다만 보는 바가 이에 가까운 것이 있을 뿐입니다. 이 때문에 그 비슷한 것을 가지고 폐하를 위해서 깊이 말씀드리는 것입니다.

1) 欲升高……必自邇 : ≪書經≫ 〈商書 太甲 下〉에는 "높은 곳에 오름은 반드시 아래로부터 시작함과 같으며, 먼 곳에 오름은 반드시 가까운 곳에서 시작함과 같다.〔若升高 必自下 若陟遐 必自邇〕"라 하였다.

2) 無田甫田……勞心忉忉 : ≪詩經≫ 〈齊風 甫田〉에 나온다.

伏惟 陛下는 卽位以來로 躬親庶政하사 聰明睿智하고 博達宏辯하시며 文足以經治하고 武足以制斷하시며 重之以勤勞하고 加之以恭儉하시니이다 凡古之帝王이 曠世而不能有一焉者를 陛下는 一旦兼而有之矣니이다 夫以天縱之姿로 濟之以求治之心하며 施之於事하시니 宜無爲而不成이요 無欲而不遂니이다 今也爲國歷年於玆나 而治不加進이요 天下之弊 日益於前世하니 天下之人이 未知所以適治之路니이다 災變橫生하고 川原震裂하고 江河湧沸하고 人民流離하고 災火繼作하되 歷月移時而其變不止하니 此臣所以日夜思念而不曉하여 疑其先後之次에 有所未得者也니이다

삼가 생각하옵건대, 폐하께서는 즉위하신 이래로 몸소 모든 정사를 살피시는데, 총명하시고 지혜로우시며, 박학하시고 통달하시며, 또한 언변이 달변이시며, 文은 충분히 정치교화를 경영할 수 있고, 武는 충분히 제재하고 결단할 수가 있습니다. 게다가 勤勞까지 하시고, 또 恭儉까지 하십니다. 무릇 옛날의 帝王이 오랜 세대를 지내도록

한 가지도 가지지 못한 것을 폐하께서는 하루아침에 여러 가지를 겸해 가지셨습니다.

폐하께서는 하늘이 부여한 아름다운 자질에다가 세상을 잘 다스려보려는 마음을 가지고 일을 시행하고 계시니, 하시는 일이 성공하지 못할 것이 없고, 하려고 하시면 이루지 못할 일이 없을 것입니다. 그런데 지금 나라를 다스리신 지 2년이 되었는데도 정치는 더 전진되지 못하고, 천하의 폐단은 매일 前代보다 늘어나고 있으니, 온 천하 사람이 治理에 가는 길을 알지 못하는 것입니다.

災變은 뜻밖에 발생하고, 방천은 지진으로 갈라지고, 강물은 끓어오르고, 인민은 정처 없이 떠돌고, 災火는 계속 일어납니다. 달이 가고 계절이 가도 재변은 그칠 줄 모르고 일어납니다. 이 일이 바로 소신이 밤낮으로 생각해도 이해되지 않는 것인데, 먼저 해야 할 일과 뒤에 해야 할 일의 순서가 바뀌어서 그런 것이 아닌가 하고 의심을 하게 됩니다.

夫今世之患은 **莫急於無財而已**니이다 **財者**는 **爲國之命而萬事之本**이니 **國之所以存亡**과 **事之所以成敗**가 **常必由之**니이다 **昔趙充國**은 **論備邊之計**하되 **以爲湟中穀斛八錢**이니 **糴三**[1]**百萬斛**이면 **羌人**이 **不敢動矣**[2]라하고 **諸葛亮**은 **用兵如神**하되 **而以糧道不繼**로 **屢出無功**이니이다 **由是觀之**컨대 **苟無其財**면 **雖有聖賢**이라도 **不能自致於跬步**요 **苟有其財**면 **雖庸人**이라도 **可以一日而千里**니이다

지금 세상의 우환거리는 재물이 없는 것보다 더 급한 것은 없습니다. 재물은 나라의 운명과 만사의 근본이 되는 것이니, 나라의 존망과 일의 성패가 항상 재물에 달려 있습니다. 옛날 趙充國은 변방을 수비하는 계책에 대해 논하되 "湟中의 곡물 값이 1斛에 8錢이 되니, 3백만 곡의 곡물을 사들이면 오랑캐가 감히 움직이지 못할 것이다."라고 하였고, 諸葛亮은 用兵을 神처럼 잘하였으나 군량 보급로가 이어지지 못했기 때문에 여러 번 출전했음에도 전공을 세우지 못하였습니다.

이것으로 보건대, 재물이 없으면 아무리 성현이라 하더라도 앞으로 반걸음도 나아갈 수 없고, 재물이 있으면 아무리 용렬한 사람이라 하더라도 하루에 천리를 갈 수 있을 것입니다.

1) 三 : ≪漢書≫ 〈趙充國傳〉에는 '二'로 되어 있다.

2) 湟中……不敢動矣 : 미리 군량을 비축하면 적을 제어할 수 있다는 말이다.

陛下頃以西夏不臣으로 赫然發憤하사 建用兵之策하고 招來橫山[1]之民하여 將奪其險阻하고 破壞其國而後已니이다 方是之時엔 夏人이 殘虐失衆하니 橫山之民이 厭苦思漢[2]하고 而又乘其荐饑하여 苟加之以兵이면 此非計之失者也니이다 然而沿邊엔 無數月之糧이요 關中엔 無終歲之儲로되 而所興之役에 有莫大之費어늘 陛下方且泰然不以爲憂하고 以爲萬擧而有萬全之功이시니이다

폐하께서는 전번에 西夏가 臣服하지 않는다는 이유로 발끈 화를 내시어 出兵 대책을 세우고 橫山의 백성들을 불러들여 장차 그들의 험한 지역을 점령하고 그들의 나라를 파괴하려고 하셨습니다. 그때는 서하 사람이 잔인하고 포악하여 민심을 잃었기 때문에 횡산 백성들이 그들의 고역이 싫어서 宋王朝로 귀화할 생각을 갖고 있었고, 또 계속 흉년이 들었으니 그 기회를 타서 전쟁을 일으킨다면 절대 잘못된 계획은 아니었습니다.

그러나 沿邊에는 몇 달 먹을 식량도 없고, 關中에는 1년 먹을 식량도 비축되어 있지 않았는데, 전쟁을 일으키면 막대한 비용이 들 것인데도 폐하께서는 태연히 걱정하지 않으시고 무슨 일을 하든지 萬全의 공이 있을 것으로 생각하고 계셨습니다.

1) 橫山 : 綏州와 함께 永興軍路에 속하였는데, 宋代에 橫山砦가 있었다.
2) 漢 : 宋王朝를 代稱한 것이다.

既而邊臣[1]이 失律하여 先事輕發[2]하고 亦既入踐其國하여 係虜其民矣니이다 然而陛下는 得其地而不敢收하고 獲其人而不敢臣하시니 雖有成功이나 而不能繼也니이다 其終卒致於廢黜謀臣[3]而講和好니이다 夫陛下謀之於期年之前하고 而罷之於既發之後하니 豈以爲是失當而悔之哉리잇가 誠無財以善其後爾니이다 且夫財之不足이 是爲國之先務也니이다 至於鞭笞四夷하고 臣服異類는 是極治之餘功이요 而太平之粉飾也니이다 然이나 今且先之하시니 此臣所以知其先後之次에 有所未得者也니이다

얼마 안 가서 변방에 주둔한 신하가 軍律을 어기고 먼저 일을 시작하여 경솔하게

군사를 출동하였고, 또한 그들이 이미 서하의 영토에 들어가서는 인민을 노획하였습니다. 그러나 폐하께서는 그 땅을 얻었지만 결국 거둬들이지 못하고, 그 인민을 노획했지만 결국 신복시키지 못하셨으니, 비록 성공은 하였으나 지속적으로 유지할 수가 없었습니다. 그리하여 끝내는 謀臣을 폐출시키고 오랑캐와 화친을 맺게 되었습니다. 폐하께서는 1년 전에 모의하게 하고 이미 출동한 뒤에 파하셨으니, 어찌 이것이 온당함을 잃고 후회하신 것이라 할 수 있겠습니까? 참으로 뒷마무리를 잘할 재정이 없었던 것입니다. 재정의 부족은 나라를 다스리는 급선무입니다.

사방의 오랑캐를 매질하고 이민족을 臣服시키는 것은 바로 세상을 잘 다스리는 정치의 여력으로 되는 일이고, 태평성세에서의 금상첨화입니다. 그러나 지금 그것을 우선으로 하시니, 이래서 소신은 그 먼저 할 일과 뒤에 할 일의 순서에 어긋남이 있었음을 알게 된 것입니다.

1) 邊臣 : 변방에 주둔한 신하. 곧 种諤을 가리킨다.
2) 先事輕發 : 적이 국경을 침략하지 않은 상태에서 먼저 군사를 출동하는 일을 말한다.
3) 謀臣 : 모사를 꾸미는 신하를 이른다.

今者에 **陛下懲前事之失**하사 **出秘府**[1]**之財**하고 **徙內郡**[2]**之租賦**하여 **督轉漕**[3]**之吏**하여 **使備沿邊三歲之畜**하시니 **臣以此疑陛下之有意乎財矣**니이다 **然**이나 **猶以爲未也**니이다 **何者**오 **秘府之財**는 **不可多取**요 **而內郡之民**은 **不可重困**이니 **可以紓目前之患**이나 **而未可以爲長久之計**니이다 **此臣所以求效其區區而不能自已也**니이다

지금 폐하께서 전에 있었던 일의 실수에 대해 경계심을 가지시고 秘府의 재물을 꺼내고 內郡의 租賦를 옮겨다가, 轉漕를 담당하는 관리를 독려하여 연변에서 3년 동안 먹을 식량을 비축하도록 하시니, 소신은 이 때문에 아마도 폐하께서 재정에 대해 관심을 가지셨다고 여겼습니다. 그러나 이것은 오히려 재정을 비축하는 방법이 못 됩니다. 왜냐하면 秘府의 재물은 많이 꺼내다 써서는 안 되고, 內郡의 백성은 거듭 피곤하게 해서는 안 되기 때문입니다. 그러니 그렇게 하시는 것은 재용이 부족한 목전의 근심을 풀 수는 있으나 장구한 계책이 될 수는 없는 것입니다. 이래서 소신은 진정한 뜻을 표

출하기 위하여 가만히 있지 못하는 것입니다.

1) 秘府 : 궁중의 창고를 이른다.
2) 內郡 : 內地의 郡縣. 곧 중원 일대를 가리킨다. 沿邊과 대가 된다.
3) 轉漕 : 지방의 조세 등을 陸路로 운반하는 것을 轉, 水路로 운반하는 것을 漕라 한다.

蓋善爲國者는 不然하니 知財之最急이요 而萬事賴焉이니이다 故로 常使財勝其事하고 而事不勝財라야 然後에 財不可盡이요 而事無不濟니이다 財者는 車馬也요 事者는 其所載物也니이다 載物者는 常使馬輕其車하고 車輕其物하여 馬有餘力하고 車有餘量이라야 然後에 可以涉塗泥하되 而車不僨이요 登坂險하되 而馬不蹎이니이다 今也엔 四方之財를 莫不盡取하여 民力屈矣로되 而上用不足하고 平居惴惴하여 僅能以自完이나 而事變之生을 復不可料니이다

나라를 잘 다스리는 사람은 그렇게 하지 않으니, 재물이 가장 긴급하고 모든 일이 그것에 힘입음을 알기 때문입니다. 그러므로 항상 재물이 그 일을 이기고 일이 재물을 이기지 않게 해야 합니다. 그래야만 재물은 다하지 않을 수 있고, 일은 이루어지지 않는 것이 없습니다.

〈비유하자면〉 재물이란 車馬와 같은 것이고, 일이란 수레에 실린 물건과 같은 것입니다. 물건을 싣는 사람은 항상 말에게는 가벼운 수레를 채우고, 수레에는 가벼운 물건을 실어, 말에게 남은 힘이 있고 수레에 남은 공간이 있은 연후에야 진흙길을 가더라도 수레가 엎어지지 않고, 험한 비탈을 오르더라도 말이 넘어지지 않습니다. 현재는 사방의 재물을 다 가져다 써서, 백성들의 힘이 다하였지만 국가의 용도는 부족하여 항상 불안해하고, 겨우겨우 유지해가지만 언제 사변이 생길지 다시 헤아릴 수 없는 일입니다.

譬如弊車羸馬로 而引丘山之載니 幸而無虞라도 猶恐不能勝이요 不幸而有陰雨之變과 陵谷之險이면 其患必有不可知者니이다 故로 臣深思極慮하여 以爲方今之計는 莫如豐財나 然이나 臣所謂豐財者는 非求財而益之也요 去事之所以害財者而已矣니이다 夫使

事之害財者未去면 雖求財而益之라도 財愈不足이요 使事之害財者盡去면 雖不求豊財나 然而求財之不豊도 亦不得也니이다 故로 臣謹爲陛下言事之害財者三이니 一曰冗吏요 二曰冗兵이요 三曰冗費니이다

비유하자면 부서진 수레와 수척한 말로 丘山처럼 실은 짐을 끌게 하는 것과 같으니, 다행히 뜻밖의 禍患은 없다 하더라도 오히려 짐을 이기지 못할까 두렵고, 불행히 陰雨의 이변과 陵谷의 험지를 만난다면 그 반드시 예측할 수 없는 화환이 있을 것입니다. 그러므로 소신은 깊이 생각하여 "오늘날의 계책으로는 재물을 풍성하게 마련하는 계책만 한 것이 없다."고 말씀드리는 것입니다.

그러나 소신이 이른바 "재물을 풍성하게 한다."는 것은 재물을 구해서 불리는 것이 아니고, 재물을 축내는 일을 제거하는 것일 뿐입니다. 재물을 축내는 일을 제거하지 않는다면 비록 재물을 구해서 불린다 하더라도 재물은 오히려 부족할 것이요, 재물을 축내는 일을 모두 제거한다면 비록 재물을 풍성하게 하는 것을 구하지 않더라도 또한 불가능할 것입니다. 그러므로 소신은 삼가 폐하를 위하여 재물을 축내는 일 세 가지를 말씀드리오니, 첫째는 쓸데없는 관리요, 둘째는 쓸데없는 군사요, 셋째는 쓸데없는 비용입니다.

冗吏之說曰 請原古之所以置吏之意하나이다 有是民也하고 而後에 有是官이요 有是官也하고 而後에 有是吏라 量民而置官하고 量官而求吏니 其本은 凡以爲民而已니이다 是以로 古者엔 卽其官以取人이니이다 郡縣之職缺이어든 而取之於民하고 府寺[1]之屬缺이어든 而取之於郡縣이니이다 出以爲守令하고 入以爲卿相하니 出入相受[2]하고 中外相貫[3]하며 一人去之어든 一人補之하니 其勢不容有冗食之吏니이다

쓸데없는 관리에 대한 설명은 청컨대 옛날에 관리를 두게 된 뜻을 추구해서 말씀드리겠습니다. 백성이 있은 뒤에 관직이 있고, 관직이 있은 뒤에 관리가 있는지라, 백성을 헤아려서 관직을 두고 관직을 헤아려서 관리를 두는 것이니, 그 근본 목적은 백성을 위하는 것일 뿐입니다. 그러므로 옛날에는 관직을 감안해서 인원을 뽑았습니다. 郡縣의 관직에 결원이 생기면 그 인원을 백성에게서 뽑고, 府寺의 屬官에 결원이 생기면 그 인원을 군현에서 뽑았습니다. 지방으로 나가면 守令이 되고, 중앙으로 들어오면 卿

相이 되었으니, 나가고 들어가며 상호 교체하고, 중앙과 지방이 상호 교통하며, 한 사람이 관직에서 떠나면 한 사람을 뽑아 그 자리에 보충하였으니, 형세상 쓸데없이 녹을 받아먹는 관리가 있을 수 없었습니다.

1) 府寺(부시) : 중앙 관청이다.

2) 相受 : 상호 교체하는 것이다.

3) 相貫 : 관직을 서로 통하는 것이다.

近世以來로 **取人不由其官**하니 **士之來者無窮**하고 **而官有限極**이라 **於是**에 **兼守判知**[1] **之法**이 **生**하여 **而官法**[2]이 **始壞**하고 **浸淫分散**하여 **不復其舊**니이다 **是以**로 **吏多於上**하고 **而士多於下**하여 **上下相窒**이 **譬如決水於不流之澤**이니이다 **前者未盡**에 **來者已至**하니 **塡咽充滿**하여 **一陷於其中而不能出**이니이다 **故**로 **布衣之士**[3]는 **多方以求官**하고 **已仕之吏**는 **多方以求進**이니이다 **下慕其上**하고 **後慕其前**하며 **不愧詐僞**하고 **不恥爭奪**하니 **禮義消亡**하고 **風俗敗壞**하여 **勢之窮極**이 **遂至於此**니이다

근세 이래로는 관직을 감안하지 않고 사람을 마구 뽑으니, 몰려오는 선비들은 한이 없고 관직에는 한계가 있는지라, 이에 兼·守·判·知의 법이 생겨나 官法이 비로소 무너지고, 그 폐습이 만연·분산되어 옛 법을 회복할 수 없습니다. 이 때문에 위에는 관리들이 많고 아래에는 선비들이 많아 위와 아래가 서로 막히는 것이, 비유하자면 마치 흐르지 않는 못에다가 물을 터놓는 것과 같습니다. 앞에 있는 사람이 아직 관직에서 다 떠나지도 않았는데, 벼슬하러 온 사람들은 이미 이르니, 공간이 꽉 차 넘치므로 한번 그 속에 빠지면 도저히 헤어날 수가 없습니다.

그러므로 평민은 여러 방면으로 벼슬을 구하고, 이미 벼슬을 한 관리는 여러 방면으로 승진의 길을 찾습니다. 아랫자리에 있는 사람은 윗자리에 있는 사람을 흠모하고, 뒷자리에 있는 사람은 앞자리에 있는 사람을 흠모하며, 사기와 허위를 행하는 것도 부끄러워하지 않고, 관직을 쟁탈하는 것도 부끄러워하지 않으니, 예의가 소멸되고 풍속이 파괴되어 사세가 극도에 달함이 결국 이 지경에 이르렀습니다.

1) 兼守判知 : ≪通典≫에는 "檢校, 兼, 守, 判, 知의 類는 모두 本制가 아니다.〔檢校兼守判知之類 皆非本制〕"란 말에 대하여 "檢校라는 것은 어떤 벼슬 앞에 붙어

임시직을 나타낸다. 階가 높고 官이 낮은 경우는 行이라 칭하고, 階가 낮고 官이 높은 경우는 守라 칭하며, 階와 官이 같은 경우는 行·守자가 없다. 判官이란 것은 어떤 벼슬을 맡는 것이고, 事知란 것은 어떤 벼슬의 일을 맡는 것이다.〔檢校者 云檢校某官某 階高而官卑者 稱行 階卑而官高者 稱守 階官同者 無行守字 判官者 云判某官 事知者 云知某官事〕"라고 주를 달아, '兼守'는 行守法에 의해 풀이하고, 判은 判官, 知는 知事로 보았는데, 判知를 判官·知事로 본 것은 수긍이 가지만 '兼守'를 행수법에 의해 풀이한 것은 이해하기 어렵다.

2) 官法 : 大臣을 선택하는 법규이다.

3) 布衣之士 : 베옷을 입은 선비라는 뜻으로, 平民을 가리킨다.

夫人情은 **紓則樂易**하고 **樂易則有所不爲**하며 **窘則懣亂**하고 **懣亂則無所不至**니이다 **今使衆人**으로 **相與**[1]**皆出於隘**하여 **足履相躡**하고 **肩肘相逮**하여 **傍徨而不得進**하며 **又將禁其奔走而爭先者**니 **苟將禁之**인댄 **則莫如止來者而闢其隘**니이다 **今也**엔 **驅市人而納之**라가 **不勝其多也**라 **設險於中塗而艱難之**하나이다 **是以**로 **法愈設而爭愈甚**하니 **惟陛下**는 **以時救之**하시되 **下哀痛之書**하여 **明告天下**하시고 **以吏多之故**로 **與之更立三法**하소서

사람은 형편이 펴지면 마음이 편안하고 마음이 편안하면 하지 않는 일이 있으며, 형편이 군색하면 마음이 어지럽고 마음이 어지러우면 못할 일이 없습니다. 지금 뭇사람들로 하여금 모두 좁은 길로 나가서 발이 서로 밟히고 어깨가 서로 부딪쳐서 어정거리며 앞으로 나아가지 못하게 하며, 또 장차 빨리 달려서 선두를 다투는 것을 금하려고 하니, 장차 금하려고 한다면 오는 사람을 중지시키고 좁은 길을 확장하는 것만 못합니다.

그런데 지금은 저자 사람들까지 몽땅 몰아서 들이밀다가 너무 많은 것을 견디지 못하는지라, 중도에 장애물을 설치하여 통래하기 어렵게 만들고 있습니다. 이 때문에 법이 더욱 베풀어질수록 다툼이 더욱 치열해가니, 오직 폐하께서는 제때에 구제하시되 애통을 표하는 글을 내려서 온 천하에 밝게 고하시고, 관리가 많은 까닭으로 아울러 다시 세 가지 법을 세우소서.

1) 相與 : 一同과 같다.

其一은 使進士諸科[1] 增年[2]而後舉면 其額不增이요 累舉多者는 無推恩[3]이니이다 其說曰 凡今之所以至於不可勝數者는 以其取之之多也니이다 古之人은 其擇吏也甚精하니 人知吏之不可以妄求라 故로 不敢輕爲士[4]하고 爲士者는 皆其修潔之人也니이다 今世之取人은 誦文書하고 習程課하면 未有不可爲吏者也니이다 其求之不難而得之甚樂이라 是以로 群起而趨之니이다

첫째는 進士·諸科를 시행하는 年數의 간격을 늘려서 시험을 보이면 그 인원수가 늘어나지 않을 것이고, 여러 번 貢擧에 참여하여 급제하지 못한 사람에게는 벼슬을 주는 일이 없어야 할 것입니다. 그에 대해 설명을 드리겠습니다.

지금 인원수가 이루 다 헤아릴 수 없는 지경에 이른 것은 너무 많이 뽑기 때문입니다. 옛날 사람은 관리를 뽑을 때 매우 정밀하게 뽑았기 때문에, 사람들이 관리는 망령되이 구할 수 없다는 것을 알았습니다. 그러므로 감히 가벼이 선비가 되지 않았고, 선비가 된 사람은 모두 깨끗하게 몸을 닦은 사람들이었습니다.

지금 세상에 사람을 뽑는 것을 보면 글을 외우고 과정만 익히면 관리가 되지 않을 자가 없습니다. 그래서 벼슬을 구하는 데 어려움을 느끼지 못하고, 벼슬을 얻으면 몹시 기뻐하게 됩니다. 이 때문에 떼로 일어나서 〈과거 보러〉 달려가는 것입니다.

1) 進士諸科 : 宋代에는 貢擧科目에 進士·諸科·武擧 등이 있었다.
2) 增年 : 1년이나 또는 2년을 건너뛰어서 貢擧를 하는 일이다.
3) 累擧多者 無推恩 : 여러 차례 貢擧에 참여하여 시험에 뽑히지 못한 사람에게는 벼슬을 주지 말도록 하라는 뜻이다. 당시 통치자가 느슨하게 과거제도를 정하여 항상 공거에 많이 참여한 사람에게는 벼슬을 주고 있었다. 이를테면 仁宗朝에서 다섯 번 내지 일곱 번 공거에 참여한 자는 그 이름을 아뢰도록 명한 것과 같은 것이다.
4) 士 : 글을 읽어 벼슬을 하는 사람을 이른다.

凡今農工商賈之家는 未有不捨其舊而爲士者也니이다 爲士者日多나 然而天下益以不治니이다 擧今世所謂居家不事生產하여 仰不養父母하고 俯不恤妻子하며 浮游四方하고 侵擾州縣하며 造作誹謗者면 農工商賈不與也니이다 祖宗之世[1]에 士之多少 其比於

今에 不能一二也니이다 然이나 其削平僭亂[2)]하고 創制立法[3)]하며 功業卓然하여 見於後世하니 今世之士는 不敢望其萬一也니이다 士之多不及於今世나 而功則過之는 無足怪者니이다 取之至少면 則人不敢輕爲士니 其所取者는 皆州郡之選人也니이다 故로 爲是法하여 使人知上意之所向이면 十年之後에는 無實之士가 將不黜而自減이니이다 且夫設科以待天下之士는 蓋將使其才者得之하고 不才者不可得也라 吾則取之나 而彼則不能得이언마는 猶曰雖不能得이나 而累擧多者를 必取無棄면 則是는 以官徇人也니이다 且累擧之士는 類非少年矣라 耳目昏塞하고 筋力疲倦而後得之니 數日而計之하여 知其不能有所及也면 則其爲政에 無所賴矣리이다

지금 農家・工家・商賈家에서는 舊業을 팽개치고 선비가 되지 않는 자가 없습니다. 선비가 되는 자는 날로 늘어나지만, 천하는 더욱 다스려지지 않고 있습니다. 지금 세상에 소위 '집에서 생산을 일삼지 않아, 위로는 부모를 봉양하지도 않고 아래로는 처자를 돌보지도 않고, 사방을 놀러 다니며 州縣을 시끄럽게 하고 誹謗을 조작하는 자'를 든다면, 농・공・상고는 거기에 참여되지 않습니다.

祖宗의 세대에는 선비의 숫자가 오늘날에 비하면 10분의 1, 2가 되지 않았습니다. 그러나 반란을 평정하고 법률을 제정하며 功業이 높이 후세에까지 나타났으니, 지금 세상의 선비는 감히 만에 하나라도 그런 공업을 바랄 수 없습니다. 선비의 숫자가 지금 세상의 선비 숫자에 훨씬 미치지 못하였으나 공이 훨씬 많았던 것은 족히 괴이하게 여길 것이 없습니다. 선비를 뽑는 숫자가 워낙 적으면 사람들이 감히 가볍게 선비가 될 수 없으니, 뽑힌 자들은 모두 州郡에서 선발해온 우수한 인재들이었습니다.

그러므로 이런 법을 만들어 사람들로 하여금 성상의 뜻이 지향하는 바를 알게 하신다면, 10년 뒤에는 실제 재능이 없는 인사가 장차 퇴출하지 않더라도 저절로 감소될 것입니다. 또 과거를 설시하여 천하의 선비를 기다리는 것은 장차 재능이 있는 자는 벼슬을 얻고, 재능이 없는 자는 벼슬을 얻을 수 없게 하려는 것이라, 나는 취택한다 해도 그들은 벼슬을 얻을 수 없건마는, 오히려 "비록 벼슬을 얻지 못한다 하더라도 여러 번 공거에 참여하는 자를 반드시 취택하고 버리지 않는다."고 한다면 이것은 관직으로 사람을 따르는 것입니다.

또한 여러 번 공거에 참여한 인사는 모두가 소년이 아닌지라, 눈이 어둡고 귀가 먹

고 근력이 떨어진 뒤에야 벼슬을 얻으니, 날짜를 헤아려서 점검해보아 치적이 있을 수 없음을 알게 된다면 정사를 함에 힘입은 바가 없을 것입니다.

1) 祖宗之世 : 宋 太祖 趙匡胤의 세대를 가리킨다.
2) 削平僭亂 : 송 태조가 군사를 일으켜 반란을 평정한 일을 가리킨다.
3) 創制立法 : 법률을 제정함이다.

今有人畜牛羊而求牧에 **旣取其壯者**하고 **又取其老者**하되 **取其壯者曰 吾取其力也**라하고 **取其老者曰 吾憐其老也**라하니 **如憐其老而已**면 **則曷爲以累牛羊哉**리잇가 **苟誠**[1]**以爲有遺才焉**이면 **則今所謂遺逸之書**에 **有以收之矣**리이다

지금 어떤 사람이 소와 양을 사육하기 위하여 목장을 구해놓고는 〈소와 양을 취택할 때에〉 이미 장성한 놈을 취택하고 또 늙은 놈을 취택하되, 장성한 놈을 취택할 때는 "나는 그 힘을 취택한다."라고 말하고, 늙은 놈을 취택할 때는 "나는 그 늙음을 불쌍히 여긴다."라고 말하니, 만약 그 늙음을 불쌍히 여길 뿐이라면 어떻게 수놈 구실을 할 수 있겠습니까? 만일 발탁되지 못한 인재가 있다고 여긴다면 지금 이른바 '遺逸을 올리는 서적'에 〈그들의 사적을〉 수록하면 될 것이지, 〈늙음을 불쌍히 여기어 관직을 줄 필요는 없는 것입니다.〉

1) 苟誠 : 假如와 같다.

其二는 **使官至於任子**[1]**者**니이다 **任其子之爲後者**하여 **世世祿仕**[2]**於朝**하고 **襲簪紱**[3]**而守祭祀**하면 **可以無憾矣**리이다 **然而爲是法也**면 **則必始於二府**[4]리이다 **法行於賤而屈於貴**면 **天下將不服**이리이다 **天下不服**하고 **而求法之行**이면 **不可得也**리이다 **蓋矯失以救患者**는 **必有所過而後濟**니이다 **臣非不知二府之不可以齒庶官也**니이다

둘째는 관직을 아들에게 물려주게 하는 것입니다. 뒤를 이을 아들에게 관직을 물려주어 대대로 조정에서 벼슬하며 녹을 받아먹고, 관직을 물려받아 조상의 제사를 지키게 한다면 유감이 없을 것입니다. 그러나 이 법을 제정하면 반드시 二府에서부터 시행되어야 할 것입니다. 법이 낮은 자에게만 시행되고 높은 자에게는 굴한다면 천하가 장차 복종하지 않을 것입니다. 천하가 복종하지 않고서도 법이 시행되기를 요망한다면

그것은 될 수 없을 것입니다. 대개 잘못을 바로잡아 禍患을 구제하는 것은 반드시 과오를 저지른 바가 있는 뒤에 구제하는 것입니다. 소신은 이부가 일반 관직에 낄 수 없다는 것을 모르는 바는 아닙니다.

1) 任子 : 부형의 공훈을 갚기 위하여 그 자제에게 벼슬을 주는 것이다.
2) 祿仕 : 녹을 받아먹기 위해 벼슬하는 것이다.
3) 簪紱 : 簪冠과 纓帶. 곧 관원의 복식으로, 관직을 뜻한다.
4) 二府 : 宋代에는 中書省과 樞密院을 일컬었다.

其三은 使百司[1]各損其職掌[2]하여 而多其出職[3]之歲月이니이다 其說曰 百司를 臣不得而盡詳也니 請言其尤甚者는 莫如三司[4]니이다 三司之吏를 世以爲多而不可損은 何也오하면 國計[5]重而簿書[6]衆也라하나 臣以爲不然이니이다 主大計者는 必執簡以御繁하되 以簡自處하고 而以繁寄人이니 以簡自處면 則心不可亂이요 心不可亂이면 則利至而必知하고 害至而必察이니이다 以繁寄人이면 則事有所分하고 事有所分이면 則毫末不遺하고 而情僞必見이니이다

셋째는 百司가 각각 주관하는 일을 덜어서 직무를 맡는 기간이 오래가게 하는 것입니다. 그에 대해 설명을 드리겠습니다. 백사는 〈범위가 넓어서〉 소신이 다 자세하게 말씀드릴 수 없으니, 그 중에서 더욱 심한 것은 三司만 한 것이 없으므로 〈삼사를 가지고 말씀드리겠습니다.〉

"삼사의 관리를 세상 사람들이 많다고들 하는데, 감원할 수 없는 것은 무엇 때문인가?"라고 하면 "국가대계가 중대하고 簿書가 많기 때문이다."라고 하는데, 소신은 그렇지 않다고 생각합니다. 국가대계를 주관하는 사람은 반드시 간단한 근본의 도리를 가지고 번잡한 사무를 다스리되 자신은 한가한 위치에 처하고 번잡한 사무를 사람들에게 분배해야 할 것이니, 자신이 한가한 위치에 처하면 마음이 어지럽지 않고, 마음이 어지럽지 않으면 이익이 되는 일이 이름에 반드시 알게 되고, 해로운 일이 이름에 반드시 살피게 됩니다. 번잡한 사무를 사람들에게 분배하면 직무관장에 분담하는 바가 있고, 직무관장에 분담하는 바가 있으면 털끝만 한 일도 빠뜨리지 않고 실정과 거짓이 반드시 드러나게 될 것입니다.

1) 百司 : 조정의 대신 이하 모든 벼슬아치를 총칭한다.
2) 職掌 : 주관하는 일을 가리킨다.
3) 出職 : 任職과 같다.
4) 三司 : 鹽鐵使・度支使・戶部使로 모두 財賦를 관리하는 관리이다.
5) 國計 : 나라를 다스리는 방침과 계략을 이른다.
6) 簿書 : 재정출납을 기록한 문서이다.

今則不然하여 擧四海之大로되 而一毫之用도 必會於三司라 故로 三司者는 案牘[1]之委[2]也니이다 案牘旣積이면 則吏不得不多요 案牘積而吏多면 則欺之者衆이니 雖有大利害라도 不能察也니이다 夫天下之財를 下自郡縣으로 而至於轉運[3]히 轉相鉤較[4]면 足以爲不失矣니이다 然이나 世常以轉運使爲不可獨信이라 故로 必至於三司而後已니이다 夫苟轉運使之不可獨信이요 而必三司之可任이면 則三司未有不責成於吏者니 豈三司之吏가 則重於轉運使歟잇가 故로 臣以爲天下之財는 其詳[5]可分於轉運使요 而使三司歲攬其綱目이니 旣使之得優游以治財貨之源이면 又可頗損其吏하여 以絶亂法之弊니이다 苟三司도 猶可損也어든 而百司可見矣리이다

그런데 지금은 그렇지 않아, 四海의 광대한 지역을 보더라도 아무리 적은 재용에 관한 문서도 반드시 三司에 집중됩니다. 그러므로 삼사란 데는 문서가 쌓이는 장소입니다. 문서가 이미 쌓이면 관리가 많지 않을 수 없고, 문서가 쌓이고 관리가 많으면 속이는 자가 많기 마련이니, 비록 큰 이해관계가 있다 하더라도 살필 수가 없습니다.

천하의 재물에 대해서 아래로 郡縣에서부터 轉運에 이르기까지 잘못 관리하는 일이 있는가를 상호 살펴서 확인한다면, 결코 잘못 관리하는 일이 없을 것입니다. 그러나 세상 사람들은 항상 전운사를 믿을 수 없다고 합니다. 그러므로 반드시 〈문서가〉 삼사에 이른 뒤에야 그만둡니다. 진실로 전운사를 믿을 수 없고 반드시 삼사에게 맡겨야 된다면 삼사에서는 관리에게 임무완성을 책임 지우지 않을 수 없으니, 삼사의 관리가 전운사보다 책임이 무거운가 봅니다.

그러므로 소신은 '천하의 재물에 대해서는 그 세목을 전운사에 분담시키고 삼사로 하여금 해마다 그 대강과 세목을 총괄하게 할 것이니, 이미 삼사로 하여금 여유 있게

財貨의 근원을 다스리도록 하였으면, 또 그 관리를 감원하여 관리방법을 혼란케 하는 폐단을 끊어야 될 것'이라고 생각합니다. 삼사도 오히려 감원을 해야 되거늘, 백사의 〈감원은〉 당연히 해야 할 일입니다.

1) 案牘 : 문서를 가리킨다.
2) 委 : 積자와 같은 뜻이다.
3) 轉運 : 송나라 제도에 都轉運使·轉運使·轉運副使·判官 등이 一路의 財賦를 담당하여 위로는 皇上, 아래로는 郡縣의 용도를 제공하였다.
4) 鉤較 : 잘못이 없는가를 살펴서 확인하는 것을 이른다.
5) 詳 : 細目을 가리킨다.

然이나 此三法者는 皆世之謂拂世戾俗하여 召怨而速謗者也니이다 今且將行之인댄 臣非敢犯衆人之怒而行此危事也라 以爲有可行之道焉이니이다 何者잇가 自臺省六品과 諸司五品[1]은 一郊[2]而任一人하고 自兩制[3]以上은 一歲而任一人은 此祖宗百年之法으로 相承而不變者也로되 而仁宗之世에는 則損之하고 三載而考績하여 無罪者遷其官은 自唐以來로 亦未始有變者也로되 而英宗之世에는 則增之니이다 此二者는 夫豈便於世俗哉리잇가 然而莫敢怨者는 以爲吏多니이다 而欲損者는 天下之公議요 其不欲者는 天下之私計也니 以私計而怨公議면 其爲怨也不直矣니이다 是以로 善爲國者는 循理而不恤怨이니 非不恤怨이요 知其無能爲也니이다

그러나 이 세 가지 법은 모두 세상에서 말하는 "세속을 위배하는 것이라 원한을 부르고 비방을 초래한다."는 것입니다. 지금 장차 그것을 시행하려고 한다면, 소신은 감히 뭇사람의 노여움을 사면서까지 이처럼 위험한 일을 시행하자는 것이 아니라, 시행할 수 있는 방법이 있다고 여겨서입니다. 그 방법은 무엇이겠습니까?

臺省 6품, 諸司 5품 이상은 3년마다 한 번씩 郊祀를 지내고 나서 아들 한 사람에게 벼슬을 주고, 兩制 이상은 1년마다 아들 한 사람에게 벼슬을 주었던 것은 바로 祖宗이 장구히 전하기 위해 세운 법이라, 서로 계승하고 변경하지 아니해야 할 것이었습니다. 그런데 仁宗의 세대에서 벼슬에 들어가는 길을 줄였고, 3년마다 성적을 고사해서 죄가 없는 자는 그 벼슬을 승진시켜주었던 것은 唐나라 이후로 역시 변경한 자가 있지

않았는데, 영종의 세대에서 〈벼슬을 승진시켜주는 연한을 6년으로〉 늘렸습니다. 〈줄이고 늘리는〉 이 두 가지 방법은 어찌 세속에 편리하게 한 것이겠습니까? 그러나 감히 원망을 하지 않은 것은 관리가 많다고 생각했기 때문이었습니다. 줄이려고 한 것은 천하의 공평한 의론이고, 줄이려 하지 않는 것은 천하의 사사로운 생각이니, 사사로운 생각으로 공평한 의론을 원망한다면 그 원망은 정당한 원망이 아닙니다. 이 때문에 나라를 잘 다스리는 자는 이치만을 따르고 원망은 돌아보지 않습니다. 원망을 돌아보지 않는 것이 아니라, 그렇게 할 수 없음을 알기 때문입니다.

1) 臺省六品 諸司五品 : 대성 6품은 中書省·門下省·尙書省·御史臺의 6품 屬官을 가리키고, 제사 5품은 대성 이하 각 部門의 5품 속관을 가리킨다.
2) 一郊 : 郊는 郊祀로 한 번 郊祭를 지내는 것을 말한다. 고대 제왕은 하늘과 땅에 제사를 지냈는데, 冬至에는 南郊에서 하늘에게 제사 지내고, 夏至에는 北郊에서 땅에게 제사 지냈다. 宋나라에서는 3년마다 한 번씩 郊祀를 지내고 나서 百官에게 恩典을 베풀었기 때문에 一郊는 3년을 가리킨다.
3) 兩制 : 송나라 때에 황제의 詔令을 짓는 관원을 知制誥라고 했으며, 지제고에는 內制(내지제고)와 外制(외지제고)가 있었으니, 내제는 翰林學士를 가리키고 외제는 中書舍人을 가리킨다. 한림학사는 황제의 면전에서 기밀사건의 조서를 짓고, 기타사건은 중서사인이 재상의 지시를 받아 기초하였다.

且今此三法者는 固未嘗行也니이다 然而天下亦不免於怨은 何者잇가 士之出身[1]爲吏者는 捐其生業하고 棄其田里하여 以盡力於王事[2]나 而今也엔 以吏多之故로 積勞者久而不得遷하고 去官者久而不得調[3]하며 又多爲條約以沮格之하니이다 減罷其擧官[4]하고 破壞其次第하여 使之窮窘無聊일새 求進而不遂하니 此其爲怨이 豈減於布衣之士哉리잇가 均之二怨은 皆將不免이니이다 然이나 使新進之士日益多하여 國力匱竭而不能支하니 十年之後에 其患必有不可勝言者리이다 故로 臣願陛下親斷而力行之하노이다

지금 이 세 가지 법은 일찍이 시행하지 못했습니다. 그런데도 온 천하가 또한 원한을 면하지 못하는 것은 무엇 때문입니까? 선비 중에 처음으로 벼슬길에 나가 관리가 된 자는 生業과 田里를 팽개치고 국사에 전력하나, 지금은 관리가 많다는 이유로 수고한 지 오래지만 아직 승진되지 못하고 있고, 벼슬에서 떠난 자는 오래도록 調用되지

못하고 있으며, 게다가 조약을 많이 만들어서 벼슬길을 막고 있습니다.

벼슬에 기용될 대상자를 줄이거나 없애고, 벼슬에 승진되는 차례를 파괴하여 궁색하고 무료하게 하기 때문에 아무리 승진을 구하나 이루지 못하니, 그에 대한 원한이 어찌 布衣之士만 못하겠습니까? 다같이 두 가지 원한은 모두 장차 면하지 못할 것입니다. 그러나 신진사류들이 날마다 늘어나 국력이 고갈되어 지탱할 수 없게 만드니, 10년 뒤에는 그 禍患에 반드시 이루 다 말할 수 없는 일이 있을 것입니다. 그러므로 소신은 폐하께서 결단하여 힘써 시행하시기 바랍니다.

1) 出身 : 여기서는 처음으로 벼슬길에 나가는 것을 가리킨다.

2) 王事 : 왕명으로 하는 일. 곧 國事와 같다.

3) 調 : 調用. 관리를 골라서 등용하는 것이다.

4) 擧官 : 벼슬에 기용될 대상자를 이른다.

苟日增之吏 漸以衰少어든 則臣又將有以治其舊吏하여 使諸道職司[1)]는 每歲終任其所部하고 郡守監郡[2)]은 各任其屬하고 曰 自今以前에는 未有以私罪[3)]至某와 贓罪正入[4)]已至若干者니라 二者는 皆自上鈞其輕重而裁之니라 已而以他事發커든 則與之同罪하되 雖去官與赦라도 不降也라하리이다 夫以私罪至某하고 贓罪正入已至若干하여 其爲惡也著矣로되 而上不察이면 則上之不明을 亦可知矣니이다 故로 雖與之同罪라도 而不過리이다

날로 늘어가던 관리가 점차 적어지거든 소신은 또 장차 예전부터 있어온 관리를 다스릴 생각으로 諸道의 각종 직무를 담당하는 관리들은 매년 관장하는 부서를 맡게 하고, 郡守와 監郡은 각자 분담한 소속을 맡게 하면서 말하기를 "오늘 이전까지는 私罪로써 어떠한 불법을 범한 자와 부세의 정액수입을 탐장한 죄를 약간도 지은 자가 있지 않으니, 이 두 가지는 모두 위에서 경중을 따져서 처리하였다. 이윽고 다른 일로써 〈이상 두 가지 비리가〉 발각되거든 범법자와 동등한 죄를 적용하되 비록 관직에서 떠났거나 사면을 받은 경우라 하더라도 죄를 경감하지 않을 것이다."라고 할 것입니다.

사죄로써 어떠한 불법을 범했거나 부세의 정액수입을 탐장한 죄를 약간 지어 그 악행이 드러났는데도, 위에서 살피지 않았으면 윗사람이 밝지 못함을 또한 알 수가 있습

니다. 그러므로 비록 범법자와 동등하게 죄를 다스린다 하더라도 지나치지 않을 것입니다.

1) 職司 : 각종 직무를 담당하는 관리를 이른다.
2) 郡守・監郡 : 郡縣을 관장하는 守와 군현을 감찰하는 관원이다.
3) 私罪 : 여기서는 개인 신분으로 저지른 죄를 가리킨다. 송나라 법에서는 포획한 강도를 담당관이 마음대로 고문하거나 구타할 수 없게 되어 있었다. 만일 담당관이 포획한 강도를 마음대로 처리한다면 이를 '사죄'라 하였다.
4) 贓罪正入 : 賦稅의 정액수입을 貪贓한 죄. 송나라 때에는 贓罪 중에 '正入贓'이란 죄목이 있었다.

今世之法은 **任人者**는 **任其終身**하고 **苟其有罪**어든 **終身鈞坐之**니이다 **夫任人之終身**은 **任其未然之不可知者也**요 **任人之歲終而無過**는 **任其已然之可知者也**니이다 **臣請得以較之**면 **任其未然之不可知**는 **雖聖人**이라도 **有所不能**이요 **任其已然之可知**는 **雖衆人**이라도 **能之**니이다 **今也**엔 **任之以聖人之所不能**이로되 **旣不敢辭矣**온 **而況任之以衆人之所能**은 **顧不可哉**리잇가

오늘날의 법은 사람에게 관직을 맡길 경우 종신토록 맡기고, 죄를 짓거든 종신토록 모두 죄인으로 묶어놓게 되어 있습니다. 사람에게 종신토록 관직을 맡기는 것은 알 수 없는 미래를 임용의 근거로 삼는 것이고, 1년 동안 과실이 없는 사람에게 벼슬을 맡기는 것은 이미 발생하여 알 수 있는 성적을 임용의 근거로 삼는 것입니다. 소신이 그것을 비교해보면, 알 수 없는 미래를 임용의 근거로 삼는 것은 아무리 聖人이라 하더라도 능숙하게 할 수 없는 바가 있고, 이미 발생하여 알 수 있는 성적을 임용의 근거로 삼는 것은 아무리 일반인이라 하더라도 능숙하게 할 수 있는 것입니다.

지금은 성인도 능숙하게 할 수 없는 바로써 임용하되 감히 사양하지 않거늘, 하물며 일반인도 능숙하게 할 수 있는 것으로써 임용하는 것은 어찌 불가한 일이겠습니까?

且按察之吏[1]는 **則亦不患其不知也**요 **患其知而未必皆按**하며 **曰 是無損於我**요 **而徒以爲怨云爾**라하나이다 **今使其罪及之**면 **其勢將無所不問**이니이다 **陛下誠能擇奉公疾惡**

之臣而使行之하시고 陛下厲精而察之하사 去民之患을 如除腹心之疾이시면 則其以私罪至某와 贓罪正入已至若干者는 非復過誤요 適陷於深文[2]者也니 苟遂放歸하여 終身不齒하여 使姦吏有所懲이면 則冗吏之弊를 可去矣리이다

안찰하는 관리는 또한 관원의 비리를 알지 못하는 것은 걱정하지 않고 알면서 반드시 다 안찰하지 못할 것을 걱정하면서 말하기를 "이것은 나에게 손해될 것이 없고 한갓 원한만 살 뿐이다."라고 합니다. 지금 그 죄가 자신에게 미치게 한다면 그 형편은 장차 관원의 비리를 문책하지 않을 바가 없을 것입니다. 폐하께서 진실로 나라를 위해 힘쓰고 악을 미워하는 신하를 골라서 안찰하는 일을 행하게 하시고 폐하께서 정신을 가다듬어 살피시어 백성의 근심을 제거하기를 마치 腹心의 질병을 제거하듯이 하려고 하신다면, 그 사죄로써 어떠한 불법을 범한 자와 부세의 정액수입을 탐장한 죄를 약간 지은 자들은 다시 과오를 범한 것이 아니라 다만 가혹한 법조문에 빠진 자들이니, 그들을 놓아 보내 종신토록 벼슬에 등용되지 못하게 하여 간교한 관리들로 하여금 징계하는 바가 있게 하신다면, 쓸데없는 관리가 많은 폐단을 제거할 수 있을 것입니다.

1) 按察之吏 : 관원의 임무를 考察하는 관리이다.
2) 深文 : 법을 까다롭게 적용하는 일이다.

冗兵之說曰 臣聞 國朝創業之初엔 四方割據하여 中國地狹하고 兵革至少라가 其後에 蕩滅諸國하여 拓地旣廣이요 兵亦隨衆이니 雍熙[1]之間에 天下之兵이 僅三十萬이나 方此之時에 屯戍征討하여 百役竝作이로되 而兵力不屈하니 未嘗有兵少之患也라하니이다 自咸平景德[2]以來로 契丹內侵하고 繼遷[3]叛逆이니이다 每有警急에 將帥不問得失하고 輒請益兵이라 於是에 召募日增하여 而兵額之多 遂倍前世니이다 其後寶元慶曆[4]之間에 元昊[5]竊發로 復使諸道 點民爲兵하니 而沿邊所屯이 至七八十萬이라 自是天下 遂以百萬爲額이니이다 雖復近歲無事나 而關中之兵이 至於二十八萬이니이다 擧雍熙天下之衆하여 適以備方今關中一隅之用하니 兵多之甚을 於此見矣리이다

쓸데없는 군사에 대해 말씀드리겠습니다. 소신은 듣건대 "國朝가 창업한 초기에는 사방에서 땅을 분할하여 웅거하였기 때문에 중국이 땅은 좁고 군대는 지극히 적었다

가, 그 뒤에 여러 나라를 소탕해 멸망시켜서 개척한 땅이 이미 넓어지고 군사도 따라서 많아졌는데, 雍熙 연간에 천하의 군사가 겨우 30만 명이었음에도 이때에 屯戍하고 征討하는 등 각종 戰役이 아울러 일어났지만 병력이 모자라지 않았으니, 일찍이 군사가 적은 걱정을 해본 적이 없다." 합니다.

咸平·景德 이후로 契丹이 내지를 침략하고 繼遷이 반란을 일으켰습니다. 매양 급변이 있을 때마다 장수가 득실은 따지지 않고 곧 지원병을 청하였는지라, 이에 召募兵이 날로 늘어나서 兵額의 많음이 결국 앞 세대보다 배나 되었습니다. 그 뒤 寶元·慶曆 연간에 元昊가 난을 일으키자 다시 백성을 동원하여 군사를 만들었으니, 연변에 주둔한 군사가 70~80만 명에 이르렀는지라, 이때부터 천하가 결국 백만으로 군사의 수를 삼았습니다. 근년에 와서는 비록 사변이 없으나 關中의 군사가 28만 명에 이릅니다. 雍熙 연간의 천하 군사들을 다 들어다가 관중 한 귀퉁이에 쓰는 꼴이 되었으니, 군사가 너무도 많다는 것을 여기서 볼 수 있을 것입니다.

1) 雍熙 : 宋 太宗의 연호이다.
2) 咸平·景德 : 모두 宋 眞宗의 연호이다.
3) 繼遷 : 夏州 사람으로 본성은 拓跋氏이다.
4) 寶元·慶曆 : 모두 宋 仁宗의 연호이다.
5) 元昊 : 송 인종 보원 원년(1038)에 황제라 참칭하고 나라를 세워 국호를 大夏라 하였다.

然이나 **臣聞 方今宿邊之兵**은 **分隷堡障**하고 **戰兵統於將帥者 其實無幾**라 **每一見賊**에 **賊兵常多**하고 **我兵常少**하여 **衆寡不敵**으로 **每戰輒敗**하니 **往者**에 **將帥失利**하고 **未有不以此自解者也**라하니이다 **夫祖宗之兵**은 **至少**로되 **而常若有餘**하고 **今世之兵**은 **至多**로되 **而常患於不足**하니 **此二者**는 **不可不察也**니이다

그러나 소신은 듣건대 "지금 변방에 주둔한 군사는 堡障에 나뉘어 소속되고 장수에 통솔된 戰兵은 기실 얼마 되지 않으므로, 매번 적을 볼 때마다 적병은 항상 많고 아군은 항상 적어서 衆寡不敵으로 매번 싸울 때마다 패하게 되니, 이전에 장수들이 패전하고는 이것으로 해명하지 않은 자가 없었다." 합니다. 조종의 군사는 지극히 적었으나

항상 남음이 있는 것 같았고, 지금 세상의 군사는 지극히 많으나 항상 부족함을 걱정하니, 이 두 가지는 살피지 않을 수 없습니다.

兵法有之曰 興師十萬하여 出征千里하면 百姓之費와 公家之奉이 日費千金하고 內外騷動하며 怠於道路者 七十萬家어늘 而愛爵祿百金하고 不能知敵之情者는 不仁之至也라 故로 三軍之事는 莫親於間이요 賞莫重於間이라하니 間者는 三軍之司命也니이다 臣竊惟컨대 祖宗用兵은 至於以少爲多하고 而今世用兵은 至於以多爲少하니 得失之原은 皆出於此니이다

≪孫子兵法≫ 〈用間〉에 "군사 10만을 일으켜 천리를 출정하자면 백성이 부담하는 비용과 국가가 내는 경비가 날마다 천금을 허비하고 안팎이 소동하게 되며, 도로에서 〈군수물자를 수송하는 데에 동원되어 생업을〉 게을리 하는 자가 70만 가호나 있게 마련인데, 爵祿과 百金을 아까워하여 적의 실정을 능히 알지 못하는 것은 不仁함이 지극한 것이다. 그러므로 三軍의 일은 간첩보다 더 친밀해야 할 대상은 없고, 상은 간첩보다 더 후중하게 주어야 할 대상은 없다."고 한 말이 있으니, '간첩'이란 것은 바로 삼군의 운명을 맡은 것입니다.

소신은 가만히 생각하건대, 조종의 용병은 적은 숫자로써 많은 성과를 얻었고, 지금 세상의 용병은 많은 숫자로써 적은 성과를 얻으니, 득실의 근원은 모두 여기에서 나온 것입니다.

何以言之오 臣聞 太祖는 用李漢超馬仁瑀韓令坤賀惟忠何繼筠等五人하여 使備契丹하고 用郭進武宋琪李謙溥李繼勳等四人하여 使備河東하고 用趙贊姚內斌董遵誨王彦升馮繼業等五人하여 使備西羌하시되 皆厚之以關市之征하고 饒之以金帛之賜하시며 其家屬之在京師者는 仰給於縣官하고 貿易之在道路者는 不問其商稅라하니이다 故로 此十四人者는 皆富厚有餘하여 其視棄財如棄糞土하고 賙人之急을 如恐不及이니이다 是以로 死力之士가 貪其金錢하여 捐軀命冒患難하고 深入敵國하여 刺其陰計而效之니이다 至於飮食動靜에도 無不畢見하니 每有入寇면 輒先知之라 故로 其所備者寡하되 而兵力不分하니

敵之至者는 擧皆無得而有喪이니이다 是以로 當此之時에 備邊之兵이 多者는 不過萬人이요 少者는 五六千人이니이다 以天下之大로되 而三十萬兵이 足爲之用이니이다

왜 이런 말씀을 드리는가 하면, 소신은 듣건대 "太祖께서는 李漢超·馬仁瑀·韓令坤·賀惟忠·何繼筠 등 5명을 써서 거란을 방비하게 하고, 郭進武·宋琪·李謙溥·李繼勳 등 4명을 써서 河東을 방비하게 하고, 趙贊·姚內斌·董遵誨·王彦升·馮繼業 등 5명을 써서 西羌을 방비하게 하되, 모두 關市의 세금으로 후하게 대우하고, 金帛을 하사하여 생활을 풍부하게 해주었으며, 京師에 있는 그들의 家屬은 縣官에게 생활비를 지급받게 하고, 무역하느라 도로를 오가는 가속에게는 商稅를 묻지 않았다." 합니다.

그러므로 이 14명은 모두 富厚하여 여유가 있었으므로 재물을 버리기를 마치 糞土를 버리듯이 하여 남의 위급함을 구호하되 행여 미치지 못할 것처럼 하였으니, 이 때문에 사력을 다하는 인사들이 그 금전을 탐하여 목숨을 버린 채 환난을 무릅쓰고 깊숙이 적국에 들어가 陰計를 써서 효과를 거두었습니다. 飮食·動靜과 같은 것에 이르러서도 모두 살펴보지 않은 것이 없었으므로 매번 적군이 쳐들어오는 일이 있게 되면 먼저 알았기 때문에 준비한 바는 적었으나 병력이 분산되지 않았으니, 쳐들어온 적은 거개가 얻은 것은 없고 상실한 것만 있었습니다. 이 때문에 이때에는 변방을 수비하는 군사가 많은 경우는 만 명을 넘지 않았고, 적은 경우는 5, 6천 명이었습니다. 천하의 큰 나라로서도 30만의 군사만으로 만족하게 썼던 것입니다.

今則不然하여 一錢以上은 皆籍於三司하고 有敢擅用이면 謂之自盜하며 而所謂公使錢[1]은 多者不過數千緡이로되 百須[2]在焉이며 而監司[3]又伺其出入而繩之以法이니이다 至於用間[4]하여는 則曰 官給茶綵[5]라하나 夫百餠之茶와 數束之綵는 其不足以易人之死也明矣니이다 是以로 今之爲間者는 皆不足恃니 聽傳聞之言하고 採疑似之事하며 其行은 不過於出境이요 而所問은 不過於熟戶[6]니 得有藉口[7]하여 以欺其將帥則止矣요 非有能知敵之至情[8]者也니이다 敵之至情을 旣不可得而知라 故로 常多屯兵하여 以備不意之患이니 以百萬之衆으로도 而常患於不足은 由此故也니이다 陛下何不權其輕重而計其利害니잇가

지금은 그렇지 않아, 1錢 이상은 다 三司에 기록하고, 감히 마음대로 쓰는 일이 있으면 '自盜'라고 이르며, 소위 '公使錢'이란 것은 많은 경우도 수천 꿰미에 불과하건만, 일체의 需要가 거기에 포함되어 있으며, 감사가 또 그 돈의 출입을 지켜보고 법으로써 규제합니다.

간첩을 이용하는 일에 있어서는 "관부에서 茶餠과 綵緞을 지급한다."고 하지만, 백 덩어리의 다병과 몇 묶음의 채단은 사람의 목숨과 바꾸기에는 턱없이 부족함이 분명합니다. 이 때문에 지금 간첩이 된 자들은 모두 믿을 수가 없으니, 전해지는 말이나 듣고, 반신반의한 일이나 채취하며, 그 발걸음은 국경을 나가는 데에 불과하고, 묻는 대상은 熟戶에 불과하니, 그의 입을 빌어 장수를 속이는 정도로 끝이지, 적의 실제 상황을 알 수 있는 것은 아닙니다. 적의 실제 상황을 들어 알 수 없기 때문에 항상 군사를 많이 주둔시켜 뜻밖의 우환에 대비하게 되니, 백만대군을 가지고도 항상 부족함을 걱정해야 하는 것은 오로지 이 때문입니다. 폐하께서는 어찌하여 그 경중을 헤아리고 그 이해를 계산하지 않으십니까?

1) 公使錢 : 宋代에 官府에서 士大夫가 출입할 때나 使命이 오갈 때에 음식대접이나 잔치를 베풀고, 또는 將校에게 犒饋를 베푸는 비용으로 지급하던 돈을 이른다.
2) 百須 : 百需와 같다.
3) 監司 : 監察하는 책임을 진 관리로 宋代의 轉運使·都轉運使 등과 같은 관리를 이른다.
4) 間 : 間者. 곧 間諜이다.
5) 茶綵 : 茶餠과 綵緞이다.
6) 熟戶 : 西北 변경의 內地에 속한 蕃族이다. ≪宋史≫ 〈兵志〉에 "서북 변경의 羌戎種落이 서로 통일되지 못하였으므로 변방을 지키는 者를 熟戶라 하고, 그 나머지는 生戶라 이른다."고 하였다.
7) 藉口 : 借口와 같다.
8) 至情 : 眞情. 곧 실제 상황을 말한다.

夫關市之征은 比於茶綵則多나 而三十萬人之奉은 比於百萬則約이니이다 衆人은 知目前之害하고 而不知歲月之病이니이다 平居에 不忍棄關市之征以與人하고 至於百萬하여

는 則恬而不知怪니이다 昔太祖起於布衣하사 百戰以定天下軍旅之事하시니 其思之也詳하고 其計之也熟矣니이다 故로 臣願陛下復修其成法하사 擇任將帥하여 而厚之以財하고 使多養間諜之士하여 以爲耳目하소서 耳目旣明이면 雖有彊敵이라도 而不敢輒近이니 則雖雍熙之兵이라도 可以足用於今世리이다

關市의 세금은 茶餠과 綵緞에 비하면 많으나, 30만 명의 군사에 드는 비용은 백만 명의 군사에 드는 비용에 비하면 약소합니다. 뭇사람은 목전에 닥치는 해에 대해서만 알고 일정한 세월이 경과한 후에 생기는 병폐에 대해서는 알지 못합니다. 평소에 관시의 세금을 버려 사람에게 주는 일은 차마 하지 못하고, 백만대군에 대해서는 예사로 보고 괴이하게 여길 줄을 모릅니다.

옛날 태조께서는 布衣로 일어나셔서 백 번 싸워 천하의 어지러운 軍旅의 일을 평정하셨으니, 그 생각하심이 자상하고 그 계산하심이 숙련하였습니다. 그러므로 소신은 원하옵건대 폐하께서는 다시 그 실정법(成法)을 닦아서 장수를 골라 임용하신 다음 재물로써 후하게 대우하시고 간첩 노릇할 인사를 많이 길러서 耳目을 삼게 하소서. 이목이 이미 밝으면 아무리 강한 적이라 하더라도 감히 가까이 오지 못할 것이니, 비록 雍熙 연간의 적은 군사라 하더라도 지금 세상에 충분히 쓸 수가 있을 것입니다.

陛下誠重難之하시면 臣請陳其可減之實하리이다 何者오 今世之彊兵은 莫如沿邊之土人[1)]이요 而今世之惰兵은 莫如內郡之禁旅[2)]니이다 其名愈高하면 其廩愈厚하며 其廩愈厚하면 其材愈薄하니이다 往者에 西邊用兵하니 禁軍不堪其役하여 死者不可勝計니이다 羌人每出에 聞多禁軍하면 輒擧手相賀하고 聞多土兵하면 輒相戒不敢輕犯이니이다 以實較之면 土兵一人은 其材力이 足以當禁軍三人이요 禁軍一人은 其廩給이 足以贍土兵三人이니이다 使禁軍萬人在邊하면 其用不能當三千人하고 而常耗三萬人之畜하니 邊郡之儲 比於內郡에 其價不啻數倍니이다 以此權之면 則土兵可益이요 而禁軍可損이니 雖三尺童子라도 知其無疑也니이다 陛下誠聽臣之謀하시면 臣請使禁軍之在內郡者로 勿復以戍邊하고 因其老死與亡而勿復補하여 使足以爲內郡之備而止리이다 去之以漸하고 而行之以十年이면 而冗兵之弊를 可去矣리이다

폐하께서 복잡해서 시행하기 어렵다고 여기신다면 소신은 청컨대 줄일 수 있는 실제 상황을 말씀드리겠습니다. 어떤 것인가 하면, 지금 세상에서 가장 강한 군사로는 연변의 土兵만 한 것이 없고, 지금 세상에서 가장 게으른 군사로는 內郡의 禁旅(禁軍)만 한 것이 없습니다. 그 이름이 더욱 높을수록 그 월급은 더욱 많으며, 그 월급이 더욱 많을수록 그 재질은 더욱 떨어집니다.

이전에 서쪽 변방에서 전쟁이 일어나니, 禁軍은 그 고역을 견디지 못하여 죽은 자를 이루 다 헤아릴 수 없었습니다. 羌人이 출병할 때마다 금군이 많다는 소식을 들으면 문득 손을 들어 서로 축하하였고, 土兵이 많다는 소식을 들으면 문득 서로 경계하고 감히 가벼이 침범하지 못하였습니다. 실제적인 것으로 비교한다면 토병 한 사람은 그 材力이 족히 금군 세 사람을 당하고, 금군 한 사람은 그 봉급이 족히 토병 세 사람을 능가합니다. 가사 금군 1만 명이 변경에 있으면 그 쓰임은 3천 명을 당할 수 없으면서 항상 3만 명의 비축을 소모하니, 邊郡의 비축이 내군에 비하여 그 값이 몇 배 이상 높습니다. 이것으로 헤아린다면 토병은 증가해야 되고 금군은 줄여야 되니, 이에 대해서는 삼척동자도 의심할 나위가 없음을 압니다.

폐하께서 진정으로 소신의 모사를 들어주신다면, 소신은 청컨대 내군에 있는 금군으로 하여금 다시는 변경을 방수하지 말게 하고, 늙어 죽거나 도망간 사람이 발생하면 다시는 그 결원을 보충하지 말게 하고, 내군의 방비만 충족시키고 말도록 해야 할 것입니다. 그들을 제거하는 속도는 점차로 하고, 그런 방법을 시행하기를 10년 동안만 한다면 쓸데없는 군사의 폐단을 제거할 수 있을 것입니다.

1) 沿邊之土人 : 대대로 변경에 거주해오는 토박이를 이른다.
2) 禁旅 : 禁兵, 禁軍. 본래는 경성의 鄕兵을 가리켰으나, 송나라 때에는 중앙에서 직접 관장하는 正規軍을 가리켰다.

冗費之說曰 世之冗費 不可勝計也니이다 請言其大與臣之所知者하리니 而陛下以類推之하소서 臣聞 事有所必至하고 恩有所必窮하니 事至而後謀면 則害於事하고 恩窮而後遷이면 則傷於恩이라하니이다 昔者에 太祖太宗은 敦睦[1]九族[2]하여 以先天下하시니 方此之時엔 宗室[3]之衆이 無幾也라 是以로 合族於京師하여 久而不別하니 世歷五聖[4]而

太平百年矣라 **宗室之盛**이 **未有過於此時者也**니이다 **祿廩**[5]**之費**는 **多於百官**하고 **而子孫之衆**은 **宮室**이 **不能受**로되 **無親疏之差**하고 **無貴賤之等**하며 **自生齒**[6]**以上**은 **皆養於縣官**하고 **長而爵之**하며 **嫁娶喪葬**을 **無不仰給於上**이니이다 **日引月長**하여 **未有知其所止者**니 **此亦事之所必至**요 **而恩之所必窮者也**로되 **然而未聞所以謀而遷之**니이다

쓸데없는 비용에 대해 말씀드리겠습니다. 세상에서 쓸데없는 비용은 이루 헤아릴 수가 없습니다. 청컨대 그 중에서 큰 것과 소신이 아는 것을 말씀드리겠으니, 폐하께서는 유추해보소서. 소신은 듣건대 "일에는 반드시 이르는 일이 있고, 은혜에는 반드시 끝날 은혜가 있으니, 일이 이른 뒤에 다시 계획하면 성사에 지장이 있고, 은혜가 끝난 뒤에 변개하면 은혜에 손상이 간다."고 합니다.

옛날에 태조와 태종께서는 九族과 敦睦하여 천하 사람의 표본이 되셨는데, 이때에는 종실의 수가 얼마 되지 않았기 때문에 종족을 京師에 집합하여 오래도록 헤어지지 않았는데, 다섯 聖君의 세대를 거치는 백 년 동안은 태평성세였으므로 종실의 흥성함이 이때보다 더한 적은 없었습니다. 녹봉의 지급은 百官보다 많고, 자손의 많은 수는 궁실에 수용할 수가 없었으되, 친소의 차이를 두지 않고 귀천의 등급을 두지 않았으며, 어린아이 이하는 모두 縣官에게서 양육되고, 그들이 장성하면 벼슬을 나누어주었으며, 시집갈 때나 장가갈 때나 초상날 때나 장사지낼 때나 그 비용은 모두 위에서 지급받았습니다. 〈그래서 국가가〉 날로 신장되어가고 달로 증대되어가 그칠 줄을 몰랐으니, 이 또한 일이 반드시 이르는 바요, 은혜가 반드시 끝나는 바였지만, 그러나 다시 계획하거나 변개했다는 말은 들어보지 못하였습니다.

1) 敦睦 : 親厚하고 和睦함이다.
2) 九族 : 父族 넷, 母族 셋, 妻族 둘을 일컫는다. 곧 부족의 넷은 고모의 자녀, 자매의 자녀, 딸의 자녀, 자기의 동족이고, 모족의 셋은 외할아버지, 외할머니, 이모의 자녀이고, 처족의 둘은 장인, 장모이다.
3) 宗室 : 宗親. 곧 임금의 친족이다.
4) 五聖 : 太祖, 太宗, 眞宗, 仁宗, 英宗의 5세를 가리킨다.
5) 祿廩 : 祿米. 또는 祿俸을 가리킨다.
6) 生齒 : 남자는 생후 8개월 만에, 여자는 생후 7개월 만에 이가 나므로 여기서는 어린 아이를 가리킨다.

古者에 天子七廟니 三昭三穆[1]과 與太祖而七이니이다 以人子之愛其親으로 推而上之하여 至於其祖하고 由祖而上하여 至於百世히 宜無所不愛니 (無所不愛면) 則宜無所不廟니이다 苟推其無窮之心이면 則百世之祖를 皆廟而後爲稱[2]也니이다 聖人이 知其不可라 故로 爲之制하여 七廟之外엔 非有功德이면 則迭毁하고 春秋之祭[3]不與[4]니이다 莫貴於天子하고 莫尊於天子之祖로되 而廟不加於七은 何者오 恩之所不能及也니이다 何獨至於宗室而不然이리잇가 臣聞三代[5]之間에는 公族[6]有以親未絶而列於庶人者러니 兩漢[7]之法은 帝之子爲王[8]하고 王之庶子도 猶有爲侯者하며 自侯以降은 則庶子無復爵土라하나니이다 蓋有去而爲民者하고 有自爲民而復仕於朝者하니 至唐亦然하니이다 故로 臣以爲 凡今宗室은 宜以親疏貴賤爲差하여 以次出之하고 使得從仕를 比於異姓하여 擇其可用而試之以漸이라하나니이다

옛날에 천자는 사당에 7대의 신주들을 모셨습니다. 昭에 3位, 穆에 3위이고, 太祖의 신주와 더불어 모두 일곱이었습니다. 사람의 자식이 어버이를 사랑하는 마음을 미루어 올라가 할아버지에 이르고, 할아버지로 말미암아 올라가 百世에 이르기까지 사랑하지 않는 바가 없어야 하니, 〈사랑하지 않는 바가 없으면〉 사당에 모시지 않는 바가 없어야 할 것입니다. 진실로 그 무궁한 마음을 미루어간다면 백세의 조상을 모두 사당에 모신 뒤에야 마음에 합당할 것입니다. 그러나 성인이 그 불가함을 알았기 때문에 종묘제도를 정하여 七廟 이외엔 공덕이 없으면 차례로 사당을 헐고 춘추의 제사에 참여시키지 않았습니다.

천자보다 귀한 이가 없고 천자의 조상보다 높은 이가 없는데 사당을 七廟 이상 더하지 않는 것은 무엇 때문인가 하면, 은혜가 미칠 수 없는 바이기 때문입니다. 그런데 어찌 유독 종실에게만 그렇게 하지 않을 수 있겠습니까? 소신은 들으니 "三代 때에는 公族 중에 아직 親이 끊어지지 않았는데도 庶人에 낀 자가 있었는데, 兩漢의 법에서는 황제의 아들이 왕이 되고, 왕의 서자로서도 오히려 侯가 된 자가 있었으며, 후로부터 이하는 서자가 다시 벼슬이나 토지를 갖는 일이 없었다."고 합니다.

대개 〈경성에서〉 떠나가 평민이 된 자도 있고, 평민이 되었다가 다시 조정에서 벼슬을 한 자도 있었는데, 唐나라 때에 와서도 역시 그렇게 하였습니다. 그러므로 소신은

"지금 종실을 친소, 귀천으로 차등을 정해서 차례로 경성을 내보내 〈지방에서 살게 하며,〉 벼슬에 종사하는 것은 他姓과 동등하게 하고, 그 중에서 쓸 만한 자를 가려서 점차로 시험해나가야 한다."고 생각합니다.

1) 昭穆 : 사당에 조상의 신주를 모시는 차례. 天子는 1세를 가운데 모시고 2세, 4세, 6세는 昭라 하여 왼편에, 3세, 5세, 7세는 穆이라 하여 오른편에 모시어 3昭, 3穆의 七廟가 되고, 諸侯는 2昭, 2穆의 五廟가 되며, 大夫는 1昭, 1穆의 三廟가 된다.
2) 稱 : 마음에 부합됨. 또는 서로 합당함을 이른다.
3) 春秋之祭 : 4계절의 종묘제사를 가리킨다.
4) 不與 : 참여시키지 않음. 곧 제사를 받지 못하게 함을 이른다.
5) 三代 : 夏·商·周 세 왕조를 이른다.
6) 公族 : 제후나 군왕의 동족을 이른다.
7) 兩漢 : 西漢과 東漢을 이른다.
8) 王 : 漢나라가 건국하여 벼슬을 두 등급으로 설치하였으니 바로 王과 侯였다. 왕자로서 王에 봉해진 자는 고대의 제후에 해당하기 때문에 諸侯王이라고 칭하고, 왕자로서 侯에 봉해진 자는 제후라고 칭했다.

凡其祿秩[1)]之數와 遷敍[2)]之等과 黜陟[3)]之制와 任子之令[4)]을 與異姓均하고 臨之以按察하며 持之以寮吏[5)]하며 威之以刑禁하며 以時察之하여 使其不才者로 不至於害民하고 其賢者有以自效[6)]하며 而其不任爲吏者는 則出之於近郡[7)]하여 官爲廬舍而廩給之하며 使得占田治生을 與士庶[8)]比니이다 今聚而養之하되 厚之以不訾之祿하고 尊之以莫貴之爵하여 使其賢者로 老死鬱鬱而無所施하고 不賢者로 居處隘陋하여 戚戚而無以爲樂하니 甚非計之得也니이다

祿秩의 품수와 遷敍의 등급과 黜陟의 제도와 任子의 법령을 타성과 동등하게 정하고서, 按察吏로써 그들을 감시하며 寮吏로써 그들을 견지하며 刑禁으로써 그들을 위협하며 수시로 그들을 살펴서, 재주가 없는 자는 백성을 해치지 못하게 하고, 어진 자는 효력을 발휘하게 하며, 관리를 맡길 수 없는 자는 경성 부근에 있는 군현으로 내보낸 다음 관에서 주택을 지어주고 녹미를 지급하며, 전토를 점유하여 生業을 경영하기를

士庶와 동등하게 하도록 해야 합니다.

그런데 지금은 종실들을 경성에 모아 살게 해주되 헤아리지 못할 만큼 많은 녹봉으로 후대하고, 더없이 귀한 관작으로 존중하여, 어진 자는 늙어 죽도록 울적하게 지내며 포부를 베풀 바가 없게 하고, 어질지 못한 자는 좁은 곳에 거처하며 수심에 잠겨 즐거움이 없이 살게 만드니, 매우 온당하지 못한 계책입니다.

1) 祿秩 : 祿俸의 品秩이다.
2) 遷敍 : 관리의 업적을 고사하여 성적이 우수한 자를 승진시키거나 장려하는 것이다.
3) 黜陟 : 벼슬을 낮추는 것을 黜, 벼슬을 올리는 것을 陟이라 한다.
4) 任子之命 : 任子之法이니, 조상의 은택으로 자손이 관직에 임명되는 것을 이른다.
5) 寮吏 : 屬吏. 또는 官吏를 이른다.
6) 自效 : 效力과 같은 말이다.
7) 近郡 : 경성 부근의 郡縣을 이른다.
8) 士庶 : 벼슬을 하지 않은 선비와 보통 백성이다.

昔唐武德[1]之初에 **封從昆弟[2]子**하되 **自勝衣[3]以上**을 **皆爵郡王[4]**이러니 **太宗**이 **卽位**하여 **疑其不便**하고 **以問大臣**한대 **封德彝曰 爵命崇則力役[5]多**하니 **以天下爲私奉**은 **非至公之法也**라하니 **於是**에 **疏屬[6]王者降爲公[7]**이니이다 **夫自王而爲公**은 **非人情之所樂也**로되 **而猶且行之**하니이다 **今使之爵祿如故而獲治民**하면 **雖有內外[8]之異**나 **宜無有怨者**니이다 **然**이나 **臣觀朝廷之議**컨대 **未嘗敢有及此**니이다 **何者**오 **以宗室之親而布之於四方**이면 **懼其啓姦人之心而生意外之變也[9]**라하나 **臣竊以爲不然**이니이다

옛날 唐나라 武德 초에 從昆弟子들을 봉하되 옷 무게를 감당할 수 있는 아이 이상은 모두 郡王으로 봉하였더니, 太宗이 즉위하여 그것은 불편한 제도일 것이라고 의심하고 대신에게 물으니, 封德彝가 아뢰기를 "爵命이 높으면 力役을 많이 지급해야 되는데, 천하를 개인의 접대물건으로 삼는 것은 지극히 공정한 법이 아닙니다."라고 하니, 이에 소원한 종족으로서 왕이 된 자를 강등시켜 公으로 삼았습니다. 왕이 되었다가 공이 되는 것은 인정상 좋아할 바가 아니었지만 그래도 시행하였습니다.

지금 벼슬과 녹봉은 예전처럼 유지하면서 백성을 다스리는 일을 얻게 한다면 비록 도

성과 지방의 다름은 있으나 응당 원망을 품을 자는 없을 것입니다. 그러나 소신이 조정의 의론을 살펴보니, 일찍이 감히 이것에 대해 언급한 자가 없었습니다. 왜냐하면 "종실의 친족을 사방에 포진하면 간교한 사람의 마음을 열어 뜻밖의 변을 생기게 하는 것이 두렵기 때문이다."라고 하지만, 소신은 그 의론이 옳지 못한 의론이라 생각합니다.

1) 武德 : 唐 高祖 李淵의 연호이다. 618~626.
2) 從昆弟 : 堂兄弟를 가리킨다.
3) 勝衣 : 몸에 입힌 옷의 무게를 감당할 수 있을 만한 아이를 가리킨다.
4) 爵郡王 : 郡王으로 봉하는 일이다.
5) 力役 : 경작하는 일에 힘을 쓰는 것이다.
6) 疏屬 : 屬疏와 같은 뜻이니, 곧 종족관계가 소원한 자를 가리킨다.
7) 昔唐武德之初……疏屬王者降爲公 : ≪舊唐書≫ 〈列傳 宗室〉에 의하면 "처음 고조가 등극하여 아직 천하가 안정되지 못했기 때문에 종실을 널리 봉하여 천하를 위협하였으니, 황제의 종제와 종질로서 나이가 어린 자 수십 명이 모두 郡王으로 봉해졌다. 태종이 즉위하여 〈宗正屬籍〉을 들고 侍臣에게 '종실의 자제를 널리 봉하는 것은 천하에 편리한 일인가?'라고 묻자, 尙書右僕射 封德彝가 대답하기를 '지난 역사를 내리 보건대, 왕으로 봉한 경우는 지금이 가장 많습니다. 兩漢 이후로는 오직 황제의 아들과 친형제만을 봉하였고, 종실의 소원한 자와 같은 경우는 큰 공을 세우기를 周나라의 郇·滕이나 漢나라의 賈·澤과 같이 한 자가 아니라면 함부로 봉하지 않았으니, 친소관계를 구별하기 위함이었습니다. 그런데 先朝에서는 九族과 敦睦하여 일체 왕으로 봉하였습니다. 작명이 곧 높아져 力役을 많이 지급하였는데, 대개 천하를 私物로 삼는 것은 자못 지극히 공정한 방법으로 사물을 어거하는 도리가 아닙니다.'라고 하니, 태종이 이르기를 '朕이 천하를 다스림은 본래 백성을 위하는 것이니, 백성을 괴롭혀서 자신의 친족을 봉양하려고 하지 않는다.'라고 하고, 이에 종실을 모두 소원한 관계로 강등하여 郡公으로 삼고, 오직 공훈이 있는 몇 사람만 왕으로 봉하였다."라고 하였다.
8) 內外 : 여기서는 도성과 지방을 가리킨다.
9) 以宗室之親……生意外之變也 : 종실이 外郡에 분포하면 簒弑할 마음이 쉽게 생겨 뜻밖의 변란이 발생함을 말한 것이다.

古之帝王은 好疑而多防이라 雖父子兄弟라도 不得尺寸之柄하고 幽囚[1)]禁錮하여 齒於匹夫[2)]者는 莫如秦魏니이다 然이나 秦魏는 皆數世而亡[3)]이니 其所以亡者는 劉氏項氏與司馬氏[4)]요 而非其宗室也니이다 故로 爲國者가 苟失其道면 雖胡越[5)]之人이라도 皆得謀之요 苟無其釁이면 雖宗室이라도 誰敢覬者리오 惟陛下는 蕩然與之無疑하고 使得以次居外를 如漢唐之故[6)]하소서 此亦去冗費之一端也니이다

옛날의 제왕은 의심하기를 좋아하여 방비를 많이 하였으므로, 비록 부자·형제라 할지라도 尺寸만큼의 작은 권력도 얻지 못한 채 幽囚되고 禁錮되어 匹夫에 낄 정도로 〈지위가 추락한 것은〉 秦나라와 魏나라 때 같은 적은 없었습니다. 그러나 진나라와 위나라는 다 몇 세대 만에 망하였으니, 망하게 한 자는 劉氏·項氏 및 司馬氏였고 그 종실이 아니었습니다.

그러므로 나라를 다스리는 자가 진실로 그 도리를 잃으면 비록 胡越의 사람이라 할지라도 모두 도모할 수가 있고, 진실로 틈을 보이는 일이 없으면 비록 종실이라 할지라도 누가 감히 넘보겠습니까? 오직 폐하께서는 태연한 마음으로 종실을 의심 없이 대하고 그들이 차례로 지방에 나가서 살 수 있게 하기를 漢唐의 故事처럼 하소서. 이 또한 쓸데없는 비용을 제거하는 하나의 방법입니다.

1) 幽囚 : 幽閉하고 囚禁하는 것을 이른다.

2) 齒於匹夫 : 匹夫는 평민이니, '齒於匹夫'는 곧 평민과 동등함을 말한다.

3) 古之帝王……皆數世而亡 : ≪史記≫ 〈李斯列傳〉에 의하면 "秦始皇이 맏아들 扶蘇가 여러 차례 바른말로 간하는 것을 싫어하여 부소더러 나가서 上郡을 지키게 하였다. 二世 胡亥가 즉위한 뒤에 趙高와 짜고 부소를 핍박하여 자살시켰으며, 그 밖의 형제 12명은 咸陽에서 戮死되고, 公主 10명은 車裂(수레를 끌어 육신을 찢음)을 당했다."고 하고, ≪三國志≫ 〈魏書 任城陳蕭王傳〉에 의하면 "魏 太祖 때에 曹植이 탁월한 재능을 보이고 丁儀·丁廙·楊脩 등이 그를 돕자, 태조는 그들을 의심하게 되었다. 文帝가 즉위한 뒤에 조식을 폄하하니, 조식은 끝내 뜻을 펼 수 없었고, 그 밖에 曹彰 같은 이도 京師에서 暴死하였다."고 한다.

4) 劉氏項氏與司馬氏 : 劉邦과 項籍과 司馬炎을 가리킨다.

5) 胡越 : 胡와 越이니, 곧 북방과 남방의 각 소수민족을 범칭한 것이다.

6) 如漢唐之故 : 漢朝와 唐朝에서 종실을 王으로 봉하고 侯로 봉해서 나아가 군현을

지키게 한 제도를 본받으라는 뜻이다.

臣聞 漢唐以來론 重兵[1]分於四方하니 雖有末[2]大之憂라도 而饋運[3]之勞가 不至於太甚이라하니이다 祖宗[4]受命[5]하사 懲其大患而略其細故[6]하여 斂重兵而聚之京師하니이다 根本[7]旣彊하니 天下承命[8]而服이니이다 然而轉漕之費는 遂倍於古니이다 凡今東南之米가 每歲遡汴而上[9]하되 以石計者는 至五六百萬이니이다 山林之木은 盡於舟楫하고 州郡之卒은 弊[10]於道路하니 月廩歲給之奉을 不可勝計니이다 往返數千里에 饑寒困迫하며 每每侵盜[11]하고 雜以他物[12]하니 米之至京師者는 皆非完物矣니이다 由此觀之컨대 今世之法은 直以其力致之하고 而不計其患하니 非法之良者也니이다

소신은 듣건대 "漢唐 이후로는 重兵이 사방에 분산되어 있었기 때문에 비록 말단의 강대한 세력에 대한 우환이 있다 하더라도 군량을 運輸하는 노역이 너무 심한 지경에 이르지 않았다."고 합니다. 祖宗께서는 천명을 받아 〈등극하셔서〉 큰 우환을 징계하고 작은 일을 생략하여 중병을 거두어서 경사에 집합시켰습니다. 그리하여 근본이 이미 강해지니 온 천하가 명령을 받고 복종하였습니다. 그런데 轉漕의 비용은 결국 예전보다 배나 들었습니다. 지금 동남 지역의 쌀이 매년 汴河를 거슬러 올라와 경성에 도달하는데, 섬으로 계산하면 5, 6백만 섬에 이릅니다.

山林의 나무는 舟楫을 만드는 데에 다 들고, 州郡의 군사는 도로에서 피곤을 겪는데, 그들에게 지급되는 비용을 이루 헤아릴 수 없습니다. 수천 리 길을 오갈 때에 추위와 굶주림에 시달리며, 매번 쌀을 빼돌리고 다른 물건을 섞어서 〈빼돌린 쌀을 충당하니,〉 경사에 도달한 쌀은 모두 온전한 것이 없습니다. 이것으로 본다면 지금 세상의 법은 단지 힘으로만 밀어붙이고, 그로 인해 발생하는 禍患은 따지지 않게 되어 있으니, 좋은 법이 아닙니다.

1) 重兵 : 위력이 웅장한 군대를 이른다.
2) 末 : 本과 상대이므로 곧 제후의 권력을 가리킨다.
3) 饋運 : 運輸 또는 運送과 같다.
4) 祖宗 : 太祖와 太宗 등을 가리킨다.
5) 受命 : 하늘의 명을 받는 것이다.

6) 細故 : 자질구레한 일을 이른다.
7) 根本 : 末과 상대이므로 곧 황제의 권력을 가리킨다.
8) 承命 : 명령을 받음이다.
9) 遡汴而上 : 汴河를 거슬러 올라가 경성에 도달함을 이른다.
10) 弊 : 피로하고 지친다는 뜻이다.
11) 侵盜 : 빼돌린다는 뜻이다.
12) 雜以他物 : 다른 물건을 섞어서 빼돌린 쌀을 충당함을 이른다.

臣願更爲之法하여 擧今每歲所運之數而四分之하되 其二는 卽用舊法하여 官出船與兵而漕之를 凡皆如舊하고 其一은 募六道[1]之富人하여 使以其船及人漕之하되 而所過에 免其商稅하고 能以若干至京師하되 而無所欺盜敗失者는 以今三司軍大將之賞與之하소서 方今濱江之民이 以其船爲官運者는 不求官直[2]하고 蓋取官之所入而不覆較者는 得其贏以自潤하며 而富民之欲仕者는 往往求爲軍大將하니 以此推之면 宜有應募者리이다 其一은 官自置場하여 而買之京師하고 京師之兵이 當得米而不願者는 計其直하여 以錢償之니이다

소신은 원컨대 다시 법을 만들어, 지금 매년 운수하는 횟수를 네 차례로 나누되 두 차례는 곧 예전 법을 써 官府에서 배와 군사를 내어 수로로 운수하기를 모두 예전처럼 하도록 하며, 한 차례는 六道의 부유한 사람을 모집하여 그들의 배와 그들의 인부로 운수하게 하되 통과하는 곳에는 그 商稅를 면제해주고, 쌀을 운수하여 경사에 잘 도착되고 빼돌리거나 손실된 일이 없을 경우는 지금의 三司軍大將의 상을 수여하도록 합니다.

현재 濱江의 백성 중에 그들의 배로 관부를 위하여 운수하는 자는 관부의 공전을 구하지 않고, 대개 관부의 경비를 취하되 따지지 않는 자는 그 남은 것을 취하여 스스로 윤택한 생활을 누리며, 부유한 백성으로서 벼슬을 하려고 하는 자는 이따금 군대장이 되기를 구하니, 이것으로 미루어본다면 응당 응모하는 자가 있을 것입니다. 또 한 차례는 관부에서 장소를 마련하여 경사에서 쌀을 사들이고, 경사의 군사가 마땅히 쌀을 얻어야 하나 원하지 않는 자에게는 그 값을 계산해서 돈으로 보상하도록 합니다.

1) 六道 : 六路와 같으니, 곧 淮南路 · 兩浙路 · 江南東路 · 江南西路 · 荊湖南路 · 荊湖北路이다.
2) 官直 : 관부의 공전이나 보수를 이른다.

夫物有常數하니 取之於南하면 則不足於北하고 捨之於東하면 則有餘於西하니 此數之必然하여 而不可逃者也니이다 今官欲買之하니 其始不免於貴니이다 貴甚則東南之民이 傾而赴之[1]하니 赴之者衆이면 則將反於賤이니이다 致賤必以貴하고 致貴必以賤이니 此亦必然之數也니이다 故로 臣願爲此二者與舊法皆立하여 試其利害而較其可否면 必將有可用者리니 然後에 擧而從之면 此又去冗費之一端也니이다

모든 사물에는 일정한 수량이 있기 때문에 남쪽에서 취하면 북쪽에서 부족하고, 동쪽에서 놓아두면 서쪽에서 남음이 있으니, 이것은 수량의 필연적인 것이어서 피할 수 없는 원칙입니다. 지금 관부에서 물건을 사들이려고 하니, 비로소 값이 비싸지게 됩니다. 값이 너무 비싸지면 동쪽 · 남쪽의 백성들이 경성으로 달려가서 쌀을 팔게 되니, 경성으로 달려가서 쌀을 파는 자가 많으면 장차 헐값으로 되돌아옵니다. 헐해진 것은 반드시 비쌌기 때문이고, 비싸진 것은 반드시 헐했기 때문이니, 이 또한 필연적인 원칙입니다.

그러므로 소신은 원컨대 이 두 가지 방법과 예전의 법을 다 존치시켜서 그 利害를 시험하고 그 可否를 비교하면 반드시 장차 쓸 수 있는 것이 있을 터이니, 그렇게 시험해본 뒤에 거행하면 이 또한 쓸데없는 비용을 제거하는 한 가지 방법입니다.

1) 傾而赴之 : 전부 경성으로 달려가서 쌀을 판다는 뜻이다.

臣聞 富國有道하니 無所不卹者는 富之端也요 不足卹者는 貧之源也라하니 從其可卹而收之하되 無所不收면 則其所存者廣矣요 從其無足卹而棄之하되 無所不棄면 則其所亡者多矣리이다 然而世人之議者則不然하여 以爲天下之富에 而顧[1]區區之用은 此有司之職이요 而非帝王之事也라하나니이다 此說之行於天下 數百年於茲矣라 故로 天下之費 其可已者 常多於舊니이다 臣不敢遠引前世하고 請言近歲之事하리이다 自嘉祐[2]以

來로 聖人迭興[3]하여 而天下之吏 京秩[4]以上은 再遷其官하고 天下郡守職司 再補其親戚이니이다

소신은 듣건대 "나라를 부강하게 만드는 데는 방법이 있으니, 재물에 애착심을 가지고 아껴서 쓰는 것은 나라를 부강하게 만드는 길이고, 재물에 애착심을 갖지 않고 마구 낭비하는 것은 나라를 가난하게 만드는 길이다."라고 하였으니, 애착심을 가지고 거두어들이되 거두어들이지 못할 것이 없이 다 거두어들인다면 간직되는 것이 많을 것이고, 애착심을 갖지 않고 버리되 버리지 못할 것이 없이 마구 버린다면 망실되는 것이 많을 것입니다. 그런데 세상 사람들의 의논에서는 그렇게 여기지 않아 "천하가 부강한 마당에 구구한 쓰임을 고려하는 것은 바로 부문별로 주관하는 자가 할 직임이고, 제왕이 할 일이 아니다."라고 합니다. 이 말이 천하에 유행한 지 이에 수백 년이 되었습니다. 그러므로 천하(국가)의 비용(경비) 중에 지출하지 않아도 될 것이 항상 예전보다 많습니다.

소신은 감히 멀리 전대의 일을 예로 인용하지 않고 근년의 일을 가지고 말씀드리겠습니다. 嘉祐 이후로 성군이 뒤를 이어 나와서 천하(전국)의 관리에 대하여 京官 이상에게는 그 관직을 두 번이나 승진시키고, 천하(전국)의 郡守와 職司에 있어서는 그 친척을 두 번이나 補任시켰습니다.

1) 顧 : 考慮의 뜻이다.
2) 嘉祐 : 宋 仁宗이 아홉 번째 고친 연호이다. 1056~1065.
3) 聖人迭興 : 仁德이 있는 聖君이 서로 계승하여 왕위에 오른 것을 가리키니, 곧 仁宗·英宗에 神宗을 포함한 것이다.
4) 京秩 : 京官을 가리킨다.

自治平[1]京師之大水와 與去歲河朔[2]之大震으로 百役[3]竝作하니 國有至急之費어늘 而郊祀之賞은 不廢於百官[4]이니이다 自橫山用兵[5]供億之未定과 與京西[6]流民勞徠[7]之未息으로 官私乏困하여 日不暇給[8]이어늘 而宗室之喪은 不俟[9]歲月而葬하나니이다 臣以此觀之하고 知朝廷有無足卹之義니이다 臣誠知事之旣往은 無可爲者니이다 然이나 苟自今從其可卹而救之면 則無益之費를 猶可漸減하리니 此又去冗費之一端也니이다

治平 2년(1065)에 경사를 휩쓴 홍수와 지난해에 河朔에서 일어난 대지진 이후로 각종 노역이 아울러 일어나고 있으니, 나라에는 매우 급히 조달될 경비가 있어야 하는데도 郊祀를 지낼 때에 백관에게 주는 상은 폐지하지 않고 있습니다. 橫山의 用兵에 따른 수요공급이 정해지지 못하고, 京西의 流民을 계속 구호하게 됨으로부터 公私 간에 고달파서 하루도 한가할 겨를이 없는데도 종실의 喪은 시간을 끌지 않고 즉시 장사를 지냅니다.

소신이 이것으로 보니 조정에서 재물에 애착심을 갖지 않는 것을 알겠습니다. 소신은 진실로 이미 지나간 일은 되돌릴 수 없다는 것을 압니다. 그러나 지금부터 재물에 애착심을 가지고 구제한다면 이익 없는 비용은 오히려 점점 줄일 수 있을 것이니, 이 또한 쓸데없는 비용을 제거하는 하나의 방법입니다.

1) 治平 : 宋 英宗의 연호이다. 1064~1067.
2) 河朔 : 黃河 이북의 지역을 범칭한 말이다.
3) 百役 : 여기서는 각종 勞役을 가리킨다.
4) 郊祀之賞 不廢於百官 : 송나라에서는 옛 제도에 따라 3년마다 한 차례씩 교외에서 天地와 祖宗에게 제사를 지낼 때에 百官에게 重賞을 내렸으니, 걸핏하면 百萬金이 소비되었다. 그래서 그 뒤에는 감히 郊祀를 지내지 못하기까지 하였다.
5) 橫山用兵 : 种諤이 橫山 綏州를 占據한 일을 가리킨다.
6) 京西 : 송나라에서는 京西路를 대신 칭하였으니, 冀州・豫州・荊州・兗州・梁州가 이에 속하였다.
7) 勞徠 : 慰問의 뜻이나, 여기서는 특별히 賑濟하는 일을 가리킨다.
8) 日不暇給 : 일이 번다하여 한가할 겨를이 없음을 형용한 말이다.
9) 俟 : 저본에는 '候'로 되어 있으나, ≪欒城集≫에 의하여 '俟'로 바꾸었다.

臣不勝拳拳私憂過計하여 爲是三冗之說以獻하오니 伏惟陛下는 思深謀遠하고 聽斷詳盡하소서 於天下之事에 無所不矚하시니 臣之所陳이 何足言者리잇가 然이나 臣愚以爲 苟三冗未去면 要之十年之後에 天下將益衰耗하여 難以復治하니이다 陛下何不講求其原而定其方略하여 擇任賢俊而授之以成法하시고 使皆久於其官而後에 責其成績이시니잇가 方今天下之官이 泛泛乎[1]皆有欲去不久之心이니이다 侍從之臣[2]을 逾年而不得代면 則

皇皇而不樂이리이다 今雖不能使之盡久나 然이나 至於諸道之職司와 三司之官吏와 沿邊之將佐[3)]하여는 此皆與天子共成事者也니이다 天下之事 將責成之而不久其任이면 開其源者는 不見其流하고 發其謀者는 不見其成功이니 此事之所以不得成也니이다 陛下誠擇人而用之하되 使與二府로 皆久於其官하시면 人知不得苟免하고 而思長久之計하리이다 君臣同心하고 上下協力하여 磨之以歲月하리니 如此而三冗之弊를 乃可去也리이다

소신은 늘 마음에 두고 있는 걱정스런 생각을 견디지 못하여 이와 같은 세 가지의 쓸데없는 것에 대한 설을 지어 드리오니, 폐하께서는 깊이 생각하고 결단을 내리소서. 천하의 모든 일에 꿰뚫어보지 않은 바가 없으시니, 소신이 진술한 바가 무슨 말이 되는 소리이겠습니까? 그러나 소신의 어리석은 생각으로는, '진실로 이 세 가지의 쓸데없는 것을 제거하지 못한다면 결론적으로 말씀드려 10년 뒤에는 천하가 장차 더욱 쇠모하여 다시 다스려지기 어려울 것'이라 여깁니다. 폐하께서는 왜 그 근원을 강구하고 그 방략을 정해서 현명하고 준수한 사람을 골라 맡기고 그들에게 실정법을 건네주신 다음, 그들로 하여금 모두 그 관직에 오래 있게 한 뒤에 그들이 공적을 이루도록 책임 지우지 않으십니까?

현재 천하(전국)의 관리들이 관직의 위치가 정착되지 못하여 자주 이동하므로 모두 오래 있지 않고 떠나가려는 마음을 가집니다. 侍從의 신하를 해를 넘기도록 그 대임자를 얻지 못한다면 황급하여 좋지 않은 기색을 띨 것입니다. 지금은 비록 그들을 모두 다 관직에 오래 있게 할 수는 없으나 諸道의 職司와 三司의 관리와 沿邊의 將佐 등만은 모두 천자와 함께 일을 성취할 자들입니다. 그런데 천하의 일을 장차 이루도록 그들에게 책임 지우면서 그 직임을 오래 갖게 하지 않는다면 근원을 개발하는 자는 그 흐르는 물줄기를 보지 못하고, 꾀를 내는 자는 그 성공함을 보지 못할 것이니, 이는 일이 이루어질 수 없게 하는 것입니다. 그러니 폐하께서는 성심껏 사람을 골라 쓰시되 二府와 함께 모두 그 관직에 오래 있게 하신다면, 사람들이 구차하게 손해를 모면할 수 없음을 알고 장구한 계책을 생각할 것입니다. 군신이 同心하고 상하가 협력하여 시일을 두고 연마할 것이니, 이와 같이 하면 세 가지 쓸데없는 폐단을 제거할 수 있을 것입니다.

1) *泛泛乎* : 표류하여 정착되지 못함. 또는 자주 이동함을 이른다.

2) 侍從之臣：宋朝에서는 翰林學士·給事中·六尙書侍郞 등을 칭하였다.
3) 將佐：고급장교이다.

然而爲此라도 猶有所患은 何者리잇가 今世之士大夫는 好同而惡異[1]하고 疾成而喜敗하며 事苟不出於己하여 小有齟齬不合이면 則群起而排之하나이다 借如今使按察之官으로 任其屬吏하여 歲終而無過라도 此其勢必將無所不按하리니 得罪者가 必將多於其舊리이다 然則天下之口 紛然非之矣리이다 不幸而有一不當이면 衆將群指以罪하고 法一不當이면 不能動이리이다 不幸而至於再三하면 雖上之人이라도 亦將不免於惑이리이다 衆人이 非之於下하고 而朝廷이 疑之於上하며 攻之者衆이요 而持之者不堅이면 則法從此敗矣리이다

그러나 이와 같이 하더라도 오히려 걱정할 바가 있는 것은 무엇 때문이겠습니까? 지금 세상의 사대부들은 자기와 의사가 같으면 좋아하고 자기와 의사가 다르면 미워하며, 성공하는 것을 미워하고 실패하는 것을 기뻐하며, 자기에게서 나오지 아니한 일이 조금만 저촉되어 합당하지 않으면 떼를 지어 일어나서 배격합니다. 가사 지금 按察하는 관리로 하여금 그 屬吏를 맡게 하여 연말에 가서 과오가 없더라도 그 형세상 반드시 장차 안찰하지 않는 바가 없을 것이니, 죄를 얻는 자가 반드시 장차 예전보다 많아질 것입니다. 그렇게 하면 천하 사람들이 어지럽게 비난할 것입니다.

불행히도 한 가지 합당하지 못한 점이 있으면 뭇사람이 장차 떼를 지어 죄를 지적하게 되고, 법이 한번 부당하게 적용되면 움직일 수 없을 것입니다. 불행하게도 그런 일이 재삼 반복되면 비록 윗사람이라 하더라도 또한 장차 의혹을 면하지 못할 것입니다. 뭇사람이 아래에서 비난하고 조정이 위에서 의심하며, 공격하는 자가 여럿이고 견지하는 자가 견고하지 못하면 법은 이로부터 파괴될 것입니다.

1) 好同而惡異：저본에는 '惡同而好異'로 되어 있는데, ≪欒城集≫에 의하여 바로잡았다.

蓋世有耕田而以其耜殺人者어든 或者因以耕田爲可廢나 夫殺人之可誅與耕田之不可廢는 此二事也니 安得以彼而害此哉리잇가 故로 夫按人而不以其實者는 罪之可也나 而法之是非는 則不在此니이다 苟陛下誠以爲可行이면 必先能破天下之浮議하고 使良

法不廢於中道하소서 **如此而後**에야 **三冗之弊**를 **可去也**리이다

세상에 밭을 갈다가 쟁기로 사람을 죽인 자가 있으면 혹자는 "밭 가는 일을 폐지해야 된다."고 주장하나, 살인한 사람을 처벌하는 것과 밭 가는 일을 폐지할 수 없는 것은 두 가지 다른 일인데, 어떻게 저것으로 이것을 해칠 수 있겠습니까? 그러므로 사람을 안찰하되 그 실상으로써 안찰하지 않을 경우는 죄 주는 것이 옳지만, 법이 옳고 그른 것은 여기에 있지 않습니다. 폐하께서 진실로 시행할 수 있는 것으로 여기신다면 반드시 먼저 천하의 근거 없는 의론을 깨뜨리고 좋은 법이 중도에서 폐지되는 일이 없게 하소서. 이와 같이 한 뒤에야 세 가지 쓸데없는 폐단을 제거할 수 있을 것입니다.

三冗既去면 **天下之財 得以日生而無害**하여 **百姓充足**하고 **府庫盈溢**하리니 **陛下所爲而無不成**이요 **所欲而無不如意**하리이다 **擧天下之衆**하여 **惟所用之**하시되 **以攻則取**요 **以守則固**하리이다 **雖有西戎北狄不臣之國**이라도 **宥之則爲漢文帝**요 **不宥則爲唐太宗**[1]이니 **伸縮進退**는 **無不在我**니이다 **今陛下不事其本**하고 **而先擧其末**하시니 **此臣所以大惑也**니이다 **臣不勝憤懣**하여 **越次言事**[2]하오니 **雷霆之譴**[3]을 **無所逃避**리이다 **臣轍**은 **誠惶誠恐**하여 **稽首頓首**하며 **謹書**하나이다

세 가지의 쓸데없는 것이 이미 제거되면, 천하의 재물이 날로 생산되는 일에 장애받을 것이 없어서, 백성이 충족하고 府庫가 가득 넘칠 것이니, 폐하께서 하시는 일이 이루어지지 않는 것이 없고, 하고 싶은 일이 뜻대로 되지 않는 것이 없을 것입니다. 천하의 대중을 들어 쓰시되 공격하면 취하고 지키면 견고할 것이니, 비록 西戎 北狄에 신복하지 않는 나라가 있다 하더라도 관용을 베풀면 漢 文帝가 되고, 관용을 베풀지 않으면 唐 太宗이 될 것이니, 신축성 있게 진퇴하는 것은 우리에게 달려 있지 않은 것이 없습니다.

그런데 지금 폐하께서는 그 근본은 일삼지 않고 먼저 그 말단을 거행하시니, 이는 소신이 크게 의혹하는 바입니다. 소신은 憤懣을 견디지 못하여 官位의 서열을 뛰어넘어서 조정의 일을 말씀드리오니, 雷霆 같은 견책을 도피할 바가 없습니다. 소신 소철은 진실로 황공하와 머리를 조아리며 삼가 쓰나이다.

1) 雖有西戎北狄不臣之國……不宥則爲唐太宗 : ≪漢書≫ 〈文帝紀〉에 의하면 "漢 文帝 劉恒 때에는 匈奴가 변경을 침범하자, 漢軍이 공격하여 승리하였고, 後元 2년(B.C. 162)에는 문제가 조서를 내려 흉노가 화친하자는 청을 허락하였다." 고 하고, ≪唐書≫에 의하면 "태종이 즉위한 뒤에 突厥・吐谷渾 등을 쳐서 승리하였고, 돌궐 추장이 말을 바치고 화친을 청하였으나 태종은 받아들이지 않고, 노략해 간 중국의 호구를 귀환시키도록 하였으며, 거란・돌궐 등 북방의 소수민족이 선후하여 조공을 바치고 臣이라 칭하였기 때문에 북쪽지대 전부가 大唐의 版圖로 들어왔다."고 한다.

2) 越次言事 : 官位의 서열을 뛰어넘어 조정의 일을 말한다는 뜻이다.

3) 雷霆之譴 : 제왕이나 혹은 尊者의 暴怒에 대한 敬稱이다.

宋大家蘇文定公文抄 卷2

上書・箚子

01. 自齊州回論時事書* 齊州에서 돌아와서 時事를 논한 글

* 이 글은 宋 神宗 熙寧 9년(1076)에 썼다. 이해 10월에 宰相 王安石이 재차 재상의 자리에서 물러났는데, 蘇轍이 齊州로부터 書記의 임무를 관장하고 京師로 돌아왔다. 蘇轍은 이 글에서 駁論法을 써서 新法 중에 있는 青苗・免役・保甲・市易 등 네 법의 해로운 점을 지적하였는데, 곧 青苗法에서는 2분의 利息을 現錢으로 책임 지운 점을 논하였고, 免役法에서는 백성의 유무에 따라 돈이 있으면 돈을 내고 돈이 없으면 力役을 내게 하지 않은 점을 논하였고, 保甲法에서는 兩稅가 이미 兵役을 면제하는 비용에 갖추어져 있음을 고려하지 않고 한 사람이 3종의 兵役을 져 농사를 버리고 군사가 되게 한 점을 논하였고, 市易法에서는 이름은 貴賤을 평등하게 하고 富民을 억제한다고 하고서 실제로는 商賈와 이익을 다투어 국가체모를 손상한 점을 논하였다.

忠悃之言이 類兩漢書疏니라

忠悃한 말이 兩漢의 書疏와 같은 유이다.

臣은 自少讀書하고 好言治亂이니이다 方陛下求治之初에 上書言事[1]한대 陛下不廢狂狷[2]하고 召對便殿[3]하시니 親聞德音[4]이니이다 九品賤官[5]이 自此始得登對[6]論事니이다 當此之時에 陛下好問之聲[7]이 震動海內하니 愚賤之人은 篤信寡慮[8]하고 以爲天下之事를 可得徐陳遍擧하여 指顧[9]而定矣라하나이다 旣而誤蒙恩澤하고 受職條例하여 抗論得失이라가 與有司不合하여 得請外補[10] 於今七年이언마는 而天下之治安을 終未可見이니 臣竊疑之니이다

小臣은 소싯적부터 글을 읽고 治亂에 관하여 말하기를 좋아하였습니다. 陛下께서

막 治道를 探求하시던 때에 글을 올려 정사에 관한 것을 말씀드리니, 陛下께서는 狂狷한 사람을 버리지 않고 便殿에서 召對하시므로 仁德스러운 말씀을 직접 들을 수가 있었습니다. 九品의 賤官이 이때부터 비로소 登對하여 정사를 논하게 되었습니다. 이때에 陛下께서 사람을 향하여 열심히 가르침을 청하시는 名聲이 海內를 震動시키므로 어리석고 미천한 사람은 독실하게 믿고 깊이 考慮하지 않은 채, '천하의 일을 서서히 진술하고 두루 열거하여 신속하게 정할 수 있을 것'이라고 생각하였습니다.

이윽고 聖恩을 입어 條例司의 직책을 임명받아 得失 관계를 抗論하다가 담당관과 의견이 맞지 않아 外補를 청한 지 지금 7년이 되었건만, 천하의 治安을 끝내 볼 수가 없으니, 小臣은 의아스럽게 생각합니다.

1) 上書言事 : ≪宋史≫ 〈蘇轍傳〉에 의하면, 神宗이 登極한 지 2년이 되던 해에 蘇轍이 글을 올려 조정의 일을 말하여 延和殿에서 召對하였는데, '上書言事'는 바로 앞에 있는 〈上神宗皇帝書〉를 가리킨다. 召對는 王命으로 入對하여 政事에 관한 의견을 上奏하는 것이다.

2) 狂狷 : 放縱하여 禮法에 구속받지 않는 사람을 가리킨다.

3) 便殿 : 正殿 이외의 別殿. 곧 帝王이 한가히 休息하는 곳을 이른다.

4) 德音 : 仁德스러운 言語. 여기서는 특별히 神宗의 말을 가리킨다.

5) 九品賤官 : 官職이 낮은 것을 범연하게 일컫는 말이다. 蘇轍은 延和殿에서 召對한 뒤에 制置三司條例檢詳文字를 임명받았다.

6) 登對 : 朝廷에 나아가 임금의 물음에 대답하는 것이다.

7) 好問之聲 : 사람을 향하여 열심히 가르침을 청하는 名聲이다. ≪書經≫ 〈仲虺之誥〉에 "묻기를 좋아하면 여유가 있고 스스로 지혜를 쓰면 작아진다.〔好問則裕 自用則小〕"라고 하였다.

8) 寡慮 : 思慮가 부족함이다. 蘇轍이 그 兄 蘇軾의 下獄을 구원하기 위해 올린 글에도 "軾은 狂狷하고 思慮가 부족하다."라고 적고 있다.

9) 指顧 : 한순간. 곧 迅速함을 극도로 말한 것이다.

10) 旣而誤蒙恩澤……得請外補 : ≪宋史≫ 〈蘇轍傳〉에 의하면 "蘇轍이 制置三司條例檢詳文字가 되었을 때 參知政事 王安石과 樞密院 陳升之가 함께 三司條例司를 거느렸다. 王安石이 財利에 급급하여 治國之本을 알지 못하였는데, 呂惠卿이 그와 더불어 동모하였다. 蘇轍이 일을 논함에 대체로 王安石・呂惠卿 두 사람과

부합하지 않았다. 그래서 王安石에게 글을 보내 그 일을 시행할 수 없음을 지적하였더니, 王安石이 대로하여 蘇轍에게 죄를 가하려고 하자, 陳升之가 말렸다. 그러자 蘇轍이 外職으로 나갈 것을 청하니, 神宗이 받아들여 蘇轍을 河南留守推官으로 삼았다."고 한다.

伏惟[1] 陛下는 天生聖德[2]이라 聰明睿智를 不學而具하시니 其於謀慮措置에 曾何足云이리잇가 自頃歲[3]以來로 每有更張[4]이나 民率不服이니이다 蓋青苗行而農無餘財하고 保甲[5]行而農無餘力하고 免役[6]行而公私竝困하고 市易[7]行而商賈皆病이니이다 上則官吏勞苦하여 患其難行하고 下則衆庶愁嘆하여 願其速改니이다 凡此四者는 豈陛下之聖明에 有所不知耶리잇가 臣以爲非也니이다 陛下之聖明은 無所不知시니이다

삼가 생각건대, 陛下께서는 하늘이 聖德을 부여해주신지라, 聰明과 睿智를 배우지 않고도 갖추셨으니, 그 謀慮하고 措置하시는 일에 대해서는 어찌 족히 운운할 것이 있겠습니까? 그러나 근년 이래로 매번 更張을 하시나 백성들이 모두 복종하지 않습니다.

대개 青苗法이 시행되자 農家에는 餘財가 없어졌고, 保甲法이 시행되자 農家에는 餘力이 없어졌고, 免役法이 시행되자 公私가 모두 곤궁해지고, 市易法이 시행되자 商賈가 모두 병들었습니다. 위에서는 관리들이 勞苦하여 그것이 시행되기 어려움을 걱정하고, 아래에서는 백성들이 愁嘆하여 그것을 속히 고치기를 원합니다. 무릇 이 네 가지는 어찌 聖明하신 陛下께서 모르시는 바가 있겠습니까? 소신은 모르시는 게 아니라고 생각합니다. 聖明하신 陛下께서는 모르시는 바가 없습니다.

1) 伏惟 : 아랫사람이 윗사람에 대한 敬語로 奏疏나 書札에서 많이 쓰는데, 곧 삼가 생각한다는 뜻이다.
2) 聖德 : 더없이 높은 美德을 이른다.
3) 頃歲 : 近年과 같다.
4) 更張 : 變更, 改革의 뜻이다.
5) 保甲 : 王安石이 倡導한 新法의 하나인 保甲法이다. 保甲法은 곧 民兵制度인데, 10家를 保, 50家를 大保, 10大保를 都保라 하고, 각각 正副의 長을 두어, 農閑期에는 유사시에 대비하여 무장을 시켜서 훈련을 하게 하였으며, 평상시에는 連

坐의 제도를 설치하여 자체로 지방정찰의 사무를 행하게 하였다.

6) 免役 : 王安石이 倡導한 新法의 하나인 免役法이다. 그 법은 곧 家産의 高下에 의거하여 각각 돈을 내어 사람을 고용해서 役을 충당하게 하였다. 單丁・女戶는 본래 役이 없으나 또한 일괄적으로 돈을 내게 하고, 이를 일러 '助役錢'이라 하였다.

7) 市易 : 王安石이 倡導한 新法의 하나인 市易法이다. 그 법은 곧 백성에게 田宅이나 혹은 金帛을 抵當시키고 縣官의 財物을 貸與하여 10분의 利息을 내게 하였으며, 기한이 지나도 내지 않을 경우는 利息 외에 매월 罰錢으로 100분의 2씩 가산해서 받았다.

何以言之오 二年[1]以來로 陛下屢發英斷하사 廢置大吏[2]하고 數其罪愆[3]하여 明示臣庶하시니 凡天下之所共疾惡者를 陛下無一不知시니이다 由此觀之컨대 凡天下之所共怨苦者를 陛下何所不察이리잇가 今者에 皇天悔禍하고 啓道聖意하여 易置輔相하니 中外踴躍[4]하며 思覩寬政[5]이언마는 而歷日彌月[6]에 寂寞無聞하니 衆心皇皇[7]하여 如久饑而不得食이니이다 臣雖愚陋나 竊獨爲陛下恨也니이다 陛下自卽位以來로 求治之心이 常若不及하시며 意將以堯舜之隆平[8]으로 易漢唐之淺陋하시나 不幸左右不明하여 陵遲[9]以至於此하니 天下之人이 孰不知之리잇가 今也엔 旣知其不可用而去之하고 又循其舊而不改하며 將遂代之任咎[10]하시니 此臣之所以爲陛下恨也니이다

왜 이렇게 말씀드리는가 하면, 2년 이래로 陛下께서 누차 英斷을 발휘하여 大官을 廢置하고 그 범죄행위를 세어 들추어내서 신하와 서민들에게 밝게 보이시니, 무릇 천하 사람들이 함께 미워하는 것을 陛下께서 하나도 모르는 것이 없으십니다. 이로 말미암아 보건대, 무릇 천하 사람들이 함께 원망하고 괴로워하는 것을 陛下께서 어찌 살피지 않으신 바이겠습니까? 현재 皇天이 자기의 과실을 悔恨하고 聖上의 뜻을 啓導하여 輔佐하는 宰相을 바꾸어놓게 하였으니, 중앙과 지방 사람들이 기뻐서 踴躍하며 〈苛酷하지 않은〉 관대한 정치가 실시되기를 바라고 있지만, 시일이 경과되도록 〈그런 소식이〉 까마득하게 들리지 않으니, 뭇사람들의 마음이 불안하여 마치 오랫동안 굶주리면서도 음식을 얻지 못하는 것과 같습니다.

小臣은 비록 愚陋하나 몰래 陛下를 위하여 한탄하옵니다. 陛下께서는 卽位하신 이

래로 治道를 探求하는 마음이 항상 미치지 못하는 것처럼 하시며, 뜻이 장차 堯舜의 隆平한 세상으로써 漢唐의 淺陋한 세상을 바꾸어놓으려고 하셨으나, 불행하게도 좌우에서 모시는 신하들이 명철하지 못하므로 衰頹하여 이 지경에 이르렀는데, 천하 사람들이 그 누구인들 그것을 모르겠습니까? 현재에 와서는 이미 그들을 쓸 수 없음을 아셔서 제거하였고, 또 그 舊法을 따르고 고치지 않으시며, 장차 〈王安石 등 新法을 주장한 사람들을〉 代替하여 죄책을 떠맡기는 일을 완수하려고 하시니, 이래서 小臣이 陛下를 위하여 한탄하는 것입니다.

1) 二年 : 熙寧 7년(1074)과 8년을 가리킨다.
2) 大吏 : 大官이다.
3) 二年以來……數其罪愆 : 王安石과 呂惠卿 등 變法派 大臣을 승진시키거나 파면시킨 일을 가리킨다. 王安石은 熙寧 7년에 宰相을 내놓고 江寧知府가 되었으며, 呂惠卿은 參知政事가 되었다. 8년에는 王安石이 재차 재상이 되었고, 呂惠卿이 參知政事를 면하고 陳州知事가 되었다.
4) 踊躍 : 기뻐서 鼓舞하는 모습이다.
5) 今者……思覩寬政 : 上天이 자기의 過失을 悔恨하고 神宗을 啓迪하여 新法이 백성을 어지럽히는 것을 알아 宰相을 바꾸게 하였으니, 熙寧 9년에 王安石이 재상을 면하고 江寧判府事로 나가고, 王珪는 同中書門下平章事가 되고, 馮京은 知樞密院이 되었다.
6) 歷日彌月 : 시간이 경과함을 이른다.
7) 皇皇 : 惶惶과 같은 뜻으로 불안한 모습을 가리킨다.
8) 隆平 : 盛大하고 太平함이다.
9) 陵遲 : 衰頹와 같은 뜻이다.
10) 代之任咎 : 王安石 등 新法을 주장한 사람들을 代替하여 죄책을 떠맡김을 이른다.

且今天下之安危는 智者가 不再計矣리이다 水旱連年[1]하니 死者將半이요 遺民饑困하고 盜賊滿野하며 疆場未寧하여 軍旅在外[2]하며 府庫空竭하고 邊餉[3]寡少하니 事之可憂者를 何可勝數리잇가 術之不效를 斷可見矣리이다 然이나 陛下獨遲遲而不決하시니 意者컨대 已爲之而已廢之를 恐天下有以窺其深淺耶잇가 臣聞 人主之德은 如天이라하나이다 天

之於物也에 熾然[4]而旱하여 赤地千里에 草木皆死하니 可謂虐矣리이다 然이나 至雷雨時作하여 膏澤[5]洋溢하고 百谷奮起하여 民復粒食[6]하여는 鼓舞盛德[7]하고 而忘旱之虐이니이다 何者오 度量廣大하여 改過無疑也니이다

현재 천하의 안위문제에 대해서는 智者가 두 번 다시 계산해보려고 들지 않을 것입니다. 水災와 旱災가 3년을 연이어 발생하니, 죽은 사람이 반을 넘었으며, 遺民은 饑困에 시달리고 盜賊은 들에 가득하며, 國境이 편치 않아 軍旅가 밖에 있으며, 府庫가 비어 있고 변방군량이 얼마 남지 않았으니, 일이 걱정스러운 것을 어떻게 이루 다 셀 수 있겠습니까? 術策이 효과가 없음을 단연코 볼 수 있을 것입니다. 그러나 陛下께서 만은 시간을 끌며 결단을 내리지 않고 계시니, 생각건대 이미 해놓고 이미 폐지하는 일에 대하여 천하에서 그 淺深을 엿볼까 두려워하시기 때문입니까?

소신은 듣건대 "人主의 德은 하늘과 같다."고 합니다. 하늘이 만물에 대하여 극심하게 가물게 하여 赤地千里에 草木이 모두 죽었으니, 포학했다고 할 수 있을 것입니다. 그러나 雷雨가 제때에 일어나 膏澤이 洋溢하고 百穀이 奮起하여 백성이 다시 곡물로 밥을 지어 먹게 됨에 이르러서는, 上天의 거룩한 德에 鼓舞하고 旱魃의 포학은 곧 잊어버릴 것입니다. 왜냐하면 〈上天의〉 도량이 관대하므로 허물을 고칠 것에 의심할 나위가 없기 때문입니다.

1) 水旱連年 : ≪宋史≫ 〈神宗本紀〉에 의하면, 熙寧 5년(1072)에는 兩浙水災, 6년·7년에는 旱災가 심하였다고 한다.
2) 疆場未寧 軍旅在外 : ≪宋史≫ 〈神宗本紀〉에 의하면, 熙寧 5년에서 7년에 이르기까지 土蕃의 장수 木征과 鬼章이 자주 변경을 침범하였고, 그 밖에 西夏 사람 也于가 熙寧 7년에 晉州를 침범하였는데, 王韶 등 將領이 군사를 거느리고 그들과 더불어 싸웠다고 한다. 疆場은 國境이다.
3) 邊餉 : 변방의 군량미이다.
4) 熾然 : 맹렬한 모양. 극심한 모양이다.
5) 膏澤 : 작물을 윤택하게 만드는 雨水이다.
6) 粒食 : 穀物로 밥을 짓는 것이다.
7) 鼓舞盛德 : 上天의 큰 恩德에 대하여 기뻐서 鼓舞함을 이른다.

如使密雲不雨[1)]하고 旣雨而中止하며 遲疑猶豫하고 久而不忍이면 則天之生物이 盡矣리이다 傳曰 君子之過也는 如日月之食焉하여 過也엔 人皆見之하고 更也엔 人皆仰之[2)]라하나이다 今陛下誠先治其心하사 使虛一而靜[3)]하여 湛乎彼我하시면 得失莫能嬰也[4)]리이다 去惡如棄塵垢하고 遷善如救饑渴하며 與民一新하여 罷此四事리이다 靑苗之旣散者는 要之以三歲而不收息하며 保甲之旣團者는 存其舊籍而不任事하며 復差役[5)]하여 以罷免役之條[6)]하고 通商賈하여 以廢市易之令이리이다 行之期年[7)]而觀之하여 苟民不安居하고 水旱復作하고 盜賊復起하고 財用復竭하여 誠有一事以憂陛下하면 臣請伏罔上之誅하여 以謝左右[8)]하리이다 陛下誠不信臣하시면 數年之後에 親受其弊矣리이다 古人有言曰 一慙之不忍이면 而終身慙乎[9)]라하나이다 惟陛下는 爲社稷籌之하소서 臣謹列四事之害하여 晝一[10)]以獻하나이다 不勝愚忠憤懣之誠하여 干犯天威[11)]하고 伏俟鈇鉞[12)]하나이다 臣轍은 誠惶誠恐하와 昧死上書하노이다

가사 짙은 구름만 끼고 비가 오지 않거나 이미 비가 오다가 중간에 그치는 등, 잔뜩 망설이기만 하고 오래도록 흡족한 비가 오지 않는다면 하늘의 生物이 다할 것입니다. 傳에 이르기를 "君子의 허물은 日蝕・月蝕과 같아 허물이 있을 때에는 사람들이 모두 볼 수가 있고, 허물을 고쳤을 때에는 사람들이 모두 우러러본다."고 하였습니다. 지금 陛下께서 참으로 먼저 마음을 다스려서 허심탄회하여 彼我의 간격 없이 담담하게 하신다면 득실관계가 마음을 얽어맬 수 없을 것입니다. 惡을 제거하기는 마치 塵垢를 버리듯이 하고 善으로 옮겨가기는 마치 飢渴을 구제하듯이 하며, 백성과 함께 一新하여 이 네 가지를 혁파해야 할 것입니다.

靑苗錢을 이미 나누어준 것은 결론적으로 말씀드려 3년 동안 利息을 거두지 말며, 保甲法으로 이미 집단이 된 것은 그 舊籍을 간직하고 일을 맡기지 말며, 差役을 회복함으로써 免役條를 혁파하며, 商賈를 통함으로써 市易令을 폐지해야 할 것입니다. 1년을 시행하고 나서 그 결과를 보아, 백성이 편안히 살지 못하고, 水災와 旱災가 다시 발생하고, 盜賊이 다시 일어나고, 財用이 다시 고갈되는 등, 陛下를 걱정시키는 한 가지 일이라도 있게 된다면 小臣은 청컨대 임금을 속인 죄를 달게 받아 좌우에 사죄할 것입니다. 陛下께서 참으로 小臣을 믿지 않으신다면 몇 년 뒤에 친히 그 폐해를 받을 것입니다. 옛사람이 말하기를 "한때의 부끄러움을 참지 못하면 평생의 부끄러움이 된

다."고 하였습니다.

오직 陛下께서는 社稷을 위하여 계획을 단단히 하소서. 小臣이 삼가 네 가지 일에 대한 해로운 점을 열거하여 일일이 적어 올립니다. 어리석은 충정과 울분에 찬 성의를 견디지 못하여 天威를 범하고 엎드려 鈇鉞을 기다립니다. 小臣 轍은 황공하여 죽음을 무릅쓰고 글을 올리옵니다.

1) 密雲不雨 : 짙은 구름만 끼고 비는 오지 않는 것으로, ≪周易≫ 小畜卦에 나오는 말이다.
2) 君子之過也……人皆仰之 : ≪論語≫ 〈子張〉에 있는 子貢의 말이다.
3) 虛一而靜 : 虛心專一한 것을 이른다.
4) 湛乎彼我 得失莫能嬰也 : 外物에 대한 자신의 관찰이 澄明하고 淸澈하여 思慮가 得失의 얽매임을 당하지 않는 것을 말한다. 嬰은 纏繞의 뜻이다.
5) 差役 : 宋代의 課役法이다. 백성을 빈부의 차에 따라 9등급으로 나누어 4등 이상에 대해서만 고용의 인부를 징발하고 5등 이하는 면제하였다.
6) 復差役 以罷免役之條 : 差役은 백성으로 하여금 服役하게 하는 것이고, 免役은 백성으로 하여금 돈을 내서 雇役하게 하는 것이니, 前者가 백성을 더 소요하게 하였다. 그러므로 保守派에 속한 大臣들은 단지 점진적으로 변화할 것만을 주장하였던 것인데, 蘇轍은 이처럼 差役法을 회복시키자고 주장하였으니, 과격한 말인 것 같다.
7) 期年 : 1년을 이른다.
8) 左右 : 직접적인 호칭을 쓰지 않고 간접적인 호칭을 쓴 것은 공경을 표시하기 위한 것이다.
9) 一慙之不忍 而終身慙乎 : 語源은 ≪春秋左傳≫ 昭公 31년조에 나오는데 "한때의 부끄러움을 참지 못하면 평생의 부끄러움이 된다."는 말이다.
10) 畫一 : 逐一이니, 곧 일일이 조별로 나열한다는 뜻이다.
11) 天威 : 임금의 위엄을 뜻한다.
12) 鈇鉞 : 斧鉞로도 쓰는바, 斫刀와 大斧로써 허리를 베고 머리를 자르는 刑具이다.

謹按 靑苗免役保甲市易四事는 得失最爲易見이니 上自中外臣寮로 下至田父野老히 無有一不知者니이다 但以朝廷所行으로 言其是則有功하고 言其非則有罪하니 是以로

畏避鉗默[1)]하고 **不敢正言**하니이다 **臣今謹采衆議**에 **人所共知**요 **灼然可見者**하여 **畫一開坐**[2)]**如後**니이다

삼가 상고하건대, 青苗・免役・保甲・市易 등 네 가지 일은 득실관계를 쉽게 볼 수 있는 것이니, 위로 중앙과 지방의 臣僚로부터 아래로 田父・野老에 이르기까지 한 명도 모르는 사람이 없습니다. 다만 조정에서 시행하는 바이므로 그것이 옳다고 말하면 공이 있고, 그것이 그르다고 말하면 죄가 있으니, 이 때문에 두려워 피하여 입을 다물고 묵묵히 있으며 감히 바른말을 하지 않을 뿐입니다. 小臣은 지금 삼가 중론 중에서 사람들이 다같이 알고 있고 환하게 볼 수 있는 것들을 한 조목 한 조목씩 다음과 같이 列記합니다.

1) 鉗默 : 입을 다물고 말하지 않는다는 뜻이다.

2) 畫一開坐 : 자세하게 낱낱이 한 조목 한 조목씩 列記하는 것이다.

一. 議者皆謂 富民假貸貧民하고 **坐收倍稱**[1)] **之息**하니 **是以**로 **富者日富**하고 **貧者日貧**이라 **今官散青苗**하여 **取息二分**하고 **收富人幷兼之權**하여 **而濟貧民緩急之求**라 **貸不異於民間**이나 **而息不至於倍稱**이니 **公私皆利**가 **莫便於此**라하나이다 **然**이나 **公家之貸**는 **其實與私貸不同**이니이다 **私家雖取利或多**나 **然**이나 **人情相通**하니 **別無條法**이니이다 **今歲不足**이어든 **而取償於來歲**하고 **米粟不給**이어든 **而繼之以芻藁**[2)]하며 **鷄豚狗彘**로 **皆可以還債也**니이다 **無歲月之期**[3)]하고 **無給納之費**[4)]하며 **出入閭里**[5)]하니 **不廢農作**하며 **欲取卽取**하고 **願還卽還**하니 **非如公家動有違礙**[6)]니이다 **故**로 **雖或取息過倍**나 **而民恬不知**니이다 **今官貸青苗**는 **責以見錢**하고 **催隨二稅**[7)]하며 **隣里相保**[8)]하여 **結狀**[9)]**請錢**하고 **一家不至**어든 **九家坐待**[10)]하며 **奔赴城市**하니 **糜費百端**하며 **一有逋竄**이어든 **均及同保**하니 **貧富相迨**하여 **要以皆斃而後已**니이다 **朝廷 雖多設法度**하여 **以救其失**이나 **而其實無益也**니이다

1. 의논하는 자들은 모두 "富民이 貧民에게 假貸하고 가만히 앉아서 倍稱의 利息을 취하니, 이 때문에 富者는 날로 부자가 되고, 貧者는 날로 가난해진다. 지금은 官에서 青苗錢을 흩어주고 2분의 利息을 취하며, 富人이 兼倂한 권한을 거두어 貧民이 급하게 구하는 것을 구제한다. 假貸는 民間과 다르지 않으나 利息은 倍稱에 이르지 않으

니, 公私가 다 이익을 보는 것이 이보다 편리한 것이 없다."고 합니다. 그러나 公家의 假貸가 기실은 私家의 假貸와 같지 않습니다. 私家가 비록 利息을 취하는 것이 더러 많다 하더라도, 人情이 서로 통하니 따로 정한 條法이 없습니다. 올해에 〈곡물이〉 부족하면 내년에 상환을 받고, 米粟이 부족하면 芻藁를 대신 받으며, 鷄豚狗彘로도 모두 빚을 償還할 수 있습니다. 歲月의 기한이 없고 給納의 비용이 없으며, 가까운 閭里를 출입하니 농작을 폐지하지 않게 되고, 취하고 싶으면 즉시 취할 수가 있고, 상환을 원하면 즉시 상환할 수가 있으니, 公家에서 걸핏하면 장애가 있는 것과 같지 않습니다. 그러므로 비록 利息을 취함이 배를 넘으나 백성들이 예사로 보고 괴이하게 여기지 않습니다.

지금 官에서 貸與한 青苗錢은 현금으로 상환케 하는 동시에 二稅를 따르도록 재촉하며, 隣里가 서로 保가 되어 담보문서를 결성해서 青苗錢을 청구하고, 한 집이 오지 않으면 아홉 집이 앉아서 기다리며, 거리가 먼 城市를 분주하게 오가니 여러 모로 낭비가 생기며, 한 사람이 逋欠을 내고 도망가면 그 배상액이 균등하게 同保에 분배되니, 貧者와 富者가 서로 피해를 받아 모두 패망하고야 말 것입니다. 조정에서 비록 법도를 많이 베풀어서 실책을 구제한다 하더라도 기실은 이익이 없는 것입니다.

1) 倍稱 : 1을 借用하고 2를 償還하는 것이니, 곧 倍加한 利息을 이른다.
2) 芻藁 : 꼴과 볏짚을 이른다.
3) 歲月之期 : 세월의 기한. 곧 青苗法에서 규정한 봄에 흩어주고 가을에 거두어들이는 기한을 이른다.
4) 給納之費 : 供應交納의 額外費用. 熙寧 연간에 神宗이 王安石의 所請에 따라 各縣에 主簿 하나를 두어서 給納役錢과 常平을 주관하게 하였다.
5) 閭里 : 鄕里. 비교적 거리가 가까운 곳을 가리킨다.
6) 違礙 : 沮礙. 일이 순조롭게 진행될 수 없게 하는 것이다.
7) 二稅 : 여름과 가을에 完納하는 賦稅. 唐代에 시작된 납세법인데, 宋代와 後世에 그대로 因襲하였다. 여름 稅穀의 완납은 6월을 넘기지 않고, 가을 稅穀의 완납은 10월을 넘기지 않는다.
8) 隣里相保 : ≪宋史≫ 〈食貨志〉에 의하면, 各路 提擧官이 青苗法을 실행하면서 貧者와 富者를 섞어서 10人을 保로 결성하고 富者를 保首로 삼았다.
9) 結狀 : 擔保를 맺은 文書를 이른다.

10) 一家不至 九家坐待 : ≪宋史紀事本末≫ 〈王安石變法條〉에 의하면, 靑苗錢을 償還할 때는 반드시 同保가 함께 상환하도록 되어 있어 상환절차가 까다로웠고, 만일 한 사람이 상환하지 못할 경우는 열 사람이 공동으로 배상해야 했다.

一. 議者又謂 平時差役하면 破壞民家하고 一夫爲役하면 擧家失業이라 故로 使逐戶出錢하여 官爲雇人하니 謂之免役이라 出錢雖多나 而民免於破家之患이라하나이다 以此爲說하여 行之不疑나 然이나 不知三代[1]之民은 以力事上하고 不專以錢이니이다 近世엔 因其有無하여 各聽其便하니 有力而無財者는 使效其力하고 有財而無力者는 皆得雇人하여 人各致其所有라 是以로 不勞而具[2]니이다 今也엔 棄其自有之力하고 而一取於錢하니 民雖有餘力이나 不得效也니이다 於是에 賣田宅하고 伐桑柘하고 鬻牛馬하여 以供免役하니 而天下始大病[3]矣니이다 且夫錢者는 官之所爲요 米粟布帛者는 民之所生也니이다 古者엔 上出錢하여 以權天下之貨하고 下出米粟布帛하여 以補上之闕하니이다 上下交易이라 故로 無不利니이다 今靑苗免役은 皆責民出錢하니이다 是以로 百物皆賤하고 而惟錢最貴하니 欲民之無貧이나 不可得也니이다 至如京師百司와 郡縣刑法之吏는 無祿而役이 爲日久矣니이다 周制엔 庶人在官하면 雖曰有祿이나 而事簡吏少하여 勢或易供이니 非如今時員數穢多[4]하여 不可供億[5]이니이다 況三代兵은 出於民하고 而今世之兵은 坐而仰給[6]이니잇가 若又兼擧大費면 爲力實難이니이다 然이나 議者以爲 給之以祿하고 然後에 可責之以廉이라하나이다 蓋朝廷選吏之精은 必不如擇官之愼이요 祿吏之厚는 必不如祿官之多니이다 今愼擇多祿之官이라도 猶不免於貪이온 而況於吏人乎니잇가 且昔之爲法也는 計贓得罪[7]하고 無祿者는 減等이니이다 今用倉法[8]하면 則吏之得罪가 反重於官하여 顚倒失宜하니 尤爲未可니이다 若朝廷이 誠患吏貪인댄 但使官得其人이면 則吏之受賕[9]에 自有分限[10]이니이다 若猶未也면 則雖重祿深法[11]이라도 不能禁矣리이다

1. 의논하는 자들은 또 "평시에 노역을 시키면 민가를 파괴하고, 1夫가 役을 하면 온 집안이 본업을 잃는다. 그러므로 가호마다 돈을 내게 하여 官에서 사람을 고용하니, 이를 '免役'이라 이른다. 내는 돈은 비록 많지만, 백성은 집안을 망하게 할 걱정을 면한다."고 합니다. 이와 같은 말을 하며 의심 없이 행하지만, 〈夏・殷・周〉 三代 때의 백성

들은 힘으로 윗사람을 섬겼지, 오로지 돈으로 섬기지 않았다는 것은 알지 못합니다.

근세에는 백성들의 有無에 따라 각각 편의대로 하도록 들어주니, 힘이 있고 재물이 없는 자는 그 힘을 제공하고, 재물이 있고 힘이 없는 자는 모두 사람을 고용하게 되어 사람마다 각각 그 가진 것을 썼는지라, 이 때문에 노고하지 않고도 모든 것이 구비되었던 것입니다.

그런데 지금은 원래 있는 힘을 버리고 한결같이 돈만을 취하니, 백성에게 비록 여력이 있더라도 제공할 수 없습니다. 그래서 밭과 집을 팔고, 뽕나무를 베고, 소와 말을 팔아서 免役을 제공하니, 천하가 비로소 극도로 빈곤하게 된 것입니다.

무릇 돈이란 官에서 만드는 것이고, 米粟과 布帛이란 백성이 생산하는 것입니다. 옛적에는 위에서 돈을 내어 천하의 財貨를 조절하고, 아래에서 米粟과 布帛을 내어 위의 모자란 것을 보충하였습니다. 上下가 交易을 하였기 때문에 이익이 되지 않은 것이 없었습니다. 그런데 지금은 모두 백성에게 돈을 내도록 책임을 지웁니다. 이 때문에 온갖 물건은 다 천하고 오직 돈만이 가장 귀하니, 백성에게 가난이 없게 하려고 하나 되지 않습니다.

京師에 있는 百司나 郡縣에서 刑法을 담당하는 관리와 같은 경우는 녹봉이 없이 役을 해온 지 오래입니다. 周나라 제도에서 庶人이 관직에 있으면 비록 녹봉을 지급하였다고 하지만, 일이 간소하고 吏人의 수가 적어서 형세상 수요를 살펴 공급하기가 쉬웠으니, 지금처럼 수요를 살펴 공급할 수 없을 정도로 인원수가 잡다하게 많은 것은 아니었습니다. 하물며 삼대 때의 군사는 백성에게서 나왔고, 지금 세상의 군사는 경작에 종사하지 않고 가만히 앉아서 녹봉을 받아먹지 않습니까? 만일 또 큰 비용을 겸해서 든다면 力役을 하기가 실로 어려울 것입니다. 그러나 의논하는 자들은 "녹봉을 지급하고 나서야 청렴하기를 요구할 수 있다."고 합니다.

대개 조정에서 吏人을 정밀하게 뽑는 것은 반드시 官員을 신중하게 택하는 것만 못하고, 吏人에게 녹봉을 후하게 주는 것은 반드시 官員에게 녹봉을 많이 주는 것만 못합니다. 녹봉이 많은 관원을 신중하게 택하더라도 오히려 貪汚를 면치 못하거늘, 하물며 吏人이야 말할 것이 있겠습니까? 옛날의 법은 뇌물의 다소에 비추어서 죄를 정하고, 녹봉이 없는 자는 죄의 등급을 감하였습니다. 지금 倉法을 적용하면 吏人의 죄가 도리어 官員보다 무거워서, 전도되어 適宜함을 잃었으니 더욱 옳지 못합니다. 만일 조정이 吏人의 탐오를 걱정한다면 다만 관원으로 하여금 올바른 사람을 얻게 하면 吏人이 뇌물을 받는 정도에 저절로 한도가 있을 것입니다. 만일 그렇게 하지 못한다면 비록 후한 녹봉을 주고 엄한 법을 적용한다 하더라도 금할 수 없을 것입니다.

1) 三代 : 여기서는 夏·殷·周를 가리킨다.
2) 不勞而具 : 勞苦하지 않고도 이익을 얻는 것이다.
3) 大病 : 극도로 빈곤함이다.
4) 穢多 : 잡다하게 많음이다.
5) 供億 : 수요를 살펴 공급하는 것이다.
6) 坐而仰給 : 경작에 종사하지 않고 위에서 지급하는 녹봉에만 의지해서 생활하는 것이다.
7) 計贓得罪 : 뇌물을 받은 수량의 다소에 비추어서 죄를 정하는 것이다.
8) 倉法 : 神宗이 세운 '諸倉丐取法'. 그 법은 吏人에게 일정한 녹봉을 지급하고 다만 貪汚한 행위를 하는 자에 대해서는 엄중하게 처벌하였다.
9) 受賕 : 뇌물을 받는 것이다.
10) 分限 : 限度를 이른다.
11) 深法 : 엄한 法을 이른다.

一. 議者又謂 三代之盛엔 兵出於農[1]이라 故로 團結伍保하여 以寓軍이니 今[2]朝廷이 喜其近古[3]하여 亦謂可行이라하나이다 然而三代之民은 受田於官이니 官之所以養之者厚라 故로 出身爲兵而無怨이니이다 今民은 買田以耕而後得食이니 官之所以養之者薄이어늘 而欲責其爲兵이나 其勢不可得矣니이다 蓋自唐以來로 民以租庸調[4]與官하고 而免於爲兵이니이다 今租庸調變而爲兩稅니 則兩稅之中에 兵費已具니이다 且又有甚者하니 民之納錢免役也라 以爲終身不復爲役矣니이다 今也엔 旣已免役이언만 而於捕盜則用爲耆長[5]壯丁[6]하며 於催稅則用爲戶長里正[7]하며 於巡防則用爲巡兵弓手[8]하니 一人而三役具焉이어늘 民將何以堪之리잇가 且其爲巡兵弓手也라 一保甲之中에 丁壯旣出하고 老弱守舍하니 盜賊乘間하여 如入無人之境하고 而其上番[9]之期는 又不過旬日이니 坐作進退未能知也니이다 代者旣至에 相率而反하니 往來道路에 勞弊何益이리잇가 至使盜賊縱橫하고 官吏蒙責하니 嘯聚群黨하여 攻剽州縣은 未必不由此也니이다 古之循

吏[10)]는 使民賣劒買牛러니 今也엔 使之棄其農具而置兵器하니 小民無知하여 緣以爲惡[11)]이니이다 良民之畏事者는 一入而終身不得脫하고 姦民之好權者는 一補而終身不得免하니 其爲患害는 有不可勝言者矣니이다

1. 의논하는 자들은 또 말하기를 "三代의 태평한 시대에는 군사들이 농민에게서 나왔다. 그러므로 농민을 行伍로 조직하고 농가를 保로 편성하여 군사기능을 갖추었으니, 지금 朝廷에서 〈그 保甲法이〉 古代의 兵制에 접근한 것이라고 기뻐하면서 역시 실행할 만한 것이라 한다."고 합니다. 그러나 삼대시대의 백성들은 官에서 田地를 받아서 경작하였으니, 官에서 백성을 保養하는 것이 후하였습니다. 그러므로 백성들은 몸을 바쳐 군사가 되었으나 원망하지 않았습니다. 그런데 현재의 백성들은 田地를 직접 사서 경작하여야만 먹을 것을 얻게 되니, 官에서 백성을 保養하는 것이 박하거늘, 그들에게 군사가 될 것을 강요하나 그 형세상 그렇게 될 수 없을 것입니다.

대개 당나라 이래로 백성들은 租·庸·調를 官에 제공하여 군사가 되는 것을 면합니다. 그런데 지금은 租·庸·調가 변하여 兩稅가 되었으니, 兩稅 속에 군사의 경비가 이미 포함되어 있습니다. 또한 심한 경우가 있으니, 백성들은 돈을 바치고 役을 면했는지라, 종신토록 다시는 役을 하지 않을 것으로 생각하였습니다. 그런데 이제 이미 役을 면하였건만, 도적을 잡는 데에는 그들을 써서 耆長과 壯丁으로 삼으며, 세금을 독촉하는 데에는 그들을 써서 戶長과 里正으로 삼으며, 巡防하는 데에는 그들을 써서 巡兵과 弓手로 삼으니, 한 사람에게 세 가지 役이 겹치거늘, 백성들이 장차 어떻게 감내하겠습니까?

그들은 일단 巡兵과 弓手가 되었는지라, 한 保甲 중에서 丁壯은 이미 나가고 노약자가 집을 지키니, 도적이 그 틈을 타서 마치 무인지경을 들어가듯이 하고, 그 上番하는 기간은 또 10일에 불과하므로, 坐作·進退하는 방법을 제대로 알 수가 없습니다. 入番을 대신할 자가 이미 당도했으면 入番이 끝난 자는 응당 돌아가야 되니, 도로를 왕래하느라 피폐할 뿐 무슨 이익이 있겠습니까? 심지어 도적은 종횡하고 관리는 그 책임을 지게 되는 결과를 가져오기까지 하는데, 떼로 도적이 되어 州縣을 약탈하는 것은 반드시 이 保甲法에서 연유한 것입니다.

옛적의 循吏는 백성들로 하여금 칼을 팔아서 소를 사게 하였는데, 지금은 농기구를

팽개치고 병장기를 비치하게 하니, 小民은 무지하기 때문에 그것으로 인하여 나쁜 짓을 합니다. 선량한 백성으로서 일을 두려워하는 자는 한번 들어가면 종신토록 벗어날 수 없고, 간사한 백성으로서 권력을 좋아하는 자는 한번 補任되면 종신토록 면할 수 없으니, 그 患害가 됨을 이루 말할 수 없는 것이 있습니다.

1) 兵出於農 : 백성을 편성하여 行伍를 만들어서 봄가을로 사냥을 함으로써 군사훈련을 하였기 때문에 "군사가 농민에게서 나왔다."고 한 것이다.
2) 今 : 저본에는 '令'으로 되어 있는데, ≪欒城集≫에 의거하여 '今'으로 바꾸었다.
3) 近古 : 新法 중에 保甲法이 古代의 兵制에 接近했다는 뜻이다.
4) 租·庸·調 : 唐나라 建中 이전에 실행하던 3종의 賦稅徭役制度. 丁男이 국가로부터 1頃田을 받아 경작하면서 1년에 粟 2斛, 稻 3斛을 租稅로 내는데, 이를 '租'라 이르고, 1년에 絹 2匹, 綾과 絁 2丈, (布는 5분의 1을 더함) 綿 3兩, 麻 3斤을 稅로 내는데, (蠶鄕이 아니면 銀 14兩을 냄) 이를 '庸'이라 이르고, 人力은 1년에 20일을 제공(閏月은 2일을 더함)하는데, (人力을 제공하지 않은 자는 絹 3尺을 냄) 이를 '調'라 이른다. 나라에 일이 있을 때 25일을 인력 제공하면 調를 면제하고, 30일을 인력 제공하면 租와 調를 다 면제한다.
5) 耆長 : 耆戶長이라고 하는데 古代의 差役名. 宋代에서 이를 因襲하였으며, 직책은 强盜를 逐捕하는 일이었다.
6) 壯丁 : 差役名. 직책은 耆長과 같다.
7) 戶長·里正 : 宋代 淳化 5년(994)에 처음으로 실행된 제도인데, 諸縣의 제1등 戶를 戶長으로 삼고, 제2등 戶를 里正으로 삼았으며, 직책은 賦稅를 받아내는 일이었다.
8) 巡兵·弓手 : 宋代의 吏役名. 弓手는 弓箭手라고도 칭한다. 모두 强盜를 捕逐하는 일을 담당하였다.
9) 上番 : 돌아가면서 근무하는 것을 이른다.
10) 古之循吏 使民賣劍買牛 : 循吏는 漢나라 宣帝 때의 名官인 龔遂를 가리킨다. 渤海 지방 백성들이 검을 차고 다니며 약탈을 자행하였는데, 龔遂가 발해태수로 부임하여 형벌로 도적들을 다스리지 않고 백성들에게 검을 가져오면 송아지 한 마리를 살 돈을 주면서 "너희들은 왜 소와 송아지를 허리에 차고 다니느냐.〔何爲帶牛佩犢〕" 하고, 칼을 팔아 소와 송아지를 사서 농사를 짓게 하였다. 그 결과

백성들이 모두 양민이 되어 고을이 크게 다스려졌다.

11) 緣以爲惡 : 수중에 무기가 있음으로 인하여 법을 어기는 나쁜 일을 하는 것이다.

一. 議者 常患百貨輕重이 制在富民하여 少則貴賣以取贏하고 多則賤買以要利하니 利有所壅하여 商賈難通이라 於是에 置市易之官하여 以平貴賤이라하나이다 有司誠守此議하고 不更別有所營이면 則雖繁碎難行이나 然이나 亦未深害民이니이다 今自置市易으로 無物不買하고 無利不籠이니이다 命官遣人하여 販賣南北하되 放債取利를 公行不疑하고 杜絶利源하여 不與民共이니이다 觀其指趣[1]면 非復制其有無하고 權其輕重而已也요 徒使小民失業하고 商旅不行하며 空取專利之名하고 實失商稅之利니이다 國體卑辱[2]하고 海內離心하니 巍巍盛朝가 何苦於此잇가 況復小民好利하여 類無遠見하고 爭取官債하여 以救目前하고 欺謾父兄하여 妄引抵當이니이다 期限旣迫하면 逃竄無所라 父子離散하여 行路咨嗟하니 奈何爲此陷穽하여 誘而納之也잇가 至於姦民巨賈하여는 窺伺間隙[3]하여 取利則多니이다 或輸滯積不售之貨하여 以易見錢하고 或指殘破無用之屋하여 以賒實貨하니 巧智百出은 難以具言이니이다 有司蒙蔽하여 指以爲利니이다 泉幣[4]一散이면 汗漫難收니 官之所藏은 徒文具[5]而已니이다 竊聞 朝廷近日將議窮究나 然而旣弊之法이 施行未已하여 買賣百物을 猶且如故니이다 譬如含茹毒藥이면 喉舌破敗하고 胸腹脹滿하니 知其非矣나 然이나 且閉口不吐하고 安坐切脈하며 廣求方書[6]하니 其於速愈之術에 疏矣니이다

의논하는 자들은 “百貨의 輕重에 대한 제재권이 富民에게 있어서, 유통수량이 적으면 비싸게 팔아서 남은 이익을 취하고, 유통수량이 많으면 헐하게 사서 이익을 남기니, 이익에 막히는 바가 있어 商賈가 통하기 어려운 점이 항상 걱정스럽다. 그래서 市易을 담당하는 관리를 두어서 비싸고 헐한 것을 조절하여 평등하게 한 것이다.”라고 합니다. 담당자가 진실로 이와 같은 의론을 지키고 다시 따로 경영하는 바가 없다면, 비록 번쇄하여 행하기 어렵다 하더라도 또한 깊이 백성을 해롭게 하지는 못할 것입니다. 그러나 지금 市易法을 설치함으로부터 사들이지 않는 물건이 없고, 독점하지 않는 이익이 없습니다. 官에 명하여 사람을 보내 남북에서 판매하되 빚을 놓아 이익을 취하기를 의심 없이 공공연하게 행하고, 이익의 원천을 막아 백성과 더불어 함께하지 않습

니다.

그 指趣를 살펴보면 다시는 그 有無를 제재하거나 그 輕重을 조절하지 못할 뿐만 아니라, 한갓 小民은 본업을 잃고 商旅는 다니지 못하게 하며, 공연히 이익을 독점한다는 이름만 취하고, 실제로는 商稅의 이익을 잃습니다. 국가의 체면이 손상되고 海內의 인심이 이반하는데, 위대하고 거룩한 우리 國朝가 왜 이런 괴로움을 겪어야 합니까? 더구나 小民은 이익을 좋아하여 거의가 멀리 내다보는 안목은 없고 앞다투어 官債를 취하여 목전의 급한 것만 구제하고 父兄을 欺謾하여 망령되이 抵當을 끌어다댑니다. 기한이 이미 임박하면 도피할 곳이 없는지라, 父子가 離散하여 도로에서 탄식을 하게 되니, 어째서 이런 함정을 만들어서 백성들을 유인하여 떠밀어 넣는 것입니까?

姦民과 大商은 그 틈새를 엿보아서 이익을 취하는 점이 무척 많습니다. 혹은 팔리지 않고 적체되어 있는 貨物을 官에 실어 보내기도 하고, 혹은 殘破되어 쓸모없는 家屋을 官에 보이고 實貨를 외상으로 사기도 하니, 그들의 巧智가 百出하는 것은 이루 다 말씀드리기 어렵습니다. 담당자는 몽매하여 그들의 물건을 가리켜 이익이 되는 것이라 합니다. 그래서 돈을 한번 유포하면 한없이 거두어들이기 어려우니, 官의 所藏은 한갓 文具일 뿐입니다.

가만히 듣건대, 조정에서는 근일에 궁구할 대책을 의논하려 한다고 합니다만, 이미 피폐된 법이 계속 시행되고 있어 百物을 매매하기를 오히려 예전처럼 하고 있습니다. 비유하자면, 독약을 입에 머금으면 喉舌이 망가지고 胸腹이 팽만하니, 그것이 잘못된 것임을 알면서도 입을 다문 채 뱉어내지 않고 편안히 앉아서 맥을 끊으며 널리 方書를 구하는 것과 같으니, 그것이 속히 낫게 하는 방술과는 거리가 멉니다.

1) 指趣 : 宗旨, 意義를 이른다.

2) 國體卑辱 : 蘇轍은 '市易法이 官에서 온갖 물건을 팔아 백성에게 利息을 취하면서 명칭은 高價를 억제한다고 하나 실은 商賈와 이익을 다투니, 국가체면을 손상하는 일'로 여긴 것이다.

3) 間隙 : 여기서는 백성들이 官으로부터 貸出한 靑苗錢의 본전과 이자를 상환하는 과정을 가리킨다. 奸民과 大商은 官에서 유포한 靑苗錢을 이용하여 백성이 靑苗錢을 상환할 때에 취하기도 하고 대여하기도 하여 폭리를 취한다.

4) 泉幣 : 錢幣, 貨幣. 돈이 샘물처럼 流行하므로 돈에 '泉幣'란 이름이 붙은 것이다.

5) 徒文具 : 한갓 條文만 있음. 곧 官府에는 단지 靑苗法이 어떠한 이익이 있다는 빈 문서만 갖추어져 있을 뿐, 실제 이익은 없다는 말이다.

6) 方書 : 醫書를 이른다.

右臣所陳畫一事件은 皆是耳目所接이요 衆庶共知어늘 朝廷淸明이 豈有不察이리잇가 若誠有意改易이면 非復難行이니이다 但朝出一紙詔書면 四弊夕去리니 非如前代積弊 或在列國[1]하고 或在四夷[2]하여 欲議改更이나 恐其動搖海內라 故로 且維持含養하여 苟且便安이니이다 今事는 在朝廷하니 出命則已니이다 衆所係望이니 勢難久留어늘 而私自顧戀하여 遲遲不決하여 以失天下之心하니 臣竊不取也니이다 愚惷之人은 志在憂國이라 言詞激切하여 干犯典刑이니 區區[3]寸誠은 甘俟誅戮이니이다 謹具狀奏聞하고 伏候勅旨[4]하나이다[5]

이상에서 小臣이 진술한 바의 조목조목 나열한 事件은 모두 이목으로 접한 바요 衆庶가 다 아는 것이거늘, 조정의 淸明한 안목으로 어찌 살피지 못한 것이겠습니까? 만일 진정으로 改易에 뜻을 둔다면 다시 행하기 어렵지 않을 것입니다. 단지 아침에 詔書 한 장만 내리셔도 네 가지의 폐단이 저녁에 제거될 것이니, 前代의 누적된 폐단이 혹은 列國에 있기도 하고, 혹은 四夷에 있기도 하여서, 고치기를 논의하려고 하나 海內를 動搖시킬까 두려우므로 그냥 유지하고 수용하면서 구차하게 편안함을 취하는 것과는 같지 않습니다. 현재의 일은 조정에 있는 것이니, 명령만 내리면 됩니다. 민중의 소망이 매인 바이니, 형편상 오래 머물러두기 어렵거늘, 사사로이 顧戀하여 시일을 끌고 결단하시지 못하여 천하의 인심을 잃으니, 小臣은 취하지 않습니다.

어리석은 小臣은 뜻이 나라를 걱정하는 데에 있으므로 言詞가 激切하여 典刑을 干犯하였으니, 小心微誠으로 誅戮을 달게 받겠습니다. 삼가 狀文을 갖추어 奏聞하옵고 엎드려서 勅旨를 기다리나이다.

1) 列國 : 주변의 각 소수민족국가를 가리킨다.

2) 四夷 : 옛날에 華夏族 이외의 각 민족을 가리키는 말이었는데, 일반적으로 東夷·南蠻·西戎·北狄을 칭한다.

3) 區區 : 方寸과 같다. 곧 眞情과 摯意를 가리킨다.

4) 勅旨 : 帝王의 詔旨이다.

5) 康熙의 ≪御選古文淵鑑≫에는 "立言에 두서가 있는 것은 진지한 情意가 얽혀 있는 점이 많은 소치다.〔立言有緖 多罙摯纏綿之致〕"라고 비평하였고, 王熙는 "말뜻이 참으로 정성 어렸으므로 네 가지의 일을 논한 것이 정확하게 당시의 物情을 적중시킬 수 있었다.〔辭意誠懇懇 論四事 當能確中當日物情〕"라고 비평하였다.

02. 陳州爲張安道論時事書* 陳州教授가 張安道를 위하여 時事를 논한 글

* 熙寧 2년(1069)에 蘇轍이 王安石과 일을 논할 때 서로 의견이 부합하지 못함으로 인하여 制置三司條例司에서 쫓겨나가 河南府留守推官이 되었는데, 神宗 때 參知政事로 있다가 王安石과 의견이 맞지 않아 知陳州令을 자청해 나가 있는 張方平(字는 安道, 號는 樂全居士)이 蘇轍을 불러다가 陳州教授로 삼았다. 이해 9월에 蘇轍은 張方平을 대신하여 이 글을 지어서 神宗에게 올렸다.

通篇이 **指神宗悔心處感諷開悟**니 **得易之納約自牖**[1]**之意**요 **而始末處**에 **有針線法度**니라

全篇이 神宗이 뉘우친 곳에서 諷諫으로 감명을 주어서 깨닫게 하였다는 것을 가리키고 있으니, ≪易經≫의 '納約自牖'란 뜻을 얻은 것이며, 문장이 시작한 곳과 마무리한 곳에서 곱게 재단해서 바느질하는 솜씨를 보였다.

1) 納約自牖 : ≪周易≫ 坎卦의 六四爻의 爻辭인데, '納約'은 임금에게 나아가 맺는 道를 말하고, '牖'는 開通의 뜻이다. 방이 어둡기 때문에 牖(창문)를 설치하니, 通明하기 위한 것이다. '自牖'는 통명한 곳으로부터 함을 말한 것이니, 임금 마음의 밝은 곳을 비유한 것이다. 신하가 忠信과 善한 방도로 임금의 마음을 맺으려고 한다면 반드시 임금이 밝게 아는 곳으로부터 하여야 들어갈 수 있다. 사람의 마음은 가려진 바가 있고 통한 바가 있으니, 가려진 바는 어두운 곳이고, 통한 바는 밝게 아는 곳이니, 마땅히 밝게 아는 곳에 나아가 아뢰어서 신임을 구하면 쉽다. 그러므로 '納約自牖'라고 한 것인데, 요약하면 곧 임금이 밝게 아는 쪽을 파고들어가서 깨우쳐야 잘 통한다는 뜻이다.

伏以 中外臣庶 各有職事[1)]하니 越職而言이면 國有常憲[2)]이니이다 臣守土陳州하니 非有言責이어늘 而輒言之하니 計其狂愚면 玆實有罪니이다 然이나 臣伏念頃以老疾로 不任吏事하니 陛下未忍廢棄하고 親擇便地[3)]하여 以遂安養이시니이다 將辭[4)]之日에 面承德音하고 以爲大臣之義는 皆當爲國謀慮요 不宜以中外爲嫌하여 有所不盡이니이다 古人有言호대 雖乃身在外라도 乃心罔不在王室[5)]이라하나이다 伏惟聖德廣大하여 無所不容이어늘 而臣自到任以來 于今一歲에 心目昏眩이 有加無瘳니이다 故로 嘗乞丐餘生하여 求還閭舍[6)]호대 區區之誠이 久而未獲이니이다 陛下視臣志氣之衰至此어늘 豈復有意別白[7)]是非而與世俗爭議也哉리잇가 是以로 得失之間에 久而無所與[8)]니이다 今者에 竊有所懷하여 上爲陛下參之官吏하고 下爲陛下驗之百姓하니 而安危之機가 實在於此니이다 自惟受恩累聖[9)]하여 邦之休戚을 身實同之하니 志力雖衰나 於義不可嘿已니이다 然이나 臣之所欲言者는 非敢遠引前古하고 逆探未然[10)]하여 以惑陛下之聰明也니이다 凡皆陛下之所嘗試요 而臣愚之所與聞者耳니이다

삼가 생각하옵건대, 중앙과 지방에 있는 모든 신하와 서민들에게는 각각 맡은 직무가 있으니, 직무 밖의 일을 말한다면 나라에 常法이 있어 〈처벌을 합니다.〉 小臣은 陳州의 땅을 지키는 직무를 맡았으므로 言責을 갖지 않았는데 문득 말을 하게 되었으니, 그 狂愚를 헤아리면 이에 실제로 죄가 있는 것입니다. 그러나 小臣이 삼가 생각하옵건대, 전번에 老疾로 직무를 감당하지 못하니, 陛下께서 차마 폐기하지 못하고 친히 편리한 곳을 택해서 편안히 지낼 수 있게 해주셨습니다. 小臣은 任地에 부임하기 위하여 陛下께 하직인사를 드리려고 하던 날 면전에서 德音을 받자옵고, '大臣의 의무는 응당 나라를 위하여 謀慮를 해야 되지, 중앙과 지방이란 것을 혐의로 삼아 충성을 다하지 않는 바가 있어서는 아니 된다.'고 생각하였습니다. 옛사람이 "비록 너희들의 몸은 밖에 있으나 너희들의 마음은 왕실에 두도록 하라."고 한 말이 있습니다.

삼가 생각하옵건대 聖德은 廣大하여 용납하지 않은 바가 없으시거늘, 小臣은 도임한 지 지금 1년이 되었는데 心目의 昏眩症이 더해만 가고 낫지는 않습니다. 그러므로 일찍이 陛下께 餘生을 돌려받아 시골집으로 돌아갈 것을 청구하였으나 微誠이 오래도록 이루어지지 못하였습니다. 陛下께서 보시는 바와 같이 小臣은 志氣의 衰頹함이 이 지경에 이르렀사온데, 어찌 다시 시비를 분별하여 세속과 爭議할 생각을 가지겠습니

까? 이 때문에 〈新法의〉 得失에 대하여 오래도록 관여한 바가 없었습니다.

지금 남몰래 품은 회포가 있사와 위로는 陛下를 위하여 〈신법을〉 관리에게서 참고해 보고 아래로는 陛下를 위하여 〈신법을〉 백성에게서 징험해보건대, 국가를 편하게 만드느냐 위태롭게 만드느냐 하는 기회는 바로 이때에 달려 있었습니다. 스스로 생각하옵건대 소신은 여러 聖君의 은총을 받아 나라의 休戚을 이 몸이 실로 같이하고 있으니, 志力은 비록 쇠퇴하였지만 의리에 있어서는 입을 다물 수가 없습니다. 그러나 소신이 말하고 싶은 것은 감히 멀리 前古의 일을 끌어대고 미래를 추측함으로써 폐하의 총명을 의혹시키려는 것이 아닙니다. 이것은 모두 폐하께서 아시는 바요, 어리석은 소신이 참여해서 들은 일들입니다.

1) 職事 : 職務. 곧 분수 안의 일이다.
2) 常憲 : 常法을 가리킨다.
3) 便地 : 형세가 편리한 곳으로 여기서는 곧 京城에 가까워 지리적 조건이 좋은 陳州를 가리킨다.
4) 辭 : 신하가 任地에 부임하기 위하여 임금께 하직함을 이른다.
5) 雖乃身在外 乃心罔不在王室 : 이 내용은 ≪書經≫ 〈周書 康王之誥〉에 나온다. 여기서는 이 말을 인용하여 '비록 몸은 나가서 知州가 되었지만 마음만은 왕실을 생각하고 있기 때문에 직무 밖의 일을 말하게 된 것'이라고 변명하고 있다.
6) 嘗乞丐餘生 求還閭舍 : ≪宋史≫ 〈張方平傳〉에 의하면, 장방평은 일찍이 여러 차례 老病을 이유로 致仕를 청구한 적이 있었다.
7) 別白 : 명백하게 분별하는 것이다.
8) 得失之間 久而無所與 : 新法의 得失에 대하여 오래도록 관여한 바가 없었다는 말이다.
9) 受恩累聖 : 여러 황제의 은총을 받은 것으로, 張方平은 이때에 이미 仁宗, 英宗, 神宗의 세 조정을 거쳤다.
10) 逆探未然 : 미래를 예측하는 것이다.

臣伏見 陛下卽位之始에는 計慮深遠하여 凡有所建이면 動合天心[1]이니이다 始議山陵에 深恤費用之廣하시고 推明先帝薄葬之命하여 以詔有司[2]하시니 四方聞之하고 無不感泣이니이다 其後一年之間에 誕布號令[3]하여 勸率宗族惇孝悌之行[4]하고 勉勵州郡先農桑

之政하며 **復轉對**[5)] **以廣言路**하고 **議徭役以寬民力**하시니 **盛德之事**를 **不可具記**니이다 **是時**는 **天下雖大變**[6)] **之後**나 **而無不翹然想聞德音**하고 **以忘其憂**니이다 **兩宮**[7)] **歡欣**하고 **九族親睦**하며 **群臣萬民**이 **蒙福而安**이니이다 **紛紜之議**가 **不至於朝廷**하고 **謗讟之聲**이 **不聞於閭里**[8)] 니이다 **陛下優游無爲**[9)] 시나 **而天下已治矣**니이다 **爲國如此**어늘 **豈不樂哉**리잇가

소신이 삼가 살펴보건대, 陛下께서 즉위하신 초기에는 計慮가 深遠하셔서 무릇 세우시는 바가 있으면 으레 天意에 부합되었습니다. 당초 山陵에 대해 의논할 적에는 비용이 너무 많이 드는 것을 깊이 염려하시고 先帝(英宗)께서 薄葬하라 하신 遺命을 밝혀서 담당관에게 詔書를 내리시니, 사방에서 이 소식을 듣고 感泣하지 않은 사람이 없었습니다. 그 뒤 1년 동안에는 號令을 널리 선포하여 宗族을 거느리고 孝悌의 행실을 돈독히 지킬 것을 권하시고, 州郡에게 農桑에 관한 정사를 우선적으로 하도록 勉勵하시고, 轉對의 제도를 회복시킴으로써 言路를 넓히시고, 徭役에 대한 것을 의논하여 백성의 힘이 펴지게 하셨으니, 이와 같은 盛德의 일을 이루 다 기록할 수가 없습니다.

이때는 천하가 비록 큰 변고를 당한 뒤였지만, 陛下의 德音을 듣고 큰 변고에 대한 걱정을 잊지 않은 사람이 없었습니다. 兩宮이 歡欣하고 九族이 親睦하며 群臣과 萬民이 복을 흠뻑 받아 편안하였습니다. 그리고 어지러운 의론이 조정에 이르지 않고, 비방하고 원망하는 소리가 閭里에 들리지 않았습니다. 폐하께서 한가롭게 지내시고 作爲하는 일이 없으셨지만 천하는 이미 다스려졌습니다. 나라가 이처럼 다스려졌거늘, 어찌 즐겁지 않았겠습니까?

1) 天心 : 天意.

2) 始議山陵……以詔有司 : ≪宋史≫ 〈張方平傳〉에 "神宗이 卽位하여 張方平을 불러서 山陵(英宗陵)에 드는 비용을 절약할 것을 의논하자, 張方平은 神宗에게 '先帝의 遺志를 받들어 山陵에 드는 비용을 감할 것'을 권하니, 神宗은 그 권유를 받아들여 이 조서가 있게 된 것이다."라고 하였다.

3) 號令 : 孝悌 등에 관한 神宗의 詔諭를 가리킨다.

4) 勸率宗族惇孝悌之行 : 治平 4년에 神宗은 下嫁한 公主에게 詔書를 내려서 舅姑禮를 행하도록 하였다.

5) 轉對 : 宋代에 臣僚들이 매번 며칠 간격으로 돌아가면서 大殿에 올라가서 時政의 得失을 陳奏하던 제도이다. 이 제도가 神宗 이전에 이미 폐지되었는데, 司馬光

이 제의하여 부활시켰다.

6) 大變 : 英宗의 崩御를 가리킨다.

7) 兩宮 : 曹皇后와 神宗을 가리킨다.

8) 閭里 : 鄕里. 범연하게 民間을 가리킨다.

9) 優游無爲 : 한가롭게 지내며 作爲하는 일이 없는 것이다.

陛下自今視之시면 **當日之政**은 **其爲可悔恨者 凡有幾**잇가 **以臣視之**면 **非獨陛下無所悔恨**이요 **雖天下之人**이라도 **亦未有以爲失當者也**니이다 **何者**오 **政令簡易**하여 **而人情之所安耳**니이다 **易曰 易則易知**요 **簡則易從**이요 **易知則有親**이요 **易從則有功**이요 **有親則可久**요 **有功則可大**[1]라하니 **向使陛下推行此道**하여 **終始不變**하시면 **則臣以爲可久可大之功**을 **可得而致矣**리이다

폐하께서 지금 보시면 당시 시행했던 정사 중에 悔恨할 만한 것이 얼마나 있었다고 생각하시겠습니까? 소신이 볼 때에는 폐하께서 悔恨하는 바가 없었을 뿐만 아니라, 비록 천하의 사람이라 하더라도 또한 온당함을 잃었다고 생각할 자가 있지 않습니다. 왜냐하면 政令이 간략하고 쉬워서 인민이 편안함을 누릴 수 있었기 때문입니다. ≪易經≫에 이르기를 "쉬우면 알기 쉽고 간략하면 따르기 쉬우며, 알기 쉬우면 친함이 있고 따르기 쉬우면 功이 있으며, 친함이 있으면 오래갈 수 있다."고 하였으니, 전일에 만일 폐하께서 이 도리를 미루어 행하여 시종 변하지 않게 하였더라면, 소신은 오래갈 수 있고 크게 할 수 있는 공을 이룰 수 있었을 것이라 생각합니다.

1) 易則易知……有功則可大 : 이 내용은 〈繫辭 上傳〉에 나오는데, 대체적인 뜻은 "하늘과 땅은 作爲하지 않아도 잘 다스려지고 노력하지 않아도 잘 이루어지기 때문에 '쉽고 간략하다'고 한 것이다. 天道는 쉬움으로써 주장하니, 만일 탐구하여 행한다면 쉽게 알 수 있고, 地德은 간략함으로써 능하니, 만일 탐구하여 행한다면 쉽게 따를 수 있다. 하늘과 땅에 이미 이러한 성분이 있으므로 그를 친화적으로 본받으면 오래갈 수 있고, 사업에 공이 있으면 점점 축적되어 커질 수 있다."는 것이다.

其後求治太切하고 **用意**[1]**過當**하시니 **姦臣緣隙得進邪說**[2]하여 **始議開邊以中上旨**[3]하

니 於是에 延安有橫山之謀[4)]하고 保安有招誘之計[5)]하니이다 陛下饒之以金帛하고 假之以干戈하시니 小人貪功하여 慮害不遠하고 輕發深入하여 結怨西戎[6)]하며 攘奪尺寸無用之土하고 空竭內府[7)]累世之積이니이다 大者는 疲弊秦雍[8)]하고 小者는 身死寇讐하며 西鄙[9)]騷然不寧하니 而陛下始一悔矣시니이다

그 뒤에 治道를 구하심이 너무 급박하고 마음을 쓰심이 정도에 넘치니, 姦臣이 그 틈을 타서 邪說을 進達하게 되어, 비로소 강토를 확장할 것을 의논해와 聖上의 뜻에 영합하였으니, 이에 延安에서는 橫山을 점거하는 모의가 있었고, 保安에서는 장수들을 유인하는 음모가 있었습니다. 그런데 폐하께서 金帛 같은 예산을 넉넉히 대주시고 干戈 같은 무기를 공급하시니, 소인들은 공을 탐하여 해독을 염려하는 일을 멀리 내다보지 않고 경솔하게 발동하여 깊숙이 들어가서 西戎과 원수를 맺으면서 尺寸만 한 쓸모없는 땅을 약탈하느라 여러 세대에 걸쳐 쌓아온 內府의 재물을 탕진하였습니다. 크게는 秦雍을 疲弊시키고 작게는 寇讐에게 身命이 죽는 등 서북변경이 평온하지 못하였으니, 폐하께서 비로소 첫 번째 후회하신 것입니다.

1) 用意 : 措意와 같으니, 곧 治道를 구하는 데에 뜻을 두는 것이다.

2) 姦臣緣隙得進邪說 : 姦臣은 王安石을 가리킨다. 神宗이 王安石을 중용하여 법을 변경하였고, 張方平이 新法을 반대했기 때문에 王安石을 일러 姦臣이라고 한 것이다.

3) 始議開邊以中上旨 : 武力으로 疆土를 확장할 것을 謀劃해와 황제의 뜻에 영합하는 것이다.

4) 延安有橫山之謀 : 熙寧 3년(1070)에 陝西宣撫使 韓絳이 青澗城知州 种諤의 計策을 써서 橫山을 취하려고 하였으나 결국은 취하지 못하였다. 그 뒤에 种諤이 재차 謀劃하여 橫山을 점거하였는데, 목적은 橫山에 城을 쌓는 일이었다. 种諤이 神宗을 설득시키기를 "橫山은 땅이 넓으니 농사짓는 데 알맞고, 지대가 험악하니 수비하기 쉽고, 아울러 鹽鐵이 생산되니, 하루아침에 점거한다면 중국이 많은 이익을 얻을 것입니다."라고 하였다. 延州知州 沈括은 种諤과 의견이 맞지 않았다. 沈括 등이 군사를 거느리고 永樂城을 쌓았으나 西夏의 군대가 力爭하니 宋軍이 大敗하였다.

5) 保安有招誘之計 : 神宗이 즉위한 초년에 种諤이 綏州를 취하고 군사를 발동하여

밤에 嵬名山帳을 습격하자, 西夏主 李諒祚가 會議를 가장하여 知保安軍 楊定과 侍其瑧 등을 유인해서 죽였다.

6) 西戎 : 西北邊境의 소수민족이니, 곧 西夏를 가리킨다.

7) 內府 : 皇室의 倉庫를 이른다.

8) 秦雍 : 옛날 秦의 땅으로, 곧 鄜州·延州 등 西夏와의 접경지역을 가리킨다.

9) 西鄙 : 西北邊疆을 가리킨다.

然而陛下는 天姿英果하여 有漢武宏達之量이시니 雖復兵吏失律이라도 而立功之意는 未嘗少衰시니이다 是以로 左右大臣이 測知此心하고 復進財利之說[1)]하니 陛下樂聞其利하여 而未暇深究其害하고 於是에 擧而從之하사 置條例司[2)]하여 而講求天下之遺利[3)]시니이다 己酉[4)]之秋에 新政始出하여 自是以來로 凡所變革은 不可悉數니이다 其最大者는 一出而爲常平青苗[5)]요 再出而爲揀兵併營[6)]이요 三出而爲出錢雇役[7)]이요 四出而爲保甲敎閱[8)]이니이다 四者併行於世하니 官吏疑惑하고 兵民憤怨하며 諫爭者는 章交於朝하고 誹謗者는 聲播於市하니 陛下不勝其煩하사 爲之當宁[9)]太息하여 日昃而不食矣시니이다 然이나 猶幸其成功하여 力排衆人之議하고 而固守之하시니 天下方共厭苦하되 而不知其所止也니이다 而揀兵併營之策이 其害先見하니 武夫凶悍하여 爲怨最深이요 爲患最急이니이다 陛下知其不可하고 於是에 多支月糧[10)]하며 復收退卒하여 以順適其意시니 而陛下旣再悔矣시니이다

그러나 폐하께서는 하늘로부터 부여받은 資質이 英明하고 果斷性이 있어서 漢 武帝처럼 宏達한 局量을 가지셨으므로, 비록 다시 군사와 관리가 規律을 잃었더라도 공을 세울 뜻은 일찍이 조금도 쇠퇴하지 않으셨습니다. 이 때문에 좌우 대신들이 이와 같은 폐하의 마음을 헤아려 알고 다시 財利에 대한 說을 진달하니, 폐하께서는 그 財利에 대한 說을 반갑게 들으시어 그 해독에 대한 것은 깊이 구명하지 않으시고, 이에 그 요청에 따라 條例司를 설치하여 천하에 다 쓰이지 못하고 있는 이익을 강구하셨습니다.

己酉年 가을에 新政이 비로소 출현하였는데, 이후로 變革된 것은 이루 다 헤아릴 수가 없습니다. 그 중에서 가장 큰 것만을 말한다면 첫 번째 출현하여 '常平青苗'라는 것이 되었고, 두 번째 출현하여 '揀兵併營'이란 것이 되었고, 세 번째 출현하여 '出錢雇役'

이란 것이 되었고, 네 번째 출현하여 '保甲教閱'이란 것이 되었습니다. 이 네 가지가 아울러 세상에 실행되니 官吏들은 疑惑하고 軍民들은 憤怨해하며, 諫諍하는 자의 章奏가 조정에 어지럽게 전해지고 誹謗하는 자의 목소리가 저자에 시끄럽게 퍼지니, 폐하께서는 그 번거로움을 견디지 못하여 執務室에서 크게 탄식하여 해가 서쪽으로 기울어도 수라를 들지 못하셨습니다.

그러나 오히려 요행히 성공할 것을 바라는 마음에서 뭇사람의 의논을 힘써 배제하고 新法을 굳게 지키시니, 천하가 다 함께 新法을 싫어하고 괴롭게 여겼으나 그칠 줄을 몰랐습니다. 揀兵併營策이 먼저 그 害毒을 드러내자, 武夫는 凶悍한 존재라서 가장 깊이 원망하고 가장 급한 걱정거리가 되었습니다. 폐하께서 그 불가함을 아시고 이에 月糧을 많이 지급하셨으며, 물러간 군사들을 다시 거두어서 그들의 뜻을 잘 맞추어주셨으니, 폐하께서 이미 두 번째 후회하신 것입니다.

1) 復進財利之說 : 王安石 등 變法派 大臣이 青苗 등 諸法을 의논한 의도는 聚斂하여 國用을 보충하는 데 있었다.
2) 條例司 : 制置三司條例司의 略稱이다.
3) 遺利 : 다 쓰이지 못하고 있는 이익을 가리킨다.
4) 己酉 : 神宗 熙寧 2년(1069).
5) 常平青苗 : 常平倉에서 穀物을 사들일 밑천으로 青苗錢을 마련한 것이다.
6) 揀兵併營 : 揀兵은 군사를 가려 뽑는 일. 神宗 때에 揀汰退軍令이 있었으니, 곧 禁軍을 맡기지 못할 자는 廂軍으로 삼고, 廂軍을 맡기지 못할 자는 平民으로 삼았다. 併營은 軍營을 併合하는 일. 神宗이 王安石의 건의에 따라 軍額이 부족한 軍營을 併合하였다.
7) 出錢雇役 : 백성들로 하여금 각각 돈을 내게 해서 그 돈으로 사람을 고용하여 役을 충당하였다.
8) 保甲教閱 : 保甲은 新法의 하나인 保甲法이고, 教閱은 教鍊과 閱兵. 保丁 두 사람 중에 한 사람을 취하여 教閱을 시켰으며, 大保長을 教頭로 삼고 教場을 설치하여 戰陣術을 가르쳤다.
9) 當宁 : 宁는 임금이 조회를 보기 위하여 멈추어 서는 곳이니, 當宁는 곧 임금의 臨朝聽政하는 곳을 가리킨다.
10) 月糧 : 매월 兵丁에게 지급하는 食糧이다.

然이나 軍中之口가 猶復洶洶不靖이니이다 陛下雖推恩撫之하시나 而終不以爲惠하고 反謂陛下畏之耳니이다 不幸邊臣失算하여 再生戎心[1)]이니이다 帷幄之臣[2)]은 謀之不臧하여 不務安之하고 而務撓之니이다 臨遣[3)]執政[4)]하여 付以疆事하고 多出金幣하며 豫書誥勅하여 以成其深入之計니이다 當此之時에 天下之心이 知其必敗矣언마는 而陛下는 與一二臣者로 方以爲萬擧而萬全이라하시니다 旣而出兵無人之境하고 築城不守之地[5)]하며 困弊腹心[6)]하여 以求無益之功하며 使秦晉之民으로 父子流離하고 肝腦塗地[7)]니이다 戎人徼倦受屈하니 已築之城이 隨卽傾覆하고 救援之兵이 相繼潰叛[8)]하여 四方震動이니이다 君臣宵旰[9)]而後에 下罪己之詔하고 投竄元宰[10)]하여 以謝二鄙[11)]하니 而陛下旣三悔矣시니이다

그러나 軍中의 원성이 오히려 다시 세차게 일어나서 조용하지 못하였습니다. 폐하께서 비록 은혜를 베풀어 어루만지셨지만 그들은 끝내 은혜로 여기지 않고 도리어 폐하께서 두려워하기 때문이라고 말할 뿐입니다. 불행하게도 변경을 수비하는 신하가 세운 계획이 잘못되어서 재차 마음을 놓지 못하고 경계해야 할 일이 생겼습니다. 帷幄의 重臣은 좋은 계획을 세우지 못하여 안정시키는 일은 힘쓰지 않고 소란스러운 일만 힘씁니다. 그래서 軒檻에 臨하여 執政을 파견하여 疆域에 관한 일을 맡기고 金幣를 많이 내주었으며, 미리 誥勅을 써서 깊이 들어갈 계획을 완성하였습니다. 이때에 천하의 인심은 그 일이 반드시 실패할 것으로 알고 있었는데, 폐하께서는 한두 신하와 함께 바야흐로 무슨 일이든 거행하면 만전을 기할 것이라 여기셨습니다.

이윽고 無人之境에 군사를 내보내고 지키지 못할 곳에 성을 쌓았으며, 腹心을 困弊시켜 無益한 공을 구하였으며, 秦晉의 백성들로 하여금 父子가 流離하고 慘殺을 당하여 간과 뇌가 땅바닥에 으깨어지게 하였습니다. 그래서 戎人이 피곤한 틈을 엿보아 핍박을 가함으로써 굴욕을 받았으니, 이미 쌓은 성이 따라서 곧 傾覆되고, 구원하러 온 군사들이 서로 이어서 무너지기도 하고 배반하기도 하여 사방이 震動하였습니다. 君臣이 宵衣旰食한 뒤에야 자기를 罪責하는 詔書를 내리고 元宰를 放逐하여 西北兩邊에 사죄하셨으니, 폐하께서 이미 세 번째 후회하신 것입니다.

1) 戎心 : 마음을 놓지 않고 경계함을 이른다.

2) 帷幄之臣 : 帷幄은 임금이 計策을 결정하는 곳이나 將帥의 幕府를 가리키니, 帷

幄之臣은 곧 謀議에 참여한 重臣을 말한다.

3) 臨遣 : 軒檻에 臨하여 派遣하는 것이다.

4) 執政 : 宋初에는 唐制를 因襲하여 參知政事를 執政官으로 삼았다. 韓絳이 熙寧 3년(1070)에 參知政事가 되었으니, 여기서는 韓絳을 가리킨다.

5) 築城不守之地 : 지키지 못할 곳에 성을 쌓는다는 뜻이다. 곧 沈括 등이 쌓은 永樂城을 가리킨다.

6) 困弊腹心 : 腹心은 身體의 중요한 부위이니, 中原地區를 비유한다. 곧 변경을 확장하기 위하여 중원지구를 피곤하고 凋弊하게 만든 것을 가리킨다.

7) 肝腦塗地 : 慘殺을 당하여 간과 뇌가 땅바닥에 으깨어졌다는 뜻으로, 목숨을 돌보지 않고 나랏일에 힘을 다함을 이른다.

8) 救援之兵相繼潰叛 : 永樂城이 포위되었을 때에는 徐禧와 李舜擧가 구원하러 왔다가 전사하고, 이어서 沈括 등 援軍이 潰敗하였으며, 种諤이 橫山 점거를 도모할 때에는 銳卒들이 배반하였다.

9) 宵旰 : 宵衣旰食의 略稱. 날이 아직 밝기 전에 옷을 입고 해가 이미 기울어진 뒤에 밥을 먹는 것으로, 곧 비상시에 마음을 다해 政事에 勤勞함을 표현한 말이다.

10) 元宰 : 丞相. 여기서는 韓絳을 가리킨다. 熙寧 4년(1071)에 种諤이 西夏를 크게 깨뜨리고 그곳에 성을 쌓았더니, 이때부터 西夏가 군사를 모아 보복을 도모하다가 얼마 안 가서 撫寧堡를 함락하였는데, 이 사건으로 韓絳은 결국 鄧州知州로 貶黜되었다.

11) 二鄙 : 西北兩邊을 가리킨다.

夫此三者는 方其未悔也에 陛下亦以爲是邪非邪언마는 陛下犯逆衆心하고 力行而不顧하시니 其必以爲是요 不以爲非也시니이다 然而其終은 卒至於此니이다 然則方今陛下之所是而未悔者도 無乃亦類此歟잇가 臣聞 衆而不可欺者는 民也요 勇而不可犯者는 兵也요 險而不可侮者는 隣國也라하나이다 今陛下旣已欺民犯兵而侮隣國矣니이다 夫犯兵侮隣은 變速而禍小하고 至於欺民하얀 則變遲而禍大하니이다 變速而禍小者도 瓦解之憂也요 變遲而禍大者는 土崩之患也니이다 今瓦解之憂는 陛下旣知悔矣시고 土崩之患은 陛下未以爲意시니 此臣之所以寒心也니이다 易曰 不遠復이라 無祇悔니 元吉[1)]하니라하나이다 事之未敗也엔 陛下不悟其非하고 必俟其敗而後悔하시니 如向三者는 則陛下之

復已遠이요 而悔亦大矣니이다

이 세 가지는 후회하시기 전에 일단 폐하께서도 역시 옳은 것인가, 그른 것인가를 생각해보셨어야 했을 것인데, 폐하께서는 민중의 마음을 거역하고 힘써 행하되 뒤도 돌아보지 않으셨으니, 그것은 필시 옳다고 여기고 그르다고 여기지 않으신 것입니다. 그러나 그 결과는 끝내 이 지경에 이르렀습니다. 그렇다면 현재 폐하께서 옳다고 여기고 후회하지 않으신 것 역시 이와 같은 것이 아니겠습니까? 소신은 듣자옵건대, 대중적 존재라서 속일 수 없는 것은 백성이고, 용맹스런 존재라서 범할 수 없는 것은 군사이고, 위험한 존재라서 업신여길 수 없는 것은 이웃 나라라고 합니다. 그런데 지금 폐하께서는 이미 백성을 속였고 군사를 범했고 이웃 나라를 업신여기셨습니다.

군사를 범하고 이웃 나라를 업신여기는 경우는 變이 빨리 나타나지만 禍가 작고, 백성을 속이는 경우는 變이 더디게 나타나지만 禍가 큽니다. 變이 빨리 나타나지만 禍가 작은 것은 瓦解 정도에 해당하는 걱정이고, 變이 더디게 나타나지만 禍가 큰 것은 土崩 정도에 해당하는 걱정입니다. 지금 瓦解 정도에 해당하는 걱정은 폐하께서 이미 후회할 줄 아시고, 土崩 정도에 해당하는 걱정은 폐하께서 생각지 못하시니, 이것이 바로 소신이 한심해하는 것입니다. ≪易經≫에 이르기를 "머지않아 돌아오는지라 뉘우침에 이름이 없으니, 크게 吉하리라."고 하였습니다. 일이 실패하기 전에는 폐하께서 그것이 그른 것인 줄을 깨닫지 못하시고 반드시 그것이 실패한 뒤에 가서야 후회하시니, 앞에서 열거한 세 가지와 같은 것은 폐하께서 〈원위치로〉 돌아오신 기일이 이미 멀었고 후회 또한 컸습니다.

1) 不遠復……元吉 : ≪周易≫ 復卦의 내용인데, 大意는 '잘못을 저질러도 오래지 않아 고치면 크게 후회하지 않게 되므로 크게 吉하리라'는 것이니, 여기서는 이런 뜻을 인용한 것이다.

且臣觀之컨대 方今陛下之所是而未悔者에 亦有三而已니 靑苗助役[1]保甲이니이다 三者之弊는 臣不復言矣리이다 何者오 言事者 論其不可가 非一人也니이다 百姓毁壞支體하고 燻灼耳目하며 嫁母分居하고 賤賣田宅以自脫免[2]이 非一家也니이다 陛下其亦知之矣로되 徘徊而不改하사 使民無所告訴시니이다 加之以水旱하고 繼之以饑饉하니 積憾之

民이 奮爲群盜하여 侵淫蔓延하며 滅而復起하니 英雄乘間而作하여 振臂一呼에 而千人之衆을 可得而聚也니이다 如此而勝廣之形成[3]하니 此所謂土崩之勢也니이다 臣恐陛下至此시면 雖欲復悔나 而無所及矣리이다

또 소신이 살펴보건대, 지금 폐하께서 옳은 것으로 여기고 후회하지 않으시는 것에는 또한 세 가지가 있을 뿐이니, 靑苗・助役・保甲입니다. 이 세 가지의 폐단에 대해서는 소신이 다시 말씀드리지 않겠습니다. 왜냐하면 나랏일을 말하는 자 중에 그 新法의 옳지 못한 점을 논한 사람이 한 사람뿐이 아니고, 백성 중에 肢體를 毁壞하고 耳目을 燻灼하며 母親을 시집보내 분가해서 살고 田宅을 헐값으로 팔아서 役을 脫免하는 가정이 한 가정뿐이 아니기 때문입니다. 폐하께서는 그것을 또한 아시면서도 이리저리 피하고 고치지 않으셔서 백성들로 하여금 하소연할 바가 없게 하십니다.

게다가 水災와 旱魃까지 더해지고, 곡식과 채소가 익지 않는 흉년이 계속되니, 감정이 쌓인 백성들이 奮起하여 群盜가 되어 점차로 뻗어나가며 없어졌다가 다시 일어나니, 英雄이 그 틈을 타서 일어나 팔을 휘두르며 한번 불러대면 천 명의 대중을 금방 모을 수가 있습니다. 이리하여 陳勝과 吳廣의 형세가 이루어졌으니, 이것이 이른바 '土崩'의 형세입니다. 소신은 두려워하옵건대, 폐하께서 이런 지경에 이르시면 비록 다시 후회하려고 하셔도 미칠 수가 없을 것입니다.

1) 助役 : 免役法을 가리킨다.

2) 百姓毁壞支體……賤賣田宅以自脫免 : 王安石이 倡導한 新法이 처음으로 시행되자, 知幷州 韓琦는 "孀母가 改嫁하고 親族이 分居하며, 혹은 田土를 남에게 넘겨버려서 上等을 면하기도 하고, 혹은 비명에 죽어서 單丁을 만들기도 한다."고 상소하였고, 韓絳은 또한 "父子가 2丁일 경우, 그 아버지가 스스로 목을 매어 죽고, 江南에는 그 祖母와 母親을 시집보내 分家해 삶으로써 役을 피하는 자가 있다."고 말하였고, 知開封府 韓維는 "백성이 保甲을 피하기 위하여 손가락과 팔뚝을 자르는 자가 있다."고 말하였다.

3) 勝廣之形成 : 勝은 陳勝, 廣은 吳廣이니, 곧 陳勝과 吳廣이 起義할 형세가 이미 이루어졌다는 뜻이다. 이들이 蘄縣에서 군대를 일으킨 것이 秦나라가 망하고 漢나라가 일어나는 계기가 되었다.

故로 臣願陛下取卽位之政과 與今日之事하여 而試觀之하소서 天下擾擾不安이 孰與今日之甚이리잇가 群臣交口爭辯이 孰與今日之衆이리잇가 陛下聽覽疲倦이 孰與今日之多리잇가 悔恨自責이 孰與今日之切이리잇가 陛下誠以此較之시면 則不待臣言之終하고 而得失을 可以自決矣리이다 且夫卽位之政은 陛下之本心也요 今日之事는 臣下之過計也니이다 陛下棄卽位之本心하고 而徇臣下之過計하시니 臣竊以爲過也니이다 雖然이나 臣竊聽之道路하면 方今陛下則亦悔之矣라하니 悔之而不變은 非陛下之意也요 迫於建議之臣[1]耳니이다 夫人臣進謀於其君하고 苟事之不遂하여 而變以從衆하면 則人主有以測其深淺이리이다 人主有以測其深淺이면 則其用捨之命[2]이 在於人主니 此人臣之所以不便也니이다 臣竊痛하나이다

그러므로 소신은 원하옵건대, 폐하께서는 즉위 당시의 정사와 오늘날의 일을 가지고 시험해보소서. 천하가 시끄러워 불안한 것이 오늘날보다 심한 적이 있었습니까? 뭇 신하들이 한 목소리로 爭辯하는 것이 오늘날과 같이 많은 적이 있었습니까? 폐하께서 듣고 보는 데에 피곤하심이 오늘과 같이 많은 적이 있었습니까? 悔恨하고 自責하는 것이 오늘날과 같이 절박한 적이 있었습니까? 폐하께서 진실로 이것으로 비교하신다면 소신의 말이 끝나기를 기다리지 않아도 得失을 스스로 결정하실 수 있을 것입니다.

즉위 당시의 정사는 폐하의 본심이요, 오늘날의 일은 신하의 잘못된 계획입니다. 폐하께서 즉위 당시의 본심을 버리고 신하의 잘못된 계획을 따르시니, 소신은 속으로 잘못으로 여깁니다. 비록 그러나 소신이 도로에서 들어보면, 현재 폐하께서는 또한 후회하신다고 하는데, 후회하면서도 변경하지 않으시는 것은 폐하의 뜻이 아니라, 建議하는 신하에게 핍박을 당한 것일 뿐입니다. 신하가 임금에게 계책을 진달하고 나서 그 일이 잘 이루어지지 않아 변경하여 대중을 따른다면, 임금은 그 계획의 淺深을 헤아릴 수 있을 것입니다. 임금이 그 계획의 淺深을 헤아릴 수 있으면 그 사람을 승진시키거나 퇴출시키는 권한이 임금에게 있으니, 이것이 신하가 불편하게 여기는 것입니다. 소신은 남몰래 통탄하옵니다.

1) 建議之臣 : 일을 처리하거나 구체적인 의견을 제시하는 大臣을 가리킨다.
2) 用捨之命 : 用은 升陟 등을 가리키고, 捨는 貶黜 등을 가리키니, 곧 승진시키고 퇴출시키는 권한을 말한다.

陛下爲社稷之計는 欲改過以安天下하시나 而怙權固位之臣이 持之而不釋하나이다 陛下聰明睿知하고 廢置自我하되 而獨爲此鬱鬱也시니이다 漢宣帝가 與趙充國으로 議[1]擊匈奴하니 魏相非之하여 以爲當與平昌侯樂昌侯平恩侯[2]及有識者와 詳議乃可라하니이다 此三人者는 非賢於趙充國也니이다 然而與國同憂樂하고 無僥倖功名之心與希望爵賞之意는 則過於充國遠甚이니이다 充國猶不可聽이온 而況不如充國者哉리잇가 陛下將安民保國하되 而與喜功伐[3]好權利者謀之하시니 臣不知其可也니이다 臣不勝區區忘身憂國之誠하여 是以로 勢疏[4]而言切하오니 惟陛下察之하소서[5]

폐하께서는 社稷을 위하는 계책을 하여 허물을 고쳐서 천하를 편안하게 하려고 하시나, 권세를 믿고 지위를 굳힌 신하가 그것을 견지하여 놓아주지 않습니다. 폐하께서는 聰明스럽고 睿智스러우며 廢置하는 권한이 자신에게 있으시면서도 홀로 이처럼 울울해하십니다.

漢 宣帝가 趙充國과 함께 匈奴를 칠 것을 의논하자, 魏相은 그것을 잘못으로 여겨서 "마땅히 平昌侯·樂昌侯·平恩侯 및 有識者와 더불어 자세히 의논하여야 옳다."라고 하였습니다. 이 세 사람은 趙充國보다 어질지 않습니다. 그러나 나라와 더불어 憂樂을 함께하고 功名을 바라는 마음과 爵賞을 희망하는 뜻이 없는 것은 趙充國보다 아주 월등하였습니다. 趙充國도 오히려 들어줄 수 없었는데, 하물며 조충국만 못한 사람이야 말할 것 있겠습니까? 폐하께서는 장차 安民保國하려고 하시면서 功勳을 즐기고 權利를 좋아하는 자와 더불어 謀策을 하시니, 소신은 그것이 옳은 일인지 모르겠습니다. 소신은 구구하게 몸을 잊고 나라를 걱정하는 정성을 이기지 못하여 이 때문에 형세는 소원하지만 말은 간절하오니, 폐하께서 살펴주시기 바랍니다.

1) 議 : 저본에 없는 것을 ≪欒城集≫에 의해 보충하였다.
2) 平昌侯·樂昌侯·平恩侯 : 平昌侯는 王無故, 樂昌侯는 王武인데 다 皇帝의 外叔이고, 平恩侯는 許伯인데 皇太子의 外祖父이다.
3) 功伐 : 功勳.
4) 勢疏 : 형세가 소원하다는 것은 조정 안의 近臣이 아니라는 말이다.
5) 呂留良의 ≪晩村先生八家古文精選≫에는 "편중에서는 '悔'자로써 눈을 삼았다.

그러나 神宗은 뉘우치고 王安石은 뉘우치지 않은 점을 말하였다. 그러므로 前段의 神宗을 諷諫하는 곳은 자못 緩巽하고, 후단의 王安石을 공격하는 곳은 가장 박절하였다.〔篇中以悔字爲眼 然言神宗悔 而安石不悔 故前段諷神宗處 頗緩巽 後段攻安石處 最迫切〕"라고 비평하였다.

代老臣建言은 **一一典刑**이니라

老臣을 대신한 建言은 한 조항 한 조항이 모두 典型적이다.

03. 論用臺諫箚子* 臺諫을 쓰는 것을 논한 箚子

* 臺諫은 臺官과 諫官을 가리킨다. 본 箚子의 주요 내용은, '臺官과 諫官은 皇帝의 耳目 역할을 하므로 執政官이 스스로 선택하는 권리를 행하도록 맡겨두어서는 안 되고, 공정한 평론에 의거하여 正人君子를 선발해서 임용해야 한다. 그래야만 황제가 깊이 구중궁궐에 처해 있더라도 밝게 듣고 밝게 볼 수 있다.'는 것이다. 臺官에는 侍御史·殿中侍御史·監察御史 등이 있어 관원들의 부정행위를 糾劾하는 일을 주로 하고, 諫官에는 諫議大夫·給事中·拾遺·補闕·司諫·正言 등이 있어 侍從과 規諫하는 일을 맡는다. 臺官과 諫官은 각각 전담 부서가 있지만, 직책이 이따금 서로 혼동되기 때문에 대체로 '臺諫'이라고 범칭한다. 箚子는 간단한 서식의 上疏文이다.

若近年臺諫은 **雖稱吏部都察院**이 **會同考選**이라하나 **恐不免宋人竝由執政指揮之弊**러라

近年의 臺諫과 같은 경우, 비록 吏部와 都察院이 會同하여 考選한다고는 칭하지만, 아마도 宋人은 執政의 指揮를 아울러 경유하는 폐단을 면하지 못하였던 것 같다.

臣聞 書稱堯舜之德曰 明四目達四聰[1)]이라하나이다 **蓋人君**은 **居高宅深**하니 **其勢易與臣下隔絶**이니이다 **若不務廣耳目**이면 **則不聞外事**하여 **無以預知禍福之原**이니이다 **臣不敢復論前代**하고 **請陳本朝故事**[2)]하리이다 **每當視朝**[3)]하면 **上有丞弼**[4)]하여 **朝夕奏事**하고

下有臺諫하여 **更迭進見**하며 **內有兩省侍從**[5]**諸司官長**[6]하여 **以事奏稟**하고 **外有監司郡守走馬承受**[7]하여 **辭見入奏**하니 **凡所以爲上耳目者 其衆如此**니이다 **然**이나 **至於事有壅蔽**하얀 **猶或不免**이니이다

소신은 듣건대, ≪書經≫에서 堯舜의 德을 칭하기를 "사방을 두루 보는 눈을 밝히고 사방을 두루 듣는 귀를 통하게 하였다."고 합니다. 대개 임금은 앉는 위치가 높고 거처하는 집이 깊숙하니, 그 형세가 신하들과 더불어 隔絶하기 쉽습니다. 만일 耳目을 넓히는 일을 힘쓰지 않으면 바깥일을 듣지 못하여 禍福의 근원을 미리 알 수 없습니다. 소신은 감히 다시 前代를 논하지 않고 청컨대 本朝故事를 진달하겠습니다.

매번 조회를 볼 때를 당하면 위에는 丞弼이 있어서 조석으로 정사를 아뢰고, 아래에는 臺諫이 있어서 돌아가며 나아가 뵙고, 안에는 兩省의 侍從과 諸司의 官長이 있어서 정사를 가지고 奏稟하고, 밖에는 監司・郡守・走馬承受가 있어서 하직인사를 하러 황제를 謁見할 때에 대궐에 들어가서 정사를 아뢰었습니다. 윗분의 耳目이 된 자들이 이와 같이 많았습니다. 그러나 일에 壅蔽한 점이 있는 것을 오히려 면하지 못하였습니다.

1) 明四目達四聰 : ≪書經≫ 〈虞書 舜典〉에 있는 말인데 "사방을 두루 보는 눈을 밝히고 사방을 두루 듣는 귀를 통하게 하였다."는 뜻이다. 여기서는 "帝王은 視野를 넓혀서 눈으로는 사방을 보고 귀로는 사방을 들어서 천하의 賢才가 정계진출에 어려움을 갖지 않게 해야 한다."는 것을 강조하고자 한 것이다.

2) 故事 : 先例. 곧 옛날의 典章制度를 가리킨다.

3) 視朝 : 임금이 조정에 나아가 정사에 관한 신하들의 말을 듣는 것이다.

4) 丞弼 : 임금을 보좌하는 大臣을 이른다.

5) 兩省侍從 : 門下省의 侍中과 侍郎, 中書省의 侍郎 등 항상 시중을 드는 관원을 가리킨다.

6) 諸司官長 : 여러 官署의 長官이다.

7) 監司郡守走馬承受 : 宋代 各路의 統治機構이다. 주요직에 轉運使(약칭 漕司)・提點刑獄(약칭 憲司)・安撫使(약칭 帥司)의 三司가 있고, 이 밖에 또 提擧常平司・茶馬司 등이 있는데 이들을 총칭 '監司'라 하고, 郡守는 州・府・郡의 太守를 가리킨다. 走馬承受는 官名으로, 宋代에 설치되었다. 各路에 각각 1員씩 배치하였는데, 三班使臣과 內侍로 充任하였으며, 無事時에는 1년에 한 번씩 조정

에 들어와서 아뢰었고, 有事時에는 무시로 馳驛하여 上聞하였다. 당시에는 經略安撫司와 總管司에 예속되었다.

今自太皇太后陛下와 **皇帝陛下**[1] **垂簾以來**로 **每事重愼**하시니 **群臣得對於前**[2]**者**는 **惟有執政**[3]**及臺諫官而已**니이다 **然**이나 **天下之事 其是非可否**는 **旣決於執政**이니이다 **陛下欲於執政之外**에 **特有所聞者**어든 **又獨有臺諫數人而已**니이다 **臣觀 今日**은 **臺官三員**과 **諫官二員**이로되 **其間非執政私人**[4]이요 **特出聖意所用者**는 **又不過一二人**이니이다 **孔子有言 今吾於人也**에 **聽其言而觀其行**[5]이라하나이다 **陛下試取此五人言行之實**하여 **而諦觀之**하시면 **則其邪正向背**를 **槪可見也**리이다

지금 太皇太后陛下와 皇帝陛下께서 垂簾聽政하신 이래로 매사에 신중을 기하시니, 群臣 중에 御前에서 陛下의 諮問에 응할 수 있는 사람은 오직 執政과 臺諫이 있을 뿐입니다. 그러나 천하의 일에 대한 是非와 可否는 이미 執政에게서 결정됩니다. 폐하께서 집정 이외에 특별히 듣는 바가 있게 하려 하신다면 또 臺諫 몇 사람이 있을 뿐입니다. 소신이 보건대 오늘날은 臺官이 3員, 諫官이 2員인데, 그 중에 執政의 私人이 아니고 순전히 폐하의 의중에서 나와서 쓴 사람은 또 한두 명에 불과합니다. 공자께서 "지금은 내가 사람을 대함에 있어서 그의 말을 듣고도 그의 행실을 살피게 되었다."라고 하신 말씀이 있습니다. 폐하께서 시험 삼아 이 다섯 사람의 언행의 실상을 취하여 자세히 살펴보신다면, 그 邪와 正의 向背를 대략 볼 수가 있을 것입니다.

1) 太皇太后陛下皇帝陛下 : 高太后와 哲宗을 가리킨다. 神宗이 崩御하고 哲宗이 어릴 때였다.
2) 對於前 : 御前에서 임금의 諮問에 응하거나 政事에 관한 의견을 上奏하는 것이다.
3) 執政 : 宋初에는 唐制를 그대로 써서 宰相・參知政事・門下侍郎・知樞密院・中書侍郎・尙書左右丞 등을 執政官이라고 하였다.
4) 私人 : 친척이나 친구 등을 이른다.
5) 今吾於人也 聽其言而觀其行 : ≪論語≫ 〈公冶長〉에 공자께서 말씀하기를 "전에는 내가 사람을 대함에 있어서 그의 말을 듣고 그의 행실을 믿었으나, 지금은 내가 사람을 대함에 있어서 그의 말을 듣고도 그의 행실을 살피게 되었다.〔始吾於人也 聽其言而信其行 今吾於人也 聽其言而觀其行〕"라고 보인다.

昔漢成[1]之世엔 王鳳用事[2]하니 群臣莫敢盡言이니이다 惟劉向王章이 力言其惡[3]하되 無所顧避라가 皆爲鳳所不喜하여 言卒不用하고 或繼以死니이다 而鳳推薦其門人如杜欽谷永之流하여 使上封論事하니 欽等所言은 皆掩蔽鳳短하고 專攻帝失이니이다 由此로 直言不聞하니 漢以不競[4]이니이다 今陛下深處帷幄하시니 耳目至少하여 惟有臺諫數人이니이다 若又聽執政得自選擇하여 不公選正人而用之면 臣恐天下安危大計 無由得達於前하여 而朝廷之勢殆矣니이다 惟陛下留神省察하사 無忽臣言이면 則社稷之福也니이다 取進止하소서

옛날 漢 成帝 세대에 王鳳이 用事하니, 群臣들이 감히 할 말을 다하지 못하였습니다. 오직 劉向과 王章만이 힘써 그의 惡을 말하되 顧避하는 바가 없다가 모두 王鳳에게 못마땅하게 여겨져, 말이 끝내 쓰이지 않고 혹은 죽음으로 이어지기까지 하였습니다. 王鳳이 그 문인인 杜欽・谷永 같은 부류를 추천하여 封事를 올려서 정사에 관한 말을 하게 하니, 杜欽 등이 말한 것은 모두 王鳳의 단점은 掩蔽하고 오로지 황제의 잘못만 공격하였습니다. 이로 말미암아 直言이 들리지 않으니, 漢나라가 그 때문에 振作되지 못하였습니다.

지금 폐하께서는 깊이 帷幄에 거처하시니, 耳目이 지극히 적어서 오직 臺諫 몇 사람만 있을 뿐입니다. 만일 또 執政이 스스로 선택할 수 있도록 들어주어 올바른 사람을 공정하게 뽑아 쓰지 않는다면 천하의 安危에 관한 大計가 御前에 전달될 길이 없어 조정의 형세가 위태롭게 될까 소신은 두려워하옵니다. 폐하께서는 유의하고 省察하사 소신의 말을 소홀히 여기지 않으신다면 社稷의 복일 것입니다. 소신의 건의에 대한 실행 여부를 결정하옵소서.

1) 漢成 : 漢 成帝를 가리킨다.

2) 王鳳用事 : 王鳳은 漢 成帝의 舅氏. 陽平侯에 봉해진 그는 太后에 의지하여 國權을 專制하였고, 형제 7명이 모두 列侯에 봉해졌다.

3) 劉向王章力言其惡 : 劉向은 漢 成帝 때 光祿大夫로서 日蝕과 地震이 같은 날 발생한 것에 대하여 王鳳 형제가 用事하기 때문이라고 간하였고, 王章은 漢 成帝 때에 王鳳의 추천으로 諫議大夫가 되었으나 王鳳에게 붙지 않고 오히려 "王鳳은

임용할 수 없는 인물이니, 忠賢한 사람을 다시 뽑으라."고 하는 등 王鳳을 비판하다가 뒤에 王鳳의 모함을 받아 大逆罪에 걸렸다.

4) 不競 : 不振, 不强의 뜻이다.

04. 論衙前及諸役人不便箚子* 衙前과 諸役人의 不便한 점을 논한 箚子

* 본 箚子는 衙前을 差用하는 제도와 衙前을 雇用하는 제도의 이해관계를 비교·분석한 것이다. 祖宗이 쓰던 舊法인 差役法과 神宗이 새로 제정한 免役法은 마땅히 通融調劑해야 할 점이 있으니, 백성을 편하게 할 수 있는 것을 취해서 써야 한다는 점을 역설하고 있다. 衙前은 宋代 官役名으로 書吏이다. 직책은 官物을 押運(監督運送)하는 일과 供應(供給需用)하는 일을 맡고, 착오가 생기거나 결실된 것 등을 배상하는 책임을 졌으므로 부담이 가장 무거운 官役이었다. 宋初에는 固定된 役法이 없다가 仁宗 初期에 里正으로 충당하는 '里正衙前', 모집해서 충당하는 '長名衙前', 富戶로 충당하는 '鄕戶衙前' 등의 명칭이 생겼다. 이 제도는 단지 嘉祐·治平 연간(1059~1067)에만 시행되다가 각지에서 서로 이어서 폐지하였다. 熙寧 3년(1070)에 免役法을 시행하면서 衙前을 雇役으로 고치고 坊場錢(酒稅)으로 모집·충당하였다. 諸役人은 諸色役人이다.

蘇氏兄弟所見이 俱如此니라

蘇氏兄弟의 所見이 모두 이와 같았다.

臣近奏乞修完弊政[1)]하여 以塞異同之議[2)]니이다 其一은 謂諸州衙前이니 臣請先論今昔差雇衙前[3)]利害之實하리이다 蓋定差鄕戶[4)]는 人有家業이라 欺詐逃亡之弊가 比之雇募浮浪[5)]이면 其勢必少리니 此則差衙前之利也니이다 然而每差鄕戶엔 必有避免糾決[6)]하며 比至[7)]差定하여는 州縣曹吏[8)]가 乞取不貲하고 及被差使하여는 先入重難[9)]이니이다 若使雇募慣熟之人이 費用一分이면 則鄕差生疏之人은 非二三分不了니 由此破蕩家産이니이다 嘉祐以前엔 衙前之苦를 民極畏之니 此則差衙前之害也니이다 若雇募情願에 自非慣熟이면 必不肯投요 州縣吏人은 知其熟事니 乞取自少며 及至勾當[10)]하여는 動知空

便[11)]이요 **費亦有常**이라 **雖經重難**이나 **自無破産之患**이니 **此則雇衙前之利也**니이다 **然**이나 **浮浪之人**은 **家産單薄**하니 **侵盜之弊**가 **必甚於鄕差**리이다 **熙寧以來**로 **多患於此**하니 **此則雇衙前之弊也**니이다

소신이 근자에 弊政을 수정하여 완전무결하게 만들어서 朝廷과 뜻을 달리하는 政見을 불식시킬 것을 奏請하였습니다.

그 중 첫 번째는 諸州의 衙前에 관한 것인데, 소신은 오늘날에 衙前을 雇用하는 제도와 옛날에 衙前을 差用하던 제도의 利害 실상에 대해 먼저 논하겠습니다. 대개 鄕戶로 定差(담당시킴)한 것은 그들이 일정한 家業을 가졌으므로 속이고 도망하는 폐단이 浮浪한 백성을 雇用으로 募集하는 것에 비하면 그 형세가 반드시 적을 것이니, 이 경우는 아전을 差用하는 쪽이 이롭습니다.

그러나 매양 鄕戶로 差用할 때마다 반드시 避免하는 일과 糾決하는 일이 있게 되며, 差用함에 이르러서는 州縣의 曹吏가 索取하는 錢財를 계산할 수가 없고, 差使에 피선됨에 이르러서는 먼저 重難錢을 지급합니다. 그리고 만일 雇用으로 募集한 일에 익숙한 사람은 1分의 비용을 쓴다면 鄕戶로 차용한 일에 생소한 사람은 2, 3分이 아니면 일을 끝마치지 못하니, 이로 말미암아 家産을 탕진합니다. 嘉祐(宋 仁宗의 연호. 1056~1063) 이전에는 衙前의 고역을 백성들이 극히 두려워하였으니, 이럴 경우에는 衙前을 差用하는 쪽이 해롭습니다.

만일 진정으로 원하는 사람을 고용으로 모집할 경우, 자신이 익숙한 것이 아니면 반드시 기꺼이 투신하지 않을 것이고, 州縣의 吏人은 그 익숙한 일을 알기 때문에 索取하는 錢財가 자연 적을 것이며, 事務를 담당할 때에 가서는 으레 機會와 方便을 잘 알고 비용에도 또한 일정한 액수가 있으므로 비록 重難을 겪는다 하더라도 자연 破産할 걱정이 없으니, 이럴 경우에는 衙前을 고용하는 쪽이 이롭습니다.

그러나 浮浪한 사람은 家産이 單薄하니 侵占하고 盜竊하는 폐단이 반드시 鄕戶로 差用하는 쪽보다 심할 것입니다. 熙寧(宋 神宗의 연호. 1068~1077) 이래로 이에 대해 걱정이 많았으니, 이 경우는 衙前을 고용하는 쪽의 폐단입니다.

1) 修完弊政 : 弊政을 수정하여 完好하게 함을 이른다.

2) 異同之議 : 朝廷과 의견이 다른 政見을 이른다.

3) 差雇衙前 : 승계해서 충당하는 衙前役과 돈으로 모집해서 충당하는 衙前役을 가리킨다.

4) 定差鄕戶 : 富戶로 승계해서 충당하는 衙前役을 '鄕戶衙前'이라 칭하니, 定差鄕戶는 바로 이것을 가리킨다. 鄕戶는 宋代에 특별히 恒産이 있는 平民을 가리켰는데, 鄕戶가 대부분 官府의 役을 충당하였다. ≪宋史≫ 〈食貨志〉에 "役人은 반드시 鄕戶를 썼으니, 恒産이 있으면 自重하기 때문이었다."란 내용이 보인다.

5) 雇募浮浪 : 일정한 직업 없이 遊蕩하는 백성을 돈으로 모집해서 衙前役을 충당하는 것을 말한다.

6) 避免糾決 : 鄕戶가 교묘하게 법을 이용하여 衙前役을 도피하면 官府에서 그것을 督察하여 判決한다.

7) 比至 : 比及과 같다.

8) 州縣曹吏 : 知州·知縣의 屬官을 이른다.

9) 重難 : 重難錢. 宋代에 衙前은 重難한 役이어서 그 役을 맡은 자가 이따금 破産하였으므로 조정에서 그 노고를 돈으로 보상하였으니, 이를 '重難錢'이라고 하고, 매월 지급하였으며, 약칭으로는 '重難'이라 하였다.

10) 勾當 : 事務를 담당한다는 뜻이다. 또는 料理, 行事를 가리킨다.

11) 空便 : 機會와 方便이라는 뜻이다.

然則差衙前之弊는 害在私家하고 而雇衙前之弊는 害在官府니이다 若差法必行이면 則私家之害는 無法可救요 若雇法必用이면 則官府之弊는 有法可止리이다 何者오 嘉祐以前엔 長名衙前[1]을 除差三大戶[2]外에 許免其餘色役[3]이니이다 今若許雇募衙前을 依昔日長名免役之法이면 則上等人戶도 誰不願投[4]리잇가 諸州衙前을 例得實戶[5]면 則所謂官府之害는 坐而自除[6]리이다 臣竊謂 雖三代聖人이라도 其法不能無弊니이다 是以로 易貢爲助하고 易助爲徹[7]하니 要以因時施宜하여 無害於民而已니이다 今差法行於祖宗하고 雇法行於先帝[8]하니 取其便於民者而用之면 此三代變法之比[9]也니이다

그렇다면 아전을 차용하는 폐단은 그 害가 私家에 있고, 아전을 고용하는 폐단은 그 害가 官府에 있습니다. 만일 差法이 반드시 행해진다면 私家의 害는 구제할 방법이 없고, 만일 雇法이 반드시 쓰인다면 官府의 폐단은 그치게 할 방법이 있습니다. 왜냐하

면, 嘉祐 이전에는 長名衙前을 三大戶에 差除한 것 외에 그 나머지 色役은 면하도록 許與하였습니다. 지금 만일 衙前을 雇用으로 募集할 적에 옛날 長名衙前만 충당하고 그 나머지 色役은 면제해준 법을 따른다면 상등 민호도 그 누가 투신하기를 원하지 않겠습니까? 諸州의 衙前을 관례대로 실제의 戶數대로 얻는다면 이른바 '官府의 해'는 노력하지 않고 가만히 앉아 있어도 저절로 제거될 것입니다.

소신은 가만히 생각하건대, 비록 三代의 聖人이라 하더라도 그 법은 폐단이 없을 수 없습니다. 이 때문에 貢法을 助法으로 바꾸고 助法을 徹法으로 바꾸었으니, 요는 때에 따라 알맞게 베풀어서 백성에게 해가 없게 할 뿐입니다. 지금 差法은 祖宗朝에 행해지고 雇法은 先帝朝에 행해졌으니, 그 백성에게 편리한 것을 취하여 쓴다면 이는 三代의 變法과 같을 것입니다.

1) 長名衙前 : 宋 仁宗 初期에 官府에서 돈을 주고 모집하여 충당한 아전을 '長名衙前'이라 칭하였다.
2) 三大戶 : 後周 顯德 5년에 鄕村 중에서 100戶를 1團으로 편성하고 每團마다 3大戶를 선발하여 耆長으로 삼았는데, 뒤에 그대로 耆長을 '三大戶'라고 칭하였다.
3) 色役 : 徭役의 하나. 唐代에 성행하였는데, 宋代에서 그대로 因襲하였다.
4) 今若許雇募衙前……誰不願投 : 대체적인 뜻은 현재 가령 돈을 내어 사람을 고용해서 아전을 충당하되, 仁宗朝에 그 나머지 色役은 면제해준 방법을 참조한다면 재산이 풍부한 민가도 모두 아전에 충당되기를 원할 것이란 말이다.
5) 例得實戶 : 예전 법규와 관례를 상고하여 실제의 호수를 얻는다는 말이다.
6) 坐而自除 : 노력하지 않아도 저절로 제거된다는 말이다.
7) 易貢爲助 易助爲徹 : 貢은 貢法으로서 夏代의 田賦 이름이고, 助는 助法으로서 殷代의 勞役賦稅制度이고, 徹은 徹法으로서 周代의 田稅制度이다.
8) 今差法行於祖宗 雇法行於先帝 : 仁宗朝에는 衙前役을 차용하는 방법을 많이 시행하고, 神宗朝에는 주로 衙前役을 고용하는 방법을 시행하였다.
9) 比 : 同等의 뜻이다.

其二는 **謂諸州縣役人**이니 **臣前已具論差雇役人利害**하되 **以謂差役之利**는 **利在上等下等人戶**하고 **而雇役之利**는 **利在中等**[1]이라하니이다 **旣利害相半**이니 **則兼行差雇**[2]면 **爲**

利實多리이다 然則祖宗舊法與先帝近制는 要爲皆有所去取니 唯當問人情之所便이요 更不當以新舊彼我爲意[3)]하여 有所偏係[4)]也니이다 臣觀前後役法은 皆由臣僚意有所執[5)]하여 或自前曾經議論으로 欲遂成其說[6)]하고 或見今觀望上下하여 有所希合이면 致令所立之法이 不得通濟[7)]니이다

그 중 두 번째는 諸州縣의 役人에 관한 것인데, 소신이 앞에서 이미 差雇役人의 利害에 관하여 상세하게 논하되 "差役의 이로운 점은 그 이로움이 上等·下等의 人戶에 있고, 雇役의 이로운 점은 그 이로움이 中等의 人戶에 있다."고 하였습니다. 이미 利害가 서로 반반을 차지하였으니, 差役과 雇役을 겸행한다면 이로운 점이 실로 많을 것입니다. 그렇다면 祖宗의 舊法과 先帝의 近制에는 요컨대 모두 제거하고 취택할 바가 있으니, 오직 백성이 편리할 바만을 물어야 할 것이고, 다시 新舊와 彼我를 가지고 착상하여 偏係하는 바가 있어서는 안 될 것입니다. 소신이 살펴보건내, 前後役法은 모두 臣僚들의 뜻에 고집한 바가 있음으로 말미암아 혹은 이전에 이미 비평한 說法으로 그 주장을 성립시키려고 하고, 혹은 현재에 상하를 관망하여 투합한 바가 있으면 설립한 법이 서로 通融調劑될 수 없게 만듭니다.

1) 以謂差役之利……利在中等 : 뒤에 있는 蘇轍의 〈三論分別邪正箚子〉 중에서 差雇法은 上中下의 人戶에 있어서 누구에게는 이롭고 누구에게는 해로운가를 상세하게 논급하였다.
2) 兼行差雇 : 差役과 雇役을 병행하여 백성을 편하게 할 것을 힘써야 한다는 뜻이다.
3) 以新舊彼我爲意 : 新法이냐 舊法이냐, 다른 사람이 제출한 방법이냐 내가 제출한 방법이냐를 가지고 착상한다는 말이다.
4) 偏係 : 偏執. 곧 백성에게 편리한지 여부는 논하지 않고 옹고집으로 자기가 제출하지 않은 政令은 채택하지 않는다는 말이다.
5) 意有所執 : 固守한 바가 있다는 뜻이다.
6) 皆由臣僚意有所執……欲遂成其說 : 이전에 비평한 모종의 政令에 대해서는 이전의 說法으로 기어이 그 주장을 성립시키려 하고, 실제로 백성에게 편리한 모종의 政令은 거절하고 실행하지 않는다는 말이다.
7) 不得通濟 : 新法과 舊法이 서로 通融調劑될 수 없게 한다는 말이다.

右는 臣竊見元祐以來朝廷改更弊政하니 如青苗市易保甲等事는 一皆剗削[1]이로되 而天下卒無一人以爲非者니이다 至於改募役爲差役하여는 建議之始에 異論已多[2]러니 逮今五年에 終云未便이니이다 蓋事之當否는 衆口必公이니 雖古聖人이라도 孰敢違衆이리잇가 故로 臣願朝廷이 採此衆志하여 立成定法이니이다 臣昔於元祐三年에 任戶部侍郞이러니 竊見朝廷이 始議兼行差雇二法[3]하여 使天下以六色助役錢으로 雇募州役[4]이니이다 是時에 特出朝旨[5]하여 不問有司하고 斷然必行하니 已而衆皆稱便이니이다 何者오 非常之原[6]은 凡人不曉니이다 或暗昧不矚至理[7]하고 或偏係不肯公言이니 竢其同心이면 事何由濟잇가 故로 臣今所言은 欲乞出自聖斷하사 與大臣熟議하여 如有可採어든 依三年例하여 斷而行之니이다 所貴는 天下之民이 速蒙利澤이니이다 不然이면 使中外雜議로 動經歲月이리니 大法[8]無由得成하여 而民被其害 未有已也리이다 臣不勝區區하여 不知言之煩瀆하니 死罪死罪니이다 取進止[9]하소서

이상에 대하여 소신이 가만히 살펴보건대, 元祐 이래로 朝廷이 불량한 政令을 개혁하여 青苗·市易·保甲 등의 일과 같은 것을 일체 모두 삭제하였으나, 천하에서 끝내 한 사람도 그르게 여기는 자가 없었습니다. 募役을 差役으로 고치는 문제에 대해선 갓 建議할 때에는 異論이 많더니만, 5년이 지난 지금은 결국 "편리하지 못한 것이었다." 라고 말합니다. 대개 일의 타당성 여부에 대해서는 여러 사람들의 말이 반드시 공정하기 마련이니, 비록 옛날의 성인이라 하더라도 그 누가 감히 여러 사람을 위배할 수 있겠습니까? 그러므로 소신은 朝廷이 이와 같은 여러 사람의 뜻을 채택하여 정확한 법을 만들기를 원합니다. 소신이 지난 元祐 3년에 戶部侍郞을 맡았었는데, 그때에 가만히 보건대 조정에서 처음으로 差法과 雇法을 겸행할 것을 의논하여 온 천하가 六色助役錢으로 州役을 雇用하여 募集하게 하였습니다.

이때에 특별히 朝廷의 意思를 내어 전담자에게 물어보지도 않고 과단성 있게 결행하였는데, 이윽고 여러 사람들이 모두 편리한 것이라고 칭하였습니다. 왜냐하면, 관례에 맞지 않는 비상한 원인은 보통 사람이 깨닫지 못합니다. 혹은 愚昧하여 眞理를 보지 못하고, 혹은 偏係하여 公言을 肯定하지 않습니다. 그러니 마음이 같아지기를 기다린다면 일을 어떻게 이룰 수 있겠습니까? 그러므로 소신이 지금 말씀드린 것은 폐하께서 직접 결단을 내리셔서 大臣과 熟議하여 채택할 만한 것이 있거든 元祐 3년의 사례에

의하여 단행하시기를 요구하고자 해서입니다.

중요한 것은 천하의 백성들이 빨리 利澤을 입는 것입니다. 그렇지 않으면 중앙과 지방에서 떠드는 잡다한 의론이 시간을 끌게 할 것이니, 국가의 중요한 법령이 이루어질 길이 없어 백성만 그 피해를 끝없이 입을 것입니다. 소신은 진정을 견디지 못하여 말의 煩瀆함을 알지 못하오니, 죽을죄를 지었습니다. 죽을죄를 지었습니다. 소신의 건의에 대한 시행 여부를 결정하시옵소서.

1) 如青苗市易保甲等事 一皆刬削 : ≪宋史≫ 〈哲宗本紀〉에 의하면, 元祐(宋 哲宗의 연호. 1086~1093) 원년 8월에 詔勅으로 青苗錢을 혁파하였고, ≪宋史紀事本末≫에 의하면, 元豐(宋 神宗의 연호. 1078~1085) 8년(1085) 7월에 保甲法을 혁파하고, 12월에 市易法을 혁파하였다.
2) 至於改募役爲差役……異論已多 : ≪宋史紀事本末≫에 의하면, 元祐 元年에 司馬光의 주청으로 免役錢을 혁파하고 差役法을 회복시켰으며, 諸色役人은 모두 舊制와 같이 하였다. 侍御史 劉摯는 祖宗의 差法을 아울러 쓰도록 청하였고, 監察御史 王岩叟는 諸役相助法을 설립할 것을 청하였고, 中書舍人 蘇軾은 熙寧의 給田募役法을 시행하기를 청하였다.
3) 竊見朝廷 始議兼行差雇二法 : ≪宋史≫ 〈食貨志〉에 의하면 "元祐 3년(1088) 翰林學士兼侍讀 蘇軾이 差法의 해로운 점에 대해 말하니, 얼마 안 가서 郡縣에 詔書를 내려 '각각 差役法의 利害 관계를 조목조목 분석해서 아뢰라.'고 하고, 御史中丞 李常은 差雇 二法 중에 백성에게 편리한 것을 취하여 실행할 것을 주장하였다."고 한다.
4) 使天下以六色助役錢 雇募州役 : 王安石의 新法 중 免役法의 規定이다. 六色은 當役戶·坊郭戶·官戶·女戶·單丁·寺觀 등 돈을 내고 免役할 수 있는 6種 戶를 가리키는데, 이 6種 戶가 내는 免役錢을 '六色錢' 혹은 '六色役錢'이라고 칭하였다.
5) 朝旨 : 朝廷의 意思를 이른다.
6) 非常之原 : 慣例에 맞지 않는 原因을 이른다.
7) 至理 : 眞理.
8) 大法 : 국가의 중요한 법령이나 혹은 根本法을 말한다.
9) 取進止 : 取는 임금의 결정을 나타내는 말로, 取進止는 進할 것인지, 止할 것인지를 결정하라는 말이다.

05. 論冬溫無氷箚子* 겨울날씨가 따뜻해서 얼음이 얼지 않는 재변을 논한 箚子

* 본 箚子는 ≪書經≫ 〈周書 洪範〉의 "曰豫 恒燠若" 즉 "정치를 게을리 하면 그에 대한 벌의 대가는 항상 날씨가 덥다."란 이론에 근거하여, 해마다 겨울날씨가 더워서 얼음이 얼지 않는 재변이 생긴 것은, 현재의 조정에서 7건의 범죄자를 처벌하지 않은 사실과 4건의 공로 없는 사람에게 상을 준 실책에서 연유한 것임을 논하고 나서, 그러한 실책은 정치의 弛緩에 있으니 노력하여 政令과 法度를 修整함으로써 하늘의 질책에 답하도록 해야 한다는 것이 주된 내용이다. 文中에 '臣伏見去年歲在庚午'란 말로 볼 때 본 箚子는 元祐 6년(1091)에 지은 것임을 미루어 알 수 있다. 이때 蘇轍은 中大夫守尚書右丞으로 있었다.

此等箚子는 自兩漢書疏以下는 不可及이니라 十分任怨[1]하니 忠義錚然이니라

이와 같은 箚子는 兩漢書疏 이하는 따를 수가 없다. 마냥 원망을 받고 피하지 않으니, 忠義가 너무도 당당하다.

1) 任怨 : 원망을 순순하게 받고 피하지 않음을 이른다.

臣伏見前年冬溫不雪[1]하니 聖心焦勞하사 請禱備至하고 而天意不順하여 宿麥[2]不蕃하며 去冬此災復甚하고 而加以無氷[3]이니이다 二年之間에 天氣如一하니 若非政事過差하여 上干陰陽이면 理不至此리이다 謹案컨대 常燠之罰은 載於周書[4]하고 而無氷之災는 書於春秋[5]하니 聖人之言은 必不徒設이니이다 臣謹推原經意而驗以時事리니 惟陛下擇之하소서 蓋洪範庶徵[6]은 哲則時燠하고 豫則常燠하며 謀則時寒하고 急則常寒[7]이라하니 哲之爲言은 明也요 豫之爲言은 舒也니이다 故로 漢儒[8]釋之曰 上德不明하여 暗昧蔽惑이면 不能知善惡이니 無功者受賞하고 有罪者不殺하고 百官廢禮하니 失在舒緩이니라 盛夏日長하여 暑以養物이니 政旣弛緩이라 故로 其罰常燠이니라 周失之舒하고 秦失之急이라 故로 周亡無寒歲하고 而秦滅無燠年[9]이니라하나이다 今連年冬溫無氷하니 可謂常燠矣요 刑政弛廢하여 善惡不分이니 可謂舒緩矣니이다

소신이 삼가 보옵건대, 전년 겨울에는 날씨가 더워서 눈이 내리지 않으니, 폐하의 마음이 焦燥하고 煩勞하여 기도를 올리시는 일이 다 동원되었고, 天意가 불순하여 보리가 무성하지 못하였으며, 지난 겨울에는 이 재앙이 다시 심하고 게다가 얼음까지 얼지 않았습니다. 2년 사이는 天氣가 한결같았으니, 만일 政事의 過差가 위로 陰陽을 干犯하지 않았다면 이치상 이 지경에 이르지 않았을 것입니다. 삼가 상고하건대, 항상 날씨가 더운 것으로 벌을 내린 일은 〈周書〉에 실려 있고, 얼음이 얼지 않는 재앙은 ≪春秋≫에 적혀 있으니, 성인의 말씀은 반드시 근거 없는 말씀이 아니었을 것입니다. 소신은 삼가 經書의 본뜻을 추구하고 時事로써 징험을 할 것이오니, 폐하께서 채택하시기 바랍니다.

〈洪範〉의 庶徵은 "明哲하면 제때에 날씨가 따뜻하고, 懶怠하면 항상 날씨가 더우며, 謀劃하면 제때에 날씨가 차갑고, 躁急하면 항상 날씨가 춥다."고 하였는데, '哲'이란 말은 밝다는 뜻이고, '豫'란 말은 舒緩의 뜻입니다.

그러므로 漢儒가 해석하기를 "上德이 밝지 않아 暗昧하고 蔽惑하면 善惡을 잘 알지 못하므로 공이 없는 자가 상을 받고, 죄가 있는 자가 誅殺되지 않으며, 百官이 예법을 폐지하게 되니, 그 실책은 舒緩에 있는 것이다. 한여름은 해가 길어서 더위로써 만물을 기르는데, 정치가 이미 弛緩하였으므로 그 벌의 대가는 항상 날씨가 더운 것이다. 周代 政治의 失誤는 너무 舒緩한 데 있었고, 秦代 政治의 失誤는 너무 躁急한 데 있었다. 그러므로 周王朝는 추위가 없는 해에 멸망하고, 秦王朝는 더위가 없는 해에 멸망했다."고 하였습니다. 지금 해마다 겨울날씨가 더워서 얼음이 얼지 않으니 "항상 날씨가 덥다."라고 할 수 있겠고, 刑政이 弛廢하여 善惡이 구분되지 않으니 "舒緩하다."라고 할 수 있겠습니다.

1) 前年冬溫不雪 : ≪宋史≫ 〈五行志〉에 의하면, 元祐 4년(1089) 겨울에 京師에 눈이 내리지 않았다고 한다.
2) 宿麥 : 가을에 파종해서 이듬해에 수확하는 보리이다.
3) 去冬此災復甚 而加以無氷 : ≪宋史≫ 〈五行志〉에 의하면, 元祐 5년(1090) 겨울에 氷雪이 없었다고 한다.
4) 常燠之罰 載於周書 : ≪書經≫ 〈周書 洪範〉에 "여덟 번째 庶徵은 비와 볕과 더위와 추위와 바람과 때로 함이니, …… 明哲하면 제때에 날씨가 따뜻하고, 謀劃하

면 제때에 날씨가 춥고, …… 나태하면 항상 날씨가 덥고, 조급하면 항상 날씨가 춥다.〔八庶徵 曰雨 曰暘 曰燠 曰寒 曰風 曰時……曰哲時燠若 曰謀時寒若……曰豫恒燠若 曰急恒寒若〕"란 내용이 보인다.

5) 無氷之災 書於春秋 : ≪春秋≫ 桓公 14년에 '春無氷', 成公 원년에 '二月無氷', 襄公 28년에 '春無氷' 등이 보인다.

6) 洪範庶徵 : ≪書經≫ 〈周書 洪範〉의 '庶徵'을 말한다. 洪範은 바로 殷 紂王의 叔父인 箕子가 周 武王에게 전해준 治國之道이다. 洪範은 곧 '大法'이란 뜻이고, 庶徵은 곧 여러 가지 징험을 말한다.

7) 洪範庶徵……急則常寒 : 大意는 "〈洪範〉에서 말한 '여러 가지로 나타나는 징험'은, 君主가 정치를 明哲하게 하면 하늘은 제철에 맞는 따뜻한 날씨로 그에 응하고, 君主가 정치를 懶怠하게 하면 하늘은 항상 더운 날씨로 그에 응하며, 君主가 깊이 謀劃하여 정치를 잘하면 하늘은 제철에 맞는 추운 날씨로 응하고, 君主가 정치를 躁急하게 하면 하늘은 항상 추운 날씨로 그에 응한다."는 것이다.

8) 漢儒 : 여기서는 ≪漢書≫의 저자인 班固를 가리킨다.

9) 上德不明……而秦滅無燠年 : ≪漢書≫ 〈五行志〉에는 "上德이 밝지 않아 暗昧하고 蔽惑하면 善惡을 알지 못하므로 近習(近臣)을 親愛하고 同類를 長育하니, 공이 없는 자가 상을 받고, 죄가 있는 자가 誅殺되지 않으며, 百官이 禮法을 폐지하게 되니, 그 실책은 舒緩에 있는 것이다. 그러므로 그 咎責 대상은 바로 舒緩이다. 한여름은 해가 길어서 더위로써 만물을 기르는데, 정치가 弛緩하기 때문에 그 罰의 대가는 항상 날씨가 더움을 말한 것이다.〔言上不明 暗昧蔽惑 則不能知善惡 親近習 長同類 亡功者受賞 有罪者不殺 百官廢亂 失在舒緩 故其咎舒也 盛夏日長 暑以養物 政弛緩 故其罰常燠也〕"라고 해석하였다.

臣非敢妄詆時政하여 以惑聖聽이니 請爲陛下하여 具數其實이니이다 然이나 事在歲月之前者는 臣不能盡言이니 請言其近者리이다 凡有罪不誅者七이요 無功受賞者四니이다 陸佃爲禮部侍郎에 所部有訟이어늘 而其兄子宇가 乃與訟者로 酒食交通하니 獄既具[1)]나 而有司가 當[2)]宇無罪하니 此有罪而不誅者一也니이다 石麟之爲開封府推官에 與訴訟者로 私相往來하여 傳達言語하니 獄上而罷어늘 更爲郎官하니 此有罪而不誅者二也니이다 李偉建言하여 乞回奪[3)]大河[4)]하니 朝廷信之하고 爲起大役[5)]하니 費用不貲니이다 今

黃河北流如故하고 漲水旣退에 東流淤塡하여 遂成道路니이다 臣屢乞正偉欺罔誤國之罪나 不蒙采納하고 任偉如故[6]하니 此有罪而不誅者三也니이다 開封府推官王詔는 故入徒罪[7]하니 雖該德音이나 法當衝替어늘 而詔仍得守郡하고 至今經營差遣[8]하여 遷延不去하니 此有罪而不誅者四也니이다 知祥符[9]張亞之는 爲官戶[10]理索[11]積年租課[12]하되 至勘決[13]不當償債之人이 估賣欠人[14]田産하고 及欠人見被枷錮하여는 而田主毆擊至死하니 身死之後에는 監督其家를 不爲少止니이다 本臺[15]按發其罪나 而朝廷이 除亞之眞州하여 欲令以去官免罪하니 此有罪而不誅者五也니이다 孫述知長垣縣에 決殺[16]訴災無罪之人이어늘 臺官有言[17]然後罷任하고 雖行推勘[18]이나 而縱其抵欺하여 指望恩赦하니 此有罪而不誅者六也니이다 秀州倚郭嘉興縣人訴災하니 州縣昏虐하여 不時受理하고 臨以鞭扑하여 使民相驚하여 自相蹈藉하니 死者四十餘人이니이다 雖加按治나 而知州章衡은 反得美職하여 擢守大郡하니 此有罪而不誅者七也니이다

소신은 감히 時政을 망령되이 비방하여 聖聽을 의혹시키려는 것이 아니니, 청컨대 폐하를 위하여 그 실제의 일을 상세하게 세어보겠습니다. 그러나 오래전에 있었던 일은 소신이 다 말씀드릴 수 없으니, 청컨대 근자의 일을 가지고 말씀드리겠습니다. 죄가 있는데도 誅罰되지 않은 것이 일곱 건이고, 공이 없는데도 상을 받은 것이 네 건입니다.

陸田이 禮部侍郎이 되었을 때에 그의 관할 지역에서 소송사건이 발생했는데, 그 형의 아들 陸宇가 소송을 제기한 사람과 酒食을 갖추어 서로 오가서, 獄案이 이미 정해졌건만 관할지의 관원이 육우를 무죄로 판결하였으니, 이것이 죄가 있는데도 주벌하지 않은 첫 번째 사건입니다.

石麟은 開封府推官으로 있을 때에 소송인과 더불어 사사로이 왕래하며 말을 전달하였으므로 獄案이 상정되어 파직되었는데, 다시 郎官으로 삼았으니, 이것이 죄가 있는데도 주벌하지 않은 두 번째 사건입니다.

李偉가 건의하여 大河의 물길을 변경할 것을 청하니, 조정에서 그 말을 믿고 大役을 일으키니, 그것에 드는 비용은 계산할 수 없이 많았습니다. 그런데 현재 黃河가 예전처럼 북쪽으로 흐르고 있고 홍수가 이미 물러간 뒤에 동쪽으로 흐르던 곳은 진흙이 메워져서 결국 도로를 이루었습니다. 소신이 기만하여 나라를 그르친 李偉의 죄를 바

로잡기를 여러 번 청하였으나 採納하지 않고 李偉를 여전히 임용하시니, 이것이 죄가 있는데도 주벌하지 않은 세 번째 사건입니다.

開封府推官 王詔는 고의로 무겁게 판결하여 사람을 徒刑罪에 집어넣었는데, 비록 황제의 명을 받은 일이라고는 하지만, 법상으로는 응당 관직을 떨어뜨려야 했거늘, 詔勅에 의해 이내 守郡事를 얻게 되었는데, 지금까지 差遣을 경영하여 지연시키고 떠나가지 않고 있으니, 이것이 죄가 있는데도 주벌하지 않은 네 번째 사건입니다.

知祥符 張亞之는 官戶를 위하여 여러 해 동안 쌓인 賦稅를 찾아주면서, 빚을 갚지 않아도 될 사람이 逋欠 낸 사람의 田産을 팔도록 판결하기까지 하였고, 逋欠 낸 사람이 枷錮를 당할 때에 가서는 田主가 逋欠 낸 사람을 毆擊하여 죽게 되었는데, 逋欠 낸 사람이 죽은 뒤에는 그 집을 감독하는 일을 조금도 중단하지 않았습니다. 本臺에서 그의 죄상을 조사해서 밝혀냈으나 朝廷에서는 張亞之를 眞州知事로 除授하여 官에서 떠나게 함으로써 죄를 면하도록 하였으니, 이것이 죄가 있는데도 주벌하지 않은 다섯 번째 사건입니다.

孫述은 知長垣縣으로 있을 때에 단순히 災害에 대해 호소한 죄 없는 사람을 때려죽였는데도 臺官이 그 사건을 탄핵한 뒤에야 職任을 파면시켰고, 비록 심문하는 일을 행하였으나 그가 제멋대로 거짓말을 하도록 놓아두어 恩赦를 희망하게 하였으니, 이것이 죄가 있는데도 주벌하지 않는 여섯 번째 사건입니다.

秀州 倚郭의 嘉興縣 사람들이 災害에 대해 호소하니, 知州와 知縣이 昏庸하고 殘暴하여 제때에 처리하지 못하고 채찍으로 후려침으로써 백성들이 놀라서 서로 짓밟게 하였으므로 죽은 자가 40여 인이나 발생하였습니다. 비록 심문하여 죄를 다스리기는 하였으나 知州 章衡은 도리어 좋은 職位를 얻어 大郡 知州로 뽑혔으니, 이것이 죄가 있는데도 주벌하지 않은 일곱 번째 사건입니다.

1) 獄旣具 : 罪案이 이미 정해진 것이다.
2) 當 : 해당시킴. 곧 판결의 뜻이다.
3) 回奪 : 변경한다는 뜻이다.
4) 大河 : 黃河이다.
5) 大役 : 저본에는 '夫役'으로 되어 있는데, ≪欒城集≫에 의해 '大役'으로 바꾸었다.
6) 李偉建言……任偉如故 : ≪宋史≫〈河渠志〉에 의하면 "李偉 등이 '黃河의 북쪽으로 흐르는 물을 막아서 동쪽으로 흐르게 하자.'는 의논을 하니, 조정에서 그

를 위하여 都水使者를 파견하였다. …… 蘇轍이 건의하여 李偉의 관직을 파면하고 欺罔한 그의 죄를 바로잡도록 하였다. …… 李偉가 東流故道提擧官이 되니, …… 蘇轍이 다시 上書하여 修河司를 없애고 李偉를 귀양 보내도록 하였다. …… 元豐 7년(1084) 10월에 大河가 동쪽으로 흐르기 때문에 北都水監丞 李偉를 再任하였다."고 한다.

7) 故入徒罪 : 고의로 무겁게 판결하여 사람을 徒刑罪에 집어넣었다는 말이다.

8) 差遣 : 宋代의 官制에 省・臺・寺・監의 諸官은 모두 虛名에 속하고 별도로 다른 벼슬을 가지고 그 일을 典領하였으니, 이것을 '差遣'이라 하였다. ≪潛研堂文集≫ 〈答袁簡齋書〉에 "'差遣'이란 이름은 宋나라 때에만 있었다. 宋나라 때 百官을 除授함에 官이 있고, 職이 있고, 差遣이 있었으니, 이를테면 蘇東坡가 學士로서 定州를 맡고 州事를 맡은 것은 差遣이고, 端明殿學士는 職이고, 奉朝郎은 官이다. 〔差遣之名 惟宋時有之 宋時百官除授 有官有職有差遣 如東坡以學士知定州 知州事 差遣也 端明殿學士 職也 朝奉郎 官也〕"라고 하였다.

9) 知祥符 : 祥符知縣이다. 知縣은 官名으로 한 縣의 정사를 관장하였다.

10) 官戶 : 官員의 家屬과 後裔를 가리킨다.

11) 理索 : 索回. 곧 찾아서 돌아오는 것이다. 宋代 司馬光의 〈蓄積札子〉에 "곡물을 쌓아둔 집에 告諭하여 사람들에게 대여하게 하고, 풍년이 들기를 기다려서 官에서 특별히 理索하여 逋欠이 나지 않도록 할 것〔告諭蓄積之家 許令出利借貸與人 候豊熟之日 官中特爲理索 不令逋欠〕"이라고 하였고, ≪金史≫ 〈太祖紀〉에 "죄를 범하여 변경에 유배되었거나 遼에 망명해 들어간 자는 본래 모두 우리 백성들이니, ……마땅히 理索하는 일을 행해야 한다.〔有犯罪流竄邊境或亡入于遼者 本皆吾民……當行理索〕"라 하였다.

12) 積年租課 : 여러 해 동안 쌓인 賦稅를 이른다.

13) 勘決 : 判決을 가리킨다.

14) 欠人 : 逋欠 낸 사람을 가리킨다.

15) 本臺 : 蘇轍이 元祐 5년에 御史中丞이 되어 臺官에 속해 있었기 때문에 이렇게 칭한 것이다.

16) 決殺 : 打殺. 흔히 犯人打死를 가리킨다.

17) 有言 : 저본에는 '以言'으로 되어 있는데, ≪欒城集≫에 의해 '有言'으로 바꾸었다. 여기서의 有言은 御史臺에서 사건을 탄핵함을 가리킨다.

18) 推勘 : 審問하는 일을 이른다.

近日差除[1)]戶部尙書以下十餘人하니 其間人材粗允公議者는 不過二三人이요 其他多老病之餘及執政所厚善耳니이다 臣與僚佐共議하니 以爲不可勝言이라하나이다 是以로置而不論하고 獨取其尤不可者杜常王子韶二人論之나 然이나 皆不蒙施行이니이다 夫杜常은 在熙寧間엔 諂事呂惠卿兄弟하고 注解惠卿所撰手實[2)]文字하되 分配五常[3)]을比之經典하며 及其所至謬妄하여는 取笑四方이니이다 其在都司엔 希合時忱任永壽等旨意하여 施之政事하니 前後屢爲臺官所劾하고 兼其人物凡猥하고 學術荒謬어늘 而寘之太常禮樂之地니이다 命下之日에 士人無不掩口竊笑하니 此無功受賞者一也니이다 王子韶는 昔在三司條例司에 諂事王安石하여 創立青苗助役之法이니이다 臣時與之共事니 實所親見이니이다 及呂公著爲御史中丞에 擧爲臺官이니이다 公著以言新政罷去하되而子韶隱忍不言한대 先帝[4)]覺其姦妄하고 親批聖語하여 指其罪狀이시니이다 自是以來로士人不復比數니이다 但以善事權要子弟라 故로 前後多得美官하고 今又擢之秘書하니指日循例當得侍從이리이다 公議所惜은 實在於此니 此無功而受賞者二也니이다 張淳은資才凡下어늘 從第二任知縣[5)]으로 擢爲開封司錄이니이다 曾未數月에 厭其繁劇하여 求爲寺監丞하여 卽得將作하고 又不數月에 令權開封推官이니이다 意欲因權卽眞하여 迤邐遷上하니 此無功而受賞者三也니이다 丁恂은 罷少府簿하고 經年不得差遣이라가 一爲韓維女壻하여 卽時擢爲將作監丞하니 此無功而受賞者四也니이다 其因緣親舊하여 馳騖請謁하니 特從常調[6)]로 與之堂除[7)]하여 以至除目[8)]猥多니이다 待闕久遠하여 孤寒失望하니 中外嗟怨者를 尙不可勝數니이다

근일에 戶部尙書 이하 10여 인을 임명하였는데, 그 중에서 조금이나마 여론에 부합된 인재는 2, 3인에 불과하고, 기타는 대부분 늙고 병든 사람과 執政이 좋아하는 사람입니다. 소신이 僚佐들과 함께 논의해보았더니 이루 다 말할 수 없다고 합니다. 그래서 모두 접어두고 그 중에서 더욱 옳지 못한 자인 杜常과 王子韶 두 사람만을 선택해서 논하였으나 모두 시행해주지 않으셨습니다.

杜常은 熙寧 연간에 있어서는 呂惠卿 형제를 아첨으로 섬기었고, 呂惠卿이 撰한 ≪手

實≫에 관한 文字를 註解하되 五常을 분배하기를 마치 儒家의 經典처럼 기재하였으며, 이르는 곳마다 그릇되고 명령됨에 이르러서는 사방에서 비웃음을 받았습니다. 그가 都司에 있을 적에는 時忱과 任永壽 등의 뜻에 맞추어 정사를 베풀었으므로 전후에 걸쳐 여러 번 臺官의 탄핵을 받았고, 겸하여 그 인물은 平庸하고 鄙陋하며 學術은 거칠고 오류가 많았건만, 禮樂을 담당하는 太常 같은 중요한 자리에 그를 앉혔습니다. 임명장이 내리던 날 士人 중에는 입을 가리고 몰래 웃지 않는 자가 없었으니, 이것이 공이 없으면서 상을 받은 첫 번째 사건입니다.

王子韶는 전에 三司條例司에 있을 적에 王安石을 아첨으로 섬기어 靑苗法과 助役法을 創立하였습니다. 소신이 그때에 그와 함께 일하였으니, 실제로 직접 본 것입니다. 呂公著가 御史中丞이 되었을 때에 와서 그를 천거해서 臺官으로 삼았습니다. 呂公著가 新政(新法)을 비난하다가 파직돼 가는데도 王子韶는 꾹 참고 〈그의 억울한 점에 대해〉 말 한마디 해주지 않았습니다. 그러자 先帝께서는 그의 간사함을 알고 친히 聖語로 비판하여 그의 罪狀을 지적하셨습니다. 이후로 士人들은 다시는 그를 사람다운 사람으로 치지 않았습니다. 그는 다만 權要의 자리에 있는 사람의 자제들을 잘 섬겼기 때문에 전후에 걸쳐서 좋은 벼슬을 많이 얻었고 지금 또 秘書로 뽑혔으니, 얼마 안 가서 규례에 따라 당연히 侍從의 직위를 얻을 것입니다. 공론에서 애석하게 여기는 것은 실로 여기에 있으니, 이것이 공이 없는데도 상을 받은 두 번째 사건입니다.

張淳은 資才가 凡下하거늘 겨우 進士 及第의 第二人 자격으로 知縣에 임용된 그를 발탁하여 開封司錄으로 삼았습니다. 몇 달 안 가서 그는 縣令의 사무가 繁劇한 것이 싫어서 寺監의 丞官이 되기를 구하여 곧 將作監을 얻었으며, 또 몇 달 안 가서 그를 代理로 開封推官이 되게 하였습니다. 그것은 의중에 代理로 인하여 정식임용을 받아 점진적으로 승진이 되게 하려는 것이었으니, 이것이 공이 없는데도 상을 받은 세 번째 사건입니다.

丁恂은 少府監主簿에서 파면된 뒤로 해를 넘기도록 差遣을 얻지 못했다가 한번 韓維의 女壻가 되자마자 즉시 將作監丞으로 발탁되었으니, 이것이 공이 없는데도 상을 받은 네 번째 사건입니다.

그들은 〈大官의〉 친구에게 줄을 대서 분주하게 구하니, 특별히 常規에 의한 선발 외에 또 堂除의 제도를 가하여 선발하므로 除目이 매우 많습니다. 그래서 補闕任用을 장기간 기다려야 하는 실정이므로 출신이 미미하고 빈한한 士人은 실망하게 되니, 중앙과 지방에서 한탄하고 원망하는 자들을 이루 다 셀 수가 없습니다.

1) 差除 : 官職의 任命을 이른다.
2) 手實 : 手實法. 呂惠卿이 執政할 당시 설립한 것으로, 백성들로 하여금 田地와 財産을 스스로 보고하게 하는 방법이다.
3) 五常 : 一說에는 5종의 倫理道德에 관한 것이라 하고, 一說에는 金木水火土의 五行이라 하나 어떤 말이 옳은지 알 수 없다.
4) 先帝 : 이미 작고한 神宗皇帝를 가리킨다.
5) 第二任知縣 : 進士 及第의 제2인자를 知縣에 임용하는 것이다. ≪春明夢餘錄≫에 "進士 及第의 제1인자에게는 丞, 簿, 軍判, 防判을 제수하고, 제2인자는 縣令에 임용하니, 이것은 除授하는 격식이다.〔進士第一授丞簿軍防判 第二任縣令 此除授之格也〕"란 말이 보인다.
6) 常調 : 常規를 상고해서 官吏를 뽑는 것이다.
7) 堂除 : 관리선발은 일반적으로 吏部를 거쳐서 선발하는데, 특수한 공로가 있는 사람은 吏部를 거치지 않고 政事堂에서 직접 선발해서 差遣하니, 이를 '堂除'라고 한다.
8) 除目 : 관리를 제수한 목록을 이른다.

凡上件事는 皆刑政不修하고 紀綱敗壞之實也니이다 大率近歲所爲가 類多如此하니 譬如天時에 有春夏而無秋冬하여 萬物雖得生育이나 而不堅成이니이다 天之應人은 頗以類至[1]니이다 宜指揮大臣하여 令已行者는 即加改正하고 未行者는 無踵前失하며 勉强修飭하여 以答天變이니이다 臣伏見去年歲在庚午는 世俗所傳 本非善歲[2]요 徒以二聖[3]至仁無私하여 德及上下라 故로 此凶歲化爲有年[4]이라하나이다 然이나 事有過差하여 猶不免常燠無氷之異니이다 由此觀之컨대 天地雖遠이나 得失之應[5]은 無一可欺니이다 若更能恐懼修省하사 戒飭在位하여 相勉爲善이면 則太平之功을 庶幾可致也리이다 臣備位執法[6]하니 實欲使陛下로 比隆堯舜하여 無缺可指요 無災可救니이다 是以로 區區獻言하되 不覺煩多하오니 死罪死罪니이다 取進止하소서

이상과 같은 일들은 모두 刑政이 수행되지 못하고 紀綱이 파괴된 데서 온 결과입니다. 대체로 근세에 하는 일들이 모두 이와 같으니, 비유하자면 天時에 春夏만 있고 秋

冬은 없어서 만물이 비록 生育할 수는 있지만 결실을 보지 못하는 것과 같습니다. 하늘이 사람을 응징함에 있어서는 이따금 유형별로 災異를 내립니다. 그러니 응당 대신을 지휘하여 법령이 이미 시행된 것은 즉시 개정을 가하고, 아직 시행되지 않은 것은 전에 실패한 전철을 밟지 말며 힘써 修飭하여 하늘이 응징한 재변에 답해야 합니다.

소신이 삼가 보옵건대, 지난 庚午年(嘉祐 5년, 1090)은 세속에서 전하는 바, 본래 풍년이 들 풍년이 아니고 다만 두 聖君께서 至仁無私하여 德이 위아래에 미쳤기 때문에 흉년이 변화해서 풍년이 되었을 뿐이라 합니다. 그러나 일에 잘못이 있어서 오히려 장기간 덥거나 얼음이 얼지 않는 이상기후가 있습니다. 이것으로 본다면 天地가 비록 멀다 하더라도 득실에 대한 응징은 어느 하나도 속일 수 있는 것이 없습니다. 만일 다시 조심스레 일을 닦고 반성하사 관직에 있는 자들을 戒飭하여 서로 힘써 善政을 하도록 하신다면 태평의 공을 거의 이르게 할 수 있을 것입니다.

소신은 자리나 채우고 있지만 소중한 법령을 관장하였으니, 실은 陛下께서 堯舜의 세상과 동등한 태평성세를 이루어서 지적할 만한 결점도 없고 구제할 만한 재변도 없게 하려고 하는 것입니다. 이 때문에 진정으로 말씀을 드리되 煩多함을 깨닫지 못하오니, 죽을죄를 지었습니다. 죽을죄를 지었습니다. 아무튼 소신의 건의에 대한 실행 여부를 결정하옵소서.

1) 天之應人 頗以類至 : 大意는 '하늘이 사람을 응징함에 있어서는 추위나 더위 같은 災異를 政令의 苛酷과 寬弛에 상응하여 발생하니, 출현한 災異의 類型이 이따금 政局과 서로 부합한다.'는 것이다.
2) 善歲 : 豊年을 이른다.
3) 二聖 : 高太后와 哲宗을 가리킨다. 당시 哲宗이 어려서 高太后가 垂簾聽政하고 있었다.
4) 有年 : 豊年을 이른다.
5) 得失之應 : 정치를 잘하면 하늘이 陰陽和順으로 응하고, 정치를 잘못하면 하늘이 장기간 덥거나 혹은 장기간 추운 것으로 응한다는 뜻이다.
6) 臣備位執法 : 備位는 謙辭로, 자리만 공연히 채우고 있다는 뜻이다. 執法은 蘇轍이 元祐 4년(1089)에 吏部侍郎을 맡고 있었으니, 吏部는 官吏에 대한 選試・擬注・遷敍・蔭補・考課・封爵・策勳・賞罰・殿最 등의 모든 法令을 관장하는 부서이기 때문에 이렇게 칭한 것이다.

宋大家蘇文定公文抄 卷3

箚子

01. 乞分別邪正箚子* 邪와 正을 분별할 것을 청한 箚子

* 본 箚子는 元祐 5년(1090) 6월에 지은 것인데, ≪宋史≫ 〈蘇轍傳〉에 의하면, 당시 神宗朝에서 變法을 주장하던 元豐 연간의 舊臣이 중앙과 지방에 분포해 있었으므로 執政 呂大防과 劉摯가 그들의 黨人을 등용함으로써 舊怨을 무마하려고 하였으니, 이를 '調停'이라 한다. 이때 哲宗이 아직 어려서 宣仁后가 垂簾聽政하고 있었는데, 이 일에 대하여 의심하고 결정하지 못하였다. 그러자 蘇轍은 면전에서 그 조정설의 잘못을 논하고, 조정에서 물러와서 다시 箚子를 가지고 그 일을 논하였던 것이다.

文定分別之中에 **猶以調停爲說**하니 **此所以元祐之政**이 **失之弱**하여 **而蔡邢**[1]**之黨**이 **復起矣**니라

文定이 분별하는 문장 중에서 오히려 '調停'이란 것으로 말을 하였으니, 이것은 元祐의 정치가 나약한 데서 실패하여 蔡確과 邢恕의 黨이 다시 일어났기 때문이다.

1) 蔡邢 : 蔡確과 邢恕를 가리킨다.

臣竊觀 元祐以來로 **朝廷改更弊事**[1]하고 **屛逐群枉**[2]하여 **上有忠厚之政**하고 **下無聚斂**[3]**之怨**하니 **天下雖未大治**나 **而經今五年**에 **中外帖然**하여 **莫以爲非者**니이다 **惟姦邪失職居外**하여 **日夜窺伺便利**하고 **規求復進**하여 **不免百端游說**로 **動搖貴近**하니 **臣愚竊深憂之**니이다 **若陛下不察其實**하시고 **大臣惑其邪說**하여 **遂使忠邪雜進於朝**하여 **以示廣大無所不容之意**면 **則氷炭同處**하여 **必至交爭**하고 **薰蕕共器**하여 **久當遺臭**하리니 **朝廷之患**이 **自此始矣**리이다

소신이 가만히 보옵건대, 元祐 이래로 조정에서 해로운 일을 개혁하고 여러 奸臣을 축출하여 위에는 忠厚한 정사를 행하기 위한 노력이 있고, 아래에는 聚斂에 시달리는 원망이 없으니, 천하가 비록 크게 다스려지지는 못했지만, 5년이 지난 오늘날에 중앙과 지방이 안정되어 그릇되게 여기는 자가 없습니다. 오직 간사한 무리만이 실직하고 조정에서 쫓겨나 밖에 있으면서 밤낮으로 편리한 틈을 엿보고 다시 조정에 진출하기를 구하여, 온갖 방법을 동원한 遊說로 顯貴한 近臣이 생각을 바꾸도록 노력하고 있으니, 어리석은 소신은 몰래 깊이 걱정하는 바입니다.

만일 陛下께서는 그 실상을 살피지 않으시고, 大臣은 그 邪說에 의혹되어 드디어 忠과 邪가 뒤섞여서 진출하게 함으로써, 帝德이 廣大하여 포용하지 못할 바가 없다는 뜻을 보이신다면 얼음과 숯이 한 곳에 있어서 반드시 서로 다투게 될 것이고, 향내 나는 풀과 냄새나는 풀이 한 그릇에 담겨 있어서 오래되면 응당 썩은 냄새를 풍길 것이니, 조정의 걱정이 이로부터 시작될 것입니다.

1) 弊事 : 해로운 일이란 뜻으로, 여기서는 元豐舊政에서 倡行한 王安石의 新法, 곧 青苗法・保甲法 등을 가리킨다.
2) 群枉 : 여러 奸臣이란 뜻으로, 여기서는 元豐 연간에 활약한 蔡確・章惇 같은 奸臣을 가리킨다.
3) 聚斂 : 백성의 財物을 탐하여 함부로 거두어들이는 일. 王安石의 新法은 國用을 충당하는 것을 주목적으로 하였다. 그러나 간교한 무리들이 이따금 新法을 빙자하여 백성의 재물을 함부로 거두어들였으니, 呂惠卿이 手實法을 행한 것과 같은 일이 바로 그것이다.

昔聖人作易[1)]에 內陽外陰이요 內君子外小人이면 則謂之泰[2)]요 內陰外陽이요 內小人外君子면 則謂之否[3)]니이다 蓋小人不可使在朝廷은 自古而然矣니이다 但當置之於外하여 每加安存하고 使無失其所하며 不至憤恨無聊하여 謀害君子면 則泰卦之本意也니이다 昔東晉桓溫之亂에 諸桓親黨[4)]이 布滿中外니이다 及溫死에 謝安代之爲政하여 以三桓分涖三州하니 彼此無怨하여 江左[5)]遂安이니이다 故로 晉史稱安有經遠無競之美[6)]라하나이다 然이나 臣竊謂謝安之於桓氏에 亦用之於外而已요 未嘗引之於內하여 與之共政也니이다 向使安引[7)]桓氏而寘諸朝하여 人懷異心하여 各欲自行其志면 則謝安將不能保

其身이온 **而況安朝廷乎**잇가

옛날 聖人이 ≪易≫을 지을 때에, 陽이 안에 있고 陰이 밖에 있으며 君子가 안에 있고 小人이 밖에 있으면 이를 '泰'라 이르고, 陰이 안에 있고 陽이 밖에 있으며 小人이 안에 있고 君子가 밖에 있으면 이를 '否'라 일렀습니다. 대개 소인을 조정에 있지 못하게 한 것은 예전부터 그렇게 했던 것입니다. 다만 밖에 두어서 매번 安撫하고 存恤함을 가하고, 그들로 하여금 안정된 처소를 잃지 않게 하며 無聊함을 憤恨하여 君子를 謀害하는 데 이르지 않게 하는 것이 곧 泰卦의 본뜻입니다.

옛날 東晉에서 일어난 桓溫의 亂 때 諸桓의 親黨이 중앙과 지방에 그들먹하게 포진해 있었습니다. 桓溫이 죽자 謝安이 그를 대신해서 정치를 하여 세 환씨로 하여금 3州를 지키게 하니, 피차 원망이 없어서 江左가 드디어 안정되었습니다. 그래서 晉史에 "謝安은 원대한 계략으로 무사하게 만든 아름다운 이름을 남겼다."라고 칭하였습니다.

그러나 소신은 가만히 생각하건대, 謝安이 桓氏들에 대하여 또한 밖에다 썼을 뿐이고, 일찍이 안에 끌어들여서 그들과 함께 정치를 하지는 않았습니다. 가사 謝安이 桓氏들을 끌어들여 조정에 두어서, 사람들이 딴 마음을 품어 각자 그 뜻을 행하려고 했다면 謝安이 장차 그 몸을 보전할 수 없었을 것이거늘, 하물며 조정을 안정시킬 수 있었겠습니까?

1) 聖人作易 : 伏羲氏가 八卦를 처음으로 만들고, 뒤에 周代 文王이 六十四卦로 불려서 易의 基礎를 이루었다 한다.

2) 內陽外陰……則謂之泰 : 卦形이 '䷊'으로 생긴 것을 泰卦라 한다. 易에서 '☰'을 乾이라 하고 陽이라 하며, '☷'을 坤이라 하고 陰이라 한다. 아래에 있는 것은 內卦가 되고, 위에 있는 것은 外卦가 된다. ≪周易≫ 泰卦의 彖辭에 "陽이 안에 있고 陰이 밖에 있으며, 健이 안에 있고 順이 밖에 있으며, 君子가 안에 있고 小人이 밖에 있으니, 君子의 道가 자라고 小人의 道가 사라지는 것이다.〔內陽而外陰 內健而外順 內君子而外小人 君子道長 小人道消〕"라고 하였다. 泰卦의 卦象은 하늘과 땅이 交合하고 만물이 亨通함을 표시한 것이니, 그것을 이끌어서 정치가 창달하고 국가가 안녕함을 비유하였다.

3) 內陰外陽……則謂之否 : 卦形이 '䷋'으로 생긴 것을 否卦라 한다. ≪周易≫ 否卦의 彖辭에 "陰이 안에 있고 陽이 밖에 있으며, 柔가 안에 있고 剛이 밖에 있으며,

小人이 안에 있고 君子가 밖에 있으니, 小人의 道가 자라고 君子의 道가 사라지는 것이다.〔內陰而外陽 內柔而外剛 內小人而外君子 小人道長 君子道消〕"라고 하였다. 否卦의 卦象은 하늘과 땅이 交合하지 않고 閉塞不通함을 표시한 것이니, 그것을 이끌어서 정치가 잘못되고 국가가 불안함을 비유하였다.

4) 諸桓親黨 : 桓姓을 가진 자들의 親信한 黨派를 이른다.

5) 江左 : 여기서는 東晉이 統治한 전 구역을 가리킨다.

6) 昔東晉桓溫之亂……晉史稱安有經遠無競之美 : ≪晉書≫ 〈謝安傳〉에 의하면 "桓溫이 晉의 簡文帝가 죽은 틈을 타서 晉室을 簒奪하려고 하였으나 뜻을 이루지 못하고 죽었다. …… 謝安이 桓石民을 豫州刺史로, 桓石虔을 荊州刺史로, 桓伊를 江州刺史로 삼았다. 이미 세 桓氏로 3州를 차지하게 하였으니, 피차 원망이 없이 각각 맡은 바를 얻었다. 謝安은 원대한 계략으로 무사하게 만들었으니, 그의 계략유형은 모두 이와 같았다."라고 하였다.

7) 引 : 저본에는 '與'로 되어 있는데, ≪欒城集≫에 의하여 '引'으로 바꾸었다.

頃者에 一二大臣[1])이 專務含養小人[2])하여 爲自便之計니이다 旣小人內有所主라 故로 蔡確邢恕之流가 敢出妄言[3])하여 以欺愚惑衆이니이다 及確恕被罪에 有司懲前之失하니 凡在外臣僚가 例蒙摧沮[4])니이다 盧秉何正臣은 皆身爲待制로되 而明堂[5])薦子하니 止得選人이니이다 蒲宗孟曾布所犯은 明有典法이나 而降官褫職하되 唯恐不甚이니이다 明立痕迹[6])하여 以示異同은 爲朝廷斂怨이니 此二者는 皆過矣니이다 故로 臣以爲小人은 雖決不可任以腹心이나 至於牧守四方[7])과 奔走庶事하여는 各隨所長이요 無所偏廢며 寵祿恩賜를 常使彼此如一하여 無迹可指니 此朝廷之至計也니이다

지난번에 한두 大臣이 小人들을 포용하여 양육하는 일에만 오로지 힘을 써서 스스로 편안히 지낼 계책을 하였습니다. 일단 소인들은 〈朝廷〉 안에 자기를 지지하는 大臣을 확보해두었으므로, 蔡確과 邢恕 같은 무리들이 감히 妄言을 퍼뜨려서 어리석은 사람을 속이고 대중을 의혹시켰습니다. 蔡確과 邢恕가 이미 죄를 받자, 담당관리가 이전의 과실을 징계하니, 밖에 있는 臣僚들은 으레 꺾임을 당해야 했습니다. 盧秉과 何正臣은 待制 벼슬을 하였건만, 明堂에서 그들의 아들을 천거하니, 겨우 관리후보 자격 정도만 안겨주었을 뿐입니다. 蒲宗孟과 曾布가 범한 죄에 대해서는 분명 그에 해당하는 典章

法規가 있을 것인데도 관직을 박탈하되 행여 더 심하게 못할까 염려하였습니다. 밝게 痕迹을 내세워서 異同을 보이는 것은 조정이 원망을 쌓는 일이니, 이 두 가지는 모두 정도에 지나친 처사였습니다.

그러므로 소신은 '소인에게는 결단코 腹心 역할을 하는 중요한 관직은 맡길 수 없지만, 사방 州郡의 長官이 되는 것과 여러 가지 일에 분주하게 봉사하는 관리 정도는 각각 그들의 장점에 따르고 한쪽으로 치우치게 폐기하는 바가 없어야 할 것이며, 恩寵·爵祿·賞賜 등을 항상 피차 동일하게 하여 지적할 만한 흔적이 없게 해야 된다.'고 생각하오니, 이것이 바로 조정의 가장 좋은 계책입니다.

1) 一二大臣 : 執政 呂大防과 劉摯 등을 가리킨다.
2) 小人 : 元豐 연간의 舊臣 중의 奸佞한 무리를 가리킨다.
3) 妄言 : 蔡確은 "宣仁后(宋 英宗后 姓高氏)가 다른 임금을 세워 뒤를 이을 뜻을 가졌다."는 말을 퍼뜨린 죄로 新州에 安置되었다가 뒤에 貶所에서 죽었고, 邢恕는 "太后(高太后)가 雍王을 세울 생각을 가졌다."는 말을 퍼뜨린 죄로 뒤에 여러 번 貶職을 당하였다.
4) 凡在外臣僚 例蒙摧沮 : 조정 밖에 있는 元豐 연간의 舊臣이 죄가 있든 없든 일률적으로 貶黜당한 것을 말한다.
5) 明堂 : 政敎를 밝히는 집이다.
6) 痕迹 : 元豐 연간의 臣僚가 懲罰을 과중하게 행하던 形迹을 가리킨다.
7) 牧守四方 : 州郡의 長官이 됨을 가리킨다. 예전 사람은 州官을 牧, 郡官을 守라고 칭하였다.

近者에 朝廷이 用鄧溫伯爲翰林承旨한대 而臺諫이 雜然進言[1]하여 指爲邪黨하고 以謂小人必由此彙進이라하나이다 臣嘗論溫伯之爲人은 粗有文藝[2]요 無他大惡이나 但性本柔弱하여 委曲從人이니이다 方王珪蔡確用事엔 則頤指如意[3]하고 及司馬光呂公著當國에도 亦脂韋[4]其間이니이다 若以其左右附麗[5]하여 無所損益[6]이요 遇流便轉하여 緩急[7]不可保면 誠信不爲過也나 若謂其懷挾姦詐하여 能首爲亂階면 則甚矣니이다 蓋臺諫之言溫伯則過요 至爲朝廷遠慮는 則未爲過也니이다 故로 臣願陛下는 謹守元祐之初政[8]하여 久而彌堅하시고 愼用左右之近臣하여 無雜邪正하소서 至於在外臣子하여는 以恩意

待之하여 **使嫌隙無自而生**하고 **愛戴以忘其死**면 **則垂拱**[9)]**無爲**하고 **安意爲善**하여 **愈久而愈無患矣**리이다 **臣不勝區區**하여 **博采公議而效之左右**하노이다 **伏乞宣諭大臣**하여 **共敦斯義**하고 **勿謂不預改更之政**하여 **輒懷異同之心**하소서 **如此而後**에 **朝廷安矣**리이다

근자에 朝廷에서 鄧溫伯을 등용하여 翰林承旨로 삼으니, 臺諫이 어지럽게 진언하여 邪黨으로 지목하고 "소인이 반드시 이로 말미암아 무리 지어 진출할 것이다."라고 하였습니다. 소신이 일찍이 논했거니와 등온백의 사람됨은 文藝가 약간 있고 다른 큰 나쁜 점은 없지만, 다만 天性이 본래 柔弱하여 고분고분 남을 따를 뿐입니다. 王珪와 蔡確이 用事할 때에는 그들의 뜻을 잘 따랐고, 司馬光과 呂公著가 國政을 담당했을 때에도 그 사이에서 아첨을 잘하였습니다.

만일 그가 좌우로 붙어서 損益하는 바가 없고, 물결을 따라 浮沈하므로 위급한 일이나 변고가 발생했을 때에 보전할 수 없는 인물이라고 한다면 진실로 그 말이 지나친 말이 아님을 믿겠습니다만, 만일 그가 간사한 마음을 품고 앞장서서 亂階를 만드는 인물이라고 한다면 그 말은 너무 심한 말입니다. 대개 臺諫이 鄧溫伯에 대해 말하는 측면에서는 지나치고, 조정을 위해 멀리 염려하는 측면에서는 지나치지 않습니다. 그러므로 소신은 원하옵건대, 陛下께서는 元祐의 初政을 삼가 지키어 오래갈수록 더욱 견고해지게 하시고, 좌우의 近臣을 신중히 쓰셔서 간사한 사람과 정직한 사람이 뒤섞이지 않게 하소서.

밖에 있는 臣子에 대해서는 은혜로 대우하여 嫌隙이 생기지 않고 사랑하는 마음으로 떠받드는 일에 사명을 다하게 하신다면, 의상을 드리우고 손을 맞잡은 채 作爲하는 일이 없고, 편안한 마음과 좋은 생각을 가지고 오래 지속하면 더욱 걱정이 없을 것입니다.

소신은 진정을 견디지 못하여 공론을 널리 수집해서 좌우의 시중드는 사람에게 올리나이다. 삼가 비옵건대 大臣에게 宣諭하여 이와 같은 의리를 함께 다지고, 改更하는 정치를 못마땅하게 생각하여 문득 異同의 마음을 품는다고 이르지 마옵소서. 이와 같이 하신 뒤에야 조정이 편안할 것입니다.

1) 近者……雜然進言 : ≪宋史≫ 〈蘇轍傳〉과 〈鄧潤甫傳〉에 의하면 "三省이 李淸臣을 吏部尙書로 삼으니, 給事中 范祖禹가 詔書를 봉해서 돌려보냈고, 三省이 다시 蒲宗孟을 兵部尙書로 삼으니, 蘇轍이 아뢰기를 '전에 李淸臣을 제수하니, 給

事中이 어지럽게 간쟁하여 아직 그치지 않고 있는데, 지금 또 蒲宗孟을 등용하는 것은 온당하지 못한 듯싶다. …… 오늘 이 사람을 쓴 것은 꼭 거년에 鄧溫伯을 쓴 것과 다를 것이 없다.'고 했다."라고 하였으니, 이것으로 미루어 본다면 鄧溫伯은 응당 元祐 7년(1091)에 翰林承旨가 되니, 그때에 臺諫이 어지럽게 진언하였던 것이다.

2) 粗有文藝 : 撰述과 寫書 방면의 학문이 약간 있음을 가리킨다.
3) 頤指如意 : 頤指는 턱으로 가리킴. 곧 말을 하지 않고 얼굴표정으로 의중을 보이는 것을 가리키니, 권력자가 의중을 보이면 그에 영합해서 행동을 한다는 말이다.
4) 脂韋 : 油脂와 부드러운 가죽인데, 아첨하는 것을 비유한다.
5) 左右附麗 : 附麗(부리)는 딱 붙어서 떨어지지 않는 것으로, 왼쪽에도 붙고 오른쪽에도 붙는 것이다. 곧 元豐 때 變法하는 일도 순순히 따르고, 元祐 때 元豐의 新法을 고치는 일도 순순히 따른 것을 가리킨다.
6) 無所損益 : 손해가 될 만한 의견을 제시한 적도 없고, 이익이 될 만한 의견을 제시한 적도 없음. 곧 주견이 없다는 말이다.
7) 緩急 : 위급한 일이나 변고가 발생할 때를 가리킨다.
8) 元祐之初政 : 예전 제도를 회복시킨 大臣을 임용하고, 元豐 연간의 臣僚를 貶黜한 政策을 가리킨다.
9) 垂拱 : 의상을 드리우고 손을 맞잡음. 곧 作爲하는 바가 없어도 천하가 다스려짐을 형용한 것이다.

02. 再論分別邪正箚子* 邪와 正을 분변할 것을 두 번째 논한 箚子

* 본 차자는 〈蘇穎濱年表〉에 의하면, 元祐 5년(1090) 6월에 쓴 것이다.

再上箚는 更覺議論詳悉하다

두 번째 올린 箚子는 議論이 詳悉함을 다시 깨닫겠다.

臣은 今月二十二日에 延和殿에서 進呈箚子하여 論君子小人은 不可竝處朝廷하고 因復

口陳其詳하여 以瀆天聽[1]이온데 竊觀聖意컨대 類不以臣言爲非者니이다 然이나 天威咫尺[2]에 言詞迫遽하여 有所不盡이니이다 退伏思念하니 若使邪正竝進하여 皆得與聞國事면 此治亂之幾요 而朝廷所以安危者也니이다

臣은 이달 22일 延和殿에서 箚子를 올려 君子와 小人은 함께 朝廷에 있을 수 없다는 것을 논하였고, 따라서 다시 口語로 상세하게 진술하여 天聽을 더럽혔사온데, 가만히 성상의 의중을 살펴보옵건대 臣이 한 말을 그르다고 여기시지 않은 것 같사옵니다. 그러나 성상의 지엄하신 가까운 거리라서 말이 위축되어 드릴 말씀을 다 드리지 못하였습니다. 물러와서 신중하게 생각해보니, 만일 간사한 사람과 올바른 사람이 함께 진출하여 모두 國事에 참여하여 들을 수 있게 한다면, 이것은 治世로 갈 것인가, 亂世로 갈 것인가 하는 갈림길이 될 것이고, 朝廷이 안정할 것인가, 위태할 것인가 하는 기로에 놓이게 될 것입니다.

1) 因復口陳其詳 以瀆天聽 : 宣仁后의 면전에서 간사한 사람과 올바른 사람을 섞어서 쓰지 말라고 아뢴 일을 가리킨다.
2) 天威咫尺 : 존엄한 임금과의 거리가 매우 가까움을 말한 것이다.

臣誤蒙聖恩하여 典司邦憲[1]이니 臣而不言이면 誰當救其失者리잇가 謹復稽之古今하고 考之聖賢之格言[2]하니 莫不謂親近君子하고 斥遠小人하면 則人主尊榮하고 國家安樂하며 疏外君子하고 進任小人하면 則人主憂辱하고 國家危殆니이다 此理之必然이요 而非一人之私言也니이다 故로 孔子論爲邦엔 則曰 放鄭聲遠佞人[3]하시고 子夏論舜之德엔 則曰 擧皐陶하니 則不仁者遠이라하고 論湯之德엔 則曰 擧伊尹하니 則不仁者遠[4]이라하며 諸葛亮戒其君엔 則曰 親賢臣遠小人은 此前漢所以興隆也요 親小人遠賢臣은 此後漢所以傾頽也[5]라하나이다 凡典冊所載如此之類를 不可勝紀니이다

臣은 聖恩을 입어 邦憲을 주관하였으니, 臣이 이런 일을 말씀드리지 않으면 누가 그 잘못된 점을 말씀드리겠습니까? 조심스럽게 다시 古今의 일들을 살피고 聖賢의 格言을 상고해보니, 君子를 親近히 하고 小人을 斥遠히 하면 人主가 尊榮하고 國家가 安樂하게 되며, 君子를 소외하고 小人을 신임하면 人主가 憂辱하고 國家가 危殆하게 된다

고 이르지 않은 데가 없습니다. 이것은 이치의 필연적인 일이고, 한 사람이 사적으로 한 말이 아닙니다.

그러므로 공자께서 나라를 다스리는 일을 논함에 있어서는 "鄭나라의 음탕한 음악을 추방하고 말재주 있는 사람을 멀리해야 한다."라고 하셨으며, 子夏가 舜임금의 德을 논할 적에는 "皐陶를 등용하니 어질지 않은 사람들이 멀리 사라졌다."라고 하고, 湯임금의 德을 논할 적에는 "伊尹을 등용하니 어질지 않은 사람들이 멀리 사라졌다."라고 하였으며, 諸葛亮이 그 임금을 경계함에 있어서는 "賢臣을 가까이하고 小人을 멀리함은 바로 前漢이 興隆하게 된 밑거름이 되었고, 小人을 가까이하고 賢臣을 멀리함은 바로 後漢이 傾頹하게 된 원인이 되었다."라고 하였습니다. 모든 典冊에 실린 이와 같은 따위를 이루 다 기록할 수가 없습니다.

1) 典司邦憲 : 邦憲은 國家大法을 가리킨다. 이때 蘇轍이 御史中丞이 되어 官吏를 탄핵하는 일을 주관하고 있었기 때문에 이렇게 말한 것이다.

2) 格言 : 여기서는 準則이 될 수 있는 말을 가리킨다.

3) 孔子論爲邦……放鄭聲遠佞人 : ≪論語≫ 〈衛靈公〉에 "顔淵이 나라 다스리는 방법을 묻자, 공자께서 '鄭나라 음악을 추방하며, 말재주 있는 사람을 멀리해야 하니, 鄭나라 음악은 음탕하고 말재주 있는 사람은 위태로운 존재이다.'라고 했다."란 말을 인용한 것이다.

4) 子夏論舜之德……則不仁者遠 : ≪論語≫ 〈顔淵〉에 "子夏가 '옛날 舜임금이 천하를 다스릴 때에 여러 사람 중에서 皐陶를 골라 등용하시니, 어질지 않은 사람들이 멀리 사라졌고, 또 湯임금이 천하를 다스릴 때에 여러 사람 중에서 伊尹을 골라 등용하시니, 어질지 않은 자들이 멀리 사라졌다.'고 했다."는 말을 인용한 것이다.

5) 親賢臣遠小人……此後漢所以傾頹也 : 〈出師表〉에서 인용한 것이다. 蜀漢 建興 5년(227) 諸葛亮이 曹魏를 치기 위해 出兵하기에 앞서서 後主인 劉禪에게 上疏하였는데, 후인들이 이 상소를 '出師表'라고 명명하였다.

至於周易所論이 尤爲詳密하니 皆以君子在內하고 小人在外로 爲天地之常理[1]요 小人在內하고 君子在外로 爲陰陽之逆節[2]이니이다 故로 一陽在下면 其卦爲復이요 二陽在下

면 其卦爲臨이니이다 陽雖未盛이나 而居中得地니 聖人知其有可進之道니이다 一陰在下면 其卦爲姤요 二陰在下면 其卦爲遯이니이다 陰雖未壯이나 而聖人知其有可畏之漸이니이다 若夫居天地之正하여 得陰陽之和者는 惟泰而已니이다 泰之爲象이 三陽在內하고 三陰在外니이다 君子旣得其位니 可以有爲요 小人奠居于外니 安而無怨이니이다 故로 聖人名之曰泰라하니 泰之言은 安也니이다 言惟此可以久安也니이다 方泰之時에 若君子能保其位하고 外安小人하여 使無失其所면 天下之安이 未有艾也니이다 惟恐君子得位하고 因勢陵暴小人하여 使之在外而不安이면 則勢將必至反覆이니이다 故로 泰之九三則曰 無平不陂하고 無往不復이라하나이다

≪周易≫에 이르러서 논한 바가 더욱 詳密하니, 모두 君子가 안에 있고 小人이 밖에 있는 것으로 天地의 常理를 삼고, 小人이 안에 있고 君子가 밖에 있는 것으로 陰陽의 逆節을 삼았습니다. 그러므로 一陽이 아래에 있으면 그 卦는 復卦가 되고 二陽이 아래에 있으면 그 卦는 臨卦가 됩니다. 陽이 비록 盛旺하지 못하나 中位에 居하여 땅을 얻었으니, 聖人은 그것에 진취할 만한 길이 있음을 알았습니다. 一陰이 아래에 있으면 그 卦는 姤卦가 되고 二陰이 아래에 있으면 그 卦는 遯卦가 됩니다. 陰이 비록 壯盛하지 못하나 聖人은 그것에 두려워할 만한 조짐이 있음을 알았습니다.

天地의 正位에 居하여 陰陽의 和함을 얻은 것으로 말하면 오직 泰卦뿐입니다. 泰卦의 象은 三陽이 안에 있고 三陰이 밖에 있습니다. 君子는 이미 그 位를 얻었으니 作爲할 바가 있을 것이고, 小人은 밖에 奠居하였으니 편안하여 원망함이 없을 것입니다. 그러므로 聖人이 그것을 명명하여 '泰'라고 하였습니다. 泰란 말은 安의 뜻이니, 오직 이것만이 오래 편할 수 있음을 말한 것입니다. 바야흐로 泰할 때에 만일 君子가 그 位를 잘 보존하고 밖으로 小人을 편안하게 하여 그들로 하여금 안정된 처소를 잃지 않게 한다면 天下의 안정이 다하지 않을 것입니다. 오직 염려되는 것은 君子가 지위를 얻고 그 세력을 이용해서 小人을 陵暴(輕侮)하여 그들로 하여금 밖에 있으면서 편안함을 누릴 수 없게 하는 점이니, 만일 그렇게 한다면 그 형세는 장차 반드시 정세가 뒤집히는 상황에 이르게 될 것입니다. 그러므로 泰卦의 九三 爻辭에 "평평하기만 하고 기울지 않는 것은 없으며, 가기만 하고 돌아오지 않는 것은 없다."라고 하였나이다.

1) 皆以君子在內……爲天地之常理 : ≪周易≫ 泰卦 彖辭의 "하늘과 땅이 교제하니

만물이 通泰하다.〔天地交而萬物通〕"라는 말과 象辭의 "陽이 안에 있고 陰이 밖에 있으며, 굳셈이 안에 있고 순함이 밖에 있으며, 君子가 안에 있고 小人이 밖에 있으니, 君子의 道가 자라고 小人의 道가 사라진다.〔內陽而外陰 內健而外順 內君子而外小人 君子道長 小人道消〕"라는 말을 인용한 것이며, '天地之常理'란 하늘과 땅의 和順한 規律을 가리킨 것이다.

2) 小人在內……爲陰陽之逆節 : ≪周易≫ 否卦 彖辭의 "하늘과 땅이 교제하지 않으니 만물이 通泰하지 못하고 …… 陰이 안에 있고 陽이 밖에 있으며, 부드러운이 것이 안에 있고 굳센 것이 밖에 있으며, 小人이 안에 있고 君子가 밖에 있으니, 小人의 道가 자라고 君子의 道가 사라진다.〔天地不交而萬物不通……內陰而外陽 內柔而外剛 內小人而外君子 小人道長 君子道消〕"라는 말을 인용한 것이며, '陰陽之逆節'이란 天地陰陽의 違背된 法度를 가리킨 것이다.

竊惟聖人之戒 深切詳盡하니 所以誨人者至矣니이다 獨未聞以小人在外로 憂其不悅하고 而引之於內하여 以自遺患者也니이다 故로 臣前所上箚子에 亦以謂小人은 雖決不可任以腹心이나 至於牧守四方과 奔走庶務하여는 各隨所長이요 無所偏廢며 寵祿恩賜를 彼此如一하여 無迹可指라하니 如此而已니이다 若遂引而寘之於內면 是猶畏盜賊之欲得財하되 而導之於寢室이요 知虎豹之欲食肉하되 而開之以坰牧이니 天下無此理也니이다 且君子小人은 勢同氷炭이니 同處必爭이니이다 一爭之後엔 小人必勝하고 君子必敗니이다 何者오 小人은 貪利忍恥하니 擊之難去요 君子는 潔身重義하니 知道之不行이면 必先引退[1]니이다 故로 古語曰 一薰一蕕는 十年尙猶有臭[2]라하니 蓋謂此矣니이다

가만히 살펴보건대, 聖人의 경계가 의미심장하고 절실하며 상세하고 극진하였습니다. 그렇기 때문에 사람들을 가르치는 뜻이 지극하였사온데, 小人이 밖에 있다 하여 그들이 좋아하지 않을까 걱정하고 그들을 안으로 끌어들여서 스스로 禍患을 끼쳤다는 말은 들어보지 못하였습니다. 그러므로 소신은 전에 올린 箚子에서 "소인에게는 결단코 腹心 역할을 하는 중요한 관직은 맡길 수 없지만, 사방 州郡의 長官이 되는 것과 여러 가지 일에 분주하게 봉사하는 관리 정도는 각각 그들의 장점에 따르고 한쪽으로 치우치게 폐기하는 바가 없어야 할 것이며, 恩寵·爵祿·賞賜 등을 피차 동일하게 하여 지적할 만한 흔적이 없게 해야 된다."라고 하였으니, 이와 같이 할 뿐입니다. 만일

소인을 끌어들여서 안에 둔다면 이것은 마치 도적이 재물을 빼앗아 가는 것을 두려워하면서도 도적을 침실로 인도하고, 虎豹가 고기를 먹고 싶어 하는 줄을 알면서도 목장을 열어놓는 것과 같으니, 천하에 이와 같은 무모한 짓을 할 리는 없을 것입니다.

또 君子와 小人은 형세가 마치 氷炭과 같으니, 함께 있으면 반드시 다투게 됩니다. 한번 다툼이 벌어지면 小人은 반드시 이기고 君子는 반드시 지게 됩니다. 왜냐하면 小人은 이익을 탐하고 부끄러움을 견디므로 공격해도 제거하기 어렵고, 君子는 몸을 깨끗이 하고 의리를 중히 여기므로 道가 행해지지 않을 줄을 알면 반드시 먼저 물러가기 때문입니다. 그러므로 옛말에 "향내 나는 풀과 냄새 나는 풀이 같이 있으면 10년이 지나도 오히려 악취만 남는다."라고 하였으니, 아마 이런 경우를 두고 한 말일 것입니다.

1) 引退 : 여기서는 官職을 내놓고 小人을 피해 물러감을 말한다.
2) 一薰一蕕 十年尙猶有臭 : ≪春秋左傳≫ 僖公 4년조에 나온 말로, 곧 향내 나는 풀과 냄새 나는 풀이 한데 섞여 있으면 10년이 지나도 오히려 악취가 남는다고 하였으니, 善은 사라지기 쉽고 惡은 제거하기 어려움을 비유한 말이다.

昔先皇帝[1)]는 **以聰明聖智之資**로 **疾頹靡之俗**하고 **將以綱紀四方**[2)]하여 **追迹三代**[3)]니이다 **今觀其設意**컨대 **本非漢唐之君所能髣髴也**[4)]어늘 **而一時臣佐**가 **不能將順聖德**하고 **造作諸法**하니 **率皆民所不悅**이니이다 **及二聖**[5)]**臨御**하여는 **因民所願**하여 **取而更之**하시니 **上下欣慰**니이다 **當此之際**에 **先朝**[6)]**用事之臣**이 **皆布列於朝**하여 **自知上逆天意**하고 **下失民心**이라 **彷徨踧踖**하여 **若無所措**하니 **朝廷雖不斥逐**이나 **其勢亦自不能復留矣**니이다 **尙賴二聖慈仁**하여 **不加譴責**하고 **而宥之於外**하니 **蓋已厚矣**니이다 **今者**엔 **政令已孚**하여 **事勢大定**이어늘 **而議者惑於浮說**하여 **乃欲招而納之**하고 **與之共事**하여 **欲以此調停其黨**[7)]이니이다 **臣謂此人若返**이면 **豈肯徒然而已哉**리잇가 **必將戕害正人**하고 **漸復舊事**하여 **以快私忿**이리이다 **人臣被禍**는 **蓋不足言**이요 **而臣所惜者**는 **祖宗朝廷也**니이다

옛날 先皇帝께서 聰明聖智한 資質을 가지고 頹靡한 풍속을 밉게 보시고 장차 전국을 잘 다스려 三代의 政法을 본받으려고 하셨습니다. 지금 그때 결심한 것을 보면 본디 漢唐시대의 임금들은 흉내도 낼 수 없는 것이었습니다. 그런데 그 당시 보좌하는 신하

들이 聖德을 잘 도와 이루어드리지 못하고 모든 법을 새로 제작하였으니, 온 백성들이 좋아하지 않았습니다.

두 분 聖君께서 臨御하여 백성들의 소원에 따라 그 新法을 고치시니, 온 국민이 기뻐하였습니다. 이때에 先朝에서 用事하던 신하들이 모두 朝廷에 포진해 있었는데, 그들은 스스로 위로는 天意를 거역하고 아래로는 民心을 잃은 줄 알았는지라, 彷徨하고 서성거리며 몸 둘 바가 없는 것처럼 하였으니, 朝廷에서 비록 그들을 斥逐하지 않더라도 그 형세는 또한 스스로 다시 머물러 있을 수 없었을 것입니다. 그런데 오히려 두 분 聖君의 仁慈함을 힘입어 譴責이 가해지지 않고 外方으로 보내졌으니, 이미 厚하게 배려한 것이었습니다.

지금은 政策과 命令이 이미 백성들로부터 신임을 받아 事勢가 크게 안정되었거늘, 의논하는 자들은 근거 없는 낭설에 현혹되어 그들을 불러들이려 하고, 그들과 함께 정사를 함으로써 朋黨의 다툼을 조정하려 합니다. 臣은 생각하옵건대, 그 사람들이 만일 돌아온다면 어찌 가만히 있겠습니까? 반드시 정직한 사람을 殘害하고 점차로 예전의 新法 같은 일들을 회복함으로써 개인의 원한을 상쾌하게 풀 것입니다. 신하들이 禍를 입는 것은 족히 말할 것이 못 되거니와, 臣이 염려하는 것은 祖宗에서 건립하신 朝廷(王朝)입니다.

1) 先皇帝 : 宋 神宗 趙頊을 가리킨다.
2) 綱紀四方 : 전국을 다스림을 이른다.
3) 追迹三代 : 夏・殷・周의 政法을 본받음을 이른다.
4) 今觀其設意 本非漢唐之君所能髣髴也 : ≪宋史紀事本末≫에 의하면 "皇帝(宋 神宗)가 '정치를 함에 무엇을 우선해야 하는가?'라고 물으니, 王安石이 '정치 방법을 택하는 것이 우선입니다.'라고 대답했다. 皇帝가 '唐 太宗은 어떠한가?'라고 하니, 王安石이 '陛下께서는 堯舜을 본받아야 할 것인데, 무엇 때문에 唐 太宗을 본받으려고 하십니까? 堯舜의 道는 지극히 간략하고 번거롭지 않으며, 지극히 긴요하고 迂闊하지 않으며, 지극히 쉽고 어렵지 않습니다. 다만 末世의 學者들이 통투하게 알지 못하고 높아서 미칠 수 없다고 할 뿐입니다.'라고 하자, 皇帝는 '卿은 어려운 일을 임금에게 책임지운다고 할 수 있겠는데, 朕은 못난 자신을 돌아보건대 이와 같은 卿의 뜻에 부응하지 못할 듯하오. 卿은 마음을 다해 정치

를 도와 함께 이 道에 오르게 하오.'라 했다.〔帝問爲治所先 安石對曰 擇術爲先 帝曰 唐太宗何如 曰 陛下當法堯舜 何以太宗爲哉 堯舜之道 至簡而不煩 至要而不迂 至易而不難 但末世學者不能通知 以爲高不可及 帝曰 卿可謂責難於君 朕自視眇躬 恐無以副卿此意 可悉意輔政 庶同躋此道〕"고 한다.

5) 二聖 : 哲宗과 垂簾聽政한 高太后를 가리킨다.

6) 先朝 : 神宗朝를 가리킨다.

7) 調停其黨 : 중간에서 조정하여 朋黨의 다툼을 화해시키는 일이다.

蓋自熙寧以來로 小人執柄이 二十年矣[1]라 建立黨與하여 布滿中外라가 一旦失勢하니 晞覬者多니이다 是以로 創造語言하여 動搖貴近하되 脅之以禍하고 誘之以利를 何所不至리잇가 臣雖不聞其言이나 而概可料矣니이다 聞者若又不加審察하고 遽以爲然이면 豈不過甚矣哉리잇가 臣聞 管仲治齊에 奪伯氏騈邑三百이나 飯蔬食하되 沒齒無怨言[2]이라하고 諸葛亮治蜀에 廢廖立李嚴爲民하여 徙之邊遠하고 久而不召나 及[3]亮死에 二人皆垂泣思亮[4]이라하니이다 夫騈(伯)立嚴三人者는 皆齊蜀之貴臣也니이다 管葛之所以能戮其貴臣이나 而使之無怨者는 非有他也라 賞罰必公하고 擧措必當하니 國人皆知其所與之非私하고 而所奪之非怨이니이다 故로 雖仇讐나 莫不歸心耳니이다

대개 熙寧 이후로 小人이 집권한 지 20년이라, 그들은 黨與를 建立하여 중앙과 지방에 그들먹하게 포진해 있다가 하루아침에 세력을 잃었으므로 요행을 바라는 자가 많습니다. 이 때문에 유언비어를 조작하여 顯貴한 近臣의 생각을 동요시키되 禍患으로 협박하고 이익으로 유인하는 등 무슨 짓을 못하겠습니까? 臣이 비록 그 말을 직접 듣지는 못하였지만 그것이 무슨 말들인가는 대략 짐작할 수가 있습니다. 듣는 사람이 만일 깊이 살펴보지도 않고 얼른 그 말이 옳다고 여긴다면 어찌 너무 지나친 것이 아니겠습니까?

臣은 듣건대 "管仲이 齊나라를 다스릴 때에 伯氏의 騈邑 3백 리를 빼앗았는데 백씨는 죽을 때까지 거친 밥을 먹었으나 관중을 원망하는 말이 없었다."고 하고 "諸葛亮이 蜀漢을 다스릴 때에 廖立과 李嚴을 폐하여 庶民으로 만들어 먼 변방으로 이주시키고 오래도록 부르지 않았건만 諸葛亮이 죽을 때에 그 두 사람은 모두 눈물을 흘리고 諸葛

亮을 사모했다."고 합니다. 伯氏·廖立·李嚴 세 사람은 모두 齊와 蜀의 貴臣이었습니다. 管仲과 諸葛亮이 그 貴臣을 처벌하였으나 그들로 하여금 원망이 없게 한 것은 다른 이유가 있는 것이 아니라, 賞罰이 반드시 공정하고 擧措가 반드시 타당하니, 백성들이 그 베풀어준 것은 사적인 생각에서 준 것이 아니고 빼앗은 것은 원망 대상을 빼앗은 것이 아니었음을 알아서입니다. 그러므로 비록 仇讐라 하더라도 모두 誠心으로 歸附하였던 것입니다.

1) 蓋自熙寧以來……二十年矣 : 熙寧(1068~1077)으로부터 元祐 元年(1086)에 이르기까지 근 20년 동안 變法派가 집권하였다.

2) 管仲治齊……無怨言 : ≪論語≫ 〈憲問〉에 "어떤 사람이 管仲에 대해 묻자, 공자께서 말씀하시기를 '훌륭한 사람이지. 伯氏의 駢邑 3백 리를 빼앗았는데, 伯氏는 죽을 때까지 거친 밥을 먹었으나 관중을 원망하는 말이 없었다.'고 했다.〔問管仲 曰人也 奪伯氏駢邑三百 飯疏食 沒齒無怨言〕"라고 보인다.

3) 及 : 저본에 없는 것을 ≪欒城集≫에 의해 보충하였다.

4) 諸葛亮治蜀……二人皆垂泣思亮 : ≪三國志≫ 〈蜀書 廖立傳〉에 의하면 "長水校尉 廖立이 群士를 비평하고 君臣을 비방한 죄에 걸려 諸葛亮이 廖立을 폐하여 庶民으로 삼아 汶山郡으로 이주시켰는데, 廖立은 諸葛亮이 卒하였다는 소식을 듣고는 눈물을 흘리며 '나는 끝내 오랑캐가 되겠다.'고 탄식했다.〔因長水校尉廖立坐自貴人 臧否群士 誹謗君臣 諸葛亮廢廖立爲庶民 徙汶山郡 聞亮卒 垂泣歎曰 吾終爲左衽矣〕"라고 하였고, ≪三國志≫ 〈蜀書 李嚴傳〉에 의하면 "驃騎將軍 李嚴은 軍糧 조달을 제대로 하지 못함으로 인하여 諸葛亮으로부터 폐하여 庶民이 되어 梓潼郡으로 유배되었는데, 그는 諸葛亮이 卒하였다는 소식을 듣고는 병이 나서 죽었다.〔驃騎將軍李嚴 因軍糧不濟 被諸葛亮廢爲庶民 徙梓潼郡 嚴聞亮卒 發病死〕"라고 하였다.

今臣竊觀朝廷用捨施設之間하니 其不合人心者 尙不爲少하니 彼旣中懷不悅이면 則其不服固宜니이다 今乃直欲招而納之하여 以平其隙하니 臣未見其可也니이다 詩曰 無競維人을 四方其訓之[1]라하나이다 陛下誠以異同反覆[2]爲憂하시니 惟當久任才性忠良하고 識慮明審之士하되 但得四五人常在要地하시면 雖未及皐陶伊尹이나 而不仁之人이

知自遠矣니이다 故로 臣願陛下斷自聖心하여 不爲流言所惑하고 毋使小人一進하여 後有噬臍之悔[3]면 則天下幸甚이요 天下幸甚이리이다 臣旣待罪執法이니 若見用人之失이면 理無不言이요 言之不從이면 理不徒止니이다 如此면 則異同之迹이 益復著明이리니 不若陛下早發英斷하사 使彼此泯然無迹可見之爲善也니이다 臣受恩深重이라 輒敢先事獻言이오니 罪合萬死니이다[4]

지금 臣이 가만히 朝廷에서 取捨選擇하고 安排施設하는 일들을 살펴보옵건대, 人心에 합당하지 못한 것이 아직도 적지 않습니다. 저들 소인은 이미 속에 좋지 못한 마음을 품고 있으니, 그들이 복종하지 않는 것은 당연한 일입니다. 그런데 지금 그들을 불러들여 벌어진 틈을 미봉하려고 하니, 臣은 그것이 옳은 일인지 모르겠습니다. ≪詩經≫에서 "더없이 강한 사람은 사방에서 교훈으로 삼는다."라고 하였습니다. 陛下께서는 진실로 異同反覆하는 것을 걱정하시니, 마땅히 才性이 忠良하고 識慮가 明審한 인사에게 오래 관직을 맡기되, 다만 4, 5인을 얻어 항상 要地에 두시면 비록 皐陶나 伊尹에게는 미치지 못한다 하더라도 어질지 못한 사람들이 알아서 스스로 멀리 떠날 것입니다. 그러므로 臣은 원하옵건대 陛下께서 聖心으로부터 결단을 내리시어 流言蜚語에 현혹되지 마시고 小人의 進出을 막아 후회하는 일이 없게 하신다면 天下가 매우 다행일 것입니다.

臣은 이미 법을 맡은 몸이니, 만일 사람을 등용하는 데서 잘못된 문제를 발견했으면 이치상 말씀드리지 않을 수 없고, 이미 드린 말씀을 따라주시지 않으면 이치상 그만둘 수 없는 것입니다. 현재와 같다면 異同의 흔적이 더욱 나타날 것이니, 陛下께서 일찍이 英斷을 내리시어 피차간에 異同의 흔적이 없게 하시는 것이 최상의 방법입니다. 臣은 恩寵을 받음이 深重하므로 문득 감히 일에 앞서 말씀을 드리오니, 그 罪 만 번 죽어 마땅합니다.

1) 無競維人 四方其訓之 : ≪詩經≫ 〈大雅 抑〉과 〈周頌 烈文〉에 보인다.

2) 異同反覆 : 異同은 政見이 같지 않음을 말하고, 反覆은 變化無常함을 말한다.

3) 噬臍之悔 : 사람에게 잡힌 사향노루가 배꼽 때문에 잡혔다고 제 배꼽을 물어뜯었다는 데서 유래한 말로, 무슨 일이 지난 뒤에는 후회하여도 소용이 없음을 이른다. 噬臍莫及, 後悔莫及과 같은 말이다.

4) 孫琮의 ≪山曉閣選宋大家蘇穎濱全集≫에는 "이 문장은 전반부에서는 바로 小人을 안에 있게 해서는 안 된다는 것을 말하였고, 經傳의 말들을 차례로 인용해서 小人을 처치하는 방법을 밝혔으며, 후반부에서는 바로 小人이 안에 있으면 반드시 君子를 해친다는 것을 말하였고, 氷炭과 薰蕕를 끌어다 비유해가면서 그들을 소환하면 해를 끼치게 된다고 단호하게 거절함으로써 小人을 調停하는 잘못을 밝혔으니, 이 한 편 문장의 前後淺深이 적절하게 배열된 것이다. 末幅은 근본으로 돌아가서 賢人에게 관직을 맡김으로써 小人을 멀리하게 하였고, 일찍이 英斷을 내리어 異同의 흔적을 없애라고 하였다. 이와 같은 名言卓識이 聖人의 良箴을 계승하였으니, 또한 千古의 밝은 거울이다.〔此文前半篇 是說小人不可使之在內 歷引經傳之言 以明處置小人之法 後半篇 是說小人在內 必至戕害君子 引氷炭薰蕕一喩 召還貽害一斷 以明調停小人之失 此一篇之前後淺深也 末幅歸本 任賢以遠小人 早發英斷以泯異同 名言卓識 紹聖之良箴 亦千古之炯鑑也〕"라고 비평하였다.

愚竊謂 易之內君子而外小人이라하니 內者는 進之之詞也요 外者는 退之之詞也니 恐未必如子由所云이니라 內卽以之任於朝하고 外卽以之布於州郡也니라 宋時엔 上下竝有調停之說이라 故로 子由도 亦不敢不附此爲言이니라 子由與章蔡相讐者가 猶爲此言하니 然則彼之私相黨者는 安得不橫爲煽亂動搖之術乎아

나는 가만히 생각하건대, ≪周易≫에서 "君子가 안에 있고 小人이 밖에 있다."고 하였으니, '안〔內〕'이란 것은 나아가게 한다는 말이고, '밖〔外〕'이란 것은 물러나게 한다는 말이므로, 꼭 子由(蘇轍)가 말한 바와 같이 '안'은 곧 조정에 임관시킨 것이고, '밖'은 곧 州郡에 포진시키는 것은 아닌 듯하다. 宋나라 때에는 위와 아래에 모두 調停에 대한 말이 있었다. 그래서 子由 역시 감히 이 調停이란 것을 덧붙여서 말하지 않을 수가 없었던 것이다. 子由는 章惇·蔡確과 서로 원수지간인데도 오히려 이와 같은 말을 하였으니, 그렇다면 저들이 사적으로 서로 黨與를 한 것은 어찌 부당하게 선동하는 술책이 아니었겠는가?

03. 三論分別邪正箚子 * 邪와 正을 분별할 것을 세 번째 논한 箚子

* 본 箚子는 〈蘇潁濱年表〉에 의하면, 元祐 5년(1090) 6월에 쓴 것이다.

此一箚는 又專在反己一著하니 似尤[1]得體라

이 한 箚子는 또 자신을 반성하는 데에 주안점을 두었으니, 더욱 體段을 얻은 것 같다.

1) 尤 : 저본에는 '又'로 되어 있는데, 四庫全書의 ≪唐宋八大家文抄≫에 의하여 '尤'로 바꾸었다.

臣聞 聖人之德은 莫如至誠이요 至誠之功은 存於不息[1]이라하나이다 有能推至誠之心하고 而加以不息之久면 則天地可動이요 金石可移온 況於斯人에 誰則不服[2]이리잇가 臣伏見太皇太后陛下皇帝陛下[3] 隨時弛張[4]하여 改革弊事[5]하며 因民所惡하여 屛去小人하시니이다 天下本無異心이러니 群黨自作浮議니이다 近者에 德意[6]一發하니 衆心渙然하고 正直有依하니 人知所嚮이니이다 惟二聖[7]勿移此意시면 則天下誰敢不然이리잇가 衛多君子[8]하니 而亂不生하고 漢用汲黯하니 而叛者[9]寢이니이다 苟存至誠不息之志면 自是太平可久之功이니 此實社稷之福이요 天下之幸也니이다

臣은 듣자옵건대 "聖人의 德은 至誠만 한 것이 없고, 至誠의 功은 쉬지 않는 데에 있다."고 합니다. 至誠스러운 마음을 간직하고 오래도록 쉬지 않고 지속적으로 해나간다면 天地도 움직일 수 있고 金石도 옮길 수 있거늘, 하물며 사람에 있어서야 누군들 복종하지 않겠습니까? 臣이 삼가 보옵건대 太皇太后陛下와 皇帝陛下께서는 자연에 따라 너그러움과 엄함을 조절하여 피폐된 일을 개혁하시고, 백성들의 미워하는 바에 따라 小人들을 축출하셨습니다. 天下에 본래 딴 마음을 가진 자가 없었는데, 群黨이 근거 없는 낭설을 지어냈습니다. 근자에 德音을 한번 발표하시자, 뭇사람들은 의아해하는 마음이 풀리고 정직한 사람은 의지할 데가 있게 되니, 사람들은 지향할 바를 압니다.

오직 두 성군께서 이와 같은 의지를 바꾸지 않으신다면 천하에서 누가 감히 그렇게

하지 않겠습니까? 衛나라에 君子가 많으니 亂이 생기지 않았고, 漢나라가 汲黯을 등용하니 반란자가 자취를 감추었습니다. 진실로 지성이 쉬지 않는 의지를 가지신다면 태평이 지속될 수 있는 공이 이루어질 것이니, 이는 社稷의 福이요 天下의 다행일 것입니다.

1) 至誠之功 存於不息 : 대략 ≪中庸≫의 "오직 天下에 至誠한 분이어야 능히 그 性을 다할 수 있으니, …… 그러므로 至誠은 쉼이 없으니, 쉬지 않으면 오래가게 되고, 오래가게 되면 징험이 나타나게 되고, 징험이 나타나게 되면 더욱 오래가게 되고, 더욱 오래가게 되면 넓고 두텁게 되며, 넓고 두텁게 되면 높고 광명하게 된다.〔唯天下至誠 爲能盡其性……故至誠無息 不息則久 久則徵 徵則悠遠 悠遠則博厚 博厚則高明〕"는 뜻을 인용한 것이다.
2) 服 : 저본에는 '伏'으로 되어 있는데, ≪欒城集≫에 의하여 '服'으로 바꾸었다.
3) 太皇太后陛下皇帝陛下 : 宋나라 英宗의 后인 宣仁聖烈高皇后와 哲宗 趙煦를 가리킨다.
4) 隨時弛張 : 자연에 순응하여 너그럽게 할 만하면 너그럽게 하고 엄하게 할 만하면 엄하게 함을 가리킨다.
5) 弊事 : 여기서는 新法弊政을 가리킨다.
6) 德意 : 仁德스러운 帝王의 音聲을 가리킨다.
7) 二聖 : 宣仁后와 哲宗을 가리킨다.
8) 衛多君子 : ≪史記≫ 〈衛康叔世家〉에 의하면 "吳나라 延陵季子가 衛나라를 지나다가 蘧伯玉과 史鰌를 보고 '衛나라에 君子가 많으니 그 나라는 무고할 것이다.'라고 했다."고 하였다.
9) 叛者 : 謀反한 淮南王 劉安을 가리킨다.

然이나 臣以謂昔所柄任[1)]이라 其徒實蕃[2)]하여 布列中外어늘 豈免窺伺리잇가 若朝廷施設必當이면 則此輩覬望自消리이다 昔田蚡[3)]爲相에 所爲貪鄙하니 則竇嬰[4)]灌夫[5)] 睥睨宮禁하여 僥倖有功이니이다 諸葛亮治蜀에 行法廉平하니 則廖立李嚴이 雖流徙邊郡이나 終身無怨이니이다 此則保國寧人之要術이니 自古聖賢之所共由者也니이다 臣竊見方今天下컨대 雖未大治나 而祖宗綱紀具在하니 州郡民物粗安이니이다 若朝廷大臣이 正己

平心하여 無生事邀功之意하고 因弊修法하여 爲安民靖國之術이면 則人心自定이니이다 雖有異黨이나 誰不歸心이리잇가 向者에 異同反覆之憂는 蓋亦不足慮矣니이다 但患朝廷擧事 類不審詳이니이다

그러나 臣의 생각에는, '예전에 권력을 잡았던 小人인 바, 그들 무리가 워낙 많아서 중앙과 지방에 포진해 있거늘, 어찌 조정을 넘보지 않을 수 있겠습니까? 만일 조정에서 설시하는 일들이 반드시 이치에 맞는 것이라면 그들 무리의 헛된 꿈은 저절로 사라질 것이라 여깁니다.

옛날 田蚡이 丞相이 되었을 때에는 하는 짓이 貪汚하고 鄙陋한 일들이었으므로, 竇嬰과 灌夫가 조정을 넘보며 요행히 공을 이루기를 바랐습니다. 諸葛亮이 蜀漢을 다스릴 때에는 법을 공평하게 행하니 廖立과 李嚴이 비록 邊郡으로 유배되었으나 종신토록 원망하는 일이 없었습니다. 이것은 바로 나라를 보위하고 인민을 편안하게 하는 중요한 策略이니, 예부터 聖賢들이 다같이 이행하던 방법입니다.

臣이 가만히 오늘날의 전국을 살펴보건대, 비록 크게 다스려지지는 못한다 하더라도 祖宗의 법도가 갖추어져 있으니 州郡과 民物이 약간은 안정을 누리고 있습니다. 만일 朝廷의 大臣들이 자신을 바르게 하고 마음을 공평하게 먹고서 일을 만들어 공을 취하려는 생각을 버리고 피폐된 일에 따라 법을 닦음으로써 백성을 편안하게 하고 나라를 안정시키는 책략으로 삼는다면 인심이 저절로 안정될 것입니다. 이렇게 되면 비록 異黨이 있다 하더라도 누가 誠心으로 歸附하지 않겠습니까? 앞서 異同反覆에 대한 걱정 또한 족히 우려할 필요가 없을 것입니다. 다만 조정에서 하는 일들이 모두 세심하고 자상하지 못한 것을 걱정할 뿐입니다.

1) 柄任 : 임용되어 권력을 잡는 것이다.
2) 其徒實蕃 : 熙寧의 變法 당시 受任한 官員의 숫자가 많음을 말한다.
3) 田蚡 : 漢나라 때 孝景皇后의 同母弟. 建元 원년에 丞相이 되었으며, 여러 방면으로 나쁜 짓을 하였다.
4) 竇嬰 : 漢나라 때 孝文皇后 堂兄의 아들. 孝文皇后로 인해 부귀영화를 누리다가 孝文皇后가 죽자 세력을 잃었다.
5) 灌夫 : 吳·楚 등 7國의 亂을 평정했을 때 세운 공으로 中郎將에 임용되었다가 뒤에 燕相을 맡았으며, 竇嬰과 친한 사이였다.

曩者엔 黃河北流하여 正得水性[1]이어늘 而水官[2]穿鑿하여 欲導之使東하여 移下就高하니 汨五行之理니이다 及陛下再遣官吏按視에 知不可爲언마는 猶或固執不從[3]이니이다 經今累歲에 回河雖罷나 減水[4]尙存[5]하여 遂使河朔[6]生靈財力俱困이니이다 今者에 西夏靑唐[7]이 外皆臣順하니 朝廷招徠之厚는 惟恐失之니이다 而熙河將吏가 創築二堡하여 以侵其膏腴하고 議納醇忠하여 以奪其節鉞[8]이라가 功未可覬요 爭已先形이니이다 朝廷雖知其非나 終不明白處置하니 若遂養成邊隙[9]이면 關陝豈復安居리잇가 如此二事는 則臣所謂宜正己平心하여 無生事邀功之意者也니이다

이전에는 黃河가 北流하여 제대로 물의 본성을 유지하고 있었는데, 水官이 〈산을〉 뚫고 〈땅을〉 파서 물길을 동쪽으로 돌려 낮은 데에서 높은 데로 흐르게 하였으니, 五行의 원리를 어지럽혔습니다. 陛下께서 재차 官吏를 현지에 보내 살펴오게 해서 동쪽으로 돌려서는 안 된다는 것을 아셨지만, 〈수관 등은〉 오히려 고집하고 따르지 않았습니다. 여러 해가 지난 오늘날은 황하의 물길을 돌리는 일은 비록 그만두었지만, 減水河는 아직도 존재하여 결국 河朔의 生靈과 財力이 모두 곤궁하도록 만들고 있습니다.

지금 西夏와 靑唐은 모두 밖에서 순종하는 신하 구실을 하고 있는데, 朝廷에서 그들을 불러 후하게 慰撫하는 것은 행여 그들을 잃을까 염려해서입니다. 그런데 熙河將吏가 2堡(質孤堡와 勝如堡)를 쌓아 기름진 땅을 침범하였으며, 趙醇忠을 들여놓아 그 節鉞을 빼앗으려고 하였다가 功은 넘보지도 못한 채 爭端이 먼저 그 형적을 드러냈습니다. 朝廷에서는 비록 그 일이 잘못인 줄 알면서도 끝내 명백하게 처리하지 못하고 있으니, 만일 邊隙을 조성한다면 關中과 陝州가 어떻게 다시 편안히 살 수 있겠습니까? 이와 같은 두 가지 일은 臣이 이른바 "자신을 바르게 하고 마음을 공평하게 먹고서 일을 만들어 공을 취하려는 생각을 버려야 한다."는 것입니다.

1) 曩者……正得水性 : ≪宋史≫ 〈河渠志 黃河〉에 의하면 "熙寧 초년에 黃河를 동쪽으로만 흐르게 하기 위하여 북쪽으로 흐르는 물길을 폐쇄하였다가, 元豐 이후에 황하가 터져 북쪽으로 흐르는 틈을 인하여 의논하는 자들이 비로소 禹의 古迹을 회복하려고 하였으며, 神宗이 백성들의 노고를 애석히 여겨 물의 본성을 따르고자 하였다."고 한다.

2) 水官：河川・津梁・堤堰 등의 疏鑿과 浚渫의 일을 맡아보는 벼슬아치. 宋代에는 都水監의 屬官에 都水使 등이 있었다.

3) 及陛下再遣官吏按視……猶或固執不從：≪宋史≫ 〈河渠志 黃河〉에 의하면 "元祐 4년(1089)에 范百祿・趙君錫 등에게 현장에 가서 살펴보고 와서 보고하도록 하니, 범백록 등이 살펴보고 와서 '황하가 禹의 古迹에 맞도록 편하게 흐르고 있습니다. 물의 본성은 아래로 내려가는 것이라 北流하는 것이 편리합니다.'라고 보고하였다. 그러나 이때에 李偉가 힘써 東流를 주장하며 다시 修河司를 설치하도록 요청하자 그를 따르도록 명하였다."고 한다.

4) 減水：減水河. 곧 인공으로 開鑿하여 水勢를 완화시키는 河道를 가리킨다.

5) 經今累歲……減水尙存：≪宋史≫ 〈河渠志 黃河〉에 의하면 "元祐 5년(1090) 2월에 減水河를 開修하도록 명하였고, 또 임시로 개수하는 일을 그만두게 하였다."고 한다.

6) 河朔：고대에 黃河 이북 지역을 범연하게 일컬은 말이다.

7) 西夏靑唐：西夏는 宋代 나라 이름. 大夏라고도 칭한다. 가장 强盛할 적에는 지금의 寧夏・陜西의 北部, 甘肅의 西北部, 靑海의 東北部와 內蒙古 西部 일대를 차지하였다. 靑唐은 地名. 宋初에는 土蕃이 그 땅을 점거하고 靑唐城이라 칭하였다.

8) 而熙河將吏……以奪其節鉞：蘇轍의 〈潁濱遺老傳〉에 의하면 "元祐 4년(1089)에 熙河將佐 范育・种誼 등이 西夏와 맺은 조약을 어기고 質孤堡와 勝如堡를 쌓았으며, 또 范育 등이 군사를 동원해서 趙醇忠을 들여놓으려고 하였으나 조정에서 그 계략을 물리치고 받아들이지 않았기 때문에 서쪽 변방이 소란스러웠다."고 한다.

9) 養成邊隙：邊境에서 적에게 소란을 일으킬 빌미를 제공하는 불리한 일을 조성하는 것을 말한다.

昔嘉祐以前엔 鄕差衙前하니 民間常有破產之患이니이다 熙寧以後엔 出賣坊場하여 以雇衙前[1]하니 民間不復知有衙前之苦니이다 及元祐之初에 務於復舊하여 一例復差[2]하여 官收坊場之錢하고 民出衙前之費하니 四方驚顧하여 衆議沸騰[3]이라 尋知不可하고 旋又復雇[4]니이다 雇法有所未盡하니 但當隨事修完이니이다 而去年之秋에 復行差法하니 雖存雇法이나 先許得差[5]니이다 州縣官吏 利在起動人戶니 以差役爲便이니이다 差法一

行이면 卽時差足이니 雇法雖在나 誰復肯行이리잇가 臣頃奉使契丹에 道出河北[6)]이라 官吏皆爲臣言하되 豈朝廷欲將賣坊場錢 別作支費耶아 不然이면 何故惜此錢而不用하고 殫民力以供官고하니 此聲四馳면 爲損非細니이다

嘉祐 이전에는 鄕戶에서 衙前을 差出하였으니, 민간에는 늘 破産할 걱정이 있었습니다. 熙寧 이후에는 坊場(市場)에 물건을 내다 팔아 거기서 얻은 돈으로 衙前을 고용하였으니, 민간에서 衙前의 고통이 있음을 알지 못하였습니다. 元祐 初에 와서 復舊하는 일에 힘써 一例로 差役法을 회복하여 官에서 坊場錢을 거두고 민간에서 衙前의 비용을 내니, 四方에서 驚愕하여 뭇사람들의 비난이 沸騰하므로 오래지 않아 그 제도가 옳지 못함을 알고 다시 雇役法을 썼습니다. 雇役法에 미진한 점이 있는 것은, 다만 일에 따라 수정하여 완전하게 만들면 될 뿐입니다. 그런데 지난 가을에 다시 差役法을 시행하니, 비록 雇役法이 있으나 먼저 差役法을 쓰도록 허락하였습니다. 州縣의 官吏들은 民戶를 움직이는 데서 이익이 생기기 때문에 差役法을 편리하게 여깁니다. 差役法이 한번 시행되면 즉시 差役이 충분해질 것이니, 雇役法이 비록 있다 하더라도 누가 다시 기꺼이 시행하겠습니까?

臣이 최근에 奉命使臣으로 契丹에 갈 때 길이 河北을 경유하게 되었는데, 그곳 官吏들이 모두 臣을 위해 말하기를 "朝廷에서는 坊場에서 물건을 판 돈을 가지고 별도로 지출비용을 만들려고 하는가? 그렇지 않다면 무엇 때문에 이 돈을 아끼어 쓰지 않고 백성들이 힘을 다해 官에 이바지하게 하는고?"라고 하였으니, 이와 같은 소문이 사방에 전파되면 조정의 명예에 손상이 적지 않을 것입니다.

1) 昔嘉祐以前……以雇衙前 : 衙前은 宋代 職役의 하나. 직책은 官物을 押運(監督運送)하는 일과 供應(供給需用)하는 일을 맡고, 착오가 생기거나 결실된 것 등을 배상하는 책임을 졌으므로 부담이 가장 무거운 差役이었다. 仁宗 初期에 里正으로 돌아가면서 충당하는 '里正衙前', 모집해서 충당하는 '長名衙前', 富戶로 충당하는 '鄕戶衙前' 등의 명칭이 있었다. 무거운 부담을 감면해주기 위하여 官府에서 특별히 어려운 差役을 맡은 衙前에게 酒坊을 맡아 비용을 충당하도록 허락하였는데, 이 제도는 단지 嘉祐·治平 연간(1059~1067)에만 시행되다가 각지에서 서로 이어서 폐지하였다. 熙寧 3년(1070)에 免役法을 시행하면서 衙前을 雇役으로 고치고 坊場錢(酒稅)으로 모집해서 충당하였다.

2) 及元祐之初……一例復差：≪宋史≫〈食貨志〉에 의하면 "哲宗이 卽位하자 司馬光이 '전부 면제해야 할 각종 助役錢과 諸色役人을 예전 제도와 같이 差定하라.'고 아뢰니, 이에 定役書를 만들도록 명하였다."고 한다.

3) 官收坊場之錢……衆議沸騰：≪宋史≫〈食貨志〉에 의하면 元祐 5년(1086)에 司馬光은 "官戶·寺觀·單丁·女戶 등으로부터 貧富에 따라 助役錢을 차등 있게 갹출하여 各州에서 보관하였다가 어려운 役使가 있을 경우 그 돈으로 지급하도록 하자."고 주장하고, 侍御史 劉摯는 "지금 전국의 坊場에 대하여 官에서 거두어들이고 官에서 팔도록 하자."고 주장하는 등 당시 대신들의 持論이 동일하지 않았다.

4) 尋知不可 旋又復雇：≪宋史≫〈食貨志〉에 의하면 "元祐 원년(1086)에 役人은 모두 현재의 숫자를 정원으로 하고, 오직 衙前만은 坊場錢과 河渡錢으로 雇募하였다."고 한다.

5) 而去年之秋……先許得差：≪宋史≫〈食貨志〉에 의하면 "元祐 4년(1089)에 御史中丞 李常은 差役法과 雇役法 중에서 백성에게 편리한 것을 취해서 쓰도록 奏請하였고, 조정에서도 差役法과 雇役法을 병행하도록 하락하였다."고 한다.

6) 河北：黃河 이북 지역. 河朔이라고도 칭한다.

又熙寧雇役之法은 三等人戶하여 竝出役錢하니 上戶는 以家業高強으로 出錢無藝하고 下戶는 昔不充役하고 亦遣出錢이라 故로 此二等人戶는 不免咨怨이니이다 至於中等하여는 昔旣已自差役하고 今又出錢不多하니 雇法之行이 最爲其便[1]이니이다 及元祐罷行雇法하니 上下二等은 欣躍可知나 惟是中等은 則反爲害니이다 臣且借畿內[2]爲比면 則其餘可知矣리이다 畿縣中等之家는 大率歲出役錢三貫이니 若經十年이면 爲錢三十貫而已니이다 今差役旣行에 諸縣手力[3]이 最爲輕役이요 農民在官에 日使百錢이 最爲輕費니이다 然이나 一歲之用이 已爲三十六貫이니 二年役滿이면 爲費七十餘貫이니이다 罷役而歸에 寬鄕[4]은 得閑三年이나 狹鄕[5]은 不及一歲니이다 以此較之면 則差役五年之費가 倍於雇役十年所供이니이다 賦役所出은 多在中等이니이다 如此어늘 安得民間不以今法爲害而熙寧爲利乎잇가 然이나 朝廷之法은 官戶等六色役錢은 只得支雇役人[6]하고 不及三年은 處州役而不及縣役[7]하고 寬剩役錢은 只得通融隣路隣州요 而不得通融隣

縣이며 人戶願出錢雇人充役者는 只得自雇요 而官不爲雇[8)]니이다 如此之類는 條目不便者非一이니이다 故로 天下皆思雇役하고 而厭差役이 今五年矣니이다 如此二事는 則臣所謂宜因弊修法하여 爲安民靖國之術者也니이다

또 熙寧의 雇役法은 人戶를 3등급으로 나누어서 모두 役錢을 내게 하였으니, 上等戶는 家產이 넉넉하다 해서 돈을 한정 없이 내야 했으며, 下等戶는 옛날에는 充役되지 않고 또한 돈을 내게 하였습니다. 그러므로 이 두 등급의 人戶는 탄식하고 원망함을 면치 못하였습니다. 中等戶로 말하면 옛날에는 이미 스스로 差役을 하였는데, 지금은 또한 돈을 내는 것이 많지 않으니, 雇法이 행해지는 것이 가장 그에게 편리하였습니다. 元祐 때에 와서 雇法의 시행을 폐지하니, 上等戶와 下等戶는 무척 기뻐한 줄 알겠으나 오직 中等戶만은 도리어 해가 되었습니다.

臣은 또 畿內를 빌어 예로 들어보겠습니다. 그러면 그 나머지는 알 수 있을 것입니다. 畿縣의 中等家는 대체로 해마다 役錢 3貫을 내니, 10년이 지나면 돈이 30貫이 될 뿐입니다. 지금 差役이 이미 시행되는 마당에 諸縣의 手力이 가장 輕微한 役이요, 農民이 官府에서 服役함에 날마다 百錢을 사용하는 것이 가장 경미한 비용입니다. 그러나 1년의 경비가 36貫이 되니, 2년의 役 기간이 차면 경비는 70여 貫이 됩니다. 役을 마치고 돌아가면 寬鄕의 경우는 3년 동안 한가히 보낼 수 있으나 狹鄕의 경우는 1년도 못 갑니다. 이것으로 비교해본다면 差役으로 5년 동안에 발생한 경비가 雇役으로 10년 동안 제공하는 경비보다 배나 되고, 賦役의 할당은 中等의 家戶에 많이 배당됩니다. 이와 같거늘, 어떻게 민간에서 지금의 법을 해롭다고 하고 熙寧의 법을 이롭다고 하지 않을 수 있겠습니까?

그러나 朝廷의 法에서는 官戶 등 六色役錢은 雇役人에게만 지급할 수 있고, 3년을 채우지 못하는 것은 州役에만 국한하고 縣役에는 미치지 못하게 하고, 寬剩役錢은 隣路와 隣州에만 통용될 수 있고 隣縣에는 통용될 수 없게 하며, 人戶에서 돈을 내어 사람을 고용하여 役을 충당하기를 원할 경우는 당사자만이 고용할 수 있고 官에서는 고용할 수 없도록 규정하고 있습니다. 이와 같은 따위의 불편한 조목은 하나뿐만이 아닙니다. 그러므로 온 천하가 雇役을 원하고 差役을 싫어한 지가 지금 5년이 되었습니다. 이와 같은 두 가지 일은 바로 臣이 이른바 "피폐된 일에 따라 법을 닦음으로써 백성을

편안하게 하고 나라를 안정시키는 책략으로 삼는다."라는 것입니다.

1) 又熙寧雇役之法……最爲其便 : ≪宋史紀事本末≫에 의하면 "熙寧 3년(1070)에 募役法을 시행하였는데, 그 법은 백성의 빈부를 5등급으로 나누어 돈을 내게 하였으니, 그 이름을 '免役錢'이라 하였다. 官戶·女戶·寺觀·單丁·未成丁과 같은 경우도 등급을 감안해서 돈을 내게 하였으니, 그 이름을 '助役錢'이라 하였다. 또 2分을 더 거두어서 水旱에 대비하였으니, 이것을 '免役寬剩錢'이라 하였다. 그 돈으로 사람을 모집해서 代役하였으니, 이를 또한 '雇役法'·'免役法'이라 칭하였다. 그러나 雇役法은 재산을 감안하여 人戶를 5등급으로 나누었고, 단 鄕戶만은 4등급부터 役錢을 내는 것을 면제하였다."고 한다.
2) 畿內 : 京城 관할 지역을 범연하게 칭한다.
3) 手力 : 官府에서 雜役을 담당하는 差役小吏를 이른다.
4) 寬鄕 : 인구는 적고 전답은 많은 지역이다.
5) 狹鄕 : 전답은 적고 인구는 많은 지역이다.
6) 官戶等六色役錢 只得支雇役人 : 免役法의 규정에 의하면, 當役戶·坊郭戶·官戶·女戶·單丁·寺觀 등 6種의 家戶는 돈을 내고 役을 면할 수 있었다. 이 6種의 家戶가 내는 免役錢을 '六色錢' 또는 '六色役錢'이라고 칭하였다.
7) 不及三年 處州役而不及縣役 : ≪宋史≫ 〈食貨志〉에 의하면 "元祐 4년(1089)에 1戶가 休役하여 3년을 마칠 수 없을 경우는 雇募하도록 하되 반드시 州役에 응할 鄕差만을 하는 것으로 규정하였다."고 한다.
8) 寬剩役錢……而官不爲雇 : ≪宋史≫ 〈食貨志〉에 의하면 "坊場錢과 河渡錢에 酒錢 따위가 더해지니, 명목이 하나뿐이 아니다. 법이 허용하는 지출예산 외에도 衙前을 招募하는 일과 지극히 어려운 일 및 응당 해야 할 일에 드는 비용을 미리 준비한다. 이를테면 어느 1州의 예산이 부족하면 다른 州의 돈을 옮겨다 쓰는 것을 허용하고, 1路의 예산이 부족할 경우에는 戶部를 통하여 다른 路의 돈을 옮겨다 쓰는 것을 허용한다."는 것이고, 또한 "1路에 狹鄕頻役으로 募錢이 부족한 어려움이 있으면 提刑司에서 1路의 助役寬剩錢을 융통성 있게 옮겨서 사용한다. 그리고 衙前役을 差定한 뒤에 당사자가 몸소 供役을 원치 않을 경우에는 맡길 수 있는 자를 골라서 대신하도록 허용하고, 만일 도망가는 일이 발생하면 고용자가 책임지도록 하였다."고 한다.

臣以聞見淺狹으로 不能盡知當今得失이니이다 然이나 四事[1]不去면 如臣等輩도 猶知其非온 而況於心懷異同하고 志在反覆하여 幸國之失有以藉口者乎잇가 臣恐如此四事는 彼已默識於心이라 多造謗議하여 待時而發하여 以搖撼衆聽矣리이다 伏乞宣諭執政하여 事有失當이면 改之勿疑하고 法或未完이면 修之無倦하소서 苟民心旣得이면 則異議自消리이다 陛下端拱以享承平하시고 大臣逡巡以安富貴하며 海內蒙福이 上下所同이리이다 所有衙前差役二事는 臣方根究詳悉하여 續具聞奏하리이다 臣不勝區區하여 冒昧聖聽하고 伏俟誅戮이니이다

臣은 聞見이 淺狹하여 當今의 得失을 다 알 수 없습니다. 그러나 네 건의 일을 제거하지 않는다면 臣들과 같은 자들도 오히려 그 잘못을 아는데, 하물며 다른 마음을 품고 反覆할 생각을 가지고서 나라가 잘못되는 일에 구실거리가 있기를 바라는 자들이야 오죽하겠습니까? 臣이 두려워하는 것은 이와 같은 네 건의 일을 저들이 이미 마음속에 기억하고 있기 때문에 비방하는 말을 많이 만들어 때를 기다려서 발설하여 여러 사람들의 이목을 교란시킬까 하는 것입니다.

삼가 바라옵건대, 執政에게 宣諭하여 일에 온당함을 잃은 것이 있으면 그것을 고치기를 의심하지 말고, 법에 혹 완전하지 못한 것이 있으면 그것을 수정하기를 게을리하지 말게 하소서. 진실로 민심을 얻는다면 異議가 저절로 사라질 것입니다. 그렇게 되면 陛下께서는 가만히 앉아서 태평을 누리시고 大臣들은 조용히 富貴를 즐길 것이며, 전국에서 복을 받음이 위아래가 다 같을 것입니다. 〈숙제로 있는〉 衙前과 差役에 관한 두 건의 일은 臣이 깊이 연구하여 계속 아뢸 것입니다. 臣은 진정을 견디지 못하여 이처럼 성상의 이목을 어지럽히고 삼가 誅戮을 기다리옵니다.

1) 四事 : 邪와 正을 섞어서 쓰는 일, 黃河의 물길을 돌리자는 의논, 邊境의 患端을 가볍게 여는 일, 鄕戶에서 衙前을 差出하는 일 등 네 건의 일을 가리킨다.

04. 再論熙河邊事箚子* 熙河邊境의 일을 두 번째 논한 箚子

* 본 箚子는 元祐 7년(1092)에 쓴 것인데, 논술의 요지는 다음과 같다. "熙河帥臣 范育·种誼·种朴 등이 朝廷과 西夏가 맺은 和約을 어기고 서쪽으로 西夏의 良

田을 침범하여 質孤와 勝如에 城堡를 쌓아 망령되이 일을 내어 爵賞을 노렸으며, 그들은 또 서쪽으로 靑唐을 유혹하였고, 阿里骨이 이미 吐蕃主를 계승한 상황하에서 趙醇忠을 불러다가 들여보내서 封植을 하려는 생각을 가졌지만, 이때는 吐蕃 臣主의 세력이 이미 굳어지고 민심이 꽤 안정되어 있으니, 그와 같은 거사는 행사의 기회에 어둡기 그지없는 것이고, 조정에서 새로 임명한 熙河帥臣 葉康直도 일찍이 까닭 없이 甘谷城을 수축하여 夏國 군사를 境上에 집결시킨 결과를 가져왔으므로 邊境의 重任을 부여할 수 없는 것은 范育과 마찬가지이다. 그러니 葉康直・种誼・种朴을 貶黜하고 良將으로 바꾸며, 異域을 회유하고 賞罰 관계를 분명히 해야 한다."

論當時邊事는 極痛快나 特以甫招撫後에 遽議易將은 似難從이니라

당시 변경의 일에 대한 논설은 지극히 통쾌하나, 다만 겨우 불러서 무마시키고 난 뒤에 갑자기 장수를 바꾸자고 한 것은, 〈그 요구를〉 따르기 어려웠을 것 같다.

臣近以熙河帥臣范育이 與其將吏种誼种朴等과 妄興邊事[1]하여 東侵夏國하고 西挑靑唐하여 二難[2]竝起하니 釁故莫測이어늘 乞行責降[3]이나 至今未蒙施行이니이다 臣已別具論奏어니와 臣竊復思念컨대 熙河邊釁은 本由誼朴狂妄하여 覬幸功賞이니이다 今育雖已去나 而誼朴猶在니이다 新除帥臣葉康直은 又復人才凡下니이다 以臣度之컨대 必不免觀望朝廷[4]하여 爲誼朴所使리니 若不竝行移降이면 則熙河之患은 猝未可知리이다 加以朝廷議論도 亦自不一[5]이니이다 臣請詳陳本末하리니 而陛下察之하소서

臣이 최근에 熙河帥臣 范育이 그 將吏인 种誼・种朴 등과 함께 망령되이 邊境의 事端을 일으켜, 동쪽으로는 夏國을 침범하고 서쪽으로는 靑唐을 유혹하여 두 가지 환난이 아울러 일어났으니 그 災禍를 헤아릴 수 없습니다. 그래서 그를 문책하여 관직을 깎아내리는 벌을 행하도록 청하였으나 지금까지 시행되지 않고 있습니다.

臣은 이미 별도로 갖추어 論奏하였거니와 臣이 가만히 다시 생각하건대, 熙河의 邊釁은 본래 种誼와 种朴이 狂妄하여 요행히 공을 세워 상을 받으려고 한 데서 연유한 것으로 여깁니다. 지금 范育은 비록 이미 떠났으나 种誼와 种朴은 아직도 그대로 있습

니다. 새로 帥臣에 제수된 葉康直은 또 인품이 용렬하고 재능이 낮습니다. 臣의 생각으로 헤아려보건대, 그는 반드시 朝廷을 관망하여 种誼와 种朴에게 使役되는 것을 면치 못할 것이니, 만일 种誼·种朴과 아울러 移職시키거나 貶職시키지 않는다면, 熙河의 禍患은 〈언제 생길지 모르는 일이라〉 예측할 수 없습니다. 게다가 朝廷의 議論 또한 동일하지 않습니다. 臣은 청컨대 일의 본말을 상세하게 陳達할 것이니, 陛下께서는 이를 살피옵소서.

1) 妄興邊事 : 까닭 없이 邊境의 爭端을 일으킨 것을 가리킨다. 그러나 ≪宋史≫에 의하면, 范育이 熙州知州로 나가 있을 때에 質孤堡와 勝如堡를 버리자는 논의가 일어나자, 范育은 "熙河는 蘭州를 要塞로 삼는데, 이 堡는 바로 蘭州의 요충지대다. 이것을 버리면 蘭州가 위험하게 되고 蘭州가 위험해지면 熙河가 허리를 잘릴 걱정이 있을 것이다."라고 강력히 반대하는 등 국가를 위해 심혈을 기울인 흔적을 여러 군데서 볼 수 있으니, 蘇轍의 이 말은 잘못인 것 같다.

2) 二難 : 西夏와 土蕃의 兩種邊患을 말한다.

3) 責降 : 문책하여 관직을 강등시키는 것이다.

4) 觀望朝廷 : 부정적인 마음을 가지고 조정이 대응하는 태도를 지켜봄을 이른다.

5) 加以朝廷議論 亦自不一 : 元祐 年間에 조정에서는 主戰派와 主和派로 나누어져 執論이 동일하지 않았으니, 즉 司馬光·文彦博·蘇轍 등은 和議를 주장하고, 安燾·邢恕·孫路 등은 싸움을 주장하였다.

昔先帝[1]始開熙河엔 本無蘭州라 初不爲患이러니 及李憲違命하고 創築此城[2]이니이다 因言若無蘭州면 熙河決不可守라하나이다 自取蘭州 又已十餘年이니이다 今日欲築質孤勝如하여 以侵夏國良田하고 遂言若無質孤勝如면 蘭州亦不可守라하나이다 展轉生事하니 類皆浮言이니이다 蓋以邊防無事로 將吏安閒하니 若不妄說事端이면 無以邀求爵賞이니이다 此則邊人之常態요 而自古之通患也니이다 今若試加詰問이면 理則自窮이리이다 何者오 二寨廣狹幾何며 所屯兵甲多少잇가 夏人若以重兵掩襲이면 其勢必難保全이리이다 旣克二城하고 乘勝以擊蘭州면 則蘭州之危가 何異昔日이리잇가 今朝廷不究其實하고 而輕用其言하여 以隳大信이니이다 夏國若因此不順[3]하고 外修朝貢하여 以收賜予之利하고 內實作過하여 以收鹵獲之功이면 臣恐二寨所得地利가 殊未足以償이니 此臣所

謂質孤勝如는 決不可城者 由此故也니이다

옛날 先帝께서 처음 熙河를 개척하실 적에는 본디 蘭州가 없었기 때문에 당초부터 禍患이 되지 않았었는데, 李憲이 命을 어기고 비로소 이 城을 쌓았으며, 그는 따라서 말하기를 "만일 蘭州가 없으면 熙河를 결코 지킬 수 없다."라고 하였습니다. 蘭州를 취한 지 또 이미 10여 년이 되었습니다. 오늘날 質孤堡와 勝如堡를 쌓아 夏國의 良田을 침범하려고 하면서 드디어 말하기를 "만일 質孤堡와 勝如堡가 없으면 蘭州를 또한 지킬 수 없다."라고 하였습니다. 여러 차례 事端을 만들어냈는데, 대체로 모두가 근거 없는 의론이었습니다. 대개 邊防이 무사함으로 인하여 將吏들이 安閒하였으니, 만일 망령되이 事端을 말하지 않는다면 爵賞을 요망할 길이 없습니다. 이것은 변방 사람의 통상적인 태도요 예부터 내려오는 일반적인 병통입니다. 지금 만일 시험 삼아 詰問을 가한다면 이치상 궁지에 몰릴 것입니다. 왜냐하면 質孤堡와 勝如堡의 넓이가 얼마나 되고 거기에 주둔한 군사가 얼마나 됩니까? 夏國이 만일 雄厚한 군대로 갑자기 습격한다면 그 형세는 반드시 보전하기 어려울 것입니다. 이미 두 城寨를 점령하고 그 승리의 기세를 타고 蘭州를 공격하면 蘭州의 위험이 어찌 옛날과 다르겠습니까?

지금 朝廷에서는 그 실상은 궁구해보지 않고 그 말을 가볍게 받아들여 큰 신의를 떨어뜨렸습니다. 夏國이 만일 이로 인해 〈본심으로〉 臣順하지 않고 표면으로는 朝貢을 바쳐 〈조정에서〉 하사하는 이익을 챙기고 실제로는 변경을 침범하여 영토를 약탈하고 인구를 노획하는 전공을 취득한다면, 臣은 두 城寨에서 얻은 地利가 자못 그것을 보상하기에 부족할까 염려되오니, 臣이 이른바 '質孤와 勝如는 결코 城을 쌓을 수 없는 곳'이라는 것은 바로 이 때문입니다.

1) 先帝 : 宋 神宗을 가리킨다.
2) 昔先帝始開熙河……創築此城 : ≪宋史紀事本末≫에 의하면 "元豐 4년(1081)에 熙河經制 李憲이 熙·秦 七軍과 吐蕃 董氈의 군사 3만 명을 거느리고 西夏의 군사를 西市新城에서 패배시키고, 얼마 안 가서 또 西夏의 군사를 汝遮谷에서 습격하여 격파하고서 드디어 옛 蘭州를 회복하여 蘭州城을 쌓았다."고 한다.
3) 不順 : 范育과 种誼 등이 夏國과 맺은 조약을 지키지 않음으로 인하여 夏國이 臣順하지 않음을 말한다.

昔先帝는 **綏御西蕃**[1)]이니이다 **董氈**은 **老而無子**[2)]하고 **趙醇忠**은 **其族子也**[3)]러니 **先帝嘗遣苗履多持金幣**[4)]하고 **以醇忠見之**[5)]시니이다 **是時**에 **聖意蓋有在矣**언마는 **事既不遂**요 **而董氈昏病**[6)]하여 **遂爲阿里骨所殺**이니이다 **阿里骨**이 **本董氈之家奴**로 **先亂其家**하고 **次取其國**[7)]이로되 **董氈之臣 如鬼章溫溪心等**이 **皆有不服之志**[8)]하니 **此實一時之機會也**니이다 **是時**에 **朝廷**이 **若因機投隙**하여 **遣將出兵**하여 **擁納醇忠**이면 **則不世之功**을 **庶幾可立**이언마는 **而一時大臣**이 **不知出此**하고 **遽以旄鉞**[9)]**寵綏**[10)]**簒奪之臣**[11)]으로 **使得假**[12)]**中國爵命之重**[13)]하여 **以役屬蕃部**[14)]하니 **臣主之勢**가 **由此而堅**[15)]이니이다 **然**이나 **自是以來**로 **頗亦外修臣節**하여 **未顯背畔之迹**[16)]이어늘 **而育等**이 **欲於此時**에 **復擧前策**[17)]하니 **蓋已疏矣**니이다

옛적에 先帝께서는 西蕃을 잘 어루만져 통솔하셨습니다. 董氈은 늙고 아들이 없었으며, 趙醇忠은 그 族子였습니다. 先帝께서 일찍이 苗履에게 金幣를 많이 들려 보내고 趙醇忠으로 하여금 그를 인도하여 董氈을 만나보게 하셨으니, 이때 先帝께서는 의도하신 바가 있었던 것인데, 일은 이미 의도한 대로 이루어지지 않고 董氈은 昏病해 결국 阿里骨에게 피살되었습니다.

阿里骨은 본래 董氈의 家奴로서 먼저 그 집을 어지럽히고 그 다음 그 나라를 취하였으되, 董氈의 신하에 鬼章·溫溪心 등과 같은 자가 모두 복종하지 않을 뜻을 가졌으니, 이는 실로 좋은 기회였습니다. 이때에 朝廷에서 만일 틈을 타서 將兵을 보내어 趙醇忠을 에워싸서 吐藩에 들여놓았더라면 세상에 없었던 큰 업적을 바랄 수 있었건만, 당시 大臣이 이런 꾀를 낼 줄을 모르고 문득 旄鉞과 寵綏를 簒奪한 신하로 하여금 中國의 귀중한 爵命을 얻어 그것을 빙자해서 吐蕃의 부락을 統御하도록 하니, 신하와 군주의 세력이 이로 말미암아 굳어지게 되었습니다. 그러나 이후로는 阿里骨이 꽤 겉으로 신하의 예절을 닦아 배반하려는 흔적을 드러내지 않자, 范育 등이 이때에 다시 전에 쓰던 계책을 거행하라고 하니, 疏陋하기 그지없는 처사입니다.

1) 西蕃 : 중국 고대 西域의 일대와 西部의 변경지역을 범연하게 칭하는 말이다. 宋代에는 土蕃이 그 땅을 차지하고 있었다.

2) 董氈 老而無子 : ≪宋史≫ 〈外國 吐蕃〉에 의하면 "董氈은 吐蕃主 唃廝囉(곡시라)의 셋째아들. 唃廝囉가 죽자 그 뒤를 이어 왕위에 올랐으며, 아들 하나를 두었지

만 일찍 죽었다. 神宗朝에서 董氈은 여러 차례 李憲과 함께 군사를 모아 西夏를 쳤다. 西夏는 일찍이 董氈과 사적 교제가 있었기 때문에 厚利로 그의 마음을 사로잡으려고 하였지만 董氈은 따르지 않았다."고 한다.

3) 趙醇忠 其族子也 : ≪宋史≫ 〈外國 吐蕃〉에 의하면 "趙醇忠은 바로 董氈의 大母(할머니뻘 되는 여자) 李氏 소생인 瞎氈(할전)의 아들. 原名은 巴氈角이었는데, 뒤에 趙醇忠이란 이름을 하사받았다. 族子는 同族兄弟의 아들을 가리키지만 趙醇忠은 실제로는 同父異母의 아들이었다."고 한다.

4) 金幣 : 金帛.

5) 以醇忠見之 : 趙醇忠을 媒介로 삼아 董氈을 만나보게 함을 이른다.

6) 昏病 : 병으로 知覺을 잃는 것이다.

7) 董氈昏病……次取其國 : 이 대문은 ≪宋史≫와 큰 차이를 보이고 있다. ≪宋史≫에 의하면 "阿里骨은 본래 于闐(우전) 사람으로 소시에 그 어머니를 따라 董氈에게 갔기 때문에 董氈이 그를 수양아들로 삼았다. 阿里骨은 元豐 年間 蘇州의 싸움에서 큰 공을 세워 肅州團練使로부터 防禦使로 승진되었으며, 뒤에 董氈의 뒤를 이어 왕위에 올랐다."고 한다.

8) 董氈之臣……皆有不服之志 : ≪宋史≫에 의하면 "鬼章은 곧 吐蕃의 首領으로 宋 神宗 때 阿里骨과 함께 刺史를 지냈다. 阿里骨이 즉위하여 혹독한 형벌을 베풀어 부하들을 불안하게 하였는가 하면, 元祐 2년(1087)에는 鬼章을 핍박하여 군사를 거느리고 洮州를 점령하도록 하니, 鬼章은 洮州를 침입하였고, 邈川城主의 숙부인 溫溪心 등은 阿里骨의 명령을 따르지 않았다. 鬼章은 결국 种誼에게 사로잡혔다."고 한다. 이와 같은 ≪宋史≫의 기록으로 보면 "鬼章과 溫溪心은 모두 복종하지 않을 뜻을 가졌다."란 말은 ≪宋史≫에 없으니, 蘇轍이 推論한 말로 보아야 할 것이다.

9) 旄鉞 : 白旄와 黃鉞로, 곧 이를 빌어 軍權을 가리킨다.

10) 寵綏 : 帝王이 각 지방에 대하여 撫綏를 진행하는 일을 가리킨다.

11) 簒奪之臣 : 임금을 시해하고 왕위를 찬탈한 신하. 곧 阿里骨을 가리킨다.

12) 得假 : 얻어서 그를 憑藉하는 것을 이른다.

13) 中國爵命之重 : 조정에서 授與한 尊貴한 爵位와 官職을 가리킨다.

14) 役屬蕃部 : 吐蕃의 부락을 統御함을 이른다.

15) 臣主之勢 由此而堅 : 신하와 군주의 지위가 조정의 爵命으로 말미암아 다시 견

고해짐을 가리킨다.

16) 然自是以來……未顯背畔之迹 : 阿里骨이 元祐 원년(1086)에 왕위를 계승하고, 元祐 2년에 鬼章을 보내 洮州를 차지하려고 하다가 패전하자 表文을 올려 謝罪하니, 宋朝에서는 예전처럼 조공을 바치게 하였으며, 紹聖 3년(1096)에 阿里骨이 죽으니 변경을 침범하는 일이 없었다.

17) 復擧前策 : 范育 등이 군사를 가지고 趙醇忠을 들여보낼 때에 그 부하 1천여 명을 불러서 趙醇忠을 옹위하여 들여보내게 한 계책을 가리킨다.

昔曹公[1)]이 **旣克張魯**한대 **劉曄言於公曰 公旣擧漢中**하니 **蜀人望風破膽**이니이다 **劉備得蜀日淺**하니 **蜀人未附也**니이다 **誠因其傾而壓之**면 **蜀可傳檄而定**이어니와 **若少緩之**면 **蜀人旣定**하여 **據嶮守要**리니 **不可犯矣**니이다하나이다 **公不從**이러니 **居七日**에 **聞蜀中震動**하고 **公以問曄**한대 **曄曰 今已小定**하니 **未可擊也**[2)]니이다하나이다 **夫機會一失**이면 **七日之間**에도 **遂不可爲**어늘 **今乃於數年之後**에 **追行前計**면 **亦足以見其暗於事機**하여 **而不達兵勢矣**리이다

예전에 曹公이 이미 張魯를 쳐서 승리하니, 劉曄이 曹公에게 말하기를 "公께서 이미 漢中을 취득하니 蜀 땅 사람들이 그 풍문을 듣고 낙담하여 넋을 잃고, 劉備는 蜀 땅을 얻은 지 얼마 안 되어서 蜀 땅 사람들이 歸附하지 않고 있습니다. 진실로 그들의 형세가 기울어진 틈을 타서 압박한다면 蜀 땅을 쉽게 항복시킬 수 있겠지만, 만일 시일을 늦춘다면 蜀 땅 사람들이 이미 안정을 찾아 요새지를 의거해 지킬 것이니, 범할 수 없을 것입니다."라고 하였습니다. 曹公은 따르지 않더니, 7일 후에 蜀中이 震動한다는 말을 듣고 劉曄에게 〈"지금도 공격할 수 있겠는가?"라고〉 묻자, 유엽은 말하기를 "지금은 이미 약간 안정되어서 공격할 수 없습니다."라고 하였습니다. 기회를 한번 잃으면 7일 후에도 공격할 수 없거늘, 지금 수년 후에 이전의 계략을 다시 행한다면 또한 일의 기회에 밝지 못하여 용병하는 방법에 通曉하지 못함을 족히 볼 것입니다.

1) 曹公 : 曹操를 가리킨다.

2) 昔曹公……未可擊也 : ≪三國志≫ 〈魏書 劉曄傳〉과 元나라 郝經(학경)이 편찬한 ≪續後漢書≫에 "曹操가 劉曄의 계책을 써서 漢中에 웅거하여 자칭 師君이라고 한 張魯를 進攻하니, 張魯가 도주하였으므로 漢中이 드디어 평정되었다. 그러자

劉曄이 曹操에게 진언하기를 '지금 漢中을 취득하여, 蜀 땅 사람들이 그 풍문을 듣고 낙담하여 넋을 잃고 있으니, 이대로 밀고 나가면 蜀 땅을 차지할 수 있습니다. 劉備는 人傑이라 도량은 있으나 굼뜨고 蜀 땅을 얻은 지 얼마 안 되어서 蜀 땅 사람들이 歸附하지 않고, …… 그들의 형세가 스스로 기울어졌으니, 公의 神明으로 그들의 형세가 기울어진 틈을 타서 압박한다면 이기지 못할 리가 없습니다. 만일 시일을 늦춘다면 諸葛亮은 治國에 밝은 역량으로 정승이 되고, 關羽와 張飛는 용맹이 三軍의 으뜸인 인물로 장수가 된 동시에, 蜀 땅 백성들이 이미 안정을 찾아 요새지를 의거해 지킨다면 범할 수 없습니다. 지금 취하지 않으면 반드시 후환이 될 것입니다.'라고 했으나 曹操는 그 말을 따르지 않았다. 7일 후에 蜀 땅에서 항복해 온 사람이 말하기를 '蜀中에서 하루 수십 번씩 놀라 동요하는 일이 발생하는데, 비록 주동자를 베어 죽여도 안정되지 않는다.'고 하였다. 조조가 후회하며 劉曄에게 묻기를 '지금도 공격할 수 있겠는가?'라고 하니, 유엽은 '지금은 이미 약간 안정이 되어서 공격할 수 없다.'고 했다."라는 말이 보인다.

臣聞 种諤[1)]은 昔在先朝[2)]에 以輕脫詐誕으로 多敗少成하여 嘗爲先帝所薄이라하니 今誼朴爲人이 與諤無異니이다 誼於頃歲에 偶以勁兵으로 掩獲鬼章하고 以此自負니이다 而西蕃懲於無備하여 久作隄防하니 亦無可乘之勢니이다 況育自到任으로 屢陳此計[3)]하니 咫尺蕃界에 誰則不知리잇가

臣은 듣건대, 种諤은 옛날 先朝에 있어서 輕佻하고 詐誕함으로써 실패는 많고 성공은 적어서 일찌감치 先帝의 박대를 받았다고 하는데, 지금 种誼와 种朴의 사람 됨됨이가 种諤과 다를 것이 없습니다. 种誼는 근년에 우연히 精銳 군대로 鬼章을 사로잡고 이것으로 자부하였습니다. 그런데 西蕃이 방비가 없었던 일을 징계하여 장시간 방비하고 있으니, 또한 침투할 기회를 탈 수 없었습니다. 더구나 范育이 도임한 이후로 여러 번 이 계책을 진술하였으니, 吐蕃의 邊界와 가까운 거리에서 누구인들 그것을 모를 리 있었겠습니까?

1) 种諤 : 种誼의 형이자 种朴의 아버지. 그는 熙寧 연간에 邊將으로 保安軍에 있으면서 夏國의 장수 嵬名山을 꾀어 항복시킨 다음 맨 처음 綏州를 개통시키고, 다시 서쪽을 정벌하여 橫山의 모책을 하여 永樂의 싸움을 크게 패하도록 하였다.

种諤은 비록 戰功은 세웠으나 마음대로 군사를 일으킨 죄에 걸려 神宗朝에 여러 번 貶謫을 당하였다. 그러므로 ≪宋史≫에서 그의 사람됨이 詐誕하고 殘忍함을 논하면서 심지어 "种諤이 죽지 않으면 변방 사태가 그치지 않는다."라고 말하기까지 하였다.

2) 先朝 : 神宗朝를 가리킨다.

3) 此計 : 趙醇忠을 감싸서 들여보내려는 계책을 이른다.

臣謂 兵果出境이면 **必有不可知之憂矣**니이다 **兼聞 近日擅招青唐蕃部數以千計**[1)]라하니이다 **納之**면 **則本無朝旨**[2)]라 **未有住坐之處**하고 **却之**면 **則於彼爲畔**이라 **必被屠戮之苦**리니 **據此專擅**하면 **罪名不輕**이니이다 **臣不曉朝廷曲加保庇**는 **其意安在**잇가 **若不竝行責降**이면 **臣恐朝廷之憂**가 **未有艾也**니이다 **借使阿里骨**이 **因此怨叛**하고 **結連夏人**하여 **同病相恤**[3)]하고 **更出盜邊**하여 **羽書**[4)]**交馳**면 **勝負未決**이리이다 **當此之時**에 **大臣相顧**하며 **不敢任責**하고 **而使聖君聖母**[5)]로 **憂勞於帷幄**[6)]**之中**하니 **雖食主議者之肉**[7)]인들 **復何益乎**리잇가 **臣所謂阿里骨決不可取者**는 **由此故也**니이다

臣은 '군사가 국경을 나가면 반드시 알 수 없는 憂患이 있을 것'이라고 생각합니다. 겸해서 듣건대 "요즘 제 마음대로 부른 青唐蕃部의 숫자가 천 명이나 된다."고 합니다. 그들을 받아들인다면 본래 朝廷의 명령이 없었던 일이라 거주시킬 곳이 없고, 물리친다면 吐蕃에서 반발하는지라 반드시 屠戮의 고통을 받을 것이니, 이와 같이 제 마음대로 단행한 일을 감안하면 그 죄명이 결코 가볍지 않습니다.

臣은 도저히 이해할 수 없습니다. 朝廷에서 여러 면으로 그를 비호하는 것은 그 뜻이 어디에 있습니까? 만일 문책과 강등을 병행하지 않는다면 朝廷의 憂患이 멈추지 않을까 臣은 그것이 두렵습니다. 가령 阿里骨이 이로 인하여 배반하고 夏國 사람과 결탁하여 同病相憐하면서 다시 나와 변경을 침범하여 교전신호가 서로 오가게 된다면 승부를 가리지 못할 것입니다. 이때에 大臣들은 서로 돌아보며 감히 책임을 지지 않고 聖君과 聖母로 하여금 帷幄 속에서 걱정하고 고생하시게 만들었는데, 비록 主戰者를 〈誅殺하여 그를〉 씹어 먹는다 한들 무슨 소용이 있겠습니까? 臣이 이른바 "阿里骨은 결코 취할 수 없는 자다."라고 한 것은 바로 이 때문입니다.

1) 兼聞近日擅招青唐蕃部數以千計 : ≪宋史≫ 〈蘇轍傳〉에 "熙河將 范育 등이 또 군사를 가지고 趙醇忠을 감싸서 들여보내려고 하였고, 제 마음대로 吐蕃 부족 천여 명을 불러오자, 조정에서 그를 물리치고 받아들이지 않으니, 서쪽 변경이 소란스러웠다."란 말이 보인다.
2) 本無朝旨 : 저본에는 '本朝無措'로 되어 있는데, ≪欒城集≫에 의하여 '本無朝旨'로 바꾸었다.
3) 同病相恤 : 同病相憐과 같다.
4) 羽書 : 羽檄. 곧 매우 급한 일이 있을 때에 날아가듯 빨리 가라는 뜻으로 닭의 깃을 꽂아 보낸 일로써 주로 군사상에 사용하였다.
5) 聖君聖母 : 宋 哲宗과 宣仁后를 가리킨다. 이때 哲宗이 어리기 때문에 宣仁后가 垂簾聽政하였다.
6) 帷幄 : 여기서는 天子가 계책을 결정하는 곳을 가리킨다.
7) 雖食主議者之肉 : 食肉은 憤怨을 심하게 말한 것이다. 곧 食肉寢皮(고기를 먹고 가죽을 깔고 잠)해야만 恨을 풀 수 있다는 뜻이다.

凡此二事는 皆國家安危와 邊民性命所係니 禍機之發이 間不旋踵[1)]이니이다 故로 臣願陛下 蚤發英斷하사 黜此三人이니이다 外則使異域[2)]으로 知此狂謀는 本非聖意하여 易以招懷[3)]요 內則使邊臣으로 知賞罰尙存하여 不敢妄作이니 此當今所宜速行者也니이다

이 두 가지 일은 모두 國家의 安危와 邊民의 生命이 매인 것이니, 〈잠복한〉 禍機가 순간적으로 觸發할 것입니다. 그러므로 臣은 陛下께서 일찍 英斷을 내리어 이 세 사람을 내쫓으시기를 원합니다. 〈그렇게 하시면〉 밖으로는 異域으로 하여금 이 狂妄한 謀劃은 본래 聖上의 뜻이 아니었다는 것을 알게 하여 懷柔 대상으로 바뀌게 할 수 있고, 안으로는 邊臣으로 하여금 賞罰이 아직 존재한다는 것을 알게 하여 감히 망령스런 행동을 못하게 할 수 있으니, 이것은 지금 마땅히 빨리 행해야 할 일입니다.

1) 禍機之發 間不旋踵 : 잠복한 禍患이 一觸卽發함을 가리킨다. 旋踵은 발꿈치를 돌린다는 뜻으로, 곧 시간이 짧음을 말한다.
2) 異域 : 外國. 여기서는 곧 西夏와 吐蕃을 가리킨다.
3) 易以招懷 : 誘惑과 侵奪을 慰撫와 懷柔로 바꿈을 말한다.

然이나 臣尙謂 熙河遭此破壞하여 彼此相疑[1)]어늘 却欲招納하여 令就平帖이니 非得良帥면 未易可也니이다 臣觀葉康直之爲人하고 深恐未足倚仗[2)]이니이다 何者오 康直頃緣權貴所薦하여 節制秦鳳하니 秦鳳邊面至狹하여 號爲無事언마는 而康直於前年冬에 無故展修甘谷城하여 致令夏國大兵壓境이니이다 兵役已集하니 康直恐懼하여 不敢興功하고 妄以地凍으로 請於朝廷이니이다 役旣不成하고 虜兵乃去니이다 旣無將帥靖重之略하고 而當熙河搖動之秋하니 臣恐陛下西顧之憂未可弭也니이다 要須徙置他路하고 更命熟事老將하사 以領熙河하시고 仍特賜戒勅[3)]하사 使知朝廷懷柔遠人이요 不求小利[4)]之意하소서 如此면 而邊患이 庶幾小息矣리이다 取進止하소서

그러나 臣은 오히려 '熙河가 이와 같이 破壞당하여 彼此가 서로 의심하는데도 문득 불러들여 순종하게 하려고 하니, 어진 장수를 얻지 않고서는 쉽게 할 수 없는 일'이라 생각합니다. 臣이 葉康直의 사람 됨됨이를 살펴보니, 邊事의 重任을 맡을 역량이 부족한 사람인 듯합니다. 왜냐하면, 康直은 최근에 權貴의 추천으로 秦鳳路의 節度使가 되었는데, 秦鳳은 疆域이 지극히 좁아서 일이 없다고 칭해지는데도, 康直은 前年 겨울에 까닭 없이 甘谷城을 修築하여 夏國의 大兵이 境上에 집합하도록 만들었습니다. 大兵이 이미 모이자 康直은 두려워서 감히 공사를 하지 못하고 망령되이 땅이 얼었다는 이유를 들어 조정에 공사중단을 청하였습니다.

城役은 이루어지지 못하고 虜兵은 떠나버렸습니다. 康直에게는 이미 將帥의 鎭重한 策略이 없고 熙河가 搖動하는 시기를 당하였으니, 陛下께서 서쪽을 돌아보시는 걱정이 그치지 않을까 臣은 두렵습니다. 그러니 康直은 다른 곳으로 옮기고 다시 일에 익숙하고 노련한 장수에게 명하여 熙河를 거느리게 하시고, 따라서 특별히 戒勅을 하사하여 朝廷은 遠方 사람을 회유하고 작은 이익을 구하지 않는다는 뜻을 알게 하소서. 이와 같이 하신다면 邊患이 거의 사라질 것입니다. 소신의 건의에 대한 실행 여부를 결정하옵소서.

1) 彼此相疑 : 西夏·吐蕃·宋朝가 상호 신임하지 않음을 가리킨다.

2) 未足倚仗 : 邊事重任을 맡을 역량이 부족함을 이른다.

3) 戒勅 : 곧 戒書로써 漢代 皇帝의 4종 명령의 하나. 4종 명령은 策書·制書·詔

書・戒勅을 이른다.

4) 不求小利 : 이웃나라의 작은 땅을 貪求하지 않음을 가리킨다.

05. 三論渠陽邊事箚子* 渠陽邊境의 일을 세 번째 논한 箚子

* 본 箚子에서는 渠陽邊臣 唐義問의 貶黜을 청하였고, '전쟁에 임하여 장수를 바꾸는 것은 兵家에서 꺼리는 바'라고 주장하는 설을 반박하였고, 어진 장수를 골라 보낼 것을 요구하였고, 渠陽을 완전히 버리자는 논설을 반대하였고, 지혜로써 洞蠻을 굴복시킬 것을 주장하였고, 아울러 廣西路에 詔勅하여 미리 招撫해서 群蠻이 合謀하여 난을 일으키지 못하게 할 것 등 여러 가지 대책을 제시하고 있다. 渠陽은 地名으로, 唐나라에서는 溪洞州라고 칭하였고, 宋나라에서는 荊湖北路에 소속시켰는데, 지금의 湖南 靖縣, 會同 일대이다. 熙寧 9년(1076)에는 그 땅을 수복하였고, 元豐 5년(1082)에는 渠陽縣으로 명명하였고, 元祐 초년에는 폐하여 城砦를 만들었고, 元祐 5년(1090)에는 다시 渠陽砦를 誠州로 삼았다.

古今來로 以蠻夷로 攻蠻夷가 爲最요 以附近土兵으로 攻蠻夷가 次之며 若調他中國强兵이면 則非計矣니라

고금을 막론하고 蠻夷를 이용해서 蠻夷를 치는 것은 최선의 전술이고, 부근에 있는 土兵을 이용해서 蠻夷를 치는 것은 차선의 전술이며, 중국의 강한 군사를 이용해서 蠻夷를 치는 것은 좋은 계책이 아니다.

臣近再論唐義問[1)]處置邊事乖方하여 致渠陽蠻寇賊殺將吏[2)]하니 乞早黜義問하여 以正邦憲하고 更選練事老將하여 付以疆埸이언마는 經今多日에 不蒙施行이니이다 訪聞[3)]執政은 止以臨敵易將은 兵家所忌爲說하고 雖知義問處置顚錯이나 至覆軍殺將하여는 而猶復隱忍하고 不卽遣代라하나이다 比雖遣衡規往視나 然이나 規凡人으로 未曾經練戎事어늘 何益於算이리잇가 徒引歲月하고 坐視邊人肝腦塗地하니 臣甚惑之니이다 謹按義問所爲컨대 蓋全不曉事니 留在邊上一日이면 卽有一日之害니이다 昔趙任廉頗라가 以趙括代之則敗[4)]하고 秦任王齕이라가 以白起代之則勝[5)]이니이다 蓋臨敵易將은 顧代者何

人耳니이다 今執政은 乃以虛文藉口로 終欲庇之하니 遠人何辜로 日被塗炭이니잇가 若非陛下哀矜四方하여 亟命賢將往代면 則臣恐陷害生靈이 未有已也니이다

臣이 최근에 두 번째로 "唐義問이 변경의 전쟁에 관한 일을 법도에 어긋나게 잘못 처리함으로써 渠陽의 蠻이 쳐들어와서 將吏를 살해하게 만들었으니, 일찌감치 唐義問을 내쫓음으로써 國家大法을 바로 세우고, 다시 세상일에 숙련된 노련한 장수를 택하여 변방의 임무를 부여하자."고 논하였건만, 지금 여러 날이 지났는데도 시행되지 않고 있습니다. 臣이 듣건대 "執政은 '敵에 임하여 장수를 바꾸는 것은 兵家에서 꺼리는 바'라고만 말할 뿐이고, 비록 唐義問이 처리한 일이 잘못된 것을 알면서도 군사를 패멸시키고 장수를 살해한 일에 대해서는 오히려 꾹 참고 즉시 대신을 보내지 않았다."고 합니다.

최근에 비록 衡規를 보내 가서 살펴보게 하였지만 衡規는 才能이 보통인 사람으로서 일찍이 軍事를 익힌 경험이 없으니 상황을 파악하는 데 무슨 도움이 되겠습니까? 한갓 세월만 끌면서 가만히 앉아서 변경 백성이 전란에 죽어 肝과 腦가 땅바닥에 으깨어지는 처참한 모습을 보고만 있을 뿐이니, 臣은 몹시 의혹스럽습니다. 唐義問이 하는 일을 살펴보건대 전연 일을 이해하지 못하니, 그가 邊上에 하루 머물러 있으면 곧 하루의 害가 있게 되는 것입니다.

옛날 趙나라는 廉頗에게 장수를 맡겼다가 趙括로 대신하자 패하였고, 秦나라는 王齕에게 장수를 맡겼다가 白起로 대신하자 승리하였습니다. 대개 敵陣에 임하여 장수를 바꾸는 것은 대신할 자가 어떤 사람인가를 볼 뿐입니다. 지금 執政은 실속 없는 말로 핑계를 대어 끝내 감싸려고 하니, 변경 백성은 무슨 죄로 날마다 몹시 괴로운 처지를 당해야 하는 것입니까? 만일 陛下께서 四方의 백성을 불쌍히 여겨 빨리 어진 장수에게 명하여 가서 대신하게 하지 않으신다면, 백성을 陷害하는 일이 멈추지 않을까 臣은 염려됩니다.

1) 唐義問 : 일찍이 齊州知州 등을 역임하고, 文彦博의 추천으로 荊南節度使로 있을 때에는 渠陽의 모든 城砦를 폐지하자고 청하였으며, 蠻의 楊晟秀가 반란을 일으켰을 때에는 湖北轉運使로 나가서 楊晟秀를 토벌해서 항복시켰다.

2) 致渠陽蠻寇賊殺將吏 : 唐義問이 叛酋 楊晟秀를 토벌하여 항복시킨 일을 가리

킨다.

3) 訪聞 : 찾아다니면서 듣는 것이다.

4) 昔趙任廉頗 以趙括代之則敗 : ≪史記≫ 〈廉頗藺相如列傳〉에 의하면 "秦나라가 反間計를 써서 趙나라로 하여금 趙括을 장수로 삼아 廉頗를 대신하게 하였다. 그리고 秦나라 장수 白起가 꾀를 써서 趙나라 군사 45만 명을 죽이고 秦나라 군사가 趙括을 사살한 다음 드디어 邯鄲을 포위하니, 趙나라가 거의 망하게 되었다. 廉頗는 戰國時代의 將領. 그는 齊나라를 격파하여 晉陽을 취하고 上卿이 되었다. 秦나라가 長平을 공격할 때 廉頗가 3년 동안 굳게 지키자 秦나라 군사는 지쳐서 전공을 세우지 못하였다. 長平에서 패한 뒤에 趙나라는 다시 廉頗를 써서 군사를 거느리고 燕나라 군사를 깨뜨렸고, 廉頗는 뒤에 信平君에 봉해지고 相國을 맡았다. 趙括은 趙나라 명장인 趙奢의 아들. 趙奢가 '趙나라 군사를 패망시킬 자는 반드시 括일 것이다.'라고 하였는데, 趙括이 장수가 된 뒤에 군사들에게 은혜를 베풀지 않으니, 군사들이 감히 趙括을 우러러보지 못하였다. 그의 어머니도 '趙括은 장수를 시킬 수 없다.'란 말을 했다."고 한다.

5) 秦任王齕 以白起代之則勝 : ≪史記≫ 〈白起王翦列傳〉에 의하면 "秦나라가 反間計를 쓴 뒤에 몰래 白起를 上將軍으로 삼고 王齕을 副將으로 삼아 趙나라 군대를 잘라 두 토막을 내고 군량을 조달하는 길을 끊었다. 秦나라가 長平을 포위하니 趙나라의 군량 보급로가 이어지지 못하고 구원병이 이르지 않았으며, 趙나라 군사 40만 명이 秦나라에 투항하니 白起가 모두 죽였는데, 전후를 통하여 죽인 趙나라 군사가 45만 명이나 되었다. 白起는 전국시대 秦나라 장수로서 秦나라 昭王 때에 승전하여 70여 城을 취한 공으로 武安侯에 봉해졌다. 王齕은 左庶長에서 발탁된 뒤에 王陵을 대신하여 장수가 되었다가 諸侯의 군사에게 패하였다."고 한다.

兼臣이 **訪聞**[3] **渠陽諸夷**[1]는 **蟠踞山洞**하여 **道路險絶**하니 **中國**[2]**之兵**이 **入踐其地**면 **雖跬步**[3]나 **不得其便**이라하나이다 **昔郭逵**[4]는 **知邵州**에 **困於楊光僭**[5]하고 **李浩**[6]는 **從章惇**[7] **自沅州入**에 **過界卽敗**니이다 **逵浩**는 **皆西北戰將**[8]이나 **然**이나 **竝有敗無成者**는 **地形不便也**니이다 **今聞 朝廷**이 **已指揮諸道**[9]하여 **發兵數目不少**나 **然**이나 **將非其人**이라하나이다 **臣恐旣不知戰**하고 **又不知守**하니 **老兵**[10]**費財**하여 **漸致腹心之患**[11]이 **深可慮也**니이다

今朝廷欲棄渠陽[12]이나 然이나 其中屯戍[13]兵民이 不下數千이니 義無棄之虜中하여 俾爲魚肉이니이다 要須略行討定[14]하여 使之畏憚이요 肯出渠陽兵民이라야 然後爲可니이다 臣訪聞 湖南北[15]士大夫皆言 群蠻은 難以力爭이요 可以智伏[16]이라하니 欲遣間諜招誘인댄 必用土人[17]이요 欲行窺伺攻討인댄 必用土兵[18]이니이다 捨此而欲以中國强兵敵之면 雖多無益이니이다 然이나 此可使智者臨事制置요 難以遙度[19]也니이다

또한 臣이 듣건대 "渠陽의 諸夷는 山洞에 웅거하고 있어 道路가 險絶하므로 中國의 군사가 그 땅에 침입하면 반 걸음도 편히 걸을 수가 없다."고 합니다. 옛날 郭逵는 邵州知州로 있을 때에 楊光僭에게 곤욕을 당하고, 李浩는 章惇을 따라 沅州에서 들어갈 때에 이 地界를 지나다가 곧 패하였습니다. 郭逵와 李浩는 모두 西北戰將이었으나 실패만 있고 성공이 없었던 것은 지리적 조건이 편리하지 못했기 때문입니다. 지금 들으니 "朝廷이 이미 諸道를 지휘하여 발동한 군사는 그 수효가 적지 않으나 장수에 그 적절한 사람을 얻지 못했다."고 합니다. 臣이 두렵게 생각하는 것은, 이미 싸우는 방법도 모르고 또 지키는 방법도 알지 못하니, 군사만 괴롭히고 재물만 허비하여 점점 심각한 禍患을 불러올까 깊이 염려스럽습니다.

지금 朝廷에서 渠陽을 버리려고 하지만, 그 땅에 駐屯한 兵民이 수천 명이 밑돌지 않으니, 의리상 그들을 虜中에 버리어 魚肉이 되게 할 수는 없습니다. 그러니 반드시 夷狄을 토벌, 평정하여 그들로 하여금 畏憚하게 하고 渠陽의 兵民을 기꺼이 내놓게 하여야만 합니다. 臣이 듣건대 湖南과 湖北의 士大夫들이 모두 말하기를 "群蠻은 힘으로 다투기 어렵고 지략으로 복종시킬 수 있다."고 하니, 間諜을 파견해서 招誘하려고 한다면 반드시 본토인을 이용해야 되고, 엿보아서 攻討하려고 한다면 반드시 본토의 土兵을 이용해야 됩니다. 이런 방법을 제쳐두고 中國의 强兵으로 대적한다면 아무리 많은 싸움을 한다 하더라도 이익이 없을 것입니다. 그러나 이것은 지략이 있는 자가 일에 임하여 처리할 수 있는 것이고, 먼 곳에서 規畫하기 어려운 일입니다.

1) 渠陽諸夷 : 여기서는 특별히 西南溪洞의 모든 蠻夷를 가리키니, 이를테면 梅山峒蠻夷·誠徽州蠻夷·南丹州蠻夷와 같은 部族이다.

2) 中國 : 中原 지구를 범연하게 칭한 말이다.

3) 跬步 : 跬는 한 발 내딛는 거리로, 半步를 이르는 말이다.

4) 郭逵 : 宋代 仁宗・英宗・神宗 때의 名將. 邵州知州로 있을 때에 武岡의 蠻夷가 배반하자 토벌해서 평정시켰다. 일생 동안 많은 전공을 세웠고, 벼슬이 檢校太保同簽書樞密院에 이르렀다. ≪宋史≫에 〈郭逵傳〉이 있으나 "楊光僭에게 곤욕을 당했다."는 기사만은 없다.

5) 楊光僭 : 誠州・徽州 蠻夷首領의 한 사람. 당시 楊氏姓을 가진 사람들이 많이 歸附하였으나 楊光僭만은 자부하고 명령을 따르지 않다가 얼마 안 가서 역시 항복하였다.

6) 李浩 : 神宗 때 章惇을 江南에서 따라다니며 蠻夷를 크게 깨뜨리고, 懿州와 黔江을 회복시켰다.

7) 章惇 : 일찍이 湖南・湖北의 察訪使를 역임하였고, 南・北江의 群蠻을 攻討할 때에 章惇은 三路兵으로 懿州・洽州・鼎州 등을 평정시켰다.

8) 逵浩 皆西北戰將 : 郭逵와 李浩가 일찍이 陝西 일대의 戰將이 되었기 때문에 이렇게 말한 것이다.

9) 諸道 : 곧 諸路. 宋代에는 行政區劃을 '路'로 칭하고, 唐代에는 '道'로 칭하였는데, 蘇轍은 예전 것을 칭하였다.

10) 老兵 : 여기서는 군사를 피곤하게 하는 것이다.

11) 腹心之患 : 복부와 심장은 신체의 중요한 기관이니, 여기서는 곧 심각한 禍患을 비유한 것이다.

12) 今朝廷欲棄渠陽 : 元祐 초년에 조정에서 일을 줄일 목적으로 堡砦를 폐지하고 戍守를 철수함으로써 渠陽을 蠻夷에게 넘겨주려고 논의하던 일을 가리킨다.

13) 屯戍 : 옛날 屯田에 농사를 지으며 邊境을 戍守하는 제도가 있었기 때문에 屯戍는 흔히 駐屯 또는 駐札・駐箚하는 일을 가리킨다.

14) 討定 : 저본에는 '定計'로 되어 있는데, ≪欒城集≫에 의하여 '討定'으로 바꾸었다.

15) 湖南北 : 荊湖南路와 荊湖北路를 가리킨다.

16) 智伏 : 智略을 써서 복종하게 함을 이른다.

17) 土人 : 대대로 거주해오는 본토 사람을 말한다.

18) 土兵 : 本土兵丁.

19) 遙度 : 먼 곳에서 規畫하는 일. 宋代에 戰爭을 지휘할 때에는 항상 帝王이 친히 方略을 하달하는 일이 있었다.

臣이 前者에 嘗以衆人言謝麟[1]屢經蠻事라 頗有勞效[2]라하여 乞行委任이언마는 朝廷置而不用하니 蓋必有賢於麟者어든 惟乞速遣하여 以紓邊鄙之患하노이다 至於義問하여는 決無可望이니 幸陛下無疑也하소서 臣又聞 渠陽諸夷가 與宜州群蠻[3]相接하고 宜蠻部族衆多하니 若與渠陽諸夷合謀作過[4]하여 勢益昌熾면 猝難翦滅이리이다 亦乞指揮廣西[5]하여 預行招撫하면 雖不得其用이나 但勿與協力[6]이니 亦不爲無益矣리이다 取進止하소서

臣이 전에 여러 사람들이 "謝麟은 누차 蠻夷에 관한 일을 경험하였기 때문에 매우 功績이 있다."고 한 말을 들었기에 그에게 委任하도록 청하였건만 朝廷에서는 그를 놓아두고 쓰지 않았으니, 반드시 謝麟보다 나은 자가 있거든 속히 보내서 변경의 禍患을 해소하기 바랍니다. 唐義問으로 말하면 결코 가망이 없는 사람이니, 陛下께서는 조금도 의심하지 마옵소서.

臣은 또 듣건대 "渠陽의 諸夷가 宜州의 群蠻과 서로 인접해 있고, 宜州의 群蠻은 部族이 衆多하니 만일 渠陽의 諸夷와 공동 모의하여 변경을 침범하는 일을 저질러서 그 세력이 더욱 창성하면 갑자기 翦滅하기 어렵다."고 합니다. 그러니 또한 廣西 지방의 官員들을 지휘하여 미리 宜州의 群蠻을 불러 慰撫하기 바랍니다. 그렇게 한다면 비록 그들을 朝廷에서 이용하지는 못하더라도 그들이 渠陽의 蠻夷와 同心協力하는 일은 금지시킬 수 있을 것입니다. 소신의 건의에 대한 실행 여부를 결정하옵소서.

1) 謝麟 : 관직에서 많은 政績을 쌓았으며, 章惇의 추천에 의하여 沅州太守가 되었다. 猺族이 辰溪를 침범할 때에는 그들을 잡아들이기도 하고 招撫하기도 하였다. 宜州의 獠族을 제압하니 항복해온 자들이 매우 많았으며, 특히 潭州知州로 있을 때에는 融江에 제압하기 어려운 夷變이 있었으나 그것을 무난히 討平하는 등 蠻夷를 다루는 경험이 많았다.

2) 勞效 : 功效. 功績.

3) 宜州群蠻 : 宜州 일대의 南丹州의 蠻, 撫水州의 蠻 등을 가리킨다.

4) 合謀作過 : 群蠻이 공동 모의하여 변경을 침범함을 말한다.

5) 廣西 : 地名. 宋代에는 廣南西路를 칭하였는데, 그 지역의 融州・黔州・宜州 같은 곳에 蠻夷部落이 많았다.

6) 亦乞指揮廣西……但勿與協力 : 이 대문은 '朝廷에서 廣西南路의 官員들에게 詔

勅하여 미리 宜州의 群蠻을 불러 위안하여 歸附하게 하면 그들을 朝廷에서 이용하지는 못하더라도 그들이 渠陽의 蠻夷와 同心協力하는 일은 금지시킬 수 있을 것'이라고 주문한 말이다.

06. 論開孫村河劄子* 孫村河를 틔울 일을 논한 劄子

* 본 劄子는 元祐 3년(1088)에 쓴 것인데, 당시 조정에서 孫村河를 틔워서 黃河의 물길을 돌려 동쪽으로 흐르게 하자는 의론을 반박한 내용이니, 곧 '黃河를 나누자는 의론은 족히 들을 것이 못된다. 한갓 河朔을 困弊하게 하고 生靈을 도탄에 빠지게 할 뿐이다.'라는 식으로 논리를 전개하고 있다.

利害明悉하다

이해관계가 분명하다.

臣은 爲戶部右曹[1)]하고 兼領金倉二部[2)]하여 任居天下財賦之半[3)]이어늘 適當中外匱竭不繼之時하니 日夜憂惶하여 常慮敗事니이다 竊見左藏[4)]見緡一月出納之數면 大抵皆五十餘萬이요 略無贏餘며 其他金帛諸物은 雖小有羨數나 亦不足賴니이다 臣之愚怯은 常恐天災流行하고 水旱作沴[5)]하며 西羌旅距[6)]하여 邊鄙繹騷하며 河議失當[7)]하여 賦役橫起니 三事有一이면 大計不支니이다 雖使桑羊[8)]劉晏[9)]復生이라도 計無從出矣온 而況於臣之駑下乎잇가

臣은 戶部右曹가 되고 겸하여 金部와 倉部를 통솔하여 中原天下 財賦의 半을 맡고 있는데, 마침 중앙과 지방의 재정이 고갈되어 이어지지 못하는 때를 만났으니, 밤낮으로 걱정하여 항상 일이 낭패될까 염려합니다. 左藏에서 한 달에 出納되는 현금의 숫자를 가만히 살펴보면 모두 50여만 냥이고, 조금도 여분이 없으며, 그 밖의 金·帛 등 여러 물건은 비록 조금 남아돌지만 또한 족히 그 덕을 볼 수는 없습니다. 어리석고 겁많은 臣이 항상 두려워하는 것은 바로 天災가 流行하여 水旱이 災害를 일으키며, 西羌이 모여 항거해서 변방이 소란하며, 黃河의 물길을 돌리자는 의논이 합당하지 못하여 賦役이 갑자기 일어나는 점이니, 이 세 가지 중에 한 가지만 있어도 국가재정이 지탱

하지 못합니다. 비록 재정에 밝은 桑弘羊과 劉晏을 다시 태어나게 한다 하더라도 좋은 계책이 나올 수 없을 것인데, 하물며 臣처럼 才能이 낮은 사람이 막중한 재정을 맡고 있으니 오죽하겠습니까?

1) 戶部右曹 : 宋代에 戶部는 軍國의 財政을 맡았다. 戶部尙書 아래에 侍郎・郎中・員外郎이 있었고, 郎中은 또 左曹・右曹로 나뉘어 右曹는 常平錢物의 총수를 맡았다.
2) 兼領金倉二部 : 戶部를 度支・金部・倉部 3개 부문으로 나누어 度支部는 국가의 財務를 총괄하고, 金部는 금전의 출납을, 倉部는 국가의 창고 등을 관장하였다.
3) 任居天下財賦之半 : 戶部에서는 度支가 軍國의 용도 및 貢賦와 租稅의 수입・지출에 관한 일을 맡고 그 외의 모든 것은 金部와 倉部로 말미암아 통솔하기 때문에 이렇게 말한 것이다.
4) 左藏 : 國庫의 하나. 왼쪽에 있기 때문에 左藏이라 칭하였다. 晉代에 비로소 左・右藏令을 설시하였고, 宋代 초기에는 諸州의 貢賦를 모두 左藏으로 실어 들였다.
5) 沴 : 여기서는 천지가 불화하여 생기는 災害를 가리킨다.
6) 西羌旅距 : 西羌은 중국 고대 西部에 분포한 소수 민족의 하나이고, 旅距는 여럿이 모여서 항거하는 것이다.
7) 河議失當 : 元祐朝에서 북쪽으로 흐르는 黃河의 물길을 돌려서 동쪽으로 흐르게 하자는 의논이 일어나자, 蘇轍은 황하가 북쪽으로 흐르도록 놓아두자는 의논으로 황하의 물길을 돌리자는 의논이 부당함을 강조하였다.
8) 桑羊 : 漢 武帝 때 治粟都尉를 지낸 桑弘羊. 그는 大司農으로 있을 때 重農抑商과 鹽鐵專賣 등을 주장하여 백성의 생활을 윤택하게 하고 나라의 재용을 넉넉하게 만들었다.
9) 劉晏 : 唐나라 肅宗・代宗 연간에 국가재정을 관리하면서 鹽法을 정리하고 물가를 안정시키는 등, 安史의 난을 겪은 뒤 唐朝가 당면한 경제의 곤경과 재정의 문란을 개선하였다.

今者에 幸賴二聖[1)]慈仁恭儉하여 天地垂貺하사 諸道秋稼가 稍復成熟하니 雖京西陝西災旱相接[2)]이나 而一方之患이 未爲深憂니이다 羌人困窮[3)]하여 旋聞款塞[4)]니이다 惟有

黃河西流하니 議復故道[5)]하여 事之經歲에 役兵[6)]이 二萬人이요 蓄聚梢椿等物이 三千餘萬이니이다 方河朔[7)]災傷困弊之餘에 興必不可成之功하니 吏民竊嘆勞苦已甚이어늘 而莫大之役이 尙在來歲[8)]니이다 天啓聖意하여 灼知民心하시고 特召河北轉運司官吏하사 訪以得失[9)]이시니이다 近聞 回河大議가 已寢不行[10)]이라하니 臣平日過憂가 頓然釋去니이다 然이나 尙聞議者가 固執開河分水之策[11)]하여 雖權罷大役이나 而兵工小役은 竟未肯休[12)]라하니 如此면 則河北來年之憂가 亦與今年何異리잇가

지금 다행히도 두 분 聖上의 慈仁恭儉을 힘입어 天地가 선물을 내리셔서 諸道의 농사가 약간 成熟하였으니, 비록 京西와 陝西의 災旱이 서로 이어졌다 하더라도 한 방면의 禍患은 깊이 걱정할 것이 못 됩니다. 羌人은 困窮하여 지금 찾아와서 복종하겠다는 의사를 전했다고 들립니다. 오직 黃河가 서쪽으로 흐르기 때문에 옛 물길을 회복시키자는 의론이 일어나 공사를 시작한 지 1년 만에 役兵은 2만 명이 동원되고, 축적된 공사 장비들은 3천여만 개나 됩니다. 河朔이 災傷으로 온갖 困弊를 겪은 끝에 꼭 해서는 안 될 공사를 일으켰으니 吏民의 竊嘆과 勞苦가 이미 심하거늘, 莫大한 役事가 오히려 명년에 대기하고 있었습니다. 그런데 하늘의 啓示로 聖上께서 백성들의 고달픈 마음을 환히 아시고 특별히 河北轉運司의 官吏를 불러 役事로 인한 이해득실을 알아보셨습니다. 요즘 듣기에 황하의 물길을 돌리자는 의론이 이미 중지되어 시행하지 않는다 하니, 臣의 平日過憂가 頓然히 사그라졌습니다. 그러나 아직도 듣건대 의논하는 자들이 開河分水策을 고집하여 비록 大役은 파하였으나 兵工小役은 끝내 止息되지 않았다고 하니, 이와 같다면 河北이 내년에 겪을 걱정이 또한 금년과 무엇이 다르겠습니까?

1) 二聖 : 宋 哲宗과 垂簾聽政한 高太后를 가리킨다.

2) 雖京西陝西災旱相接 : 京西는 곧 宋代의 京西路로 15路의 하나. 陝西는 곧 宋代의 陝西路로 15路의 하나. ≪宋史≫ 〈五行志〉에 "元祐 원년 봄에 諸路가 가물었다.…… 이해 겨울에 다시 가물었다.…… 2년 봄에 가물었다. 3년 가을에 諸路가 가물었다. 京西와 陝西가 더욱 심하였다."라는 말이 보인다.

3) 羌人困窮 : 西羌 사람이 旱災로 인하여 艱難하고 窘迫함을 이른다.

4) 款塞 : 塞門을 두드림. 곧 塞門을 두드려 열게 하고 와서 服從함을 가리킨다.

5) 惟有黃河西流 議復故道 : ≪宋史≫ 〈河渠志 黃河〉에 의하면, 熙寧 초년에 조정에

서 오로지 黃河의 물길을 동쪽으로 흐르도록 유도하고 북쪽으로 흐르는 길을 폐쇄하려고 하였다. 元豐 이후에 黃河가 자주 터져서 북쪽으로 흐르자, 神宗은 水性을 따라 북쪽으로 흐르도록 놓아둘 것을 생각하였다. 安燾의 상소에 "黃河가 터졌다 하면 번번이 서쪽으로 터지고 서쪽으로 터졌다 하면 黃河의 꼬리는 그때마다 북쪽으로 뻗치기 마련이다.〔河決每西 則河尾每北 河流旣益西決 固已北抵境上〕"라고 한 말로 보아 이른바 '西流'와 '北流'는 그 뜻이 동일한 바, '西流'와 '北流'를 혼동해서 썼음을 알 수 있다. 元豐 8년(1085)에 哲宗이 즉위하였는데, 당시 黃河가 비록 북쪽으로 흘렀으나 孫村이 지대가 낮았기 때문에 여름과 가을에 장마가 지면 불어난 물이 이따금 동쪽으로 흘렀다. 小吳埽의 決口를 막지 못하였는데, 10월에 또 大名의 小張口가 터지니, 河北의 諸郡이 모두 水災를 입었다. 本路 轉運使 范子奇가 '大吳北岸에 鋸牙를 설치해서 거센 黃河의 水勢를 약화시키자.'고 청하였으므로 이에 황하의 물길을 돌려 동쪽으로 흐르게 하자는 논의가 일어나게 되었던 것이다.

6) 役兵 : 勞役하는 士兵. 宋代의 兵制에 禁兵·廂兵·役兵·民兵 등이 있었는데, 役兵은 遊民으로 충당하여 한 業種만을 전담하게 하였으니, 곧 河防을 쌓고 國馬를 기르는 일 등과 같은 것이었다.

7) 河朔 : 黃河 이북 지역을 범연하게 칭하는 말이다.

8) 莫大之役 尙在來歲 : 水官 張景先이 元祐 2년(1087) 12월 "내년 봄에 황하의 옛길을 다시 닦자."고 건의하니 조정에서 건의를 따랐기 때문이다.

9) 特召河北轉運司官吏 訪以得失 : 元祐 2년(1087) 三省에서 "黃河가 북쪽으로 터진 뒤로부터 恩州와 冀州 이하 몇 지대가 수해를 입는다."라고 아뢰자, 河北轉運使·轉運副使에게 詔書를 내려 "두 달 동안에 水官과 함께 그에 대한 대책을 강구해서 아뢰라."고 한 기사가 ≪宋史≫ 〈河渠志 黃河〉에 보인다.

10) 近聞回河大議 已寢不行 : 元祐 3년(1088) 6월 戊戌日에 "黃河의 옛 물길을 회복하지 못하여 마침내 河北의 禍患이 되게 하였다. 王孝先 등의 건의에 의해 이미 일으킨 役事는 중도에 파할 수 없으니, 계속 공사를 진행하여 결단코 옛 물길을 회복시켜야 할 것이다. 三省과 樞密院은 서둘러 서로 상의해서 시행하도록 하라."고 詔書를 내렸는데, 얼마 후에 王存이 다시 "자고로 황하의 물길을 유도하는 경우와 황하의 물길을 막는 경우만이 있었습니다. 황하의 물길을 유도하는 경우는 水勢를 순종하여 높은 데서 아래로 내려가도록 유도하였고, 황하의 물길

을 막는 경우는 황하의 터진 곳에 제방을 쌓아 터진 물이 황하의 몸통으로 들어가도록 하였을 뿐이지, 황하를 끌어서 높은 데로 흐르게 하였다는 말은 듣지 못하였습니다."라고 아뢰자, 戊戌日에 내렸던 詔書를 환수하였기 때문이다.

11) 然尙聞議者 固執開河分水之策 : 元祐 원년(1086)에 秘書監 張問에게 "河北水事를 살펴보도록 하라."고 詔書를 내리자, 張問이 陳言하기를 "臣이 滑州決口에 이르러 살펴보니, 迎陽埽는 지극히 크고 小吳는 水勢가 낮아 진흙이 쌓였기 때문에 옛 물길을 회복하기 어렵습니다. 그러니 南樂 大名埽에 直河와 簽河를 개통하여 水勢를 분산시켜 이끌어서 孫村口로 들어가 北京으로 집중되는 水患을 해소하소서."라고 하니, 이에 減水河(곧 인공으로 河를 개통하여 물을 나누어 흐르게 하는 河를 가리킴)의 의론이 다시 일어나서 그를 따르도록 조서를 내렸기 때문이다.

12) 雖權罷大役……竟未肯休 : 元祐 원년(1086) 2월에 "비가 오지 않으니 임시로 修河하는 일을 파하고 諸路의 兵夫를 놓아 보내라."라고 詔書를 내렸지만, 減水河를 만드는 일은 그대로 지속되었기 때문에 兵工小役은 오히려 있었던 것이다. ≪宋史≫ 〈河渠志 黃河〉에 이에 대한 사실이 자세히 보인다.

今者에 小吳[1)]決口는 入地已深하고 而孫村所開는 丈尺有限하니 不獨不能回河라 亦必不能分水[2)]니이다 況黃河之性은 急則通流하고 緩則淤澱하니 旣無東西皆急之勢어늘 安有兩河竝行之理哉리잇가 縱使兩河竝行이라도 不免各立隄防이니 其爲費耗 又倍今日矣리이다 臣聞 自古聖人은 不能無過나 過而能改하니 善莫大焉이니이다 故로 君子之過는 如日月之食하여 過也엔 人皆見之하고 更也엔 人皆仰之[3)]라하나이다 朝廷擧動은 義當如此니이다 今議河失當이 知其害人하여 中道而復本이면 何所愧리잇가 雖使天下知之라도 亦足以明二聖憂民之深이니 爲之改過不吝이니이다 今乃顧惜前議하여 未肯曠然更張하며 果於遂非하고 難於遷善하니 臣實爲朝廷惜之니이다

지금 小吳埽의 決口는 땅속으로 이미 깊숙이 들어가 있고, 孫村에 개통된 減水河는 丈尺에 한계가 있으니, 황하의 물길을 돌리지 못할 뿐만 아니라 또한 반드시 물을 분산시킬 수도 없습니다. 하물며 黃河의 성질은 물살이 급하면 콸콸 흐르고 물살이 느리면 진흙이 쌓이게 되는데, 이미 東西에 다 급한 경사가 없거늘 어떻게 두 개의 河水가

나란히 흘러갈 이치가 있겠습니까? 각각 隄防을 쌓는 일을 면할 수 없으니, 그에 대한 경비가 또 오늘날보다 갑절이나 들 것입니다.

臣은 듣건대 자고로 聖人은 허물이 없을 수 없었지만 허물이 있으면 잘 고쳤기 때문에 善이 그보다 더 클 수가 없다고 합니다. 그러므로 "君子의 허물은 日蝕·月蝕과 같아 허물이 있으면 사람들이 모두 볼 수가 있고, 허물을 고쳤을 때에는 사람들이 모두 우러러본다."고 하였습니다. 朝廷의 행동은 의리상 마땅히 이와 같아야 합니다. 지금 黃河에 대한 의론의 온당하지 못함이 사람에게 해가 됨을 알아서 중도에서 원점으로 회복시킨다면 무엇이 부끄럽겠습니까? 비록 천하 사람들이 알게 한다 하더라도 또한 족히 두 분 聖上께서 백성을 깊이 걱정하시는 것을 밝히는 일이니, 이를 위하여 허물을 고치는 일에 인색하지 않아야 할 것입니다. 그런데 지금 예전의 의론에 연연하여 시원스럽게 변경하지 못하며, 잘못을 합리화시키는 데에는 과감하고 改過遷善을 어렵게 생각하니, 臣은 실로 朝廷을 위하여 애석하게 여깁니다.

1) 小吳 : 곧 小吳埽. 埽는 범연하게 堤岸을 가리킨다. 孫村埽와 함께 澶州에 속했으니, 지금의 河南 濮陽 일대이다.
2) 孫村所開……亦必不能分水 : 張問이 말한 "水勢를 분산시켜 이끌어 孫村口로 들어가게 한다."는 것은 減水河를 만들자는 뜻인데, 孫村의 減水河가 小吳埽보다 높고 水性은 아래로 내려가기 때문에 물을 분산할 수 없다는 것이다.
3) 君子之過……人皆仰之 : 子貢이 한 말로, ≪論語≫ 〈子張〉에 보인다.

然이나 臣聞 議者初建開河分水之策에 其說有三하니 其一曰 御河堙滅하여 失饋運之利[1]라하고 其二曰 恩冀以[2]北은 漲水爲害하여 公私損耗[3]라하고 其三曰 河徙無常하니 萬一自邊[4]界入海면 邊防失備[5]라하나이다 凡其所以熒惑聖聰[6]하고 沮難公議는 皆以三說藉口니이다 夫河決西流는 勢如建瓴[7]이요 引之復東은 勢如登屋[8]이니 雖使三說可信이라도 亦莫如之何矣온 況此三說이 皆未必然이리잇가 臣請得具言之하리이다

그러나 臣이 듣건대 의논하는 자들이 처음 開河分水策을 건의함에 그 주장이 세 가지가 있었는데, 그 중 첫째는 "御河가 堙滅하여 饋運의 이익을 잃는다."는 것이고, 둘째는 "恩州와 冀州 이북은 漲水가 害가 되어 公私간에 損耗가 된다."는 것이고, 셋째는

"黃河 물길의 이동이 일정하지 않으니, 만일 邊界로부터 바다로 들어간다면 邊防이 수비를 잃는다."는 것이라 합니다. 무릇 聖聰을 熒惑하고 公論을 沮害함에 모두 이 세 가지 말로써 구실을 삼고 있는 것입니다. 黃河를 서쪽으로 흐르게 하는 것은 그 형세가 마치 물병을 거꾸로 세워서 물이 쏟아지게 하는 것과 같고, 黃河를 이끌어 동쪽으로 흐르게 하는 것은 그 형세가 마치 옥상에 올라가는 것과 같으니, 세 가지 주장이 설령 믿을 만한 것이라도 시행할 수 없는데, 하물며 이 세 가지 주장이 모두 반드시 옳지는 못함에야 더 말할 나위가 있겠습니까. 臣은 청컨대 그에 대한 까닭을 상세하게 말씀드리겠습니다.

1) 御河堙滅 失饋運之利 : ≪宋史≫ 〈河渠志 御河〉에 의하면 "御河는 衛州 共城縣 百門泉에서 發源하여 通利·乾寧을 거쳐 界河로 들어가 바다에 도달한다."고 하였다. 熙寧 때에 水官이 黃河水를 御河로 끌어들여서 饋運의 이익을 구하였으나 얼마 안 가 黃河가 衛州로 터져서 御河에서 물을 나누기가 부족하였다. 그래서 또 徐曲에서 黃河水를 꺾어 막자는 의론이 있었다. 그런데 오래 가지 않아서 "小吳埽가 터져 大河가 북쪽으로 흐르고, 御河가 자주 漲水에 湮滅당하였다."고 한다. 당시 황하의 물길을 상고해보면 黃河가 동쪽으로 흘렀으므로 御河가 다시 나올 수 있었다. 王巖叟가 일찍이 아뢰기를 "황하가 御河를 倂呑하니, 邊城이 轉輸의 편리함을 잃었습니다."라고 하였고, 王存·胡宗愈·王覿도 모두 御河가 湮沒하여 轉運의 이익을 잃은 점에 대해 말하였다.

2) 以 : 저본에는 '已'로 되어 있는데, ≪欒城集≫에 의하여 '以'로 바꾸었다.

3) 恩冀以北……公私損耗 : ≪宋史≫ 〈河渠志 黃河〉에 의하면 "元祐 2년(1087)에 王覿이 아뢰기를 '河北의 人戶가 이사를 많이 하는 것은 黃河가 범람하여 民田을 呑食하기 때문입니다.'라고 하였고, 王巖叟도 아뢰기를 '黃河가 북쪽으로 흘러 西山의 물을 가로막아 순하게 흘러내릴 수 없어 천 리가량 넘치므로 백만 生靈이 거처할 집이 없고 갈아먹을 전지가 없게 만들었습니다.'라고 하였다." 한다.

4) 邊 : 저본에는 '北'으로 되어 있는데, ≪欒城集≫에 의하여 '邊'으로 바꾸었다.

5) 河徙無常……邊防失備 : ≪宋史≫ 〈河渠志 黃河〉에 의하면, 황하의 물길을 돌리자고 주장하는 자들은 대체로 이렇게 말하였다. 이를테면 知樞密院事 安燾는 東流를 적극 주장하여 "小吳埽가 아직 터지기 이전에는 黃河가 바다에 들어가는 지대가 아무리 여러 번 변경되었더라도 모두 그 지대가 중국 땅에 있었기 때문에

京師는 그것을 의지하여 북쪽으로 强敵을 막을 수 있었으니, 그것은 바로 景德 때 있었던 澶淵의 일에서 징험할 수 있다. 또 黃河가 터졌다 하면 번번이 서쪽으로 터지고 서쪽으로 터졌다 하면 黃河의 꼬리는 그때마다 북쪽으로 뻗치기 마련인데, 黃河가 서쪽으로 터지고 그 꼬리가 북쪽으로 뻗치는 일이 계속된다면 남쪽 연안은 결국 遼界에 속하고, 저들은 반드시 그곳에 舟橋를 놓을 것이다.…… 지금 黃河를 다스리는 일을 편할 대로만 하고 험한 지대를 만들려고 하지 않는 것은 장구한 계책이 아니다."라고 하였고, 王巖叟도 이 의론을 주장하였으며, 文彦博·呂大防·安燾 같은 이는 "黃河가 동쪽으로 흐르지 않는다면 중국은 요새지를 잃고, 契丹은 이익을 얻게 될 것이다."라고 하였던 것이다.

6) 聖聽 : 帝王의 明察을 칭한 말이다.

7) 建瓴 : 물병을 거꾸로 세워서 그 속에 있는 물을 쏟아지게 하는 일. 여기서는 地勢가 東高西低하니 河水의 西流를 막기가 어렵다는 것을 비유적으로 말한 것이다.

8) 登屋 : 옥상에 오름. 여기서는 東流를 주장하는 것은 낮은 곳에서 높은 곳으로 올라가게 하는 일이니, 그 형세가 어렵다는 것을 비유적으로 말한 것이다.

昔大河在東하고 **御河自懷衛**로 **經北京漸歷邊郡**[1)]하니 **饋運旣便**하고 **商賈通行**이니이다 **今河旣西流**하고 **御河堙滅**[2)]하니 **失此大利**를 **誰則不知**리오마는 **天實使然**이니 **人力何及**이리잇가 **若**[3)]**議者能復澶淵故道**면 **則御河有可復之理**[4)]니이다 **今河自小吳北行**하여 **占壓御河故地**하니 **雖使如議者之意**하여 **自北京以南折而東行**이라도 **則御河堙滅**이 **已一二百里**니 **亦無由復見矣**[5)]리이다 **此御河之說不足聽**이 **一也**니이다

옛날에 大河(黃河)는 동쪽에 있고, 御河는 懷州와 衛州로부터 北京을 거쳐서 점차로 邊郡을 통과하였으니, 饋運은 물론 편리하고 商賈도 잘 通行하였습니다. 지금은 黃河는 이미 서쪽으로 흐르고 있고, 御河는 堙滅하였으니, 이와 같은 큰 이익을 잃은 것을 누가 모르겠습니까마는, 하늘이 그렇게 만든 것이니 人力으로 어떻게 할 수 있겠습니까? 만일 의논하는 자들이 능히 澶淵의 옛 길을 회복시킨다면 御河가 다시 회복될 수 있을 것입니다. 그러나 지금은 黃河가 小吳로부터 北行하여 御河의 옛 지대를 차지하였으니, 설사 의논하는 자들의 생각처럼 北京으로부터 남쪽으로 꺾어져 동쪽으로 흐르게 한다 하더라도 御河가 堙滅된 구간이 이미 1, 2백 리나 되니, 역시 다시 나타

날 까닭이 없을 것입니다. 이것이 御河에 대한 말을 따를 수 없는 첫 번째 이유입니다.

1) 昔大河在東……經北京漸歷邊郡：黃河가 東流할 적에는 御河의 길을 침범하지 않았으므로 御河의 흐르는 물은 懷州와 衛州를 지나고 北京을 거쳐서 점차로 변경의 郡縣을 통과하였다. 懷州와 衛州는 宋代에 河北西路에 속하였다. 宋代에는 東京・西京・南京・北京이 있었는데, 慶曆(宋 仁宗의 연호) 2년(1042)에 河北 大名府를 北京으로 삼았다. 邊郡은 乾寧을 가리킨다. 慶曆 8년(1048)에 黃河가 澶州 商胡埽(지금의 河南 濮陽 東北)에서 터져 북쪽으로 乾寧에 쏟아져 御河를 침범하여 바다로 들어갔으므로 드디어 黃河 北流의 경과 지대가 되었다.

2) 今河旣西流 御河堙滅：黃河 小吳埽가 터진 뒤로는 黃河가 서쪽으로 터져서 서쪽으로 흘러가면서 점점 북쪽으로 방향을 틀어 바다로 들어갔으므로 御河가 자주 漲水에 湮沒되었다.

3) 若：저본에는 '然'으로 되어 있는데, ≪欒城集≫에 의하여 '若'으로 바꾸었다.

4) 若議者能復澶淵故道 則御河有可復之理：大意는 "그러나 만일 黃河의 물길을 돌리자고 힘써 주장하는 大臣들이 능히 黃河를 다시 흐르게 하여 澶淵을 거쳐 京東의 옛길을 따라 동쪽으로 흘러 바다로 들어가게 한다면 御河와 물길이 겹치지 않아서 御河가 회복될 수 있을 것이다."라는 것이다. 澶淵은 지금의 河南 濮陽市 서쪽에 있었다. 옛날에 黃河는 濮陽으로부터 동쪽으로 商胡埽와 橫隴埽를 거쳐 북쪽으로 흘러서 바다로 들어갔고, 御河는 河南 浚縣으로부터 河北 大名을 거쳐 북쪽으로 올라갔으니, 黃河와 御河가 거리가 멀어서 서로 미칠 수 없었다.

5) 今河自小吳北行……亦無由復見矣：≪宋史≫〈河渠志 黃河〉에 의하면 "元豐 4년(1081) 小吳埽가 크게 터져 澶淵으로부터 御河로 들어갔으므로 恩州의 위험이 더욱 심하였으며, 黃河의 北流는 곧 濮陽・大名을 경유하여 북쪽으로 올라가서 御河와 竝行하기도 하고 重疊하기도 하였는데, 御河는 漲水에 湮沒되어 다시 보이지 않았다."고 한다.

河之所行은 利害相半이니이다 夏潦漲溢하여 浸敗秋田이면 濱河數十里爲之破稅[1]니 此其害也니이다 漲水旣去에 淤厚累尺이면 粟麥之利 比之他田하여 其收十倍요 寄居丘冢하여 以避淫潦는 民習其事하여 不甚告勞니 此其利也니이다 今河水在西에 勢亦如此라 遠爲隄防하여 不與之爭[2]이니 正得漢賈遜[3]治河之意[4]니이다 比之故道에 歲省兵夫稍

茇나 其數甚廣이요 而故道已退之地는 桑麻千里라 賦稅完復이니 爲利不貲어늘 安用逆天地之性하고 移西流之憂하여 爲東流之患哉리잇가 此恩冀以北漲水爲害之說不足聽이 二也니이다

黃河가 흘러가는 곳에는 利와 害가 相半입니다. 여름철에 洪水가 넘쳐 농토를 침몰시키면 黃河 주변의 수십 리는 賦稅를 거두지 못하니 이것이 바로 그 害입니다. 洪水가 물러간 곳에 진흙이 몇 자가 쌓이면 粟麥의 이득은 다른 농토에 비하여 10배나 거둘 수 있고, 높은 지대에 주거지를 마련하여 洪水를 피하는 것은 백성들이 그 일에 습관이 되어 있어 몹시 괴로워하지 않으니 이것이 바로 그 利입니다.

현재 黃河가 서쪽에 있어 그 형세 또한 이와 같으므로 멀리 隄防을 설치하여 洪水와 전쟁을 벌이지 않으니, 바로 漢代 賈遜이 河川을 다스린 뜻을 터득한 것입니다. 예전 黃河의 물길에 비하면 해마다 兵夫와 공사도구를 줄인다 하더라도 그 면적은 몹시 넓고, 물이 물러간 예전 황하 자리는 桑麻가 千里나 늘어서 있으므로 賦稅가 완전히 회복되니 그 이득이 되는 것이 적지 않거늘, 어찌 大自然의 規律을 어겨가면서 黃河가 서쪽으로 흐르는 걱정을 옮겨다가 동쪽으로 흐르는 걱정을 만들게 할 수 있겠습니까? 이것이 '恩州와 冀州 이북은 洪水가 害가 된다.'는 말을 따를 수 없는 두 번째 이유입니다.

1) 破稅 : 朝廷에서 항상 天災로 인하여 租稅를 감면함. 租稅가 完納될 수 없기 때문에 '破稅'라고 한 것이다.
2) 遠爲隄防 不與之爭 : 곧 遙堤를 세우는 일. 遙堤는 大堤의 밖에 있어 洪水가 大堤를 넘으면 그 洪水를 막아 범람하는 범위를 한정시키는 역할을 하였다.
3) 賈遜 : 漢 哀帝 때 待詔란 관직에 있으면서 〈治河三策〉을 올린 賈讓을 가리킨다. 讓을 遜으로 바꾼 것은 避諱한 것인데, 宋나라 英宗(趙曙)의 부친인 濮安懿王의 諱가 允讓이다.
4) 正得漢賈遜治河之意 : ≪漢書≫ 〈溝洫志〉에 의하면, 賈讓은 그의 〈治河三策〉 중에서 "隄防을 쌓는 일은 전국시대에 시작되었는데, 냇물을 막아 각각 이득을 취하였다. 齊·趙·魏도 黃河에서 25리 떨어진 지점에 隄防을 쌓았다. 비록 정식 제방은 아니지만, 물이 오히려 遊蕩할 장소가 있으므로 수시로 그곳에 들어왔다 나가면 진흙이 메워져서 땅이 肥沃해지므로 백성들이 그곳에서 농사를 지었다. 오래가도 피해가 없으므로 차츰 집을 지으니 드디어 聚落을 이루었다."라고 말

했다고 한다.

河昔在東에 自河以西郡縣이 與虜接境하여 無山河之限이니 邊臣建爲塘水[1]하여 以捍胡馬之衝이니이다 今河旣西行이라 則西山一帶에 胡馬可行之地가 已無幾矣니 其爲邊防之利는 不言可知니이다 然이나 議者尙恐河復北徙면 則海口出虜(敵)界中이니 造舟爲梁하여 便于南牧[2]이니이다 臣聞 虜中(塞外)諸河 自北南注하여 以入于海니이다 蓋地形北高하니 河無北徙之道요 而海口深浚하니 勢無徙移니이다 臣雖非目見이나 而習北方之事者 爲臣言之 大略如此하니 可以遣使按視圖畫而知니이다 此河入虜(敵)界邊防失備之說不足聽이 三也니이다 臣願以此三說로 質之議者[3]면 則開河分水之說은 誠不足復爲矣리이다

黃河가 옛날 동쪽으로 흐르고 있을 때에 黃河로부터 서쪽에 자리잡고 있는 郡縣이 虜敵과 接境하여 山河의 限界가 없었으므로 邊臣이 塘水를 설치하여 胡馬의 衝突을 막았습니다. 그런데 지금은 黃河가 이미 서쪽으로 흐르고 있으므로 西山一帶에 胡馬가 다닐 만한 지대가 거의 없으니, 黃河가 邊防의 이익이 되는 점은 말하지 않아도 알 수 있을 것입니다. 그러나 의논하는 자들은 오히려 黃河가 다시 북쪽으로 옮겨가면 海口가 虜界 가운데로 나게 되니, 배를 만들어 다리를 놓아 南侵할 것을 염려하고 있습니다.

臣은 듣건대 "虜中의 모든 河川은 북쪽에서 남쪽으로 흘러 바다로 들어간다."고 합니다. 대체로 地形은 북쪽이 높은 법이니 黃河가 북쪽으로 옮겨갈 이치가 없고, 海口는 땅속 깊이 자리잡고 있으니 형세상 옮겨갈 수 없습니다. 臣이 비록 직접 본 것은 아니지만, 北方의 일에 익숙한 자가 臣을 위해 말한 것이 대략 이와 같으니, 使者를 보내어 살펴보고 그림을 그려 올리게 해서 알아볼 만한 일입니다. 이것이 '黃河가 虜界에 들어가면 邊防의 수비를 잃는다.'는 말을 따를 수 없는 세 번째 이유입니다. 臣은 원컨대 이 세 가지 말을 가지고 의논하는 자들과 질정을 한다면 開河分水說은 참으로 족히 다시 꺼낼 말이 못될 것입니다.

1) 塘水 : 물을 가두어 險地를 조성하는 것이다.

2) 南牧 : 남쪽으로 침범함을 이른다.

3) 議者 : 黃河의 물길을 돌리자고 주장하는 大臣을 가리킨다.

又臣訪聞 今歲四五月間에 河上役兵勞苦無告하여 嘗有數百人이 持板築[1]之械하고 訪求都水使[2]者 意極不善이러니 賴防邏之卒擁拒而散이라하고 盛夏苦役으로 病死者相繼어늘 使者恐朝廷知之하여 皆於垂死에 放歸本郡하니 斃於道路者 不知其數라하나이다 若今冬放凍[3]하고 來歲春暖에 復調就役이면 則意外之患이 復當如前이리니 臣不知朝廷何苦而不罷此役哉잇가 今建議之臣은 恥於不效나 而堅持之於上하고 小臣急於利祿하여 不顧可否하고 隨而和之於下니이다 上下膠固하여 以罔朝廷하니 其間正言不避權要는 纔一二人耳니이다 然이나 事非本職이니 亦不敢盡言이니이다 臣以戶部休戚이 計在此河어늘 若復緘默이면 誰當言者잇가 惟斷自聖心하여 盡罷其議하시면 則天下不勝幸甚이리이다 取進止하소서

또 臣이 조사해서 알아본 결과, 금년 4, 5월 사이에 河上에서 일하던 役兵들이 勞苦를 호소할 곳이 없었기 때문에 한번은 수백 명이 板築의 도구를 가진 채 都水使를 찾아가서 험악한 태도를 보였는데 다행히 防邏卒의 저지로 해산되었다고 하고, 한여름에 苦役으로 病死者가 속출하자 使者는 행여 朝廷에서 그것을 알까 겁이 나서 모두 죽어갈 무렵에야 本郡으로 놓아 보내니 道路에서 죽은 자가 그 숫자를 알 수 없을 정도로 많았다고 합니다. 만일 금년 겨울에 放凍하고 내년 봄 따스할 때에 다시 소집하여 역사를 시킨다면 뜻밖에 발생하는 禍患이 다시 전과 같을 것인데, 朝廷에서는 무엇 때문에 고통을 감수하며 이와 같은 공사를 포기하지 않고 있는 것인지 臣은 도무지 모르겠습니다.

지금 그 일을 建議한 大臣은 일의 성과가 없음을 부끄러워하면서도 위에서 견지하고 있고, 小臣은 利祿을 챙기기에 급급하여 일의 옳고 그름을 고려하지 않은 채 그저 덩달아 아래에서 맞장구를 치고 있는 것입니다. 위아래에서 끈끈하게 붙어서 호흡을 맞추어 朝廷을 속이고 있으니, 그 사이에서 權座에 있는 大臣의 위엄을 피하지 않고 바른말을 하는 사람은 고작 한두 명뿐입니다. 그러나 발생한 일이 臣의 직분으로 말할 범위에 있는 것이 아니기 때문에 또한 감히 다 말할 수가 없습니다. 그렇지만 臣이 맡고 있는 戶部의 休戚·禍福 등에 관한 운명이 黃河의 물길을 돌리는 일과 밀접한 관계

를 갖고 있는 것을 뻔히 보고서도 만일 입을 꾹 다문다면 그 누가 이 일을 말하겠습니까? 오직 바라옵건대 성상의 마음속으로부터 결단을 내리시어 부당한 大臣의 의론을 모두 파기시키신다면 온 천하가 그보다 더 큰 다행이 없을 것입니다. 소신의 건의에 대한 실행 여부를 결정하옵소서.

1) 板築 : 夾板과 절굿공이. 옛날 담을 쌓을 때에 두 쪽 널판을 양쪽에 대고 그 안에 흙을 채워서 절굿공이로 다졌다.
2) 都水使 : 宋代 都水監의 長官. 河渠・津梁・舟楫 등을 담당하였다.
3) 放凍 : 옛날 겨울철에 河水가 얼면 일시적으로 漕運을 중단하고 舟卒을 兵營으로 복귀시켰기 때문에 '放凍'이라 칭하였다. 여기서는 하천공사를 하는 役兵을 兵營으로 복귀시킴을 가리킨다.

07. 再論回河劄子* 黃河의 물길을 돌릴 일을 두 번째 논한 劄子

* 본 차자는 元祐 3년(1088)에 쓴 것이다. 黃河가 宋朝에 자주 터졌다. 神宗 때에 와서 처음에는 大臣들이 黃河의 물길을 돌려 동쪽으로 흐르게 할 것을 전적으로 주장하다가, 뒤에는 神宗이 백성들의 노고를 안타깝게 여기어 물의 본성을 따라 北流하도록 놓아두었다. 哲宗이 즉위한 뒤에 黃河가 여전히 北流하고 있었으나 다만 孫村埽가 낮기 때문에 홍수가 이따금 동쪽으로 흐르자, 이에 黃河의 물길을 돌려서 동쪽으로 흐르게 하자는 의론이 재차 일어나게 되었다. 그러자 蘇轍은 백성들의 노고를 딱하게 생각하여 "높은 곳에서 낮은 곳으로 흐르는 물의 본성에 순응하여 서쪽으로 흐르는 대로 맡겨두자."고 역설하고 있다.

子由所論回河는 已而一一皆驗이니라
子由가 黃河의 물길을 돌리는 일에 대해 논한 것들은 뒤에 낱낱이 모두 징험되었다.

臣頃聞 朝廷議罷回河[1]나 來年當用役兵開河分水[2]라하나이다 臣以爲天下財賦匱竭하고 河朔災傷之後에 民力未復하니 未堪此役이리이다 輒奏言不便[3]하고 旣而采察衆議하나이다 聞 河北轉運使謝卿材到闕하여 倡言於朝曰 黃河自小吳決口[4]로 乘高注下하

니 水勢奔快하고 上流隄防하니 無復決怒之患[5)]이요 而下流湍駛하여 行於地中하니 日益深浚이니이다 朝廷若以河事付臣이면 臣請不役一夫하고 不費一金하고도 十年之間에 保無河患이라하니 大臣以其異己[6)]로 罷歸本任[7)]하고 而使王孝先兪瑾張景先三人으로 重畫回河之計한대 三人利在回河[8)]라 雖言其便이나 而亦知其難成이라 故로 於議狀之末에 復言若將來河勢變移라도 乞免修河官吏責罰이라하니 都下洶洶하여 傳笑以爲口實이라하나이다 蓋回河之非를 斷可知矣리이다 然이나 近日復聞 內批[9)]降付[10)]三省에 如云若河流不復故道면 終爲河朔之患이라하니 外廷疏遠[11)]하여 不知此說信否니이다 然이나 衆心憂懼어늘 深恐群臣由此觀望[12)]하고 不敢正言得失[13)]이니이다 臣職在財賦하여 憂責至深하니 不敢畏避誅戮하고 願畢陳其說이리이다

臣이 요즘 듣자옵건대 "朝廷에서 의논하여 黃河의 물길을 돌리는 일은 중지하였으나 내년에 응당 役兵을 써서 인공으로 減水河나 入海河를 개척하여 물을 분산시킬 것이다."라고 합니다. 臣은 생각하옵건대 전국의 財賦가 匱竭되고, 河朔이 災傷을 입은 뒤에 民力이 아직 회복되지 못하였으니 이와 같은 役事를 감당하지 못할 것으로 여겨집니다. 臣은 그 일의 온당치 못함에 대하여 奏言하였고, 따라서 여러 사람들의 의론도 수집하여 알아보았습니다.

듣자옵건대, 河北轉運使 謝卿材가 大闕에 이르러 朝廷에서 倡言하기를 "黃河는 小吳埽의 決口로부터 높은 곳을 타고 낮은 곳으로 쏟아지니 水勢가 奔快하고, 上流에 隄防을 쌓았으니 다시는 河水가 隄防을 헐고 나가서 범람하는 재변이 없을 것이고, 下流는 빠르게 내달려 땅속으로 흘러가니 날마다 더욱 땅속으로 깊이 들어갈 것입니다. 朝廷에서 만일 黃河를 다스리는 일을 臣에게 부여한다면 臣은 청컨대 인부 한 명도 부역시키지 않고 돈 한 푼도 허비하지 않고도 10년 동안 황하의 禍患이 발생하는 일이 없기를 보장할 것입니다."라고 하니, 大臣은 그의 의견이 자기와 다르기 때문에 貶黜하여 본래 맡았던 河北轉運使의 위치로 돌려보내고, 王孝先·兪瑾·張景先 세 사람으로 하여금 黃河의 물길을 돌릴 계획을 다시 짜게 하였습니다. 이 세 사람은 黃河의 물길을 돌리는 일에 功을 노릴 수 있는 이로운 점이 있는지라, 비록 黃河의 물길을 돌리는 것이 유리한 일이라고 주장은 하였지만, 한편으로는 역시 黃河의 물길을 돌리는 일을 성공시키기는 어려울 것임을 알았습니다. 그러므로 議狀의 끝에 다시 말하기를 "만일

장래에 河勢가 變移하더라도 黃河를 修治한 官吏의 責罰을 면해주십시오."라고 적어서 면책조건을 못박아두니, 京城의 여론이 떠들썩하여 그것을 전파시키며 웃음거리로 삼는다고 합니다. 그러니 黃河의 물길을 돌리는 일이 잘못이라는 것을 단연코 알 수 있을 것입니다.

그러나 요즘 다시 듣자옵건대, 內批를 내려 三省에 교부하기를 "만일 黃河가 옛 물길을 회복하지 못하면 끝내는 河朔의 禍患이 된다."고 하셨다 하온데, 外廷이 疏遠하므로 이 說이 사실인지 아닌지 알 수 없습니다. 그러나 여러 사람들이 憂懼하고 있는데, 뭇 신하들이 內批로 말미암아 사태의 진전만 관망하고 감히 黃河의 물길을 돌리는 일의 득실에 대해서는 바른말을 하지 않을까 깊이 염려하옵니다. 臣은 財賦를 관장하는 직책에 있어 책임이 중대하므로 감히 誅戮을 피하지 않고 말씀을 다 드리기를 원하옵니다.

1) 朝廷議罷回河 : 元祐 3년(1088) 朝廷에서 일찍이 "黃河의 옛 물길을 회복하도록 하라."는 詔書를 내렸다가 얼마 안 가서 그 詔書를 회수하였다.
2) 來年當用役兵開河分水 : ≪宋史≫ 〈河渠志 黃河〉에 의하면, 당시에 朝臣 王存·胡宗愈 등은 비록 黃河의 물길을 돌리는 일은 주장하지 않았으나, 다만 "恩州·魏州 이북으로부터 溏泊 이남 사이에서 별도로 黃河의 물길을 疏導하여 바다로 돌아갈 수 있는 곳을 찾아볼 것이지, 오로지 孫村만을 주장할 필요는 없다."라고 하였기 때문에 蘇轍이 이렇게 말한 것이다.
3) 奏言不便 : 이에 앞서 上奏한 〈論開孫村河箚子〉를 가리킨다.
4) 小吳決口 : 元祐 초년에 黃河가 小吳埽에서 터졌다.
5) 決怒之患 : 河水가 堤岸을 衝破하고 크게 범람하는 水災를 가리킨다.
6) 異己 : 謝卿材의 의견이 자기와 다른 것이다.
7) 罷歸本任 : 貶黜하여 본래의 임무인 河北轉運使의 위치로 돌려보냄을 이른다.
8) 利在回河 : 黃河의 물길을 돌리는 일에 功을 노릴 수 있는 유리한 점이 있음을 말한 것이다.
9) 內批 : 宮內로부터 전달된 聖旨를 이른다.
10) 降付 : 聖旨를 내려 交付하는 것을 가리킨다.
11) 外廷疏遠 : 官職이 낮아 皇帝와 떨어져 있는 신하를 가리킨다. 蘇轍이 이때 戶部右曹가 되어 財賦를 맡고 있었는데 자기 직책을 벗어나서 다른 정사를 말할

수 없었기 때문에 '外廷疏遠'이라고 칭한 것이다.

12) 由此觀望 : 內批로 말미암아 猶豫未定한 마음으로 사태의 추이를 관망하는 것이다.

13) 正言得失 : 바른말을 하여 黃河의 물길을 돌리는 일의 병폐를 밝혀냄을 이른다.

方今回河之策은 **中外講之熟矣**라 **雖大臣固執**이라도 **亦心知其非**니 **無以藉口矣**리이다 **獨有邊防一說**[1]은 **事係安危**하여 **可以竦動上下**니 **伸其曲說**[2]이리이다 **陛下深居九重**하시니 **群言不得盡達**이라 **是以**로 **遲遲不決耳**니이다 **昔眞宗皇帝**가 **親征澶淵**하여 **拒破契丹**하시고 **因其敗亡**하여 **與結歡好**[3]하시니 **自是以來**로 **河朔不見兵革**이 **幾百年矣**니이다 **陛下試思之**하시면 **此豈獨黃河之功哉**리잇가 **昔石晉之敗**[4]는 **黃河非不在東**이요 **而祥符**[5]**以來**론 **非獨河南無虜憂**라 **河北亦自無兵患**이니이다 **由此觀之**컨대 **交接**[6]**夷狄**은 **顧德政何如耳**요 **未聞逆天地之性**하고 **引趨下之河**하여 **升積高之地**하며 **興莫大之役**하여 **冀不可成之功**하고 **以爲設險之計者也**니이다

지금 黃河의 물길을 돌리는 계책에 대해서는 中外에서 난숙하고 주밀하게 강구하였습니다. 그러므로 아무리 자기 의견을 고집하는 大臣이라 하더라도 역시 마음속으로는 그것이 잘못이라는 것을 알고 있으니 그것을 구실로 삼지 않을 것입니다. 다만 邊防에 대한 一說은 그 일이 安危에 관계되어 上下를 竦動시킬 수 있으므로 常理에 맞지 않는 그 말에 대해 해명할 것입니다. 陛下께서는 깊숙이 九重宮闕에 계시므로 각종 의론이 모두 上達될 수 없습니다. 이 때문에 일이 신속하게 결정되지 않는 것입니다.

옛날 眞宗皇帝께서는 직접 澶淵에 가셔서 契丹을 격파하고 그들의 敗亡을 틈타 그들과 화친을 맺었으니, 이후로 河朔에서 전쟁이 일어난 것을 보지 못한 지 거의 1백 년이 되었습니다. 陛下께서 생각해보시면 이것이 어찌 유독 黃河 덕분이었겠습니까? 옛날 石晉이 패할 때에는 黃河가 동쪽에 흐르고 있었지만 패하였고, 祥符 以來로는 河南에만 虜憂가 없을 뿐 아니라 河北에도 스스로 兵患이 없었습니다. 이것으로 본다면 夷狄(契丹)과 結交한 것은 진종황제께서 베푼 仁德의 정치의 영향임을 볼 수 있을 뿐이지, 天地 자연의 본성을 거역하고 낮은 지대로 흐르는 河水를 끌어서 높은 지대로 올리며, 막대한 역사를 일으켜 이룰 수 없는 공을 바라고 험지를 조성할 계책으로 삼았

다는 말은 들어보지 못하였습니다.

1) 邊防一說 : 〈論開孫村河箚子〉 4단 註 5) 참조.
2) 曲說 : 常理에 맞지 않는 말을 이른다.
3) 昔眞宗皇帝……與結歡好 : ≪宋史紀事本末≫에 의하면 "景德 원년(1004) 9월에 契丹이 大軍을 이끌고 침입하니, 11월에 眞宗이 직접 가서 澶州에 주재하면서 黃河를 건너가 諸將을 慰撫하니 사기를 떨쳐 契丹을 크게 깨뜨렸다. 이에 契丹이 盟約을 청하여 兄禮로 眞宗을 섬겼다."고 한다.
4) 石晉之敗 : 石晉은 五代시대에 石敬塘이 세운 後晉(936~946). 후인들이 三國 후의 西晉·東晉과 구별하기 위하여 '石晉'이라 칭하였다. 石晉은 여러 차례 澶州 일대에서 契丹과 交戰하였는데, 당시 黃河는 澶州를 따라 동쪽으로 京東 옛 물길로 흘렀다. 그러나 뒤에 石晉의 出帝는 契丹에게 패하여 나라가 망하였다.
5) 祥符 : 宋 眞宗이 세 번째 고친 연호인 大中祥符(1008~1017)를 가리킨다.
6) 交接 : 結交.

昔李垂孫民先[1)]等은 號知河事어늘 嘗建言乞導河西行하여 復禹舊迹하고 以爲河水自西山北流하여 東赴海口면 河北諸州가 盡在河南이니 平日契丹之憂 遂可無慮[2)]라하나이다 今者엔 天祚中國하여 不因人力하고 河自西行하니 正合昔人之策[3)]이니이다 自今以往으론 北岸決溢하여 漸及虜境이리이다 雖使異日河復北徙라도 則虜地日蹙하고 吾土日紓리니 其爲憂患은 正在契丹耳언마는 而大臣過計는 以爲中國之懼하고 遂欲罄竭民力하여 導河東流하니 其爲契丹謀則多요 爲朝廷慮則疏矣니이다 議者或謂河入虜境이면 彼或造舟爲梁하고 長驅南牧이리니 非國之利라하나 臣聞 契丹長技는 在鞍馬요 舟楫之利는 固非所能이라하나이다 且跨河繫橋는 當先兩岸이니 進築馬頭[4)]及伐木爲船은 其功不細어늘 契丹物力寡弱하니 勢必不能이니이다 就使能之라도 今兩界修築城柵이 比舊小增이니 輒移文詰問하여 必毁而後已어늘 豈有坐視大役而不能出力止之乎잇가 假設虜中遂成此橋라도 黃河上流가 盡在吾地하니 若沿河州郡이 多作戰艦하고 養兵聚糧하여 順流而下면 則長艘巨纜을 可以一炬而盡이리이다 形格勢禁[5)]하니 彼將自止矣리이다 臣竊怪元老大臣[6)]은 久更事任[7)]하되 而力陳此說하니 意其謀已出口라 重於改過하고 而假此

不測之憂하여 以取必於朝廷耳니이다 不然이면 豈肯於天下困弊하고 河朔災傷之後에 興數十萬夫하고 費數千萬物料[8)]하여 而爲萬無一成之功哉리잇가

옛날 李垂와 孫民先 등은 黃河에 관한 일을 잘 알기로 이름이 났었는데, 그들이 일찍이 建言하여 "黃河를 서쪽으로 흐르게 유도하여 禹의 舊迹을 회복함으로써 河水가 西山으로부터 北流하여 동쪽으로 海口에 치닫게 하면 河北의 諸州가 모두 河南에 있게 되니 평소 契丹에 대한 걱정은 염려할 필요가 없을 것입니다."라고 하였습니다. 지금은 하늘이 中國에 복을 내리어 人力을 요하지 않고도 黃河가 스스로 西行하니 옛 사람의 계책에 꼭 부합되었습니다. 이후로는 北岸이 터져 넘쳐서 점점 虜境으로 황하가 옮겨갈 것입니다. 비록 후일에 黃河를 다시 북쪽으로 옮겨가게 한다 하더라도 虜의 땅은 날마다 줄어들고 우리 토지는 날마다 늘어날 것이니, 그 憂患거리는 정작 契丹에 있을 뿐인데, 大臣의 잘못된 계책은 中國의 걱정거리로 삼고 드디어 民力을 총동원하여 黃河를 동쪽으로 흐르도록 유도하려고 하니, 契丹을 위한 謀劃 면에서는 큰 역할을 하는 것이라고 할 수 있어도 우리 朝廷을 위한 염려 면에서는 소홀하기 그지없습니다.

의논하는 자들은 더러 "黃河가 虜境에 들어가면 저들이 혹시 배를 만들어 다리를 놓고 말을 길이 휘몰아 南侵할 것이니 국가의 이익이 아니다."라고 하지만, 臣은 듣건대 "契丹의 長技는 말의 안장을 얹는 일에 있고, 舟楫을 만드는 것은 본디 그들의 장점이 아니다."라고 합니다. 또한 河水를 넘어 다리를 놓는 것은 응당 먼저 양쪽 언덕에서 시작해야 하는 일이니, 들어가서 馬頭를 쌓고 나무를 베어 배를 만드는 것은 작은 일이 아니거늘, 契丹은 物力이 寡弱하니 형편상 반드시 할 수 없을 것입니다. 가사 그 일을 한다손 치더라도 지금 兩界에 修築한 城柵이 예전에 비해 조금 증가되었으니, 즉시 移文하여 問責해서 반드시 헐어버리고야 말 일이거늘, 어떻게 가만히 앉아서 大役을 지켜만 보고 힘을 내어 중지시키지 못한단 말입니까? 설령 虜中에서 드디어 이 다리를 놓는다 하더라도 黃河의 上流가 모두 우리 땅에 있으니, 만일 沿河州郡이 戰艦을 많이 제작함과 동시에 군사를 양성하고 군량을 모아서 河流를 따라 내려간다면 長艘巨纜을 횃불 하나로 모조리 태워버릴 수 있을 것입니다. 형세상 제한을 받고 있으니, 저들은 장차 스스로 중지할 것입니다.

臣이 괴상히 여기는 것은, 元老大臣이 오랫동안 높은 관직을 맡아 수많은 일들을 겪었으면서도 이와 같은 말을 힘써 진술하니, 아마도 그들은 자기를 위해 내놓은 말이라, 허물을 고치는 일을 어렵게 여기고, 이와 같은 불측한 우환거리를 벌여서 반드시 조정에서 승인을 받으려고 하는 모양입니다. 그렇지 않다면 어찌하여 천하가 困弊하고 河朔이 災傷을 입은 뒤에 수십만의 인부를 동원하고 수천만의 物料를 허비하여 만에 하나도 성공할 수 없는 일을 하려고 한단 말입니까?

1) 孫民先 : 저본에는 '孫民'으로 되어 있는데, ≪欒城集≫에 의하여 '孫民先'으로 바꾸었다.

2) 昔李垂孫民先等……遂可無慮 : ≪宋史紀事本末≫에 의하면 "宋 眞宗 大中祥符 5년(1012) 著作郎 李垂가 〈導河勝形書〉 3편을 올렸는데, 그 대략에 '臣은 청컨대 汲郡 동쪽으로부터 禹의 故道(大禹가 治水한 黃河故道)를 찾아 御河를 끼고 그 水勢가 大伾山・上陽山・太行山 사이로 나아가 西河의 故瀆을 회복한 다음 북쪽으로 大名 서쪽, 館陶 남쪽으로 쏟아져서 동북으로 赤河와 합하여 바다에 이르게 하소서.'라고 했다." 하고, 또 ≪宋史≫ 〈河渠志 黃河〉에 의하면 "黃河가 澶州에서 터질 때 北外監丞 陳祐甫가 말하기를 '商胡埽가 터진 지 30여 년이 되었으니, 흐르는 黃河의 물길이 점점 높이 메워져서 隄防이 해마다 증가되지만 범람을 면하지 못한다. 지금 修治해야 할 곳은 세 군데이니, 곧 商胡가 첫째, 橫隴이 둘째, 禹舊迹이 셋째이다. 그러나 商胡・橫隴의 故道는 地勢가 高平하고 土性이 疏惡하니 모두 회복할 수 없고, 회복한다 하더라도 오래 지탱할 수 없다. 오직 禹故瀆은 아직도 大伾山・太行山 사이에 남아 있어 지대가 낮고 지반이 견고하다. 그러므로 秘閣校理 李垂와 深州知州 孫民先이 모두 修復하자는 의론을 주장하고 있으니, 바라건대 孫民先을 불러 河北漕臣 한 명과 함께 衛州 王供埽로부터 海口까지 살펴보게 하라.'고 했다." 한다.

3) 昔人之策 : 河北岸의 土地를 河南岸의 土地로 바꾸려는 李垂・孫民先의 계책을 가리킨다.

4) 馬頭 : 碼頭로 곧 水岸의 배를 정박하는 곳을 이른다.

5) 形格勢禁 : 형세상 沮礙나 制限을 받는 것이다.

6) 元老大臣 : 관직과 명망이 높은 大臣. 여기서는 응당 文彦博・安燾・呂大防 등을 가리킬 것이다.

7) 久更事任 : 오랫동안 높은 관직을 맡으면서 수많은 일들을 겪음을 말한다.

8) 物料 : 河水를 修治할 때 쓰일 물품과 재료를 이른다.

夫大役[1]既興에 勢不中止리이다 預約功料[2] 有少無多라 官不獨辦이요 必行科配[3]리니 官出其一이면 民出數倍니이다 公私費耗 必有不可勝言者矣니이다 苟民力窮竭하니 事變之出을 不可復知요 饑餓相逼하니 必爲盜賊이리이다 昔秦築長城以備胡로되 城既成而民叛이니이다 今欲回大河以設險하니 臣恐河不可回요 而民勞變生이리니 其計又出秦下[4]니이다 異日雖欲悔之나 不可得也니이다

큰 役事가 이미 일어났으니 형세상 중지할 수 없을 것입니다. 미리 산정된 物料가 턱없이 부족하기 때문에 官에서 단독으로 마련하지 못하고 반드시 正稅 외에 별도로 거두는 科配를 행할 것이니, 官에서 1할을 내면 백성은 그 배수를 내게 될 것입니다. 그리하여 公私 간에 소비되는 수량이 반드시 이루 다 말할 수 없을 정도로 많을 것입니다. 民力이 窮竭하니 事變의 발생을 예측할 수 없고, 饑餓가 절박하니 반드시 도적으로 변할 것입니다. 옛날 秦나라는 萬里長城을 쌓아 오랑캐의 침입에 대비하였으나 성이 이미 이루어지자 백성들이 이반하였습니다. 지금 黃河의 물길을 돌림으로써 險地를 조성하려고 하니, 臣은 黃河의 물길은 돌리지 못하고 백성이 노고를 견디지 못하여 변이 발생할까 두려우니, 黃河가 동쪽으로 흐르도록 유도함으로써 험지를 조성하려는 계책은 秦나라가 萬里長城을 쌓아 오랑캐의 침입에 대비하려는 계책에 비하면 또한 하등을 차지할 것입니다. 후일에 비록 그것을 후회해도 소용없을 것입니다.

1) 大役 : 저본에는 '人役'으로 되어 있는데, ≪欒城集≫에 의하여 '大役'으로 바꾸었다.

2) 預約功料 : 미리 算定된 工程에 쓰일 物料를 이른다.

3) 科配 : 正稅 외에 임시로 더 내게 하는 賦稅를 이른다.

4) 其計又出秦下 : 黃河가 동쪽으로 흐르도록 유도함으로써 험지를 조성하려는 계책은 秦나라가 萬里長城을 쌓아 오랑캐의 침입에 대비하려는 계책에 비하면 또한 하등을 차지할 것이란 말이다.

陛下數年以來로 休養民力[1)]하되 如恐傷之시니이다 今河已[2)]安流하고 契丹無變하니 而强生瘡痏[3)]以擾之는 非計之得也니이다 故로 臣願陛下斷之於心하여 罷此大役[4)]하고 留神察之하소서 自河決小吳 於今九年이니 不爲不久矣니이다 然이나 虜恭順하여 與事祖宗無異[5)]니이다 陛下誠重違大臣[6)]이면 姑復以三年觀之하소서 事久情見이니 大臣之言과 與天下公議를 可以坐而察也니이다 臣不勝區區憂國之誠하여 干犯斧鉞은 死無所避니이다 取進止하소서

陛下께서는 數年 이래로 백성들의 생활을 안정시키되 행여 백성들이 불편하지나 않은가 늘 걱정하고 계십니다. 현재 黃河는 이미 순탄하게 흐르고 있고, 契丹은 변란을 일으키는 일이 없으니, 억지로 禍害를 일으켜 시끄럽게 하는 것은 절대로 올바른 계책이 아닙니다. 그러므로 臣은 원하옵건대 陛下께서는 마음으로부터 결단을 내리어 이와 같은 큰 役事를 파하고 유의해서 살피옵소서.

黃河가 小吳埽에서 터진 지 이제 9년이 흘렀으니 세월이 오래되지 않은 것이 아닙니다. 그러나 契丹은 恭順하여 祖宗을 섬기는 것과 조금도 다름이 없습니다. 陛下께서 참으로 大臣의 의견을 어기기가 곤란하시면 다시 3년 동안 지켜보시옵소서. 일은 오랜 시일이 지나면 진실이 드러나는 법이니, 大臣의 말과 天下의 공론을 가만히 앉아서 살피실 수 있을 것입니다. 臣은 진정으로 나라를 걱정하는 마음을 금치 못하여 斧鉞을 범하는 일을 죽어도 피할 수가 없습니다. 소신의 건의에 대한 실행 여부를 결정하옵소서.

1) 休養民力 : 백성들의 생활을 안정시켜서 경제력이 회복되고 발전될 수 있게 함을 이른다.
2) 已 : 저본에는 '以'로 되어 있는데, ≪欒城集≫에 의하여 '已'로 바꾸었다.
3) 强生瘡痏 : 억지로 禍患을 일으킴을 이른다.
4) 大役 : 저본에는 '夫役'으로 되어 있는데, ≪欒城集≫에 의하여 '大役'으로 바꾸었다.
5) 然虜恭順 與事祖宗無異 : 契丹이 恭順하여 眞宗・仁宗・神宗을 섬기는 것처럼 兄禮로 섬기는 것을 말한다.
6) 重違大臣 : 大臣의 마음을 어기는 것을 어렵게 여김을 이른다.

宋大家蘇文定公文抄 卷4

狀

01. 論臺諫封事留中不行狀* 臺諫의 封事를 궁중에 머물러두고 시행하지 않는 일을 논한 狀文

* 狀은 文體 이름으로, 곧 윗사람에게 의견이나 사실을 진술하는 문서이다. 이 狀文은 元祐 원년(1086)에 작성되었다. 臺諫은 臺官과 諫官이다. 封事는 密封한 奏狀으로, 옛날 신하가 글을 올려 일을 아뢸 때에 일이 새어나가는 것을 방지하기 위하여 검은 주머니에 넣어 굳게 봉함하였기 때문에 '封事'라고 칭하는 것이다.

即前輩請罷斜封墨勅[1)]之見이니라

곧 前輩가 斜封墨勅을 파하도록 청하던 의견이다.

1) 斜封墨勅 : 조정을 거치지 않고 궁중의 請謁에 의해 벼슬을 제수할 때 내려주는 墨書로 쓴 詔勅을 이른다.

右臣伏見 皇帝陛下[1)]는 以至孝純仁으로 承統踐祚하시고 太皇太后陛下[2)]는 以聰明睿智로 親攬庶政하시니이다 二聖[3)]協德하여 以幸天下하시니 曾未朞歲언마는 而敝事稍去[4)]하고 寬政復行이니이다 元元之民이 免於流離之患[5)]하여 蒙更生之福하고 海內釋然[6)]하여 無意外之憂하니 不勝幸甚이니이다

臣이 삼가 보옵건대, 皇帝陛下께서는 至孝純仁한 심성으로 계통을 이어 卽位하시고, 太皇太后陛下께서는 聰明睿智의 자질로 친히 각종 政務를 보살피십니다. 두 분 聖君께서 협심하여 온 천하 사람들을 행복하게 하시니, 채 1년도 안 되었건만 해로운 일이 점차 제거되고 仁厚하고 寬大한 정치가 다시 행해집니다. 백성들이 離散의 걱정을 면하고 更生의 복을 받았으며, 朝廷에 대한 백성들의 불신이 해소되어 뜻밖에 일어

나는 우환이 없으니, 여간 다행한 일이 아닙니다.

1) 皇帝陛下 : 宋 哲宗을 가리킨다.
2) 太皇太后陛下 : 宋 英宗의 后妃요, 宋 神宗의 母親인 宣仁聖烈高皇后를 가리킨다.
3) 二聖 : 宋 哲宗과 宣仁后를 가리킨다.
4) 敝事稍去 : 王安石이 신설한 靑苗·免役 등의 新法을 혁파함을 가리킨다.
5) 流離之患 : 新法의 신설로 인한 백성들의 離散을 가리킨다.
6) 海內釋然 : 朝廷에 대한 온 나라 사람들의 의심이 풀림을 말한다.

伏惟 陛下 恭儉祗畏 發於天性이시나 **猶復選於群臣**하여 **增廣諫員**[1]하고 **求直言以自助**[2]하시니 **天下之士 聞風相慶**이니이다 **臣實何人**으로 **得於今日**에 **備位**[3]**於此**니잇가 **然**이나 **臣聞 帝王之治**는 **必先正風俗**이니 **風俗旣正**이면 **中人**[4]**以下**가 **皆自勉以爲善**하고 **風俗一敗**면 **中人以上**이 **皆自棄而爲惡**이라하나이다 **中人自勉於善**이면 **則人主耳目衆多**니 **易與爲治**하고 **中人自棄於惡**이면 **則臣下朋黨蕃殖**[5]이니 **易以爲非**니이다 **蓋邪正盛衰之源**이 **未有不始於此者也**니이다

삼가 생각하옵건대, 陛下께서는 恭儉과 祗畏(敬畏)가 天性에서 우러나오시나 오히려 다시 여러 신하들 중에서 선발하여 諫員을 늘리고 바른말을 구하여 도움을 받으시니, 天下의 선비들이 이 소식을 듣고 서로 慶賀합니다. 臣은 대체 어떤 사람이기에 오늘 같은 좋은 때에 관직의 자리를 채우게 된 것입니까? 그러나 臣은 듣자옵건대 "帝王의 정치는 반드시 먼저 風俗을 바로잡으니, 風俗이 이미 바르게 되면 中人 이하가 모두 스스로 힘써 善을 하고, 風俗이 한번 敗하면 中人 이상이 모두 스스로 몸을 버리어 惡을 한다."고 합니다. 中人이 스스로 善에 힘쓰면 人主의 耳目이 많으니 治國하기가 용이하고, 中人이 스스로 惡에 몸을 버리면 신하들의 朋黨이 蕃殖하니 잘못을 하기 쉽습니다. 대개 邪正과 盛衰의 근원이 여기에서 시작되지 않는 것이 없습니다.

1) 猶復選於群臣 增廣諫員 : 元豐 8년(1085) 3월에 哲宗이 즉위하고 그해 10월에 〈唐六典〉에 의해 諫官을 두도록 하고, 따라서 侍從들이 각각 諫官을 두 명씩 천거하게 하였다.
2) 求直言以自助 : 元豐 8년 5월에는 百官에게 명하여 朝政의 闕失을 말하게 하였

고, 6월에는 中外臣庶들에게 詔書를 내려서 朝政의 闕失과 民間의 疾苦에 대해 直言하도록 하였다.

3) 備位 : 관직에 있는 것에 대한 겸사. 곧 관직에 있는 것이 자리나 채우고 있는 것에 불과하니 부끄럽기 그지없다는 뜻. 蘇轍은 元豐 8년 8월에 황제의 부름을 받고 校書郞으로 복직하러 오다가 都門에 채 이르기 전에 右司諫으로 발탁되었다.

4) 中人 : 一般人, 보통 사람을 가리킨다.

5) 朋黨蕃殖 : 정치견해가 같지 않아 형성되는 당파가 점점 증가함을 가리킨다.

昔眞宗皇帝 臨馭群下[1)]하고 奬用正人하시니 一時賢儁이 爭自託於明主니이다 孫奭戚綸田錫王禹偁[2)]之徒 旣以諫諍顯名하니 則忠良之士 相繼而起니이다 其後耄期厭事[3)]하시니 丁謂[4)]乘間하여 將竊國命이나 而風俗已成하여 朝多正士하니 謂雖懷姦慝이나 而無與同惡이라 謀未及發에 旋卽流放이니이다 仁宗皇帝 仁厚淵嘿하여 不自可否하고 是非之論을 一付臺諫하시니 孔道輔范仲淹歐陽修余靖[5)]之流가 以言事相高[6)]니이다 此風旣行하니 士恥以鉗口失職[7)]이니이다 當時執政大臣[8)]이 豈皆盡賢이리잇가 然이나 畏忌人言하여 不敢妄作이니이다 一有不善이면 言者卽至[9)]하고 隨輒屛去니이다 故로 雖人主寬厚나 而朝廷之間에 無大過失[10)]이니이다 及先帝[11)]嗣位에 執政大臣이 變易祖宗法度[12)]하니 下至小民히 皆知其非나 而卿士大夫[13)]가 從風而靡하니 則風俗之變을 於此見矣니이다 是時에 惟有呂誨范鎭[14)]等이 明言其失이니이다 二人旣已得罪하니 臺諫有以一言及之[15)]者면 皆紛然逐去[16)]니이다 由是로 風俗大敗하여 無一人復正言者니이다

옛날 眞宗皇帝께서 천하를 통치하고 신하들을 잘 관리하며, 올바른 사람을 장려해 임용하시니, 당시 賢儁한 인재들이 앞을 다투어 賢明한 君主에게 몸을 맡겼습니다. 孫奭·戚綸·田錫·王禹偁의 무리가 이미 諫諍으로 이름을 나타내니 忠良한 인사들이 서로 잇달아 일어났습니다. 그러다가 뒤에 眞宗皇帝께서 年老하여 政事에 태만한 태도를 보이시자 丁謂가 그 틈을 타서 나라의 정권을 훔치려고 하였습니다. 그러나 爲國忠君의 風俗이 이미 이루어져서 조정에 정직한 관리가 많이 있었기 때문에, 丁謂가 비록 姦慝한 마음을 품었으나 그와 더불어 나쁜 짓을 함께할 사람이 없었으므로 그의 凶謀가 미처 일어나기 전에 곧 귀양 보내졌습니다.

仁宗皇帝께서는 仁厚하고 淵嘿하시어 스스로 可否를 결정하지 않고 是非에 관한 문제를 전부 臺諫에게 맡기시니, 孔道輔・范仲淹・歐陽修・余靖의 무리가 言事로 서로 추숭하였습니다. 이와 같은 풍조가 이미 행해지니, 관리들은 입을 다물고 時事를 말하지 않아 직책을 다하지 못하는 것을 부끄럽게 생각하였습니다. 당시 執政大臣들이 어찌 모두 어질었겠습니까? 그러나 남들의 말을 畏忌하여 감히 함부로 행동하지 못하였습니다. 어쩌다가 不善한 짓을 했다 하면 諫言을 들이는 자가 금방 뛰어오고, 따라서 貶黜되었습니다. 그러므로 비록 人主가 마냥 寬厚하였지만 朝廷에 큰 過失이 없었습니다.

그런데 先帝께서 왕위를 계승하실 때에 와서 執政大臣이 祖宗의 法度를 變易하니 아래로 庶民에 이르기까지 모두 그 일의 잘못을 알았으나, 卿士大夫들이 그 新法의 바람을 따라 여지없이 쓰러졌으니 風俗의 변함을 여기에서 볼 수 있었습니다. 이때에 오직 呂誨・范鎭 등만이 그 잘못을 밝게 말하였습니다. 그러다가 이 두 사람이 이미 죄를 얻고 난 뒤로는 臺諫 중에 한마디라도 왕안석이나 그의 新法에 대해 언급하는 자가 있으면 모두 어지럽게 쫓아냈습니다. 이로 말미암아 風俗이 크게 敗하여 한 사람도 다시는 바른말을 하는 경우가 없었습니다.

1) 臨馭群下 : 천하를 통치하고 신하를 관리함을 이른다.

2) 孫奭戚綸田錫王禹偁 : 孫奭은 바른 도리로 처신하고 남에게 아부하는 일이 없었으며, 戚綸은 眞宗이 즉위한 뒤에 항상 그를 便殿으로 불러서 청대하였고 만년에는 權臣 王遵晦에게 排擠당하였으며, 田錫과 王禹偁은 다같이 太宗・眞宗 兩朝에서 벼슬하면서 直言을 잘하기로 이름이 났다.

3) 耄期厭事 : 年老하여 政事에 태만함을 이른다.

4) 丁謂 : 眞宗 때 參知政事로 있다가 뒤에 寇準을 밀어내고 대신 정승이 되었으며, 眞宗의 뜻에 영합하여 크게 토목공사를 일으킴으로써 국가재정을 탕진하였다.

5) 孔道輔范仲淹歐陽修余靖 : 孔道輔는 孔子의 45대손으로 左正言・御史中丞 등의 臺諫을 역임하였으며, 성격이 강직하여 부당한 일을 보면 탄핵을 피하지 않았으므로 權貴들이 그를 꺼렸다. 范仲淹은 벼슬이 參知政事에 이르렀고, 한때 士大夫들이 風節을 숭상하였는데, 그 풍조가 范仲淹으로부터 시작되었다. 歐陽修는 벼슬이 樞密副使・參知政事에 이르렀고, 일찍이 范仲淹을 두둔하다가 貶職을 당하였으며, 뒤에 王安石의 新法을 반대하였다. 余靖은 일찍이 范仲淹이 貶職당

한 일을 간하다가 落職되었고, 뒤에 諫官이 되었다.

6) 相高 : 서로 推崇함을 이른다.

7) 鉗口失職 : 입을 다물고 時事를 말하지 않아 직책을 다하지 못함을 말한다.

8) 大臣 : 저본에는 '人臣'으로 되어 있는데, ≪欒城集≫에 의하여 '大臣'으로 바꾸었다.

9) 言者卽至 : 諫言을 들이는 사람이 금방 오는 것이다.

10) 故雖人主寬厚……無大過失 : ≪宋史≫ 〈仁宗本紀〉 贊에 "仁宗은 在位 42년 동안 官吏의 治績을 관리하는 태도는 나태한 듯하였지만 일을 맡김에 있어서는 잔혹하고 각박한 사람은 배제하였고, 형법을 집행하는 일은 해이한 듯하였지만 옥사를 결단하는 데에는 공평한 관리가 많았으며, 나라에 嬖倖이 없지 않았으나 治世의 체제는 흔들지 못하였고, 朝廷에 소인이 없지 않았으나 善類의 기세를 이기지는 못하였다. 君臣上下의 惻怛한 마음과 忠厚한 정사는 宋代 4백여 년의 기반을 북돋았다."라고 하였다.

11) 先帝 : 宋 神宗을 가리킨다.

12) 執政大臣 變易祖宗法度 : 王安石의 變法을 가리킨다. 王安石이 창설한 保甲・免役・市易 등의 法은 모두 太祖의 成法을 變改한 것이었다.

13) 卿士大夫 : 卿과 大夫를 가리킨다. 후세에는 범연하게 官吏를 가리키는 말로 사용하였다.

14) 呂誨范鎭 : 呂誨는 仁宗・英宗・神宗・哲宗 등 네 조정에서 벼슬하였으며, 王安石이 執政할 당시에는 御史中丞으로 있으면서 상소를 올려 "크게 간사한 것은 忠과 비슷하고, 크게 아첨하는 것은 信과 비슷하다.〔大奸似忠 大佞似信〕"고 王安石을 호되게 탄핵하였기 때문에 당시 그를 鯁直하다고 추중하였다. 范鎭은 仁宗・英宗・神宗의 세 조정에서 벼슬하면서 조정에서 하는 일의 부당함을 자주 지적하고 諫하였다.

15) 及之 : 王安石이나 또는 그의 新法에 대해 언급함을 이른다.

16) 臺諫有以一言及之者 皆紛然逐去 : ≪宋史≫ 〈呂誨傳〉에 의하면 "呂誨가 파직되어 간 뒤로 御史 劉述・劉琦・錢顗(전의) 등이 모두 王安石에 대해 말했다가 내쫓겼다."고 한다.

天佑皇室하여 啓迪聖德하니 臨政未幾에 而以言路爲急하신대 天下竦然하여 思見祖宗

遺俗이니이다 然이나 臣自至闕廷으로 聞臺諫封事 一切留中不出하여 旣[1]不施行하고 又不黜責이라하니 臣不勝憂疑니이다 夫朝廷所以待臺諫者는 不過二事니 言當則行하고 不當則黜[2]이니이다 其所上封事는 除事干幾密하여 人主所當獨聞으로 須至留中外에는 竝須降出行遣이니이다 上所以正朝廷之紀綱하여 使無廢職業[3]하고 下所以全人臣之名節하여 使無負公議[4]니이다 若當而不行하고 不當而不黜이면 則上下苟且하리니 廉恥道廢하고 風俗衰陋하면 國將從之[5]리이다 臣願陛下는 永惟邪正盛衰之漸이 始於臺諫하여 修其官[6]則聽其言하고 言有不當이면 隨事行遣하되 大者可黜하고 小者可罷하여 使風俗一定[7]이면 忠言日至리이다 陛下垂拱[8]於上하고 群臣肅雍[9]於下면 則太平之治를 可立而待也리이다 惟陛下 留神省察하시면 天下幸甚이리이다

하늘이 皇室을 도와 聖德을 啓發하자 聖上께서 즉위하신 지 얼마 안 되어서 言路를 소통시키는 일을 급선무로 삼으시니, 온 天下 사람들이 조심스럽게 祖宗의 遺俗을 볼 수 있을 것이라 생각합니다. 그러나 臣이 闕廷에 이른 뒤로 듣자오니 "臺諫의 封事를 일체 궁중에 머물러두고 내려보내지 않아, 이미 시행하지도 않고 또한 黜責하지도 않는다."고 하니, 臣은 걱정스럽고 의아해하는 마음을 견딜 수 없습니다. 무릇 朝廷에서 臺諫을 대하는 것은 두 가지 일에 불과하니, 諫言이 온당하면 그 諫言대로 행하고 온당하지 못하면 諫言한 臺諫을 黜責하는 것입니다. 올린 封事가 機密에 관계되는 일이어서 人主만이 들어야 하므로 반드시 궁중에 머물러두어야 할 것을 제외하고는 모두 내려보내서 처치하게 하여야 합니다.

위로는 朝廷의 紀綱을 바로잡아 직분을 폐하는 일이 없게 하고, 아래로는 人臣의 名節을 보전하여 公衆의 評論을 저버리지 않게 하여야 합니다. 그런데 만일 諫言이 온당한데도 시행하지 않고, 諫言이 온당하지 못한데도 黜責하지 않는다면 上下가 구차스럽게 될 것이니, 廉恥의 道理가 폐지되고 風俗이 衰陋하면 나라가 장차 따라서 卑陋해지게 될 것입니다. 臣은 원하옵건대 陛下께서 언제나 邪正과 盛衰의 조짐이 臺諫에서 시작된다는 것을 생각하여 臺諫이 官職을 잘 수행하면 그 諫言을 듣고, 諫言에 온당하지 못함이 있으면 그 일에 따라 처치하되 크게는 黜斥하고 작게는 罷職하여 風俗이 法規와 통일되게 하시면 忠言이 날마다 이를 것입니다. 陛下께서는 위에서 손을 드리우고 한가히 계시고, 신하들은 아래에서 질서정연하게 직무를 수행하면 太平한 政治

를 서서 기다릴 수 있을 것입니다. 오직 陛下께서 留意하여 省察하시면 온 天下 사람들이 매우 행복해질 것입니다.

1) 旣 : 저본에는 '玩'으로 되어 있는데, ≪欒城集≫에 의하여 '旣'로 바꾸었다.
2) 夫朝廷所以待臺諫者……不當則黜 : 朝廷에서 臺官과 諫官을 대하는 방법은 두 가지 종류에 불과하니, 곧 諫言이 합당하면 그 일을 시행하고, 諫言이 합당하지 못하면 그 사람을 罷斥한다는 말이다.
3) 無廢職業 : 諫言을 들이는 職分을 게을리 하지 않음을 이른다.
4) 無負公議 : 公衆의 評論을 저버리지 않음을 이른다.
5) 國將從之 : 國家의 風氣가 앞으로 따라서 鄙陋해진다는 말이다.
6) 修其官 : 官職을 修行하는 것이다.
7) 一定 : 法規와 風俗이 통일됨을 뜻한다.
8) 垂拱 : 손을 쓸 일이 없어 그냥 드리우고 있음을 이른다. ≪書經≫ 〈周書 武成〉에 있는 "垂拱而天下治"에 대하여 孔穎達은 그 疏에서 "帝王이 官職에 각각 알맞은 인재를 임용하고, 자신은 손을 쓸 일이 없어서 그냥 드리우고만 있음을 말한 것이다."라고 해석하였는데, 후세에서 흔히 帝王의 '無爲而治'를 칭송하는 말로 썼다.
9) 肅雍 : 整齊하고 和諧함. 곧 질서정연함을 가리킨다.

02. 制置三司條例司論事狀* 制置三司條例司에서 일을 논한 狀文

* 본 狀文은 熙寧 2년(1069)에 썼다. 당시 蘇轍이 制置三司條例司의 檢詳文字로 있었다. 王安石이 制置三司條例司를 통솔하고, 呂惠卿이 智謀를 발휘하여 모든 計策을 세웠다. 蘇轍이 일을 의논함에 있어서 허다히 王安石의 新法과 합치하지 않았다. 따라서 蘇轍이 書札로 王安石을 꾸짖으니, 王安石은 크게 화가 나서 蘇轍에게 죄를 가하려고 하였는데, 陳升之가 만류하였다. 蘇轍이 上奏하기를 "매번 本司에서 公事를 헤아릴 때마다 모두 의견이 합하지 않기 때문에 臣은 이미 狀文을 갖추어 本司에 밝혔습니다."라고 하였는데, 여기의 狀文은 바로 이 '論事狀'을 가리킨 것이다. 制置三司條例司는 宋代에 설치한 官署로 法規를 제정하고 新法을 반포하는 일을 관장하였다. ≪宋史≫ 〈職官〉에 "邦計를 經劃하고 舊法을 變改하여 천하의 이익을 통하게 하였다. 熙寧 2년에 설치하고, 熙寧 3년 5월에

옛 中書省을 혁파하였다."라고 보인다.

通達治體之言이니라

治體에 통달한 말이다.

轍頃者誤蒙聖恩하여 得備官屬[1]이니이다 受命以來 於今五月[2]이니이다 雖勉强從事[3]나 而才力寡薄하여 無所建明[4]이니이다 至於措置大方[5]하여는 多所未諭니이다 每獻狂瞽에 輒成異同[6]이니 退加考詳이면 未免疑惑이니이다 是以로 不虞僭冒[7]하고 聊復一言이니이다

轍은 최근에 그릇되이 聖恩을 입어 官屬에 충원되었습니다. 聖上의 명을 받은 지가 이제 5개월이 되었으니, 비록 억지로 從事하오나 才力이 寡薄하여 建明하는 바가 없습니다. 처리하는 원칙적인 방법에 있어서는 깨닫지 못한 것이 많습니다. 매번 어리석은 소견을 드릴 때마다 長官의 의견과 일치되지 않으니, 물러나서 자세히 고려해보면 疑惑을 면할 수 없습니다. 그래서 분수에 넘침을 헤아리지 않고 우선 한 말씀 드리겠습니다.

1) 轍頃者誤蒙聖恩 得備官屬 : ≪宋史≫〈蘇轍傳〉에 의하면, 蘇轍이 熙寧 2년(1069) 3월에 〈上神宗皇帝書〉를 통하여 時事를 논하니, 神宗이 蘇轍을 延和殿으로 불러 보았고, 따라서 蘇轍을 制置三司條例司의 檢詳文字로 삼았기 때문에 이렇게 말한 것이다. 官屬은 主要한 官員의 屬吏라는 뜻이다.
2) 受命以來 於今五月 : 帝王의 命을 받아온 지 지금 5개월이란 말이다.
3) 勉强從事 : 능력이 없는데도 억지로 이 일을 한다는 말이다.
4) 建明 : 創建하고 發明하는 것이다.
5) 措置大方 : 처리하는 원칙적인 방법을 이른다.
6) 輒成異同 : 長官의 의견과 일치되지 않음을 이른다.
7) 不虞僭冒 : 상황을 고려하지 않은 채 本分을 지키지 않음을 이른다.

竊見 本司[1]近日奏遣使者八人分行天下[2]하여 按求農田水利와 與徭役利害는 以爲方今職司[3]守令은 無可信用이니 欲有興作인대 當別遣使라하나이다 愚陋不達이나 竊以爲國家養材如林하여 治民之官이 棋布海內하니 興利除害를 豈待他人이리잇가 今始有

事에 輒特遣使하니 使者一出이면 人人不安하여 能者는 嫌使者之侵其官[4)]하고 不能者는 畏使者之議其短이니이다 客主相忌하니 情有不通[5)]하고 利害相加하니 事多失實이니이다 使者旣知朝廷方欲造事[6)]하니 必謂功效可以立成이리이다 人懷此心이면 誰肯徒返[7)]이리잇가 爲國生事 漸不可知이니다 徒使官有送迎供饋之煩하고 民受更張勞擾之弊하니 得不補失이어늘 將安用之리잇가 朝廷必欲興事以利民이면 轍以爲職司守令足矣라하니이다 蓋勢有所便하고 衆有所安이니이다 今以職司治民하니 雖其賢不肖不可知나 而衆所素服이 於勢爲順[8)]이니 稍加選擇이면 足以有爲니이다 是以로 古之賢君은 聞選用職司以責成功하고 未聞遣使以代職司治事者也니이다 蓋自近世로 政失其舊하고 均稅寬恤[9)]에 每事遣使[10)]하여 冠蓋相望[11)]이나 而卒無絲毫之益하니 謗者至今未息이니이다 不知今日之使가 何以異此리잇가

가만히 보옵건대, 本司가 近日에 아뢰어 使者 8명을 諸路에 나누어 보내 農田·水利와 徭役의 利害관계를 살펴보게 한 것은, 현재 직무를 맡은 守令은 信用할 수 없으니, 일을 일으키려고 하면 마땅히 별도로 使者를 파견해야 한다고 여겨서입니다. 臣은 어리석고 고루하오나 가만히 생각하옵건대, 국가가 인재를 수풀처럼 많이 양성해서 백성을 다스리는 官員이 전국에 바둑알처럼 펼쳐져 있으니, 이익이 되는 일을 일으키고 惡弊가 되는 政事를 제거하는 것을 어찌 다른 사람에게 맡길 수 있겠습니까?

지금 비로소 일이 있음에 특별히 使者를 보내니, 使者가 한번 나가면 사람들이 불안해하여 유능한 지방관은 행여 使者가 자기의 직권을 침범할까 의심하고, 무능한 지방관은 使者가 자기의 단점을 거론할까 두려워합니다. 客과 主가 서로 忌諱하니 감정에는 통하지 않는 점이 있고, 利와 害가 서로 가해지니 일에는 실상을 잃는 점이 많습니다. 使者는 朝廷이 바야흐로 일을 일으키려는 것을 일단 알았으니 반드시 功效가 금방 이루어질 수 있을 것이라 생각할 것입니다. 사람들이 이런 마음을 품으면 그 누가 아무런 소득 없이 그냥 돌아오려고 하겠습니까? 나라에 무슨 좋지 못한 일이 생길지 조짐을 예측할 수 없습니다. 공연히 官에는 送迎하고 供饋하는 번거로운 일이 있게 하고, 백성에게는 更張하여 소요하는 폐해를 안겨주게 되므로 得이 失을 보상하지 못하는데, 장차 그 방법을 어디에 쓰겠습니까?

朝廷에서 반드시 일을 일으켜 백성을 이롭게 하려고 한다면 제 생각에는 직무를 맡

은 守令이면 족할 것으로 여깁니다. 대개 형세에는 편리하게 여기는 바가 있고 민중에게는 편안하게 여기는 바가 있는 것입니다. 지금은 직무를 맡은 守令으로 백성을 다스리고 있으니, 그 守令들이 어진지 어리석은지는 비록 알 수 없지만, 민중의 평소 臣服 대상이 된 사람이 형세상 관계가 비교적 순활할 것이니, 조금만 더 신중하게 守令을 선택한다면 백성을 다스리는 일을 잘할 것입니다. 이러므로 옛날의 賢君은 신중하게 守令을 선택해서 직무를 맡기어 功績을 이루도록 책임 지웠다는 말은 들었고, 使者를 보내어 직무를 맡은 守令을 대신하여 일을 다스리게 했다는 말은 듣지 못하였습니다.

대개 近世로부터 정치하는 것이 옛날에 하던 방법을 잃고서, 均稅하는 일이나 寬恤하는 일이나 대소사를 막론하고 걸핏하면 使者를 파견하여 그들의 왕래가 길에 끊임없이 이어지지만 결국에는 絲毫만 한 이익도 없으니, 비방하는 소리가 지금도 그치지 않습니다. 모르겠거니와 오늘날의 使者가 어찌 이와 다르겠습니까?

1) 本司 : 三司條例司를 가리킨다.
2) 竊見 本司近日奏遣使者八人分行天下 : ≪宋史紀事本末≫에 의하면, 熙寧 2년 4월에 "三司條例司의 請에 따라 劉彝·謝卿材·侯叔獻·程顥·盧秉·王汝翼·曾伉·王廣廉 등 8명을 諸路에 보내어 農田·水利·賦役 등을 살펴보게 했다."고 한다.
3) 職司 : 어떤 職位를 맡은 官員을 이른다.
4) 侵其官 : 자기의 職權을 침범함을 가리킨다.
5) 客主相忌 情有不通 : 地方官과 使者가 서로 忌諱하니 情理가 통할 리 없다는 뜻이다.
6) 造事 : 生事와 같은 뜻이다.
7) 徒返 : 아무 소득 없이 돌아옴을 이른다.
8) 而衆所素服 於勢爲順 : 地方官은 바로 현지 사람이 평소 臣服하는 사람이니, 형세상 관계가 비교적 순활할 것이라는 말이다.
9) 均稅寬恤 : 均稅는 北宋의 稅制인데, 먼저 土地를 측량한 뒤에 土質의 肥瘠을 상고해서 등급을 나누어 稅를 정하는 일이고 寬恤은 賑濟하는 일을 가리킨다.
10) 每事遣使 : 일의 대소를 막론하고 걸핏하면 使者를 파견함을 이른다.
11) 冠蓋相望 : 冠蓋는 官吏의 服飾과 車乘이니, 곧 使者가 一路上에 끊임없이 往來

함을 비유한 것이다.

至於遣使條目[1)]도 亦所未安이니이다 何者오 勸課農桑[2)]과 墾闢田野는 人存則擧[3)]니 非有成法이니이다 誠使職司得人하고 守令各擧其事하되 罷非時無益之役하고 去猝暴不急之賦하고 不奪其力하고 不傷其財하여 使人知農之可樂이면 則將不勸而自勵리이다 今不治其本하고 而遂遣使하니 將使使者何從施之리잇가 議者皆謂方今農事不修라 故로 經界[4)]可興이요 農官可置라하나 某觀職司以下勸農之號가 何異於農官이며 嘉祐以來 方田之令[5)]이 何異於經界리잇가 行之歷年에 未聞有益이니이다 此農田之說을 轍所以未諭也니이다

使者를 파견하는 細目까지도 타당하지 못합니다. 왜냐하면 농사짓고 뽕나무 심어 누에 치는 일을 권장하는 것과 田野를 개간하는 것은 그 일을 맡을 만한 사람이 있으면 그 일이 거행되는 것이니, 그에 대한 실정법이 있는 것이 아닙니다. 진실로 직무를 맡을 만한 사람을 잘 선택하여 守令으로 임용하고, 그 守令들이 각각 그 일을 거행하되 적당한 시기가 아닐 때 벌이는 이익 없는 役事는 폐지하고, 뜻밖에 생기는 급하지 않은 賦稅는 제거하고, 농민의 노력을 侵奪하지 않고, 백성들의 재물을 손상하지 않음으로써 사람들이 농사짓는 즐거움을 알게 하면 권장하지 않아도 스스로 힘쓸 것입니다. 그런데 지금 그 근본을 다스리지 않고 드디어 使者를 파견하였으니, 장차 使者로 하여금 어디에서 어떻게 시행하게 하겠습니까? 의논하는 자들은 모두 "지금 농사에 관한 일이 제대로 修治되지 않았다. 그러므로 經界를 정리해야 되고 農官을 두어야 된다."고 말하지만, 살펴보건대 직무를 주관한 守令 이하의 勸農이란 호칭이 農官과 무엇이 다르며, 嘉祐 이래 方田이란 법령이 經界와 무엇이 다릅니까? 그 일을 시행한 지 여러 해가 되었지만 이익을 본 적이 있었다는 말을 듣지 못하였습니다. 이래서 農田에 대한 말을 轍은 이해하지 못하는 것입니다.

1) 遣使條目 : 使者를 파견하는 데 대한 細目이나 명칭을 이른다.
2) 勸課農桑 : 농업과 양잠을 권장하는 일. 옛날에는 官吏가 농업을 권장하는 제도가 있었다.
3) 人存則擧 : 그 일을 할 만한 사람이 있으면 그 일이 거행된다는 말이니, 그 語源

은 ≪中庸≫의 "문왕·무왕의 정치방법이 책에 적혀 있으니, 그런 정치를 할 만한 사람이 있으면 그런 정치가 거행되고, 그런 정치를 할 만한 사람이 없으면 그런 정치가 종식된다.〔文武之政 布在方策 其人存則其政擧 其人亡則其政息〕"고 한 데서 나왔다.

4) 經界：土地를 나누는 경계를 이른다.

5) 嘉祐以來 方田之：≪續資治通鑑長編≫에 의하면, 方田의 제도는 嘉祐 5년(1060)에 생겼는데, 孫琳 등이 그 일을 창출하고 熙寧 연간에 정식으로 실행하였다. ≪宋史≫〈食貨志 方田〉에 "神宗이 田賦가 고르지 못한 것을 걱정하여 熙寧 5년(1072)에 거듭 方田法을 修定하고, 司農에 詔書를 내려 '方田均稅條約幷式'을 천하에 반포했다."라고 하였다.

天下水利 雖有未興이나 然而民之勞佚不同하고 國之貧富不等하나이다 因民之佚而用國之富하여 以興水利면 則其利可待어니와 因民之勞而乘國之貧하여 以興水利면 則其害先見이니이다 苟誠[1]知生民之勞佚과 與國用之貧富면 則水利之廢興은 可以一言定矣리이다 而況事起無漸하고 人不素講이어늘 未知水利之所在하고 而先遣使하니 使者所至에 必將求之官吏하리이다 官吏有不知者하고 有知而不告者하고 有實無可告者리니 不得於官吏면 必求於民하고 不得於民이면 其勢將求於中野리이다 興事至此하여 蓋已甚勞니이다 此水利之說[2]을 轍所以未諭也니이다

天下의 水利를 아직 일으키지 않았으니 〈일을 서둘러야 하겠지만,〉 그러나 백성의 생활에 대한 勞苦와 安佚이 동일하지 않고, 국가의 재정에 대한 부족과 여유가 동등하지 않습니다. 백성의 생활이 안일하고 국가의 재정이 여유 있을 때에 水利를 일으킨다면 그 이익을 기대할 수 있겠지만, 백성의 생활이 괴롭고 국가의 재정이 부족할 때에 水利를 일으킨다면 그 害가 먼저 나타날 것입니다. 그러니 백성의 생활에 대한 勞苦와 安佚, 국가의 재정에 대한 부족과 여유를 확실하게 안다면 水利에 관한 일을 폐지해야 할 것인지, 일으켜야 할 것인지는 단 한마디 말로 단정할 수 있을 것입니다.

더구나 水利에 관한 일이 점차적으로 발전하는 과정을 거치지 않고 갑자기 일어났고 사람들은 평소에 講習한 적이 없었거늘, 水利의 所在를 파악하지 않은 채 우선 使者를 파견하였으니, 使者가 이르는 곳마다 반드시 官吏에게 요구할 것입니다. 官吏 중에는

水利에 대한 것을 알지 못하는 자도 있고, 알고도 告하지 않는 자도 있고, 실제로 告할 수 없는 경우도 있을 것이니, 使者는 官吏에게 얻지 못하면 반드시 백성에게 구하고 백성에게 얻지 못하면 그 형세는 장차 들판에서 구할 것입니다. 일을 일으킴이 이 지경에 이르러 노고가 이미 심할 대로 심해졌습니다. 이래서 水利에 대한 말을 轍은 이해하지 못하는 것입니다.

1) 苟誠 : 確實과 같은 뜻이다.

2) 說 : 저본에는 '設'로 되어 있는데, ≪欒城集≫에 의하여 '說'로 바꾸었다.

徭役之事는 **議者甚多**니이다 **或欲使鄕戶助錢而官自雇人**하고 **或欲使城郭等第之民與鄕戶均役**하고 **或欲使品官之家與齊民竝事**[1]니이다 **此三者**는 **皆見其利**요 **不見其害者也**니이다 **役人之不可不用鄕戶**는 **猶官吏之不可不用士人**[2]**也**니이다 **有田以爲生**이라 **故**로 **無逃亡之憂**하고 **朴魯而少詐**라 **故**로 **無欺謾之患**이니이다 **今乃捨此不用**하고 **而用浮浪不根之人**[3]하니 **轍恐掌財者 必有盜用**[4]**之姦**이요 **捕盜者**[5] **必有竄逸之弊**니이다 **今國家設捕盜之吏**에 **有巡檢**[6]하고 **有縣尉**[7]니이다 **然**이나 **較其所獲**이면 **縣尉常密**하고 **巡檢常疎**하니 **非巡檢則愚**요 **縣尉則智**라 **蓋弓手**[8]가 **鄕戶之人與屯駐客軍異耳**[9]니이다 **今將使雇人捕盜**면 **則與獨任巡檢不殊**니 **盜賊縱橫**이 **必自此始**리이다

徭役의 일에 대해서는 의논한 자가 몹시 많습니다. 어떤 이는 鄕戶가 助役錢을 내게 하여 官에서 그 돈으로 사람을 고용하게 하자고 주장하고, 어떤 이는 城郭等第의 民戶를 鄕戶와 더불어 役을 균등하게 하자고 주장하고, 어떤 이는 品官의 집을 平民과 더불어 일을 함께 하게 하자고 주장합니다. 이 세 가지는 모두 그 이익은 볼 수 있고 그 피해는 볼 수 없는 것입니다.

役人에 있어서 鄕戶를 쓰지 않을 수 없는 것은 마치 官吏에 있어서 士人을 쓰지 않을 수 없는 것과 같습니다. 田土를 가지고 생활을 하기 때문에 도망갈 걱정이 없고, 朴實하고 魯鈍하여 詐欺가 적기 때문에 欺謾할 걱정이 없습니다. 그런데 지금은 이들을 놓아둔 채 쓰지 않고 뿌리 없이 떠도는 사람을 쓰니, 재정을 맡은 자에게는 반드시 불법으로 돈을 쓰는 간교한 술책이 있을 것이고, 도적을 잡는 일을 맡은 자에게는 반드시 범인을 놓치는 폐단이 있을까 轍은 염려하옵니다.

지금 國家에서 도적을 잡는 관리를 두는 데에는 巡檢이 있고 縣尉가 있습니다. 그러나 얻는 성과의 과정을 비교하면 縣尉는 항상 주도면밀하고 巡檢은 항상 허술하니, 巡檢은 어리석고 縣尉는 지혜가 있어서가 아니라, 대개 弓箭手가 鄕戶의 사람임과 屯駐하는 客軍임이 다를 뿐입니다. 지금 사람을 고용해서 도적을 잡게 한다면 단독으로 巡檢에게 맡기는 것과 다를 것이 없으니, 도적들이 거침없이 날뛰는 일이 반드시 이로부터 시작될 것입니다.

1) 或欲使品官之家與齊民竝事 : ≪宋史≫ 〈食貨志 役法〉에 의하면 "熙寧 2년(1069)에 條例司와 司農寺(사농시)에서 여러 차례 이 일을 논의하였다. 뒤에 劉綰과 曾布에게 詔書를 내려 다시 의논하게 하니, 두 사람은 말하기를 '畿內鄕戶에 대해서는 産業과 家資의 貧富에 따라 上下 5등급으로 나눈 다음, 해마다 여름과 가을에 등급에 따라 돈을 바치게 하고……, 모두 그 돈으로 3등 이상의 稅戶를 모집하여 役을 대신하게 하며, 役의 輕重에 따라 祿을 제정한다.'라고 하였다." 한다.
2) 士人 : 儒生 등 지식계층을 범연하게 가리킨다.
3) 浮浪不根之人 : 基業도 없고 正業도 없이 떠도는 사람을 이른다.
4) 盜用 : 불법으로 사용함을 이른다.
5) 捕盜者 : 宋代에 服役者의 主要한 職能. 이를테면 三大戶(宋代에 鄕內의 1백 戶를 엮어서 1團으로 만들고, 아울러 鄕內의 富豪 세 사람을 뽑아 團長을 맡겨서 豊凶과 奸盜를 糾察하게 하였다) · 弓箭手 · 巡檢에게 모두 도적을 잡는 직능이 있었다.
6) 巡檢 : 宋代에 巡檢司에 소속되어 州邑을 순찰하면서 도적을 잡는 일 등을 맡았다.
7) 縣尉 : 宋代에 縣令 이하의 屬官. 곧 弓箭手를 훈련시키고 奸暴를 금하는 일을 맡았다.
8) 弓手 : 弓箭手. 宋初에는 허다히 富戶에서 차출해서 충당하였고, 縣尉에 소속되어 巡邏와 捕獲하는 일을 맡게 하였는데, 神宗 때에는 弓箭手를 差役에서 雇役으로 바꾸었다.
9) 蓋弓手 鄕戶之人與屯駐客軍異耳 : 縣尉 소속의 弓箭手는 本地에서 充役한 사람이고, 巡檢은 다른 곳에서 징발해 온 군인이란 점이 다를 뿐이란 말이다.

轍觀 近歲雖使鄕戶頗得雇人이나 **然**이나 **至於所雇逃亡**하여는 **鄕戶猶任其責**[1]이니이다 **今遂欲於兩稅**[2]**之外**에 **別立一科**하여 **謂之庸錢**[3]이라하며 **以備官雇**하고 **鄕戶舊法**이 **革去無餘**[4]하니 **雇人之責**은 **官所自任**이니이다 **且自唐楊炎廢租庸調以爲兩稅**하고 **取**[5]**大曆**[6]**十四年應于賦斂之數**하여 **以定兩稅之額**이니 **則是租調與庸**을 **兩稅旣兼之矣**니이다 **今兩稅如舊**[7]어늘 **奈何復欲取庸**이니잇가 **蓋天下郡縣**은 **上戶**[8]**常少**하고 **下戶**[9]**常多**니이다 **少者徭役頻**하고 **多者徭役簡**하니 **是以**로 **中下之戶**는 **每得休閒**이니이다 **今不問戶之高低**하고 **例使出錢助役**하니 **上戶則便**하고 **下戶實難**이니이다 **顚倒失宜**[10]하니 **未見其可**니이다 **然**이나 **議者**는 **皆謂助役之法**은 **要使農夫專力於耕**[11]이라하나이다 **轍觀三代**[12]**之間**엔 **務農最切**이요 **而戰陣田獵**이 **皆出於農**[13]이니 **苟以徭役較之**면 **則輕重可見矣**[14]리이다

轍이 보옵건대, 近歲에 비록 鄕戶로 하여금 雇傭할 사람을 찾게 하나, 雇傭한 사람이 도망가면 鄕戶가 다시 그 책임을 맡게 합니다. 지금 결국 兩稅 이외에 따로 1科를 세워 이를 '庸錢'이라 하면서 官雇에 대비하고, 鄕戶舊法은 남김없이 革去되었으니, 사람을 고용하는 책임은 官에서 스스로 맡을 일입니다. 또 唐代부터 楊炎이 租·庸·調를 폐하여 兩稅로 만들고 大曆 14년에 賦斂에 응하던 수효를 취하여 兩稅의 액수로 정하였으니, 이것이 바로 租·庸·調를 兩稅가 이미 겸한 것입니다. 지금 兩稅가 예전과 똑같은데, 어째서 다시 庸을 취하려고 하십니까?

대개 天下의 郡縣은 上戶는 항상 적고 下戶는 항상 많습니다. 적은 경우는 徭役이 빈번하고 많은 경우는 徭役이 간략하니, 이러므로 中戶와 下戶는 언제나 한가한 휴식을 취할 수 있는 것입니다. 그런데 지금은 家戶의 생활수준에 대한 높음과 낮음은 물어보지도 않고 일률적으로 돈을 내어 役을 돕게 하고 있으니, 上戶는 편하고 下戶는 실로 어려운 형편입니다. 上下·本末의 安排가 온당함을 잃었으니, 그것이 옳은 것인지 알지 못하겠습니다. 그러나 의논하는 자들은 모두 "助役法은 요컨대 農夫들이 농사짓는 일에 전력할 수 있게 하는 것이다."라고 주장합니다. 轍은 보옵건대, 三代의 시절에는 농사를 가장 우선으로 힘썼고 戰陣과 田獵이 모두 농민에게서 나왔으니, 가령 徭役으로 비교한다면 그 輕重을 쉽게 볼 수 있을 것입니다.

1) 猶任其責 : 다시 그 책임을 맡기를 요하는 것이다.

2) 兩稅 : 夏稅와 秋稅의 合稱. 唐나라 德宗 때 楊炎이 兩稅法을 만들었는데, 租와

庸을 합하여 하나로 만들어서 돈으로 稅를 납입하게 하였다.

3) 庸錢 : 이는 곧 免役錢과 助役錢이니, 雇役에 쓰인다.

4) 鄕戶舊法 革去無餘 : 鄕戶가 差役되던 옛 제도가 전부 개혁됨을 이른다.

5) 取 : 저본에는 '收'로 되어 있는데, ≪欒城集≫에 의하여 '取'로 바꾸었다.

6) 大曆 : 唐나라 代宗이 세 번째 改元한 연호로 大曆 14년은 바로 서기 779년이다.

7) 且自唐楊炎廢租庸調以爲兩稅……今兩稅如舊 : 楊炎이 建中(唐 德宗의 연호. 780~783) 원년에 兩稅法을 제정하였는데, 宋 이래 歷朝가 모두 이 稅法을 사용하였으며, 楊炎의 兩稅法에 대하여 ≪通典≫ 〈賦稅 下〉에 "稅에 응할 斛斗는 大曆 14년의 見佃·靑苗·地額·均稅에 의거하게 하였고, 夏稅는 6월 안에 畢納하고 秋稅는 11월 안에 畢納하게 하였으며, 옛 租·庸 및 諸色名目은 모두 병합하였다."라고 밝히고 있다.

8) 上戶 : 富民의 집이다.

9) 下戶 : 貧民의 집이다.

10) 顚倒失宜 : 上下·本末의 安排가 온당함을 잃음을 이른다.

11) 然議者……要使農夫專力於耕 : 이 論을 펼치는 자들은 "돈을 내어 사람을 고용해서 役을 대신하는 免役法은 바로 농민은 농사에 전력하게 하고 다시 徭役을 시킴으로써 농사지을 시기나 농사지을 힘을 빼앗지 않는다. 그러므로 당시 條例司의 논의에서 '백성들이 돈을 내게 해서 雇役을 하는 것은 바로 先王이 백성들의 재물을 가지고 庶人으로서 官職에 있는 자들에게 祿을 주던 의미이다.'라 했다."고 주장한 것이다.

12) 三代 : 夏·殷·周를 가리킨다.

13) 輒觀三代之間……皆出於農 : ≪通典≫ 〈兵一 立軍〉에 의하면, 周代의 兵制는 농민들을 行伍로 편성해서 매년 春季와 秋季에 사냥을 통하여 군대를 정돈하는 요령 등을 익혔다.

14) 苟以徭役較之 則輕重可見矣 : 가령 현재의 徭役制度를 三代시대의 戰陣과 田獵이 모두 농민에게서 나왔던 제도와 비교하면, 三代의 徭役이 무겁고 현재의 徭役이 가볍다는 것은 너무도 분명해서 쉽게 알 수 있다는 말이다.

城郭[1] 人戶는 雖號兼幷[2]이나 然而緩急之際엔 郡縣所賴요 饑饉之歲엔 將勸之分以助民이요 盜賊之歲엔 將借其力以捍敵이라 故로 財之在城郭者는 與在官府無異也니이다

方今雖天下無事나 而三路[3]芻粟[4]之費는 多取京師銀絹[5]之餘요 配賣之民이 皆在城郭이어늘 苟復充役이면 將何以濟[6]리잇가 故로 不如稍加寬假하여 使得休息이니이다 此誠國家之利요 非民之利也니이다 品官之家 復役已久어늘 議者不究本末하고 徒聞漢世宰相之子 不免戍邊하고는 遂欲使衣冠之人[7]을 與編戶[8]齊役이니이다 夫一歲之更은 不過三日이요 三日之雇는 不過三百[9]이니이다 今世三大戶之役은 自公卿以下로 無得免者[10]니이다 以三大戶之役을 而較之三日之更이면 則今世既已重矣니 安可復加哉리잇가

城郭에 있는 人戶는 비록 兼幷한다고 칭하지만, 위급한 일이 생겼을 때에는 郡縣이 그들의 힘을 입게 되고, 饑饉이 든 해에는 그들에게 곡물 등을 나누어 빈민을 도우라고 권하게 되고, 적이 침입하는 해에는 그들의 힘을 빌어서 적을 막게 될 것이므로 재물이 城郭에 있는 것은 官府에 있는 것이나 다를 것이 없습니다. 현재는 비록 天下가 無事하지만 三路軍需인 軍糧과 馬草의 買入代金은 대부분 京城에 남아도는 銀絹을 팔아오게 되고, 銀絹을 배당해서 파는 대상의 백성들은 모두 城郭에 있는데, 만일 그들을 다시 充役한다면 장차 어떻게 일을 해낼 수 있겠습니까? 그러므로 그들에게 조금 여가를 주어서 휴식을 취할 수 있게 하는 것만 못합니다. 이것은 정말 국가의 이익이지, 그 백성들의 이익이 아닙니다.

品官의 집은 復役한 지 이미 오래거늘, 의논하는 자들은 本末은 구명하지 않고 한갓 "漢代에는 宰相의 아들도 변경에 수자리하는 일을 면하지 못하였다."란 말만 듣고서는 드디어 士大夫로 하여금 編戶와 더불어 役을 동등하게 하려고 합니다. 漢代에는 1년의 更은 3일에 불과하고, 3일의 雇價는 3백 전에 불과하였습니다. 지금 세상에 三大戶의 役은 公卿 이하로부터 면할 수 있는 자가 없습니다. 三大戶의 役을 3일의 更에 비교하면 지금 세상의 役이 이미 무겁거늘, 어찌 다시 증가시킬 수 있겠습니까?

1) 城郭 : 城市 곧 邑內를 가리킨다.

2) 兼幷 : 土地나 貨物의 利息을 취하는 일 등을 兼幷함을 이른다.

3) 三路 : 秦鳳·涇原·環慶. 宋代에는 모두 陝西路에 속했다.

4) 芻粟 : 軍糧과 馬草를 이른다.

5) 銀絹 : 素絹로 곧 흰색 生絲로 짠 명주이다.

6) 配賣之民……將何以濟 : ≪宋史≫ 〈食貨志〉에 의하면 "轉運司가 綢·絹·綿·布

를 州鎭 軍砦 등의 坊郭戶에 배당해서 돈으로 바꾸는 수량이 많다."라고 하였으니, 坊郭은 곧 城郭이다. 이 대문의 대의는 '城郭에 있는 人戶는 바로 絲絹을 배당해서 파는 대상이었으니, 그들이 絲絹을 사는 것은 일정한 賦稅인 것이다. 그런데 만일 다시 充役을 하고 돈을 내어 助役을 하게 한다면 그들의 부세부담은 과중함을 면치 못하는데, 장차 어떻게 일을 해낼 수 있겠는가?'라는 것이다.

7) 衣冠之人 : 縉紳, 士大夫를 이른다.

8) 編戶 : 戶籍에 編入한 보통 사람의 집을 이른다.

9) 徒聞漢世宰相之子……不過三百 : ≪通典≫ 〈食貨 賦稅〉에 의하면 "漢 昭帝 때에 전국 사람들이 모두 3일씩 邊境을 수자리하였다(지켰다). 이것을 또한 '更'이라 불렀는데, 律에서 이른바 '繇戍(요수)'라는 것이다. 아무리 丞相의 아들이라 하더라도 변경을 지키는 일은 빠지지 않았다. …… 1년에 1更씩을 하게 되었고, 이것을 할 형편이 못 되는 사람은 돈 3백을 官에 내면 官에서는 그 돈을 수자리하는 자에게 지급하였으니, 이것을 '過更'이라 일렀다."고 한다.

10) 今世三大戶之役……無得免者 : 三大戶는 後周 顯德(世宗의 연호) 5년(958)에 鄕村 중에서 1백 戶를 1團으로 삼고 매 團마다 三大戶를 뽑아 耆長으로 삼았는데, 뒤에 耆長을 三大戶라고 칭하였다. 宋代에 耆長의 役은 盜賊 잡는 일을 관장하였다.

蓋自古太平之世엔 國子[1)]俊造[2)] 將用其才者는 皆復其身하고 胥吏賤吏[3)] 旣用其力者는 皆復其家니이다 聖人舊法은 良有深意하여 以爲責之以學而奪其力하고 用之於公而病其私면 人所難兼이라 是以로 不取니이다 奈何至於官戶而又將役之리잇가 且州縣差役之法은 皆以丁口爲之高下니이다 今已去鄕從官이니 則丁口登降[4)]은 其勢難詳이어늘 將使差役之際에 以何爲據리잇가 必用丁이면 則州縣有不能知요 必不用丁이면 則官戶之役이 比民爲重이니이다 今朝廷所以條約官戶[5)]하여 如租佃田宅 斷買坊場[6)]과 廢擧[7)]貨財 與衆爭利를 比於平民에 皆有常禁이니이다 苟使之與民皆役이면 則昔之所禁은 皆當廢罷니이다 罷之則其弊必甚하고 不罷則不如爲民이니이다 此繇役之說을 轍所以未諭也니이다

예부터 太平 세대에는 國子와 俊造 중에 장차 그 재주를 쓸 수 있는 자는 모두 그

身役을 면제하였고, 胥吏와 賤吏 중에 이미 그 능력을 쓴 자는 모두 그 家役을 면제하였습니다. 聖人의 옛 법은 매우 깊은 뜻이 있어서 '학문을 하도록 하면서 身役을 하게 하고 公務를 하도록 하면서 家役을 하게 하면 사람이 두 가지를 겸하기 어려울 것'이라고 여겼습니다. 그래서 취하지 않고 면제하였던 것입니다. 그런데 어째서 官戶에까지 役을 시키려고 하는 것입니까?

또 州縣의 差役法은 모두 인구를 가지고 높낮이로 삼습니다. 현재 이미 고향을 떠나 官職에 종사하고 있으니 인구의 증감은 그 형편상 자세히 파악할 수 없거늘, 差役을 하게 할 때에 무엇을 가지고 근거로 삼겠습니까? 사람을 꼭 쓰려고 하면 州縣에 파악할 수 없는 불편한 점이 있을 것이고, 사람을 꼭 쓰지 않으려고 하면 官戶의 役이 일반 백성에 비하여 무거울 것입니다.

현재 朝廷에서 條約으로 官戶를 束縛하여 租佃과 田宅을 坊場에서 사들이는 일과, 貨財를 값의 비싸고 헐함에 따라 사고팖으로써 여러 사람과 이익을 경쟁하는 일과 같은 것은 平民과 비교하여 모두 통상적인 禁令을 두고 있습니다. 가령 일반 백성과 동등하게 모두 役을 부여한다면 이전에 금하던 일은 모두 없애야 합니다. 없앤다면 그에 따른 폐단이 반드시 심할 것이고, 없애지 않는다면 아예 평민이 되는 것만 못할 것입니다. 이래서 徭役에 대한 말을 轍은 이해하지 못한다는 것입니다.

1) 國子 : 公卿大夫의 子弟를 이른다.
2) 俊造 : ≪禮記≫ 〈王制〉에 의하면 "司徒가 그 추천된 選士들 중에서 우수한 자를 論定하여 學에 추천하는데, 그 추천된 자를 '俊士'라고 일컫는다. 司徒에게 추천된 자는 鄕의 徭役이 면제된다. 學에 천거된 자는 司徒가 시키는 徭役도 면제된다. 그러한 선비를 '造士'라고 일컫는다."라고 하였다. 그래서 후세에 '俊造'는 재주와 지혜가 걸출한 사람을 가리킨다.
3) 胥吏賤吏 : 官府에서 직위가 낮은 관리를 가리킨다.
4) 丁口登降 : 人口의 增減을 가리킨다.
5) 條約官戶 : 條約으로 官戶를 束縛하는 것을 이른다.
6) 坊場 : 정부에서 개설한 시장을 이른다.
7) 廢擧 : 貨物을 쌓아놓고 값이 헐하면 사들이고, 값이 비싸면 내다 파는 것이다.

轍又聞 發運之職을 今將改爲均輸[1)]하고 常平之法을 今將變爲靑苗[2)]라하니 愚鄙之人은 亦所未達이니이다 昔漢武外事四夷하고 內興宮室[3)]하니 財用匱竭하여 力不能支니이다 用賈人桑弘[4)]羊之說하여 買賤賣貴하고 謂之均輸[5)]라하니 雖曰 民不加賦라도 而國用饒足[6)]이라하나 然而法術不正[7)]이라 吏緣爲姦[8)]하여 掊克[9)]日深하니 民受其病이니이다 孝昭旣立에 學者爭排其說하고 霍光順民所欲하여 從而與之[10)]하니 天下歸心하여 遂以無事니이다 不意今世에 此論復興하니 衆口紛然하여 皆謂其患必甚於漢이니이다 何者오 方今聚斂之臣[11)]은 才智方略이 未見桑羊之比어늘 而朝廷은 破壞規矩하고 解縱繩墨[12)]하여 使得馳騁自由하고 惟利是嗜니이다 以轍觀之면 其害必有不可勝言者矣니이다 今立法之初라 其說甚美하여 徒言徙貴就賤하고 用近易遠하니 苟誠止於此[13)]면 則似亦可爲니이다 然而假以財貨하고 許置官吏하여 事體旣大[14)]라 人皆疑之하여 以爲雖不明言販賣나 然이나 旣許之以變易[15)]矣니 變易旣行에 而不與商賈爭利者를 未之聞也라하나이다 夫商賈之事는 曲折難行[16)]이니이다 其買也엔 先期而與錢[17)]하고 其賣也엔 後期而取直[18)]이니이다 多方相濟하고 委曲相通하니 倍稱之息[19)]이 由此而得이니이다 然이나 至往往敗折도 亦不可期니이다

轍은 또 듣건대 發運의 직종을 均輸로 고치려 하고 常平의 法을 靑苗로 변경하려 한다고 하니, 저처럼 어리석고 비루한 사람은 또한 그 일을 이해하지 못하겠습니다. 옛날 漢 武帝는 밖으로 四夷의 정벌을 일삼고, 안으로 宮室을 일으키니 財用이 고갈되어 국력이 지탱할 수 없었습니다. 그래서 賈人 桑弘羊의 말을 받아들여 물가가 헐할 때에는 사들이고 비쌀 때에는 내다 팔았으며, 이것을 '均輸'라고 하였는데, 비록 "백성이 賦稅를 더 내지 않더라도 국가 재정이 풍족하다."고 하였지만, 운영방법이 올바르지 못하였기 때문에 官吏가 그를 인용하여 간계를 부려 聚斂이 날로 심하였는데, 백성들이 그 피해를 몽땅 받았습니다. 孝昭(昭帝)가 즉위하자 學者들이 앞을 다투어 그 說을 배격하였고, 霍光이 백성들의 하고 싶은 일을 거역하지 못하여 따라서 편들어주니, 온 천하 사람들이 마음을 돌이켜서 결국 무사하게 되었던 것입니다.

그런데 뜻밖에도 지금 세상에 이 論이 다시 일어나니, 여러 사람들이 떠들고 일어나 모두 "그 禍患이 반드시 漢나라 때보다 심할 것이다."라고 합니다. 왜냐하면, 지금 聚

斂하는 신하들은 才智와 方略이 桑弘羊에 비할 자가 없거늘, 朝廷은 規矩를 파괴하고 法律을 완화하여 자유자재로 놀아나게 하면서 오직 財利만을 추구하기 때문입니다. 轍의 소견으로 보면 반드시 이루 말할 수 없는 해가 있을 것입니다. 지금은 立法 초기인지라, 그 말씨가 매우 그럴싸해서 "물가가 비싼 곳에서 헐한 곳으로 옮기고, 가까운 곳에 있는 물건으로 먼 곳에 있는 물건을 바꾸게 하는 정도"만을 말하니, 가령 이 정도에만 그친다면 역시 해볼 만한 일일 것 같습니다. 그러나 財貨를 빌려주고 官吏를 설치하도록 하여 事體가 이미 커졌기 때문에 사람들이 모두 의심하여 "비록 販賣한다고 분명하게 말하지는 않았지만, 이미 交易하도록 허락한 상태이니, 交易이 일단 행해진 마당에 商賈와 이익을 다투지 않는다는 것은 들어보지 못했다."고 하는 것입니다.

무릇 商賈의 일이란 뒤얽혀 복잡해서 행하기 어려운 것입니다. 물건을 구매할 때에는 구매하기 전에 미리 돈을 건네주고, 물건을 팔 때에는 팔고 나서 값을 받습니다. 여러 방면으로 서로들 성사시키고 여러 경로로 서로 유통시키니, 갑절로 불어나는 이익이 이로 말미암아 얻어지는 것입니다. 그러나 이따금 손해를 보게 되는 것 또한 예기할 수 없는 일입니다.

1) 轍又聞發運之職 今將改爲均輸 : 發運은 水陸發運使를 가리키니, 곧 轉運使. 唐宋 시대에 설치하였다. 均輸는 곧 運輸를 조절하고 物價를 안정시키는 방법. 宋代 神宗 熙寧 2년(1069)에 개설 실행하였다. ≪宋史≫ 〈王安石傳〉에 의하면, 均輸法은 發運의 직종을 均輸로 고친 것인데, 돈을 빌려주어서 供上하는 물건을 모두 비싼 곳에서 헐한 곳으로 옮기고, 가까운 곳에 있는 물건으로 먼 곳에 있는 물건을 바꾸게 하는 제도였다.

2) 常平之法 今將變爲青苗 : 常平倉을 변경하여 青苗法으로 바꾸었다. 常平倉은 고대에 쌀값을 조절하기 위하여 설치한 일종의 창고. 漢 宣帝 때에 耿壽昌이 맨 처음 창건하여 곡식 값이 헐할 때에는 비싼 값으로 사들이고, 곡식 값이 비쌀 때에는 헐한 값으로 내다 팔아서 물가를 평형으로 유지시켰기 때문에 '常平'이란 이름이 붙여진 것이다. 青苗는 곧 青苗法인데, 熙寧 2년에 制置三司條例司에서 "常平倉에 錢糧이 山積하였으나 거두어들이고 흩어주는 방법이 올바르지 못하여 이익을 얻는 것이 많지 않다."고 하여 青苗法으로 고쳤으니, 곧 諸路의 常平倉과 廣惠倉에 쌓인 錢糧을 자본으로 삼아 봄과 여름에 민가에 대여하였다. 봄에 대여한 것은 여름에 거두고, 여름에 대여한 것은 가을에 거두었다. 매기마다 이자

2분을 거두었다. 근본목적은 低利로써 富豪의 폭리를 제한하고 백성의 부담을 경감하려는 것이었는데, 시행하는 과정에서 폐단이 생겨 백성들이 고통을 견디지 못하였다. 그러므로 여러 新法 중에서 靑苗法이 가장 강렬한 반대대상이 되었다.

3) 昔漢武外事四夷 內興宮室 : 漢 武帝는 재위기간에 閩越・南越・西南夷・大宛・西羌・匈奴 등을 정벌하고, 전후에 걸쳐 龍淵宮・柏梁臺・甘泉通天臺・長安飛廉館・首山宮・建章宮・明光宮 등의 宮室을 건축하였다.

4) 弘 : 저본에는 '弘'이 없으나, ≪宋史≫와 ≪御選古文淵鑑≫ 등에 의하여 추가하였다.

5) 用賈人桑弘羊之說……謂之均輸 : 漢 武帝 元封 원년에 桑弘羊이 治粟都尉가 되어 전국의 鹽鐵과 物貨를 관장하여 값이 비싸면 내다 팔고 값이 헐하면 사들였기 때문에 富商大賈가 폭리를 취할 수도, 물가가 폭등할 수도 없었다. 이렇게 전국의 물가가 평형을 유지하게 하였기 때문에 '平準'이라고 칭하였다.

6) 雖曰民不加賦 而國用饒足 : ≪漢書≫ 〈食貨志〉에 "백성이 부세를 더 내지 않아도 천하의 재정이 요족하였다. 그래서 桑弘羊에게 左庶長이란 벼슬을 주었다."고 적혀 있다.

7) 法術不正 : 운영방법이 올바르지 못함. 곧 均輸法이 官吏로 하여금 시장에 앉아서 물건을 판매하여 이익을 구하도록 되어 있음을 가리킨다.

8) 吏緣爲姦 : 官吏가 이를 이용하여 奸計를 부려 사리사욕을 채움을 가리킨다.

9) 掊克 : 聚斂을 가리킨다.

10) 孝昭旣立……從而與之 : ≪漢書≫ 〈食貨志〉에 의하면 "昭帝 즉위 6년에 郡國에 詔書를 내려 賢良文學士를 천거하게 해서 백성의 疾苦와 敎化의 요령에 대해 물으니, 모두 '鹽鐵・酒榷・均輸官을 없애어 천하 사람과 이익을 다투지 말아서 검소와 절약을 보인 뒤에야 교화가 행해질 수 있을 것이다.'라고 하였다. …… 桑弘羊은 大將軍 霍光을 원망하고 上官桀 등과 함께 謀反했다가 모두 霍光에게 피살되었다."고 한다.

11) 聚斂之臣 : 財貨를 함부로 거두어들이는 大臣을 이른다.

12) 繩墨 : 法度나 法律을 가리킨다.

13) 此 : 徙貴就賤과 用近易遠을 가리킨다.

14) 然而假以財貨……事體旣大 : 靑苗錢은 常平倉의 錢物로 자본을 삼았으며, 均輸

할 때에는 조정에서 먼저 錢米를 제공하였다. 均輸할 때에 임시로 官吏를 두었는데, 發運使 薛向이 均輸와 平準하는 일을 맡았을 때 官屬을 설치하자고 청하니 神宗이 스스로 선택하도록 하였다. 그러자 薛向은 劉忱·衛琪·孫珪·張穆之·陳倩을 불러서 屬官으로 삼았다.

15) 變易 : 여기서는 交易과 같은 말이다.

16) 曲折難行 : 錯綜하고 複雜해서 시행하기 어려움을 말한다.

17) 先期而與錢 : 貨物을 구매하기 전에 먼저 투자함을 말한다.

18) 後期而取直 : 貨物을 판 뒤에 이익을 취함을 말한다.

19) 倍稱之息 : 배로 상환하거나 혹은 1을 빌리고 2를 상환하는 利息을 이른다.

今官買是物에 必先設官置吏하니 簿書祿廩이 爲費已厚니이다 然後에 使民各輸其所有나 非良不售요 非賄不行이라 是以로 官買之價가 比民必貴리니 及其賣也에 弊復如前이니이다 然則商賈之利는 何緣可得이리잇가 徒使謗議騰沸요 商旅不行[1)]이니이다 議者不知慮此하고 至欲捐數百萬緡하여 以爲均輸之法[2)]이니이다 但恐此錢一出이면 不可復還이니이다 且今欲用忠實之人이면 則患其拘滯不通[3)]이요 欲用巧智之士면 則患其出沒難考[4)]니 委任之際에 尤難得人이니이다 此均輸之說을 轍所以未諭也니이다

현재 官에서 물건을 구매할 때에 반드시 먼저 官吏를 설치하니, 簿書와 祿廩에 드는 비용이 이미 많이 나가고 있습니다. 그런 다음에 백성들로 하여금 각각 가지고 있는 것들을 실어오게 하나 좋은 것이 아니면 팔리지 않고, 뇌물이 아니면 거래가 이루어지지 않습니다. 이러므로 官에서 구매하는 가격이 백성들에 비하면 반드시 비쌀 것이니, 팔 때에 가서는 폐단이 다시 전과 같아질 것입니다. 그렇다면 商賈의 이익은 무엇으로 인하여 얻을 수 있겠습니까? 한갓 비방만 비등하게 하고 商旅가 통행하는 길만 끊어지게 할 뿐입니다. 의논하는 자들은 이것은 염려할 줄 모르고 심지어 수백만 緡을 허비해가며 均輸法을 만들려고 합니다만 염려되는 것은, 이 돈은 한번 나가면 다시는 돌아올 수 없다는 점입니다. 그리고 이제 忠實한 사람을 쓰려고 하면 그의 통상적인 판국에 얽매어 변통할 줄 모를 것이 문제이고, 巧智한 인사를 쓰려고 하면 그의 출납이 어지러워 상고하기 어려울 것이 문제이니, 이 일을 위임할 때에 더욱 적임자를 얻기가 어렵습니다. 이래서 均輸에 대한 말을 轍이 이해하지 못하겠다는 것입니다.

1) 商旅不行 : 商賈의 이익을 도모하는 길을 끊는 것으로, 곧 行商을 정지시키는 일을 가리킨다.
2) 至欲捐數百萬緡 以爲均輸之法 : 熙寧 2년에 制置三司條例司가 "上供하는 물품을 모두 값이 비싼 곳에서 헐한 곳으로 옮기고, 가까운 곳에 있는 것으로 먼 곳에 있는 것을 바꾸면……, 國用이 넉넉하게 되고 民財가 고갈되지 않을 것입니다." 라고 하니, 制置三司條例司에 詔書를 내려 條例를 갖추어 알리게 한 다음 發運使 薛向에게 均輸와 平準하는 일을 맡기고 內藏錢 5백만 緡과 上供米 3백만 石을 하사하였다.
3) 拘滯不通 : 통상적인 국면에 얽매어 변통할 줄 모름을 이른다.
4) 出沒難考 : 出納을 상고하기 어려움을 이른다.

常平條勅이 **纖悉具存**이니 **患在不行**이요 **非法之弊**니이다 **必欲修明舊制**[1]면 **不過以時斂之**[2]**以利農**이요 **以時散之**[3]**以利末**[4]이니이다 **斂散旣得**이면 **物價自平**하여 **貴賤之間**에 **官亦有利**니이다 **今乃改其成法**하여 **雜以靑苗**하고 **逐路置官**하여 **號爲提擧**[5]하며 **別立賞罰**하여 **以督增虧**하니 **法度紛紜**[6]이 **何至如此**잇가 **而況錢布于外**하여 **凶荒水旱**을 **有不可知**리잇가 **斂之則結怨於民**이요 **捨之則官將何賴**잇가 **此靑苗之說**을 **轍所以未諭也**니이다

常平의 條例가 세밀하게 갖추어져 있으니, 常平法이 시행되지 않는 것이 문제이지, 常平法이 폐단이 되는 것은 아닙니다. 常平의 條例를 꼭 수정해 밝히려고 한다면 때에 따라 곡물을 거두어들임으로써 농민을 이롭게 하고, 때에 따라 곡물을 방출함으로써 상인을 이롭게 하는 정도에 불과합니다. 거두어들이고 방출하는 일이 일단 제대로 자리 잡히면 물가가 저절로 평형을 유지하여 비싸든 헐하든 간에 官에도 또한 이익이 있을 것입니다.

그런데 이제 그 실정법을 고쳐 거기에 靑苗法을 섞고 諸路마다 官吏를 두어 提擧라 부르며, 따로 賞罰法을 세워서 증가되고 손실된 점을 감독하니, 法度의 어지러움이 어찌 이와 같은 지경에 이른단 말입니까? 더구나 돈이 밖에 풀려 凶荒과 水旱을 아랑곳하지 않음에 있어서이겠습니까. 그 돈을 거두어들이면 백성에게 원망이 맺힐 것이고, 그대로 놓아두면 官은 장차 무엇을 힘입겠습니까? 이래서 靑苗에 대한 말을 轍이 이해하지 못하겠다는 것입니다.

1) 修明舊制 : 常平法의 條例를 수정해서 밝힘을 이른다.
2) 以時斂之 : 백성의 생활형편이 넉넉한 풍년에는 곡물을 거두어들임을 이른다.
3) 以時散之 : 백성의 생활형편이 부족한 흉년에는 곡물을 내다 팖을 이른다.
4) 末 : 여기서는 商을 가리킨다. 옛날에 農을 本으로, 商을 末로 삼았기 때문이다.
5) 提擧 : 곧 提擧常平司. 常平・義倉・免役・市易・坊場・河渡・水利의 法을 담당하였다.
6) 法度紛紜 : 立法이 雜亂하여 통일되지 않음을 이른다.

凡此數事는 **皆議者之所詳論**이요 **明公**[1]**之所深究**니이다 **而轍以才性朴拙**하고 **學問空疏**하여 **用意**[2]**不同**하니 **動成違忤**니이다 **雖欲勉勵自效**나 **其勢無由**니이다 **苟明公見寬**하여 **諒其不逮**하고 **特賜敷奏**[3]하사 **使轍得外任**[4]**一官**하여 **苟免罪戾**하고 **而明公選賢擧能**하여 **以備僚佐**[5]면 **兩獲所欲**이니 **幸孰厚焉**이리잇가[6]

이와 같은 몇 가지 일은 모두 의논하는 자들이 자상하게 논한 바요, 明公께서 깊이 연구하신 바입니다. 그러나 轍은 才性이 朴拙하고 學問이 空疏하여 마음 씀이 동일하지 않으므로 걸핏하면 어기게 됩니다. 비록 힘써서 효과를 보이려고 하지만 형편상 그렇게 할 수 없습니다. 만일 明公께서 관용을 베풀어 부족한 점을 양지하시고 특별히 主上께 보고하여 轍은 外任의 벼슬 한 자리를 얻어 나가서 罪戾를 면하게 하고, 明公은 현명하고 유능한 사람을 뽑아 僚佐를 채우신다면 두 가지 하고 싶은 일이 다 이루어지게 될 것이니, 이보다 더 큰 다행이 어디 있겠습니까?

1) 明公 : 舊時代에 유명한 職位에 있는 사람에 대한 존칭이니, 여기서는 王安石을 가리킨다.
2) 用意 : 用心과 같다.
3) 敷奏 : 奏達로, 곧 임금에게 보고함을 이른다.
4) 外任 : 朝官을 맡지 않고 外地(地方)로 가서 벼슬하는 일을 가리킨다.
5) 僚佐 : 屬官을 가리킨다.
6) ≪御選唐宋文醇≫에서 "新法이 백성을 해치는 점을 논함에 있어서는 蘇軾과 蘇轍의 文字가 가장 뛰어나다. 그러나 蘇軾의 글은 國命과 人心을 말하는 곳에 있어서는 비록 극도로 纏綿하고 沈摯하지만, 일의 이해관계를 剖晰한 것은 確實하

고 明白하게 쓴 蘇轍의 글만 못하다.〔論新法害民 兩蘇文字爲最矣 然軾之文 於言國命人心處 雖極纏綿沈摯 而剖晰事之利害 則不若轍之確實明白也〕"라고 비평하였다.

03. 論西事狀* 西事를 논한 狀文

* 본 〈狀文〉은 元祐 2년(1087)에 썼다. 西事는 西夏에 관한 일이다.

此狀情事本末及制勝處는 元祐第一奏疏니라

이 狀文에서 언급한 情事本末 및 制勝 부분은 元祐 시대에 제일가는 奏疏였다.

右臣伏見 西夏 頃自秉常之禍[1)]로 人心離貳니이다 梁氏與人多[2)]二族이 分據東西廂[3)]하고 兵馬勢力相敵하여 疑阻日深하니 入寇之謀 自此衰息이니이다 朝廷略加招納하니 隨即伏從[4)]하고 使介相尋[5)]하여 臣禮甚至[6)]니이다 只自今年春末夏初以來로 始有桀心하고 出兵數萬掩襲涇原하여 殺虜弓箭手數千人하고 復歸巢穴[7)]이니이다 朝廷方事安衆이라 難於用武하여 接以君臣之禮하고 加以冊命之恩[8)]하며 特遣使人厚賜金幣니이다 戎狄[9)]獸心은 敢爲侮慢하여 輒以地界爲詞하고 不復入謝[10)]하며 至於坤成[11)]賀使도 亦遂不遣[12)]이니이다 中外臣子 聞者無不憤怒하여 思食其肉이니이다 臣忝備侍從하니 主憂臣辱[13)]은 義不辭勞니이다 臣擢自小官[14)]하여 列于禁近[15)]하니 議論幾事[16)]는 既其本職이어니와 感激思報 宜異常人이니이다 是以로 冒昧獻言하여 不避罪戾하고 庶幾聖意由此感悟니 雖被譴逐이나 臣不恨也니이다

臣이 삼가 보옵건대, 西夏는 최근에 秉常의 禍가 있은 뒤로부터 人心이 離反하였습니다. 梁氏와 人多 두 족속이 東廂과 西廂을 나누어 차지하고 兵馬의 勢力이 서로 맞서 의심하고 멀리함이 날로 깊어가자, 우리나라로 쳐들어올 생각이 이로부터 수그러들었습니다. 게다가 朝廷에서 약간 포용하는 마음으로 불러들이니, 그들은 즉시 복종하고 사신을 계속 보내와 신하의 예절을 깍듯이 갖추었습니다. 다만 금년 春末夏初 이

후로 처음 불순한 심보를 가지고 군사 수만 명을 내어 갑자기 涇原을 습격하여 契丹의 弓箭手 수천 명을 죽이고 다시 巢穴로 돌아갔습니다. 朝廷에서는 바야흐로 백성들을 안정시키는 일에 주력하는지라, 무력을 쓰는 일을 어렵게 여기어, 西夏를 君臣의 禮로 대하고 게다가 冊命하는 은혜까지 보태며, 특별히 西夏에 사신을 보내어 金幣를 후하게 주었습니다.

그런데 짐승 같은 마음을 가진 戎狄(西夏)은 감히 侮慢한 행동을 하여 걸핏하면 地界를 구실로 삼고, 다시 들어와서 책봉한 일에 대해 사례하지 않았으며, 심지어 坤成節을 하례하는 사절도 보내지 않았습니다. 中外의 臣子(官吏)로서 그 소식을 들은 자들은 모두 憤怒하여 그들의 살을 씹어 먹을 것을 생각하였습니다. 臣은 侍從의 자리를 차지하고 있으니, 主上의 憂慮가 바로 신하의 恥辱이란 생각을 의리상 떨쳐버릴 수 없습니다. 臣은 小官에서 뽑혀서 禁近의 班列에 끼었으니, 機密의 일을 의논하는 것은 이미 本職이거니와 感激하여 聖恩에 보답할 생각이 의당 여느 사람과 달라야 할 것입니다. 이러므로 어리석음을 무릅쓰고 말씀을 드리어 罪戾를 피하지 않고 聖上께서 이로 말미암아 感悟하시기를 바라오니, 비록 譴逐을 당한다 하더라도 臣은 恨스럽게 여기지 않을 것입니다.

1) 右臣伏見西夏 頃自秉常之禍 : ≪宋史≫ 〈外國 夏國〉에 의하면 "夏國主 李諒祚가 죽은 뒤에 그 아들 秉常이 治平 4년(1067)에 嗣立하니 당시 나이 7세였으므로 그 어머니 梁氏가 攝位하였다. 元豐 4년(1081)에 李淸 將軍이 秉常에게 河南 땅을 宋나라로 돌려보내도록 권하였는데, 國母가 그것을 알고는 드디어 李淸을 죽이고 秉常의 정권을 빼앗은 다음 秉常을 囚禁하였다."고 한다.

2) 人多 : ≪宋史≫ 〈外國 夏國〉에는 '仁多'로 되어 있는 등 '人多'와 '仁多'가 혼용되고 있는데, 어떤 것이 옳은지 알 수 없어 써 있는 대로 따랐다.

3) 梁氏與人多二族 分據東西廂 : ≪宋史≫ 〈外國 夏國〉에 의하면 "당시 國母 梁氏의 아우인 梁大王은 左廂監軍을 통솔하고, 仁多唛丁은 右廂監軍을 통솔하였으며, 仁多唛丁이 죽은 뒤에는 仁多保忠이 계승하였다."고 한다.

4) 伏從 : 服從과 같다.

5) 使介相尋 : 使者가 찾아옴. 西夏가 元豐 8년(1085)에는 使者를 보내어 奠慰를 하였고, 元祐 원년(1086)에는 3차로 使者를 보냈다.

6) 臣禮甚至 : 신하로서의 禮를 극진히 함. 실제로 西夏는 元祐 원년에 使者를 보내

공물을 바쳤다.

7) 只自今年春末夏初以來……復歸巢穴 : ≪宋史≫ 〈哲宗本紀〉에 의하면, 元祐 원년 5월에는 夏人이 南川砦를 포위하고, 7월에는 鎭戎軍을 침범하였으며, 8월에는 夏國이 정국은 혼란하고 임금은 어려서 强臣 乙逋 등이 逆命하기 때문에 宋 哲宗이 諸路帥臣에게 詔書를 내려서 군사를 단속하여 수비를 강화하도록 한 일이 있었다.

8) 接以君臣之禮 加以冊命之恩 : 임금이 신하를 대하는 禮로 西夏를 接待하고, 使臣을 西夏에 보내어 冊封하는 의식을 거행하였다는 말인데, 실제로 元祐 2년 정월에 송나라에서 劉奉世를 冊禮使로 삼아 李秉常의 아들 乾順을 夏國主로 冊封한 일이 있었다.

9) 戎狄 : 西方을 狄, 北方을 戎이라 칭하였으나 여기서는 특별히 西夏를 가리킨다.

10) 輒以地界爲詞 不復入謝 : 걸핏하면 地界를 정하지 않은 것을 구실로 삼고, 冊封한 일에 대해서는 사신을 보내와 사례하지 않았다는 말. ≪宋史≫ 〈外國 夏國〉에 의하면 "夏國이 元祐 4년에 비로소 사신을 보내와 冊封한 일을 사례하였으며, 神宗 元豐 연간에 군사를 동원하여 夏國의 蘭州 및 安疆과 米脂 등 5砦를 취득하였더니, 夏國이 元祐 초년에 여러 번 사신을 보내와 땅을 청하고 또 地界에 대해 논의하였다."고 한다.

11) 坤成 : 명절 이름. ≪宋史≫ 〈禮樂〉에 의하면, 哲宗이 즉위하여 詔書를 내려서 太皇太后(高太后)의 생일인 7월 16일을 '坤成節'로 삼도록 했다고 한다.

12) 至於坤成賀使 亦遂不遣 : 西夏는 太皇太后의 생일에도 사신을 보내와 하례하지 않았다는 말이다.

13) 主憂臣辱 : 主上의 憂慮는 바로 신하의 恥辱이란 말이다.

14) 小官 : 여기서는 績溪縣令을 가리킨다.

15) 禁近 : 임금 측근에 있는 벼슬을 이른다.

16) 幾事 : 機密한 일이란 말이다.

臣竊惟 當今之務는 以爲必先知致寇之端由하고 審行事之得失然後에 料虜情之所在하고 定制敵之長算이니 誠使四者畢陳于前이면 羌戎小醜 勢亦無能爲也니이다 董氈本與西夏로 世爲仇讐[1)]니이다 元昊之亂은 仁宗賴其牽制[2)]하고 梁氏之簒은 神宗藉其征

討[3)]시니 世效忠力은 非諸蕃之比[4)]니이다 乃者董氈老病하니 其相阿里骨이 擅其國事하고 與其妻契丹公主로 殺其二妻心牟氏[5)]하니 其大將鬼章及溫溪心等이 皆心懷不服[6)]이니이다 阿里骨이 欺罔朝廷[7)]하여 自稱董氈嗣子라한대 朝廷은 不察情僞[8)]하고 不原逆順[9)]하며 卽以節鉞付之[10)]니이다 謀之不臧하니 患自此起니이다 阿里骨旣知失衆하고 虐用威刑하니 衆心日離[11)]니이다 而鬼章은 自謂與阿里骨比肩一體언마는 顧居其下하니 心常不悅이니이다 夏人乘此間隙하여 折節下之하고 先與阿里骨解仇結懽하며 令轉說鬼章하여 擧兵入寇하고 復誘脅人多保忠하여 令於涇原竊發이니이다

臣이 가만히 생각하옵건대, 當今의 일은 반드시 먼저 적을 불러들인 연유를 알아보고 시행한 일의 득실을 살펴본 연후에, 虜敵의 情形의 소재를 헤아리고 敵을 제어하는 장원한 계책을 정하는 것이니, 진실로 이 네 가지가 앞에 다 펼쳐지게 한다면 羌戎小醜는 형세상 또한 아무 일도 저지를 수 없을 것입니다. 董氈은 본래 西夏와 대대로 원수를 맺었습니다. 元昊의 亂 때에는 仁宗이 唃廝囉(곡시라)의 牽制에 힘입고, 梁氏의 簒奪 때에는 神宗이 董氈의 征討에 힘입으셨으니, 그들이 대대로 충성과 힘을 바친 것은 諸蕃에 비할 바가 아닙니다. 근자에 董氈이 늙고 병들자, 그 정승 阿里骨이 國事에 대하여 마음대로 권력을 휘두르고 그 妻 契丹公主와 함께 그 二妻 心牟氏를 죽이니, 그의 大將인 鬼章 및 溫溪心 등이 모두 복종하지 않으려는 마음을 품었습니다.

阿里骨은 朝廷을 속이어 自稱 董氈의 嗣子라 하였지만, 朝廷에서는 그것이 진짜인지 가짜인지 살피지도 않고, 叛逆인지 忠順인지 추궁하지도 않고서 곧 그에게 符節과 斧鉞을 주었습니다. 이와 같이 謀劃이 좋지 못하니 患이 이로부터 일어났습니다. 阿里骨은 이미 민중의 마음을 잃었다는 것을 알고 엄한 형벌을 포악하게 사용하니, 민중의 마음이 날로 이반하였습니다. 鬼章은 스스로 생각할 때 阿里骨과 어깨를 겨루건만, 자신을 돌아보면 그 밑에 있으니, 마음이 항상 달갑지 않았습니다. 夏國 사람은 그 틈을 타서 몸을 단단히 낮추고는 먼저 阿里骨과 원수를 풀고 우호관계를 맺었으며, 따라서 그를 통하여 鬼章을 설득해서 군사를 이끌고 入寇하도록 하고, 다시 人多保忠을 꾀어 涇原에서 몰래 발동하게 하였습니다.

1) 世爲仇讐 : 咸平 연간(998~1004)에는 董氈의 先世가 宋朝와 함께 西夏主 李繼遷을 공격했고, 景祐 연간(1034~1038)에는 西夏主 趙元昊가 吐蕃의 지경을

침범하니, 吐蕃主 唃廝囉(곡시라)가 擊敗하였다.

2) 元昊之亂 仁宗賴其牽制 : ≪宋史≫ 〈外國 吐蕃〉에 의하면 "宋 寶元 원년(1038)에 元昊가 배반하자, 朝廷에서 魯經에게 詔書를 들려 보내 廝囉를 曉諭하여 元昊를 排擊하게 하니, 廝囉가 詔書를 받들고 西凉으로 出兵하였다. 元昊가 자주 변경을 침범하자, 또 劉煥을 吐蕃으로 보내서 廝囉와 서로 약속하였다. 이 결과 다른 큰 성과는 없어도 견제하는 효과는 있었다."고 한다.

3) 梁氏之篡 神宗藉其征討 : ≪宋史紀事本末≫에 의하면 "元豐 4년(1081)에 李憲이 熙・秦 七軍과 吐蕃 董氊의 군사 3만 명을 거느리고 西夏의 군사를 西市新城에서 깨뜨렸다."고 한다.

4) 世效忠力 非諸蕃之比 : ≪宋史≫ 〈外國 吐蕃〉에 "西夏 사람이 董氊과 友情을 맺고 싶어서 '斫龍 이서 지방을 떼어 뇌물로 주겠다.'고 하면서 '만일 우리에게 돌아오면 官爵 등 모든 것을 하고 싶은 대로 들어주겠다.'고 하였지만, 董氊은 거절하고 兵甲을 정돈하여 들어가서 토벌할 날을 기다렸다. 또 使者를 보내와 보고하니, 神宗이 그 使者를 불러 보았고, 使者가 돌아갈 때에는 董氊이 마음을 다해 지켜줄 것을 말하였으며, 매번 그 上書의 情辭가 忠智한 것을 칭하면서 '비록 中國의 士大夫로서 公家에 마음을 두는 자도 이와 같음에 지나지 않는다.'고 했다.〔夏人欲與之通好 許割賂斫龍以西地云 如歸我 卽官爵恩好 一如所欲 董氊拒絶之 訓整兵甲 以俟入討 且遣使來告 帝召見其使 使歸 語董氊盡心守圉 每稱其上書 情辭忠智 雖中國士大夫存心公家者 不過如此〕"라고 하였다.

5) 與其妻契丹公主 殺其二妻心牟氏 : 蘇軾의 〈因擒鬼章論西羌夏人事宜箚子〉에는 "阿里骨은 董氊의 賊臣인데, 契丹公主를 끼고 그 임금의 二妻를 시해하였다.〔夫阿里骨 董氊之賊臣也 挾契丹公主 以弑其君之二妻〕"라고 하였다.

6) 其大將鬼章及溫溪心等 皆心懷不服 : ≪宋史≫ 〈外國 吐蕃〉에 "元祐 2년에 阿里骨이 鬼章을 핍박하여 군사를 거느리고 洮州를 점거하도록 하니, 鬼章이 그 아들 硫䶵을 시켜 쳐들어가도록 하였고, 心牟欽氊과 溫溪心은 다 阿里骨의 명령을 따르지 않았으므로 詔書를 내려서 두 사람을 團練使로 삼았다."라고 하였다.

7) 阿里骨欺罔朝廷 : 蘇軾의 〈因擒鬼章論西羌夏人事宜箚子〉에는 "(阿里骨이) 董氊이 죽자 초상을 숨기고 발설하지 않았고, 1년이 지나 민심이 진정되자 董氊의 嗣子라고 사칭하면서 鬼章・溫溪心 등의 이름을 허위로 써서 조정에 청하였다.〔董氊死 匿喪不發 逾年衆定 乃詐稱嗣子 僞書鬼章溫溪心等名 以請于朝〕"라

고 하였다.

8) 不察情僞 : 진짜인지 가짜인지 분변하지 않음을 이른다.

9) 不原逆順 : 反逆인지 忠順인지 추궁하지 않음을 이른다.

10) 卽以節鉞付之 : ≪宋史≫ 〈哲宗本紀〉에 "元祐 원년 2월에 董氈이 죽으니, 그 아들 阿里骨에게 河西軍節度使와 邈川首領을 물려주었다."고 적고 있다.

11) 阿里骨旣知失衆……衆心日離 : ≪宋史≫ 〈外國 吐蕃〉에 "阿里骨이 준엄하게 刑殺을 하니 그 휘하 사람들이 편안할 겨를이 없었다."고 적고 있다.

黨與旣立이요 羽翼旣成[1)]이니 是以로 敢肆狂言하여 以動朝聽이니이다 向若阿里骨以董氈之死로 來告立嗣에 朝廷因其所請하여 遍問鬼章溫溪心等以誰實當立고하여 若衆以阿里骨爲可立이면 則旣立之後에 衆必無詞요 若以爲不可면 則分董氈之舊秩[2)]以三使額하여 授此三人하여 阿里骨無僥倖之命하고 鬼章無怨望之意면 則夏人無與爲援이리니 安能動搖리잇가 加以數年以來[3)]로 朝廷本厭兵事니 羌中測知此意면 亦以自安이니이다 頃者에 忽命熙河點集人馬하여 大城西關하고 仍云來年當築龕谷이라하니 聲實旣暴이니이다 虜心不寧하여 擧兵自强하니 釁亦由此[4)]니이다 此所謂致寇之端由也니이다

黨與 체제가 이미 성립되고, 羽翼 단체가 이미 형성되었으니, 이 때문에 감히 狂言을 마구 퍼뜨려 朝廷의 視聽을 聳動합니다. 가령 전번에 阿里骨이 董氈이 죽은 문제로 와서 嗣子로 세워줄 것을 요구했을 때 朝廷이 그의 요구에 따라 鬼章과 溫溪心 등에게 "누구를 실제로 세워야 하겠는가?"라고 두루 물어서, 만일 여러 사람이 '阿里骨을 세워야 된다.'고 했다면 이미 세운 뒤에 여러 사람은 필시 군말이 없었을 것이고, 만일 '불가하다.'고 했다면 董氈의 舊秩을 三使額으로 나누어 이 세 사람에게 주어서 阿里骨에게는 분수 밖에 요행을 바라는 爵命이 없고, 鬼章에게는 원망하는 생각이 없었다면 夏國 사람이 끌어당기는 일이 없었을 것인데 어떻게 動搖할 수 있었겠습니까? 게다가 몇 년 이후로 朝廷이 武力을 쓰기를 싫어하였으니, 羌中에서 조정의 의도를 추측하였다면 스스로 마음을 편하게 가졌을 것입니다.

그런데 최근에 갑자기 熙河에 명하여 인원과 馬匹을 집합시켜 西關에 큰 성을 쌓게 하고, 따라서 "내년에 응당 龕谷에 城을 쌓을 것이다."라고 하였으므로 그 소문이 이미

전파되었습니다. 虜敵의 마음이 불안하여 군사를 일으켜 自强策을 세웠으니, 釁端이 또한 여기에서 유래하였습니다. 이것이 이른바 '적을 자초한 연유'인 것입니다.

1) 黨與旣立 羽翼旣成 : 이념이 같은 세력과 그를 보좌하는 단체가 이미 형성되었다는 말이다.
2) 舊秩 : 옛날 가졌던 秩祿을 이른다.
3) 數年以來 : 宋 哲宗이 즉위한 이후를 이른다.
4) 頃者……釁亦由此 : 〈論西事狀〉 1단 註 7) 참조.

先帝[1]**昔因梁氏簒逆之禍**하여 **擧兵誅討**하고 **侵攘地界**하시니 **爲怨至深**[2]이니이다 **羌虜**[3]**之性**은 **重于復讐**니 **計其思報之心**은 **未嘗一日忘也**니이다 **徒以喪亂相繼**로 **兵力凋殘**[4]이어늘 **陛下臨御之初**에 **意切懷納**[5]하시니 **是以**로 **連年入貢**[6]하여 **以休息其民**이언마는 **雖有恭順之言**이나 **蓋亦非其本意矣**니이다 **假令犯順**[7]이라도 **固猶有詞**[8]니이다 **今朝廷因其承襲之後**하여 **賜之冊命**하고 **捐金錢二十餘萬緡**하여 **以爲之禮**[9]니이다 **彼旣與我有君臣之分**이니 **然後**에 **可責以忠順之節**[10]이니이다 **朝廷此擧 於義甚長**이어늘 **而羌人無謀**하여 **遂肆桀傲**니이다 **內則其國中士民**이 **自知其不直**이니 **必不爲用**[11]이요 **外則中國兵將**이 **皆有鬪志**니 **易以立功**이니이다 **曲直之幾 於此始定**이니이다 **雖棄捐金幣**하여 **以封殖**[12]**寇讐**나 **小人謂之失策**이요 **而分別曲直**하여 **以激勵**[13]**將士**하니 **智者謂之得計**[14]니이다 **此所謂行事之得失也**니이다

先帝께서 예전에 梁氏가 簒逆한 禍로 인하여 군사를 일으켜 誅討하고 地界를 侵掠하시니 그들의 원망이 깊었습니다. 羌虜의 성질은 復讐 집념이 강하니 헤아리건대 보복하려는 마음을 하루도 잊지 못하였을 것입니다. 다만 喪事와 戰亂이 서로 계속되었기 때문에 兵力이 凋殘하였는데, 陛下께서 卽位 초년에 인자한 마음으로 그들을 회유하여 불러들이시니, 이 때문에 西夏가 매년 와서 공물을 바침으로써 그 지친 백성들을 휴식시킬 수 있었겠지만, 그들이 비록 공손한 말은 하더라도 또한 그들의 본심에서 우러나온 것은 아닐 것입니다. 설령 반역을 했더라도 오히려 핑계를 대는 습성을 본래 갖고 있는 족속입니다.

지금 朝廷에서 그들이 왕위를 이어받은 것을 계기로 冊命을 주고, 돈 20여 만 緡을

기부하여 冊封의 예물로 삼았습니다. 저들이 이미 우리와 君臣의 직분을 가졌으니, 그런 뒤에 충성하고 공순한 신하의 절조를 완성하라고 책망할 수 있습니다. 朝廷에서 하는 일은 의리에 있어서 매우 의미심장하거늘, 羌人은 無謀하여 드디어 멋대로 포악하고 오만한 행동을 하는 것입니다. 그러나 안으로는 國中의 士民들이 그 정직하지 못한 행동임을 스스로 알고 있으니 반드시 夏主의 所用이 되어주지 않을 것이고, 밖으로는 中國의 兵將들이 모두 싸울 뜻을 가지고 있으니 쉽게 공을 세울 것입니다. 曲直의 갈림길은 여기에서 비로소 정해질 것입니다. 비록 金幣를 버리어 寇讐를 封殖하지만, 小人들은 이것을 계책을 잃은 짓이라고 하고, 曲直을 분별하여 將士들을 激勵하니 智者들은 이것을 계책이 온당함을 얻은 일이라고 합니다. 이것이 이른바 '시행한 일의 득실'이란 것입니다.

1) 先帝 : 여기서는 宋 神宗을 가리킨다.
2) 先帝昔因梁氏簒逆之禍……爲怨至深 : ≪宋史紀事本末≫에 의하면 "元豐 4년(1081)에 西夏 사람이 그 임금 秉常을 幽閉시켰다. 知慶州 兪充이 神宗皇帝의 의중에 用兵할 생각이 있음을 알아차리고 여러 번 西夏를 칠 것을 요청하고, 또 말하기를 '諜報에 西夏 장수 李清은 본래 秦나라 사람인데, 河南 땅을 宋나라에 돌려주도록 秉常을 설득하였는데, 秉常의 어머니 梁氏가 그것을 알고는 드디어 李清을 베어 죽이고 秉常의 정권을 빼앗은 다음 그를 유폐시켰다고 합니다. 응당 군사를 일으켜 죄를 물어야 하겠으니, 이때가 바로 천재일우의 기회입니다.'라고 하자, 신종황제는 그 말을 옳게 여기고 李憲 등을 불러 陝西·河東 등 5路의 군사를 소집하게 해서 夏國을 쳤다."고 한다.
3) 羌虜 : 西夏를 蔑稱한 말이다.
4) 徒以喪亂相繼 兵力凋殘 : 喪事와 戰亂이 계속되어 兵力이 減損됨을 말한다. 西夏는 元豐 4년에서 元豐 7년에 이르기까지 해마다 宋나라 官軍과 싸웠고, 元豐 8년에는 또 國母 梁氏의 喪事를 당하였다.
5) 陛下臨御之初 意切懷納 : 哲宗이 즉위 초에 인자한 마음으로 西夏를 회유하여 불러들임. 神宗이 서거하고 哲宗이 즉위하여 神宗의 遺物을 西夏에게 하사하였고, 夏國主母가 서거했을 때에는 杜紘을 祭奠使로 보내어 조문하였다.
6) 是以 連年入貢 : 哲宗의 포용정책 때문에 西夏에서 元祐 원년에 사신을 보내와 공물을 바쳤다. 전후를 통하여 비록 사신을 보내왔지만, 모두 공물을 바치는 사

신은 아니었다.

7) 犯順 : 叛逆 또는 叛亂을 이른다.

8) 假令犯順 固猶有詞 : 설령 西夏가 叛逆했더라도 핑계할 말이 있다는 뜻이다.

9) 以爲之禮 : 이것을 冊封하는 禮物로 삼는다는 뜻이다.

10) 責以忠順之節 : 충성하고 공순한 신하의 절조를 완성하도록 책망함을 이른다.

11) 爲用 : 夏主의 所用이 됨, 또는 夏主에 대하여 힘을 씀을 이른다.

12) 封殖 : 북돋아서 자라게 한다는 뜻으로, 곧 冊封을 비유한 말이다.

13) 勵 : 저본에는 '厲'로 되어 있는데, ≪欒城集≫에 의하여 '勵'로 바꾸었다.

14) 得計 : 계책이 온당하게 됨을 이른다.

元昊는 本懷大志하여 長於用兵하고 亮[1]祚는 天付凶狂하여 輕用其衆[2]이니이다 頃爲邊患이 皆歷歲年이나 然而國小力微하여 終以困斃니이다 今梁氏專國[3]에 素與人多不協하여 內自多難이어늘 而欲外侮中原하여 料其姦謀[4]하니 蓋非元昊亮[5]祚之比矣니이다 意謂二聖[6]在位하여 恭默守成하니 仁澤之深은 遠近所悉이요 旣無用武之意라 可肆無厭之求니이다 蘭會諸城과 鄜延五寨를 好請不獲이면 勢脅必從[7]이니 以爲狂言一聞이면 求無不得이니이다 今朝廷旣已漸爲邊備하여 益兵練將[8]하니 則羌虜之心은 已乖本計라 不過秋冬寒涼之後에 小小跳梁하여 以嘗試朝廷而已리이다 若朝廷執意不搖[9]하고 守邊無失이면 則款塞請盟[10]하리니 本無愧恥니이다 若朝廷用心不一하고 惟務求和면 則求請百端하리니 漸不可忍이리이다 此所謂虜情之所在也니이다

元昊는 본래 큰 뜻을 품어 用兵에 장점이 있었고, 亮祚는 천성적으로 흉악하고 猖狂하여 가볍게 군사를 일으켰습니다. 그들이 전에 邊患을 일으킨 지는 모두 여러 해가 되었지만 워낙 나라가 작고 힘이 미약해서 끝내는 困斃하였습니다. 지금은 梁氏가 國政을 專行하는데, 평소에 人多와 和協하지 못하여 내적으로 자연 어려운 일이 많기 때문에 밖으로 中原을 침범하여 간사한 계략을 펼칠 생각을 하려고 하니, 아마도 元昊나 亮祚에 비할 인물이 아닌 것 같습니다. 그의 생각에는 '二聖이 在位하여 공손하고 묵묵한 태도로 선대에서 이루어놓은 王業을 지키니 仁澤의 깊은 정도는 遠近에서 다 아는 바요, 이미 武力을 쓸 뜻이 없는지라 한없는 요구를 마구 할 수 있는 기회'로 여깁니

다. 蘭州・會州의 여러 城과 鄜州・延州의 다섯 寨를 좋은 말로 청해서 되지 않으면 형세상 협박해서 반드시 따르게 할 것이니, 狂言이 한번 들리면 구해서 얻지 못하는 일이 없을 것으로 여기는 것입니다.

그러나 지금 朝廷이 이미 변방의 수비를 해나가 훈련이 잘된 士兵과 將領을 증가시키니, 羌虜의 생각은 본래 세운 계략이 이미 무너진 것으로 여겼기 때문에 서늘한 가을이나 추운 겨울이 된 뒤에 약간 도발하여 朝廷을 시험해보는 정도에 불과할 것입니다. 만일 朝廷이 뜻을 굳게 가져 흔들리지 않고 변경을 지키는 일에 실수가 없다면 그들이 스스로 와서 盟約을 청할 것이니, 그것은 본래 부끄러울 것이 없는 일입니다. 만일 朝廷에서 마음 씀이 일정하지 못하고 오직 和親만을 힘써 구한다면 그들이 여러 가지로 요청할 것이니, 점점 더 인내할 수 없을 것입니다. 이것이 이른바 '虜敵의 情形의 소재'라는 것입니다.

1) 亮 : 저본에는 '諒'으로 되어 있는데, ≪欒城集≫에 의하여 '亮'으로 바꾸었다.
2) 元昊……輕用其衆 : ≪宋史≫ 〈外國 夏國〉에 의하면, 元昊는 夏主인 德明의 아들로 일찍이 그 아버지에게 여러 번 諫하기를 "영웅이 태어나면 응당 諸王을 할 뿐이지, 부귀영화가 무슨 소용입니까?"라고 하였고, 用兵에 소장이 있어 전후에 걸쳐 瓜州・沙州・肅州를 취하는 등 여러 번 邊患을 일으켰으며, 亮祚는 元昊의 長子로 元昊가 죽은 뒤에 왕위를 계승하였고, 嘉祐 2년과 治平 초에 군사를 일으켜 宋朝를 괴롭혔다고 한다.
3) 專國 : 國政을 마음대로 결단함을 이른다.
4) 姦謀 : 여기서는 변경을 침략할 奸計를 이른다.
5) 亮 : 저본에는 '諒'으로 되어 있는데, ≪欒城集≫에 의하여 '亮'으로 바꾸었다.
6) 二聖 : 여기서는 宋 哲宗과 高太后를 가리킨다.
7) 好請不獲 勢脅必從 : 좋은 말로 땅을 내어달라고 해서 되지 않으면 형세상 협박해서 반드시 따르게 할 것이라는 말이다.
8) 益兵練將 : 훈련이 잘된 士兵과 將領을 증가시킴을 이른다.
9) 若朝廷執意不搖 : 변경의 수비를 강화하여 땅을 떼어주지 않는다는 주견을 굳게 가짐을 이른다.
10) 款塞請盟 : 스스로 와서 盟約을 청함을 이른다.

凡欲應敵이면 必先正名[1)]이니이다 夏人初起邪謀에 必有二說이니이다 其一은 以爲慢詞旣達[2)]이면 則地界可得[3)]이라하니 無窮之請이 因以滋彰[4)]이니이다 其二는 以爲雖不得地나 實亦無損이라하나이다 猖狂力屈하여 稍復求和면 中國[5)]厭兵하니 勢無不許리이다 方其不遜엔 則張皇事勢하여 夸示諸戎하고 及其柔伏엔 則略爲恭順하여 使中國黽勉而聽이니이다 今朝廷遣兵積粟하니 地界之請은 固已不從이나 然而號令未明하고 逆順未著[6)]니이다 臣恐夏人未知朝廷不憚用兵之意하여 無以折其姦心이니이다 又恐將來姦窮力屈하여 略修臣禮면 便與講和니이다 要約不堅[7)]이니 必難持久리이다 昔趙欲與秦爲購한대 其謀臣虞卿이 以爲從秦爲購가 不若從齊爲購라하니 於是에 東結齊人한대 而秦人自至니이다 區區之趙도 尙知出此어늘 而況堂堂中國이 畏避畜縮하고 婾于無事하며 不一分別曲直하고 而反聽命于羌人哉리잇가

敵을 대응하려고 한다면 반드시 명분을 바로잡아야 할 것입니다. 西夏 사람이 처음 간사한 꾀를 낼 때에 반드시 두 가지 말이 있었을 것입니다. 그 하나는 '불경스런 말이 宋朝에 上達되면 地界를 찾을 수 있을 것이다.'란 말이었을 터인데, 그칠 줄 모르는 요청이 地界의 劃定으로 말미암아 다시 나타납니다. 다른 하나는 '비록 地界를 찾지 못한다 하더라도 실제로는 또한 손해가 없을 것이다.'란 말이었을 터인데, 猖狂한 짓을 하다가 힘이 떨어져서 다시 講和를 요구하면 中國(宋王朝)은 전쟁을 싫어하므로 형세상 그들이 요구한 講和를 허락하지 않을 수 없을 것입니다.

西夏 사람이 오만무례할 때에는 名聲과 威勢를 확장할 생각으로 여러 戎狄에게 과시하였고, 부드럽게 순종할 때에는 약간 공순한 태도를 보이며 中國으로 하여금 힘써 듣도록 하는 것입니다. 지금 朝廷에서 군사를 파견하고 군량을 비축하였으니, 地界의 劃定에 대한 요청은 이미 따르지 않았지만, 명확하게 명령한 공문서가 없고, 叛逆과 順從이 아직 분명하게 드러나지 않았습니다. 그러니 西夏 사람이 朝廷이 用兵을 꺼리지 않는다는 뜻을 알지 못하여 그 간사한 마음을 꺾지 않을까 臣은 두려워합니다. 또한 장래에 奸計가 다하고 힘이 부쳐서 약간 臣禮를 닦는다면 조정에서 얼른 그들이 요구한 講和를 허락할까 두렵습니다. 조약이 견고하지 못하니 반드시 오래 끌어가기 어려울 것입니다.

옛날 趙나라가 秦나라와 講和하려고 할 때, 그 謀臣 虞卿이 '秦나라와 講和하는 것은

齊나라와 講和하는 것만 못하다.'라고 하자, 이에 동쪽으로 齊나라 사람과 우호관계를 맺으니, 秦나라 사람이 스스로 이르렀습니다. 하찮은 趙나라도 오히려 이런 생각을 짜낼 줄 알았는데, 하물며 堂堂한 中國이 두려워서 움츠리고 무사하기만 바라며 한번도 曲直을 분별하지 않고 도리어 羌虜에게 명령을 듣는단 말입니까?

1) 正名 : 명분을 바로잡음을 이른다.
2) 慢詞旣達 : 불경스런 말이 宋나라 조정에 上達됨을 이른다.
3) 地界可得 : 地界는 두 나라 사이에 있는 것이니, 여기서는 蘭州를 돌려주는 일을 가리킨다.
4) 無窮之請 因以滋彰 : 그칠 줄 모르는 요청이 地界의 劃定으로 말미암아 다시 나타나는 것이다.
5) 中國 : 여기서는 宋王朝를 가리킨다.
6) 號令未明 逆順未著 : 군사행동에 대해 명확하게 명령한 공문서도 없고, 叛逆과 順從의 태도도 아직 분명하게 드러나지 않았다는 말이다.
7) 要約不堅 : 條約이 견고하지 않음을 이른다.

臣願 陛下明降詔書하여 榜沿邊諸郡하시되 其大意는 略曰 夏國頃自亮[1]祚喪亡으로 先帝擧兵弔伐[2]이시니라 旣絶歲賜[3]하고 復禁和市[4]하니 羌中窮困하여 一絹之値[5] 至十餘千[6]이니라 又命沿邊諸將吏하여 迭行攻討하니 橫山一帶 皆棄不敢耕하고 窮守沙漠하여 衣食併竭하니 老少窮餓하여 不能自存이니라 朕統御四海하여 均覆無外[7]니라 閔此一方이 窮而無告하고 遂勅諸道帥臣하여 禁止侵掠이니라 自是로 近塞之田이 始復耕墾이니라 旣通和市하고 復許入貢[8]이니라 使者一至에 賜予不貲하고 販易而歸하니 獲利無算이니라 傳聞羌中得此厚利하여 父子兄弟 始有生理라하니라 朕猶念 孤童幼弱하여 部族攜貳하니 若非本朝賜之策命[9]하여 假以寵靈이면 則何以威伏酋豪하여 保有疆土리오 是時에 朝士大夫 咸謂夷狄反覆은 心未可知라하여 使者將行에 言猶未已[10]니라 朕有存亡繼絶[11]之志하고 欲修祖宗爵命[12]諸侯之典하여 以爲寧人負我라하고 斷而不疑니라 故로 遣使出疆하고 授以禮命[13]하니 金錢幣帛이 相屬于道니라 邊人父老 觀者太息하며 以爲仁義之厚는 古所未有언마는 而狼子野心은 飽而背德하여 不遣謝使하고 不賀坤成이라

하니라 朕以君道拊之나 而不以臣禮報朕[14)]하니 天地所疾이요 將相咸怒니라 朕惟狂謀逆節은 止其一二姦臣이니라 國人何辜로 當被殺戮고 是以로 弭兵安衆하여 未議攻討니라 然而逆順之理는 不可不明이니라 其令沿邊諸將으로 飭勵兵馬하고 廣爲儲峙하여 敢有犯塞면 卽殺無赦리라 彼旣背逆天理니 不有人禍면 必有鬼誅리라 姑修吾疆하여 以待其變이라하소서 臣料此命一出이면 羌人愧畏하여 雖未卽款伏[15)]이나 而姦計沮屈하여 無以號令其下리이다 諸路兵民이 知彼曲我直하니 人思致死하여 勇氣一發이면 邊聲[16)]百[17)]倍리이다 此必然之勢也니이다

臣은 원하옵건대 陛下께서 밝게 詔書를 내리어 沿邊의 여러 郡에 榜文으로 고시하시되 그 대체적인 뜻은 대략 다음과 같이 적으소서.

"夏國이 얼마 전 亮祚의 喪亡을 당했을 때 先帝께서 군사를 움직여서 弔伐하시었느니라. 이미 歲賜를 끊고 다시 和市를 금하니 羌中이 困窮하여 1絹의 값이 10여 千에 이르렀느니라. 또 沿邊의 여러 將吏에게 명하여 번갈아 攻討하게 하니, 橫山 일대를 모두 버린 채 감히 경작하지 못하고 궁하게 沙漠을 지키어 衣食이 모두 고갈되니 老少가 굶주릴 대로 굶주려서 생존할 수 없었느니라. 朕은 四海를 통솔하여 은혜를 두루 입히고 예외를 두지 않느니라. 이 한 지방이 궁하되 호소할 길이 없음을 민망히 여기고 드디어 諸道의 帥臣에게 명하여 侵掠하는 일을 금지하게 하였노라. 이로부터 邊塞 가까이 있는 田地가 비로소 다시 耕墾되고 있느니라. 이미 和市를 통하고 다시 入貢을 허락하노라. 使者가 한번 오면 그들에게 授與한 물품이 무척 많고 그들은 또한 교역을 해서 돌아가니 이익을 얻은 것이 계산할 수 없이 많으니라. 들리는 말에 '羌中이 이와 같은 후한 이익을 얻어서 父子와 兄弟가 비로소 생존할 희망을 갖는다.'고 하느니라.

朕은 오히려 생각하건대, 夏主가 아직 幼弱하여 部族이 두 마음을 가지니, 만일 本朝에서 策命을 주어 寵靈을 입히지 않는다면 어떻게 威力으로 酋豪들을 복종시켜 疆土를 보존할 수 있겠느냐? 이때에 朝廷 士大夫들은 모두 '夷狄의 변화무상함은 예측할 수 없다.'라고 하여 使者가 출발하려고 할 때까지도 의론이 아직 결정되지 못하였느니라. 朕은 망한 나라를 다시 존치시키고 끊어진 세대를 다시 이어줄 뜻을 가지고 祖宗께서 諸侯를 爵命하시던 典禮를 닦고자 하여 '차라리 남이 나를 저버릴지언정 내가 남을 저버릴 수 없다.'는 심정으로 과감하게 결단하고 의심하지 않았노라. 그래서 使者

를 국외로 떠나보내면서 禮命을 주니, 金錢과 幣帛이 도로에 서로 이어졌느니라. 邊人의 父老로서 이를 지켜보는 자들이 깊이 탄식하면서, '仁義의 厚함은 예전에 없었던 것이건만, 狼子의 野心은 실컷 덕을 입고는 배반하여 사례하는 使者도 보내지 않고 坤成節을 축하하지도 않았다.'고 하느니라. 朕은 君道로써 어루만지나 夏國은 臣禮로써 朕에게 보답하지 않느니라. 天地가 미워하는 바이고 장수와 재상이 모두 노여워하느니라.

朕은 생각할 때 狂謀와 逆節은 한두 姦臣에 국한되는 것이라 여긴다. 國人이 무슨 죄로 殺戮을 당해야 하겠는가? 이러므로 전쟁을 정지하고 백성을 안정시키기 위하여 攻討를 논의하지 못했노라. 그러나 逆順의 이치는 밝히지 않을 수 없느니라. 그래서 沿邊의 여러 장수들로 하여금 兵馬를 단속하고 널리 군량을 비축하여 감히 邊塞를 침범하는 일이 있으면 즉석에서 죽이고 놓아주는 일이 없도록 하였느니라. 저들은 이미 天理를 背逆하였으니 사람이 가하는 재앙이 있지 않으면 반드시 귀신의 베어죽임이 있을 것이니라. 우선 우리 邊疆을 잘 닦아놓고 그 변란을 기다릴 것이니라."

臣의 생각에는 이와 같은 명령이 한번 나가면 羌人이 부끄럽고 두려워하여 비록 즉시 歸附하지는 않더라도 姦計가 꺾여서 그 부하를 호령하는 일은 없을 것입니다. 諸路의 군사와 백성들이 저들은 그르고 우리는 옳음을 알고 있으니, 사람들이 사력을 다해 용기를 한번 발휘한다면 변방의 聲勢가 백배나 증가할 것입니다. 이것은 필연적인 형세입니다.

1) 亮 : 저본에는 '諒'으로 되어 있는데, ≪欒城集≫에 의하여 '亮'으로 바꾸었다.
2) 夏國頃自亮祚喪亡 先帝擧兵弔伐 : 얼마 전 夏國主 亮祚(諒祚)가 喪亡했을 때 先帝(神宗)가 簒逆한 梁氏를 응징하기 위하여 군사를 동원해서 토벌하였다는 말. 弔伐은 곧 해를 입은 백성을 위문하고 죄를 지은 사람을 토벌한 것을 가리킨다.
3) 歲賜 : 여기서는 宋朝에서 매년 夏國에게 輸納하는 錢物을 가리킨다. 이를 歲幣라고 칭하였다.
4) 和市 : 여기서는 夏國과 交易함을 가리킨다.
5) 値 : 저본에는 '直'으로 되어 있는데, 四庫全書 ≪唐宋八大家文抄≫에 의하여 '値'로 바꾸었다.
6) 千 : 千錢을 가리킨다. 古錢 가운데 구멍이 있으므로 끈을 꿰어서 串을 이루니,

1천 전을 1관으로 삼았다.

7) 均覆無外 : 은혜를 두루 입히고 예외를 두지 않음을 이른다.

8) 復許入貢 : 다시 入貢을 허락함. 元豐 8년(1085)에 夏國이 宋朝에 사신을 보내와 공물을 바쳤으니, 元豐 用兵 이후 처음 入貢한 것이다.

9) 策命 : 策書로 官爵을 봉해주는 것이다.

10) 使者將行 言猶未已 : 冊封하러 갈 사신이 출발하려고 할 때까지도 의론이 아직 결정되지 못함을 가리킨다.

11) 存亡繼絶 : 망한 나라를 다시 존치시키고, 끊어진 세대를 다시 이어줌을 말한다.

12) 爵命 : 官爵을 봉하여 직책을 줌을 이른다.

13) 禮命 : 예절과 규정을 상고해서 관작을 주는 문서이다.

14) 朕以君道拊之 而不以臣禮報朕 : 朕은 임금 된 도리로써 夏國을 어루만지나 夏國은 신하 된 예의로써 짐에게 보답하지 않는다는 말이다.

15) 款伏 : 성심으로 歸附하는 것이다.

16) 邊聲 : 변방의 聲勢, 또는 변방의 士氣를 이른다.

17) 百 : 저본에는 '自'로 되어 있는데, ≪欒城集≫에 의하여 '百'으로 바꾸었다.

今朝廷日夕備邊하되 常若寇至나 而但曲加隱忍[1]하고 不降此命이라가 使虜衆一旦犯境이면 終亦不免交鋒[2]이리이다 若聽臣此言이면 要之컨대 亦不出兵하고 坐而待敵은 初無有異나 而使士氣感忿以思戰이요 虜情知難而自屈이니 求和之請이 其至必速이리이다 此所謂制敵之長算也니이다 臣竊聞 朝廷近已添屯兵將[3]하고 增廣邊儲하며 議絶和市하고 使熙河帥臣招來阿里骨鬼章溫溪心人多保忠等이라하니이다 此兵法所謂 上兵伐謀니 不戰而屈人[4]者니이다 陛下若能饒之以金錢[5]하고 而寬其繩墨[6]하여 使將帥得盡其心하고 間諜得盡其力이면 則事無不成이요 而虜漸可制矣리이다

현재 朝廷에서 晝夜로 邊境을 수비하되 항상 적이 곧 쳐들어올 것처럼 단단히 주의하지만, 다만 갖가지로 꾹 참고 이와 같은 명령을 내리지 않다가 虜敵의 군사로 하여금 하루아침에 邊境을 침범하게 하면 끝내는 또한 交戰을 면치 못할 것입니다. 만일 臣의 이와 같은 말씀을 들어주신다면 결론적으로 말씀드려 또한 군사를 출동하지 않고 가만히 앉아서 敵을 기다리는 것은 조정의 방법과 애초부터 다를 것이 없지만, 〈臣

의 방법은〉 군사들은 憤慨한 마음으로 싸울 것을 생각하게 하고, 虜敵은 어려운 상황을 알아 스스로 굴복하게 하는 것이니, 講和를 요청하는 발길이 반드시 빨라질 것입니다. 이것이 이른바 '敵을 제어하는 장구한 계책'인 것입니다.

臣이 가만히 듣자옵건대 "朝廷에서 최근에 변경에 주둔하는 사병과 장수를 증가시키고 변경에 비축하는 군량을 더 늘리며, 和市를 끊고, 熙河帥臣으로 하여금 阿里骨・鬼章・溫溪心・人多保忠 등을 불러오게 한다."고 합니다. 이것은 兵法에서 이른바 "최상의 兵法은 상대방의 智謀를 치는 것이니, 싸우지 않고 상대방을 굴복시킨다."라는 것입니다. 陛下께서 만일 변경에 주둔한 군사들에게 金錢을 넉넉히 주어 사기를 북돋우고 법을 너그럽게 베풀어서 將帥는 그 마음을 다하게 하고 間諜은 그 힘을 다하도록 하신다면, 이루어지지 않을 일이 없을 것이고 虜敵을 점차로 제어할 수 있을 것입니다.

1) 曲加隱忍 : 여러 가지 방법으로 자제함을 이른다.
2) 交鋒 : 칼날이 서로 접하는 것이니, 곧 쌍방의 交戰을 가리킨다.
3) 添屯兵將 : 邊疆에 주둔하는 將兵을 증가함을 이른다.
4) 上兵伐謀 不戰而屈人 : ≪孫子兵法≫ 〈謀攻〉에 "싸우지 않고도 남의 군대를 굴복시키니 잘한 것 가운데도 잘한 것이다.〔不戰而屈人之兵 善之善者也〕"라 하고, 또 "최상의 兵法은 상대방의 智謀를 치는 것이요, 그 다음은 상대방의 외교관계를 치는 것이요, 그 다음은 상대방의 병력을 치는 것이요, 최하의 방법은 상대방의 城을 치는 것이다.〔上兵伐謀 其次伐交 其次伐兵 其下攻城〕"라 하였다.
5) 饒之以金錢 : 邊疆에 주둔한 將兵들에게 金錢을 많이 줌을 이른다.
6) 寬其繩墨 : 법을 너그럽게 베푸는 것이다.

然이나 有一事하니 似非臣所得言者로되 但以蒙國厚恩으로 不敢不盡이니이다 昔熙寧元豐之間에 所行政令[1]이 雖未必便民이나 然이나 先帝操之以法하고 濟之以威하시니 是以로 令無不從이요 而事無不擧니이다 頃者에 朝廷削去苛法[2]하고 施行仁政[3]하니 可謂善矣니이다 然而刑政不明하여 多行姑息하니 中外觀望하고 靡然有縱弛怠惰之風이니이다 平居無事에 姑以婾安은 可耳어니와 今虜方不順하니 勝負之變을 蓋未可知니이다 緩急之際에 威令無素[4]니 何以使衆이리잇가 臣謂宜因事正法하여 以明示天下니이다 臣前所言去歲[5]大臣이 承用阿里骨欺罔之奏하여 授以節制[6]하여 致令鬼章懷憤入寇하고 夏人

乘釁違命하니 此則當時宰相樞密使副 苟簡無謀之罪也[7)]니이다 近者에 涇原賊騎가 至者數萬이요 殺掠數千이어늘 斥候不明하고 備禦不及이니이다 熙河賊退 經今累月이어늘 而殺傷焚蕩之奏[8)] 至今未上[9)]하니 此則將帥弛慢하여 不畏朝廷之罪也니이다 陛下恬不爲怪하여 略無責問이시니 政之不修가 孰大於此리잇가 中外相視하고 以爲疑怪니이다

그러나 한 가지 일이 있는데, 臣이 말할 수 있는 성질의 것이 아닌 것 같습니다마는, 다만 나라의 후한 은혜를 입은 처지에 있기 때문에 감히 의사를 다 전달하지 않을 수 없을 뿐입니다. 옛날 熙寧·元豐 연간에 시행한 정책과 명령이 비록 반드시 백성들에게 이롭지만은 않았더라도 先帝께서 法으로 조정하고 위엄으로 통제하셨으니, 이 때문에 명령을 하면 따르지 않는 자가 없고, 일을 베풀면 시행되지 않는 것이 없었습니다. 최근에 조정에서 까다로운 법을 없애고 어진 정사를 행하니 잘하는 일이라고 할 수 있습니다. 그런데 刑法과 政令이 밝지 못하여 원칙이 없는 관용을 많이 베풀고 있으니, 중앙과 지방에는 사태의 추이만 관망하는 해이하고 태만한 풍조가 조성되어 있습니다. 평소 변고가 없을 때에는 약간 安逸을 취해도 괜찮겠지만, 현재는 虜敵이 불순하게 구는 때이니, 싸우면 누가 이기고 누가 질 것인지를 예측할 수 없습니다. 위급할 때에 政令이 정상이 아니니, 어떻게 신하들을 통치할 수 있겠습니까? 臣은 마땅히 일에 따라 법률대로 제재하여 천하에 밝게 보여야 한다고 생각합니다. 臣이 전에 말했던 것 중에, 거년에 大臣이 阿里骨이 欺罔한 奏狀을 접수하여 그에게 節制使를 봉해줌으로써 鬼章이 분을 품고 入寇하고 夏人이 틈을 타서 명령을 어기게 만들었으니, 이것은 당시 宰相 및 樞密使와 樞密副使가 경솔하고 무모하게 행동한 죄입니다.

최근에 涇原의 賊騎가 이르러 온 수효가 수만이요, 殺掠한 수효가 수천이건만, 斥候 수단이 밝지 못하고 방비 태세가 너무도 미흡합니다. 熙河의 賊이 물러간 지 지금 여러 달이 되었는데도 전투상황을 보고하는 奏狀이 지금까지 올라오지 않고 있으니, 이것은 將帥가 해이하고 태만하여 朝廷을 무서워하지 않은 죄입니다. 陛下께서는 태연스레 보고 괴이하게 여기지 않아 조금도 문책하신 일이 없으시니, 政令이 수행되지 못함이 이보다 더 큰 것이 있습니까? 중앙과 지방에서 서로 지켜보고는 의심하고 괴상하게 여깁니다.

1) 所行政令 : 시행하는 정책과 명령으로, 곧 新法을 가리킨다.

2) 削去苛法 : 까다로운 新法을 개혁함을 이른다.
3) 仁政 : 인자한 정치로, 여기서는 元祐 更張 때 採取한 옛 제도를 가리킨다.
4) 威令無素 : 政令이 正常이 아님을 이른다.
5) 去歲 : 여기서는 元祐 원년(1086)을 가리키니, 이해에 宋朝에서 阿里骨을 冊封한 일이 있었다.
6) 節制 : 節制使를 가리킨다. 곧 阿里骨이 이어받은 河西軍節度使를 가리킨다.
7) 此則當時宰相樞密使副 苟簡無謀之罪也 : 宋朝에서 同中書門下平章事를 宰相, 參知政事를 次相이라 하였다. 樞密使副는 樞密使와 樞密副使를 가리킨다. 宰相은 통솔하지 않는 일이 없고, 樞密院은 軍國機務만을 관장하였다.
8) 殺傷焚蕩之奏 : 전투상황을 보고하는 奏狀을 가리킨다.
9) 上 : 저본에는 '止'로 되어 있는데, ≪欒城集≫에 의하여 '上'으로 바꾸었다.

朝廷方將使人蹈白刃赴湯火[1)]하니 臣有以知其不能矣니이다 昔公孫弘爲相에 諸侯有逆謀하니 請歸侯印[2)]以塞責[3)]하고 諸葛亮爲相에 任馬謖不當하니 請自貶三等하여 以右將軍領事[4)]니이다 蓋大臣體國엔 不惜身自降黜하고 爲衆行法이니이다 今陛下何不取去歲冊命阿里骨與議大臣하시며 不論去位在位하고 皆奪一官이니잇가 至於兩路[5)]將帥하여는 雖寄任不改나 而法不可廢니 皆使隨罪行罰하소서 以此號令四方이면 庶幾知所畏憚이리이다 政修于朝廷之上이면 而敵人恐懼於千里之外니 勢之所至에 不足怪也니이다 今陛下未能正群臣하고 而望西羌之畏威하시니 不可得矣리이다 臣聞 范仲淹은 守慶州에 因葛懷敏之敗하여 請以任將非人이라가 因兩府[6)]遜謝로 損其勳爵而復其位[7)]하여 以激勵諸將하고 感慰邊兵이라하나이다 時雖不用이나 而范仲淹之言을 至今惜之니이다 臣雖不敏이나 究觀往事 以爲可施于今이니 不敢默已[8)]니이다 小臣狂僭하여 斧鉞之誅를 無所逃避니 惟陛下裁察하노이다 取進止하소서

朝廷에서 지금 사람들로 하여금 시퍼런 칼날을 밟고 뜨거운 불에 뛰어들게 하니, 臣은 그것이 불가능한 일인 줄 압니다. 옛날 公孫弘은 丞相으로 있을 때에 諸侯 중에서 逆謀한 자가 발생하자 侯印을 돌려줌으로써 책임을 면할 것을 청하였고, 諸葛亮은 丞相으로 있을 때에 馬謖을 임용한 결과가 온당치 못하자 스스로 3등의 직급을 깎아내려

서 右將軍으로 일을 맡아볼 것을 청하였습니다. 대개 大臣이 나라를 다스림에 있어서는 몸을 아끼지 않고 스스로 직급을 깎아내리고 군중을 위하여 군법을 행하였습니다. 그런데 지금 陛下께서는 왜 거년에 阿里骨을 冊命할 때 논의에 참여한 大臣은 취하지 않으시며, 직위에서 떠나갔는지 직위에 그대로 있는지를 따지지 않고 모두 한 등급의 직급만 빼앗는 것입니까? 兩路의 將帥에 대해서는 비록 직위에 임명한 것은 고칠 수 없다 하더라도 法은 폐지할 수 없으니, 모두 죄에 따라 罰을 행하게 하소서. 이것으로 사방을 호령하면 거의 畏憚할 바를 알게 될 것입니다. 政事가 朝廷 위에서 잘 修行되면 敵人은 천리 밖에서 벌벌 떨 것이니, 형세가 이르는 바에 족히 괴상히 여길 것이 아닙니다. 지금 陛下께서 群臣의 기강은 바로잡지 않고 西羌이 위엄을 두려워하기만을 바라시니 결코 그렇게 될 수 없을 것입니다.

臣이 듣자옵건대 范仲淹은 慶州를 지킬 때 葛懷敏의 敗戰으로 인하여 장수를 적격자가 아닌 사람을 임용했다고 (벌줄 것을) 청했다가 兩府가 잘못을 사과함으로 인하여 그 勳爵을 낮추어서 복직시킴으로써 諸將을 激勵하고 邊兵을 感慰시켰다고 합니다. 당시에는 비록 쓰이지 않았으나 范仲淹의 말을 지금까지도 애석하게 여깁니다. 臣은 비록 不敏하오나 지나간 일을 궁구해 볼 때 오늘날에 시행할 수 있다고 생각되므로 감히 입을 다물지 못하고 말씀드리는 것입니다. 小臣은 狂妄하고 僭越하여 斧鉞의 誅罰을 逃避할 바가 없으니, 오직 陛下께서 裁察하시기를 바라옵니다. 소신의 건의에 대한 실행 여부를 결정하옵소서.

1) 蹈白刃赴湯火 : 시퍼런 칼날을 밟고 뜨거운 불에 뛰어들어감. 곧 국가를 위해 목숨 바치는 일을 비유한다.

2) 侯印 : 公孫弘이 봉해진 平康侯의 도장을 가리킨다.

3) 昔公孫弘爲相……請歸侯印以塞責 : ≪漢書≫ 〈公孫弘傳〉에 "淮南과 衡山이 謀反했을 때 公孫弘은 병세가 위중하였는데, 그는 '공도 없으면서 侯爵에 봉해졌고, 宰相의 자리에 있으면 마땅히 明主를 돕고 국가를 按撫해야 하는데, 諸侯 중에 叛逆을 꾀한 일이 발생했으니, 이것은 大臣의 奉職에 맞지 않다. 병들어 죽게 되었으니 책임을 면할 수 없을까 두렵다.'라고 하고는 상소하기를 '臣 弘은 능력이 직책을 수행할 수 없고 게다가 질병까지 있으니, 결국 덕을 갚고 책임을 면하지 못하겠습니다. 원컨대 侯爵을 돌려주고 돌아감으로써 賢者의 길을 피하겠습니

다.'고 했다."란 내용이 보인다.

4) 諸葛亮爲相……以右將軍領事 : ≪三國志≫ 〈蜀志 諸葛亮傳〉에 "魏 明帝가 張郃에게 명하여 諸葛亮을 막게 하니, 諸葛亮은 馬謖으로 하여금 前軍을 맡아 앞쪽에 있게 하였는데, 張郃과 街亭에서 싸우게 되었다. 그런데 馬謖은 諸葛亮의 명을 어기고 行軍을 잘못하여 張郃에게 크게 패하였다. 그러자 諸葛亮은 西縣 1천여 家를 떼어 漢中에 돌려주고 馬謖을 죽여 軍衆에 사과하였다. 그리고 상소하기를 '臣은 弱才로서 차지하지 못할 자리를 차지하여 직접 旄鉞을 가지고 三軍을 지휘하였는데, 章法에 밝지 못하여 일에 임하면 두려워하였고, 심지어는 街亭에서 명을 어기는 잘못이 있고, 箕谷에서 경계하지 않은 실수가 있기까지 하였으니, 허물은 모두 臣이 책임을 잘못 맡긴 데에 있습니다. …… 청컨대 스스로 3등의 직급을 깎아내려서 그 허물을 면하겠습니다.'라고 하였다. 그래서 諸葛亮을 右將軍으로 삼아 丞相의 일을 행하고 통솔하는 것은 전과 같이 하도록 했다."란 말이 보인다.

5) 兩路 : 熙河路와 涇原路를 가리킨다.

6) 兩府 : 宋代에는 中書省과 樞密院을 兩府라고 칭하였다.

7) 臣聞范仲淹……損其勳爵而復其位 : 이 대문은 ≪宋史≫의 기록과 차이가 있다. ≪宋史≫의 〈范仲淹傳〉과 〈葛懷敏傳〉에는 "趙元昊가 반란을 일으키자, 范仲淹을 기용하여 陝西經略安撫副使로 삼았는데, 뒤에 慶州로 옮겨 環慶路經略安撫가 되었고, 葛懷敏을 발탁하여 殿前都虞侯로 삼아 延州를 맡게 하였더니, 范仲淹이 '그는 兵事 문제를 모른다.'고 하므로 다시 涇原路로 옮겼다. 뒤에 葛懷敏이 定川에서 군사를 敗滅하자 范仲淹이 軍衆을 거느리고 가서 구원하였다."란 말만 보일 뿐, 여기에서 蘇轍이 말한 사건은 보이지 않는다.

8) 已 : 저본에는 '也'로 되어 있는데, ≪欒城集≫에 의하여 '已'로 바꾸었다.

04. 論蘭州等地狀* 蘭州 等地를 논한 狀文

* 〈蘇穎濱年譜〉에 의하면 본 狀文은 元祐 원년(1086) 6월에 쓴 것으로 되어 있으나, 文中에 元祐 2년의 기사가 있는 것으로 보아 아마도 이해에 쓴 듯하다.

宋事與今國家事不同하니 難以遽斷이라 大較文定公도 亦只因主幼하고 而

當時兵將이 未得其禦夷之便이라 故로 爲此棄之之說하니 恐非至計也니라

宋代의 일은 오늘날 국가의 일과 같지 않으니, 얼른 결단하기 어렵다. 대략 文定公도 단지 임금이 어리고 당시 士兵과 將佐가 夷狄을 방어하는 편리한 계책을 얻지 못하였다는 이유로 이와 같이 '버린다.'는 말을 하였으니, 최상의 계책은 아닌 것 같다.

右臣竊見 先帝[1] 因夏國內亂으로 用兵攻討[2]하고 於熙河路에 增置蘭州하고 於鄜延路에 增置安疆米脂等五寨[3]하니 議者講求利害하되 久而不決이니이다 其一曰 蘭州五寨는 所在嶮遠하여 饋運不便이니 若竭力固守라가 坐困中國[4]이면 羌人[5]得以養勇하여 窺伺間隙[6]이니라 要之久遠이니 不得不棄니라 危而後棄는 不如方今無事擧而與之[7]니 猶足以示國恩惠라하나이다 其二曰 此地皆西邊要害라 朝廷用兵費財를 僅而得之하고 聚兵積粟하여 爲金湯之固[8]니라 蘭州下臨黃河하여 當西戎[9]咽喉之地[10]하고 土多衍沃하니 略置堡障[11]이면 可以招募弓箭手하여 爲耕戰之備니라 自開拓以來로 平治徑路하여 皆通行大兵이니라 若擧而棄之면 熙河必有晝閉之警[12]이리라 所謂借寇兵資盜糧[13]이니 其勢必爲後患이라하나이다 此二議者는 臣聞之久矣니이다

臣이 가만히 보옵건대, 先帝께서 夏國의 內亂을 계기로 군사를 이용해서 攻討하고, 熙河路에는 蘭州를 더 설치하고 鄜延路에는 安疆·米脂 등 5寨를 더 설치하시니, 의논하는 자들이 利害관계를 강구하되 오래도록 결론을 내지 못하였습니다. 그 하나는 "蘭州와 5寨는 소재처가 험악하고 멀어서 군량을 운반하기가 불편한데, 만일 힘을 다 쏟아 그곳을 굳게 지키다가 그로 인해 중국을 고달프게 한다면 羌人이 군사력을 길러서 빼앗을 기회를 엿볼 것이다. 결론적으로 말해서 蘭州와 5寨는 먼 곳이니 결국은 버리지 않을 수 없다. 위험한 곤경을 겪은 뒤에 버리는 것은 지금 무사할 때 모두 넘겨주는 것만 못하니, 그렇게 하면 오히려 족히 나라의 은혜를 명시하는 일이 될 것이다." 라고 합니다.

그 다른 하나는 "이 땅은 모두 서쪽 변경의 要害地라 朝廷에서 병력과 경비를 근근이 마련하고 무기를 모으고 군량을 쌓아 金城湯池처럼 견고한 지대를 만들었다. 蘭州는 黃河에 다다라 西戎의 咽喉地에 해당하고 토지는 대부분 넓고 비옥하니, 약간의

堡障을 설치하면 弓箭手를 불러 모아 농사를 지으면서 전쟁을 하도록 대비시킬 수 있다. 변경을 개척한 이후로 작은 길을 확장하여 모두 大軍을 통행할 수 있게 하였다. 그런데 만일 그곳을 모두 버린다면 戰亂의 警報가 있어서 성문을 낮에도 걸어 잠가야 할 것이다. 이른바 적에게 병력을 빌려주고 강도에게 양식을 보조하는 격이니, 그 형세는 반드시 후환이 될 것이다."라고 합니다. 이 두 의론은 臣이 들어온 지 이미 오래입니다.

1) 先帝 : 여기서는 宋 神宗을 가리킨다.
2) 先帝……用兵攻討 : ≪宋史紀事本末≫에 의하면 "元豐 4년(1081)에 夏國主의 모친인 梁氏가 정권을 빼앗고 夏國主 秉常을 유폐시켰다. 宋 神宗은 오랫동안 用兵할 생각을 가지고 있다가 이 기회를 타서 죄를 묻는 군사를 일으켜서 크게 夏國을 쳤다."고 한다.
3) 於熙河路……增置安疆米脂等五寨 : ≪宋史紀事本末≫에 의하면, 神宗朝 熙寧 연간에 用兵한 이후로 전후에 걸쳐 西夏의 땅 蘭州와 葭蘆堡·吳堡·義合堡·米脂堡·浮圖堡·塞門堡·安疆堡 등을 취득하였다. 당시에 陝西路를 秦鳳路·涇原路·環慶路·鄜延路(부연로)로 나누었고, 熙寧 5년(1072)에 또 熙河路를 더 설치하였다. 熙河路는 熙州·河州·洮州·岷州·蘭州·通遠軍 등을 포괄하였다. 安疆堡·米脂堡 등 5寨는 綏德軍에 설치하여 鄜延路에 소속시켰다. 鄜延路는 延州·鄜州·丹州·坊州·保安軍·綏德軍을 포괄하였다.
4) 坐困中國 : 힘을 다해 굳게 지키는 일로 인하여 중국을 고달프게 한다는 말이다.
5) 羌人 : 여기서는 西夏를 가리킨다.
6) 羌人得以養勇 窺伺間隙 : 西夏가 군사력을 길러서 빼앗을 기회를 엿본다는 말이다.
7) 擧而與之 : 蘭州와 5寨를 모두 西夏에게 넘겨줌을 말한다.
8) 金湯之固 : 金城湯池처럼 견고하다는 말이다.
9) 西戎 : 여기서는 西夏를 가리킨다.
10) 咽喉之地 : 군사상의 요충지를 비유한다.
11) 略置堡障 : 戰守에 이용할 작은 土城을 쌓음을 이른다.
12) 晝閉之警 : 戰亂의 警報가 있어서 성문을 낮에도 걸어 잠그는 것으로, 곧 변경에 戰亂이 많음을 비유한다.

13) 借寇兵資盜糧 : 적에게 병력을 빌려주고 강도에게 양식을 보조하는 것으로, 곧 적을 돕는 일을 비유한다.

然이나 以夏戎[1]背畔으로 雖屢有信使나 而未修臣職하고 未請侵地[2]하니 則棄守之議를 朝廷無因自發이니이다 今聞 遣使來賀登極[3]하고 歸未出境에 而使者復至[4]라하니 講和請地는 必在玆擧리이다 雖廟堂議論이 已得詳熟이나 而小臣憂國하여 不能嘿已니이다 輒嘗覈實其事컨대 以爲前件[5]棄守之議는 皆非妄言이나 然而朝廷當決從一議니이다 欲決此議인댄 當論時之可否와 理之曲直과 算之多寡니이다 誠使三者得失이 皆見於前이면 則棄守之議는 可一言而決也니이다

그러나 夏戎이 배반하였기 때문에 비록 여러 번 사신을 우리 조정에 보내왔지만, 신하 된 직분을 닦지도 않고 침탈한 땅을 돌려줄 것을 청하지도 아니하였으니, 蘭州 등의 땅을 버려야 한다느니 지켜야 한다느니 하는 의론을 조정에서는 표명할 이유가 없습니다. 지금 듣자옵건대 "사신을 보내와 등극을 하례하였고, 하례를 끝내고 돌아가는 사신이 아직 국경을 나가지도 않았을 때에 다른 使者가 다시 이르렀다."고 하니, 講和를 요구하고 침탈한 땅을 돌려줄 것을 청하는 일이 반드시 이 使行에 거론될 것입니다.

비록 조정의 의론이 이미 자상하고 깊이 고려한 것이었지만, 小臣은 나라를 걱정하는 마음에서 입을 다물고 있을 수 없습니다. 그 사건의 실상을 조사해 보건대 전에 언급한 버려야 한다느니, 지켜야 한다느니 하는 의론은 모두 妄言이 아니었습니다. 그러나 조정에서는 마땅히 한쪽 의론을 따라야 할 것입니다. 이 의론을 결정하려고 한다면 마땅히 시기적으로 옳은가 옳지 않은가와, 이치상으로 부당한 일인가 정당한 일인가와, 계산상으로 소비가 많은 일인가 적은 일인가를 따져야 할 것입니다. 진실로 이 세 가지의 득실이 모두 앞에 투명하게 보이도록 한다면 버리자는 의론과 지키자는 의론은 단 한마디 말로 결정할 수가 있을 것입니다.

1) 夏戎 : 西夏를 가리킨다.

2) 雖屢有信使……未請侵地 : 西夏가 여러 차례 使臣을 보내왔지만, 入貢을 하거나 登極을 축하하고 冊封을 사례하는 따위의 신하로서 예절을 준수하는 정식 사신

이 아닐 뿐만 아니라, 정식으로 侵奪한 땅을 돌라달라는 청구서를 제출한 것도 아니었다는 말이다.

3) 登極 : 皇帝의 卽位를 가리킨다.

4) 今聞遣使來賀登極……而使者復至 : 蘇轍의 〈潁濱遺老傳〉에 의하면 "元祐 2년에 西夏가 비로소 사신을 보내와 皇帝의 登極을 하례하였고, 귀환하는 사신의 수레가 아직 지경을 나가기도 전에 또 사신을 보내와 地界에 들어왔다."고 한다.

5) 前件 : 전에 이미 언급한 두 종류의 의견을 가리킨다.

何謂時之可否오하면 **方今皇帝陛下**는 **富於春秋**[1)]하사 **諒闇不言**[2)]하고 **恭默思道**[3)]하시며 **太皇太后陛下**는 **覽政簾幃之中**하사 **擧天下事**하여 **屬之輔相**[4)]이시니이다 **當此之時**엔 **安靖**[5)]**則有餘**요 **擧動**[6)]**則不足**이니 **利在綏撫**요 **不利征伐**이니이다 **今若固守不與**면 **西戎必至於爭**이리이다 **甲兵**[7)]**一起**면 **呼吸生變**[8)]이리니 **緩急之際**에 **何所咨決**이리잇가 **況陝西河東兩路**가 **比遭用兵之厄**이라 **民力困匱**하여 **瘡痍未復**이니 **一聞兵事**면 **無不狼顧**[9)]리이다 **若使外患不解**면 **內變**[10)]**必相因而起**리이다 **此所謂時可棄而不可守一也**니이다

"시기적으로 옳은가 옳지 않은가를 따져야 한다."고 왜 말씀을 드리는가 하면, 지금 皇帝陛下께서는 젊으신 나이로 居喪 중에 명령이나 지시를 내리지 않고 공손하고 침묵하는 태도로 治道를 생각하시며, 太皇太后陛下께서는 垂簾聽政하시며 모든 政事를 輔相大臣에게 맡겨서 처리하십니다. 그러므로 이때에는 安靖적인 정치를 할 시간은 남아돌고, 변경의 수비상에서 행동을 할 시간은 부족하니, 敵國을 어루만지는 것은 이롭고 征伐하는 것은 이롭지 못합니다. 그러니 지금 만일 침탈한 땅을 굳게 지키고 넘겨주지 않는다면 西戎이 반드시 전쟁을 벌이게 될 것입니다. 전쟁이 한번 일어나면 경각간에 변란이 생길 터인데, 변란이 발생했을 때에 어디에 물어서 일을 결단하겠습니까? 더구나 陝西와 河東 兩路가 요즘 用兵의 厄을 만났으므로 民力이 困匱하여 瘡痍가 아직 회복되지 못하였으니, 전쟁이 일어났다는 소식을 한번 들었다 하면 狼顧의 태도가 없지 않을 것입니다. 만일 外患이 풀리지 않는다면 內變이 반드시 서로 인연하여 일어날 것입니다. 이것이 이른바 "시기적으로 버리는 것은 좋고 지키는 것은 불가하다."는 첫 번째 이유입니다.

1) 富於春秋 : 年少함을 가리킨다. 이 당시 宋 哲宗의 나이가 10세였기 때문에 이렇게 말한 것이다.
2) 諒闇不言 : ≪書經≫ 〈周書 無逸〉에서 인용한 문구이다. 諒闇은 天子가 居喪하는 집이니, 諒闇不言은 곧 皇帝가 居喪 중에 호령이나 지시를 하지 않는다는 뜻이다.
3) 恭默思道 : ≪書經≫ 〈商書 說命 上〉에서 인용한 문구인데, 곧 공순하고 침묵하여 治道를 생각한다는 뜻이다.
4) 擧天下事 屬之輔相 : 모든 政事를 輔政大臣에게 맡겨서 처리함을 가리킨다.
5) 安靖 : 조용한 정치로, 곧 無爲而治를 가리킨다.
6) 擧動 : 변경의 수비상에 있어서의 행동을 가리킨다.
7) 甲兵 : 갑옷과 병기로, 戰亂의 대명사이다.
8) 呼吸生變 : 한 번 숨을 내쉬고 한 번 숨을 들이쉬는 경각의 사이에 변고가 발생함을 가리킨다.
9) 狼顧 : 이리는 겁이 많은 짐승으로, 다닐 때에 항상 좌우를 돌아보아 뜻밖의 습격을 대비하니, 곧 사람이 두려워하는 모습을 비유한다.
10) 內變 : 中原의 백성들이 도적으로 변하여 조정을 배반함을 가리킨다.

何謂理之曲直고하면 西戎近歲엔 於朝廷本無大罪[1]요 雖梁氏廢放其子나 而夷狄은 外臣이라 本不須治以中國之法이니이다 先朝必欲弔伐하되 但誅其罪人[2]하고 存立孤弱[3]하니 則雖犬羊[4]之群이라도 猶將伏以聽命이니이다 今乃割其土地하고 作爲城池하여 以自封殖하니 雖吾中國之人이라도 猶知其爲利요 而不知其義也니이다 曲直之辨은 不言可見이니이다 蓋古之論兵者는 以直爲壯하고 以曲爲老[5]니이다 昔仁祖[6]之世에 元昊叛命하고 連年入寇[7]하니 邊臣失律[8]하여 敗亡相繼[9]나 然而四方士民이 裹糧奔命하되 唯恐在後하니 雖捐骨中野나 不以爲怨이니이다 兵民競勸하여 邊守卒固하니 而中國徐亦自定하여 無土崩之勢니이다 何者오 知曲在元昊니 而用兵之禍는 朝廷之所不得已也니이다 頃自出師西討[10]로 雖一勝一負[11]나 而計其所亡失하면 未若康定寶元[12]之多也[13]니이다 然而邊人憤怨하고 天下咨嗟하니 土崩之憂를 企足可待니이다 何者오 知曲在朝廷이니 非不得已之兵也니이다 今若固守侵地[14]하고 惜而不與라가 負不直之謗[15]하여 而使關右[16]子弟로 肝腦塗地면 臣恐邊人이 自此有怨叛之志니이다 此所謂理可棄而不可守

二也니이다

"이치상으로 부당한 일인가 정당한 일인가를 따져야 한다."고 왜 말씀을 드리는가 하면, 西戎이 近歲에 와서는 朝廷에 대하여 큰 죄를 범한 일이 없고, 비록 梁氏가 그 아들을 廢放하였으나 夷狄은 外臣이므로 본래 中國에서 신하를 대하는 방법으로 그들을 다스릴 수 없는 것입니다. 先朝에서 반드시 해를 입은 백성을 위문하고 죄 있는 사람을 토벌하고자 하되 단지 그 罪人만을 주벌하고 秉常은 계속 夏主가 되게 하니, 아무리 犬羊처럼 미개한 西夏라 하더라도 오히려 복종하여 조정의 명령을 들었습니다. 현재는 그들의 土地를 점거하고 城池를 만들어 영토와 세력을 확장하였으니, 아무리 우리 中國 사람이라 하더라도 오히려 그 행위가 利를 위한 것인지는 알겠고 그것이 義인지는 알지 못하겠습니다. 그러므로 부당한 일인가 정당한 일인가의 분변은 말하지 않아도 알 수 있는 것입니다.

옛날 군사를 논한 자는 정당한 것을 사기가 강성해지는 원인으로 삼고, 부당한 것을 사기가 쇠퇴해지는 원인으로 삼았습니다. 옛날 仁祖의 세대에 元昊가 배반하고 매년 入寇하였는데, 邊臣이 敗戰하여 敗亡이 계속되었습니다. 그렇지만 四方의 士民들이 자발적으로 먹을 식량을 싸 가지고 出征하되 행여 뒤질세라 염려하였으니, 비록 들판에 백골이 버려진다 하더라도 원망하지 않았습니다. 병사와 평민이 서로 권면하여 변경의 수비가 결국 견고해지니, 中國이 서서히 안정되어 여지없이 무너질 조짐이 없었습니다. 왜 그렇게 되었는가 하면, 부당함이 元昊에게 있으니 用兵의 禍를 피할 수 없는 것은 朝廷의 부득이한 일이라는 것을 알았기 때문입니다.

최근에 出兵하여 西夏를 치면서부터 비록 一勝一負하였으나 그 亡失한 것을 계산하면 康定・寶元 연간에 발생한 많은 수효와는 같지 않았습니다. 그렇지만 邊人이 憤怨하고 天下가 咨嗟하니 여지없이 무너질 걱정은 경각간에 볼 수 있을 것입니다. 왜 그렇게 되는가 하면 부당함이 朝廷에 있으니, 부득이한 전쟁이 아니라는 것을 알기 때문입니다. 이제 만일 침탈한 땅을 굳게 지키고 아끼어 돌려주지 않다가 出兵이 정당하지 못하다는 비방을 들으면서 關右의 子弟들로 하여금 肝腦가 땅을 도배하게 한다면 邊人이 이로부터 원망하고 배반할 뜻을 가질까 臣은 두렵습니다. 이것이 이른바 "이치상으로 버리는 것이 옳고 지키는 것이 불가하다."는 두 번째 이유입니다.

1) 西戎近歲 於朝廷本無大罪 : 西夏가 요즘 몇 년 동안은 변경을 침범하는 일이나 불순한 행위를 하지 않았음을 가리킨 말이다.
2) 罪人 : 여기서는 梁氏를 가리킨다.
3) 存立孤弱 : 孤弱은 秉常을 가리키니, 곧 秉常이 계속 夏王이 되게 함을 이른다.
4) 犬羊 : 문명이 개화되지 못한 민족에 대한 蔑稱. 여기서는 西夏를 가리킨다.
5) 蓋古之論兵者……以曲爲老 : ≪春秋左傳≫ 僖公 28년 조에서 晉國의 子犯이 "군사란 정당하면 사기가 왕성해지고, 부당하면 피로해진다.〔師直爲壯 曲爲老〕"라고 하였는데, 곧 양쪽에서 交戰할 때 정의로운 쪽은 사기가 강성하고, 정의롭지 못한 쪽은 사기가 쇠퇴한다는 뜻이다.
6) 仁祖 : 宋 仁宗 趙禎을 가리킨다.
7) 連年入寇 : 景祐 원년(1034)부터 慶曆 4년(1044)까지 元昊가 아홉 차례 변경을 침범하였다.
8) 失律 : 行軍에 紀律이 없음을 말한다. 후세에 와서는 흔히 敗戰을 가리킨다.
9) 昔仁祖之世……敗亡相繼 : 宋 仁宗의 세대에 趙元昊가 王이 되어 전후로 慶州・保安軍・延州・三川砦・渭州 등을 침략하였는데, 邊臣이 패전하여 계속 성이 함락되었다는 말이다.
10) 西討 : 西夏의 征討를 가리킨다.
11) 頃自出師西討 雖一勝一負 : ≪宋史≫ 〈外國 夏國〉에 의하면, 元豊 8년(1085) 哲宗이 갓 즉위했을 때에는 呂惠卿이 군사를 파견, 西界에 들어가서 6砦를 파괴하고 적군 600여 級을 斬首하였으며, 元祐 2년(1087)에는 夏人이 鎭戎軍 등 여러 堡를 공격하였다.
12) 康定寶元 : 康定은 宋 仁宗이 제5차 개원한 연호(1040)이고, 寶元은 宋 仁宗이 제4차 개원한 연호(1038~1039)이다.
13) 而計其所亡失 未若康定寶元之多也 : 두 차례 전투에서 군사를 상실하고 땅을 빼앗긴 수효가 仁宗의 康定・寶元 연간에 발생한 많은 수효만은 못했다는 말이다.
14) 侵地 : 侵奪한 땅으로, 여기서는 蘭州・安疆 등지를 가리킨다.
15) 負不直之謗 : 出兵이 정당하지 못했다는 비방을 듣는 것을 가리킨다.
16) 關右 : 關西를 가리킨다. 函谷關 또는 潼關 이서의 지구를 범연하게 가리킨다.

何謂算之多寡오하면 棄守之議를 朝廷若擧而行之인댄 其勢[1]必有幸有不幸이니이다 然이나 臣今所論은 於守則言其幸하고 於棄則言其不幸하여 以效[2]利害之實[3]이니이다 今夫固守蘭州하고 增築堡寨[4]하여 招置土兵[5]이니이다 方其未成엔 而西戎不順하여 求助北虜[6]하고 竝出爲寇[7]하니 屯戍日益[8]하고 飛輓不繼[9]하며 賊兵乘勝하니 師喪國蹙하고 蘭州不守하니 熙河危急이니이다 此守之不幸者也니이다 割棄蘭州하고 專守熙河하며 倉庾有素[10]하고 兵馬有備하면 戎人懷惠하여 不復作過니이다 此棄之幸者也니이다 二者 臣皆不復言이리이다 何者오 利害不待言而決也니이다

"계산상으로 소비가 많은 일인가 적은 일인가를 따져야 한다."고 왜 말씀을 드리는가 하면, 버리자는 쪽의 건의와 지키자는 쪽의 건의를 조정에서 다 받아들여 시행할 경우, 그 형세상 반드시 다행함도 있고 불행함도 있을 것입니다. 그러나 지금 臣이 논하는 것은 지키는 쪽에 있어서는 다행함을 말하고, 버리는 쪽에 있어서는 불행함을 말하여 이해관계의 실질을 증명하는 것입니다.

지금은 蘭州를 固守하고 堡寨를 增築하여 地方兵을 더 모집해 충원하였습니다. 아직 堡寨 등이 이루어지기 전에는 西戎이 不順하여 北虜에게 도움을 구하고 나란히 나와서 침략을 하니, 屯田과 防戍兵이 점점 늘어나고 군량을 運輸하는 길이 이어지지 못하며, 賊兵이 勝勢를 타니 군사가 상실되고 국토가 줄어들며, 蘭州를 지키지 않으니 熙河가 危急하였습니다. 이것이 바로 지키는 쪽의 불행한 점입니다.

蘭州를 떼어버리고 熙河만을 오로지 지키며, 창고에 원래 쌓인 곡물이 있고 兵士와 馬匹이 구비되었으면 戎人이 은혜를 생각하여 다시 罪過를 저지르지 않을 것입니다. 이것이 바로 버리는 쪽의 다행한 점입니다. 이 두 가지는 臣이 모두 더 이상 말하지 않겠습니다. 왜냐하면 이해관계는 말하지 않아도 저절로 판가름이 나기 때문입니다.

1) 勢 : 形勢나 大勢를 가리킨다.

2) 效 : 證驗 또는 證明을 가리킨다.

3) 棄守之議……以效利害之實 : 버리자는 건의와 지키자는 건의를 조정에서 다 받아들여 시행할 경우, 버리는 쪽에도 다행함과 불행함이 있고, 지키는 쪽에도 다행함과 불행함이 있다. 다만 소철이 말하는 것은 지키는 쪽에 있어서 조심스럽게 다행함을 말하고, 버리는 쪽에 있어서 조심스럽게 불행함을 말하여 이해관계

의 실질을 증명한다는 뜻이다.

4) 堡寨 : 土墻이나 木柵으로 둘러쳐서 만든 戰守의 거점을 가리킨다.

5) 招置土兵 : 地方兵을 招募하여 증가시킨다는 뜻이다.

6) 北虜 : 契丹을 가리킨다.

7) 竝出爲寇 : 西夏와 契丹이 협력하여 변경을 침범함을 이른다.

8) 屯戍日益 : 屯田과 변경에 수자리하는 將兵이 점점 증가됨을 이른다.

9) 飛輓不繼 : 飛輓은 運輸하는 수레를 가리키니, 飛輓不繼는 곧 군량을 조달하는 길이 계속되지 않음을 말한다.

10) 倉庾有素 : 창고에 원래 쌓인 곡물이 있다는 말이다.

若夫固守蘭州하여 增築堡寨하고 招置土兵하여 且耕且戰이면 西戎懷怨하여 未能忘爭하고 時出虜略[1]하여 勝負相半이리니 耕者不安하고 餽運難繼하며 耗蠹中國하여 民不得休息이리이다 此守之幸者也니이다 割棄蘭州하고 專守熙河하면 西戎據蘭州之堅城하고 道熙河之夷路하리이다 我師不利하여 復以秦鳳爲境하고 修完廢壘하며 復置烽候[2]면 人力旣勞하고 費亦不小리이다 此棄之不幸者也니이다 夫守之雖幸이나 然이나 兵難一交[3]면 仇怨不解하여 屯兵饋糧이 無有休日이리니 熙河因此物價翔貴리이다 見今守而不戰이로되 歲費已三百餘萬貫矣어늘 戰若不止면 戍兵必倍하고 糧草衣賜도 隨亦增廣하리니 民力不支면 則土崩之禍를 或不可測也니이다 棄之雖不幸이나 然이나 所棄는 本界[4]外無用之城이니이다 秦鳳之間은 兵民習熟하고 近而易守하며 轉輸所至는 如枕席之上[5]이니 比之熙蘭이면 難易十倍요 有守邊之勞나 而無腹心之患[6]은 與平日無異也니이다 夫以守之幸으로 較棄之不幸이면 利害如此니이다 而況守未必幸하고 而棄未必不幸乎잇가 且朝廷以天地之量으로 赦其罪惡하고 歸其侵疆하고 復其歲賜[7]하고 通其和市[8]하면 雖豺狼野心이라도 能不愧恥잇가 縱使酋豪[9] 內懷不順이나 而國恩深厚하니 無以激怒其民이니이다 臣料一二年間엔 其勢必未能擧動이리이다 萬一不然이면 而使中國之士로 知朝廷棄已得之地하여 含垢爲民[10]하고 西戎背恩하니 彼曲我直하소서 人懷此心이면 勇氣百[11]倍하여 以攻則取요 以守則固니 天地且猶順之[12]온 而況於人乎잇가

만일 蘭州를 固守하여 堡寨를 增築하고 地方兵을 더 충원하여 한편으로는 屯田을

갈아 농사를 짓고 한편으로는 적과 싸운다면, 西戎이 원망을 품어 전쟁할 생각을 잊지 못하고 수시로 나와서 노략질하여 승부가 반반일 것이므로, 농사짓는 사람은 불안에 떨고 양식을 운수하는 일은 계속되지 못하며, 중국을 해치게 되어 백성들이 휴식을 취할 수 없을 것입니다. 이것이 바로 지키는 쪽의 다행한 점입니다.

蘭州를 떼어내어 버리고 熙河만을 오로지 지킨다면 西戎이 蘭州의 견고한 城을 의거하고 熙河의 평탄한 길을 마음대로 달릴 것입니다. 우리 군사가 불리해져서 다시 秦鳳으로 경계를 삼아 폐치된 城壘를 수정 보완하고 다시 烽候를 설치하게 된다면 人力이 이미 지친데다 비용 또한 적지 않을 것입니다. 이것이 바로 버리는 쪽의 불행한 점입니다.

지키는 것이 비록 다행이기는 하지만, 전쟁의 재난이 한번 일어나면 仇怨이 풀리지 않고 주둔한 군대에게 군량을 운송하는 일은 쉴 날이 없을 것이니, 熙河는 이로 인하여 物價가 폭등할 것입니다. 현재 지키기만 하고 전쟁을 하지 않는데도 1년의 비용이 이미 300여만 貫이거늘, 전쟁이 만일 그치지 않는다면 戍兵은 반드시 배로 늘고, 軍糧・馬草・衣服도 증가될 것이니, 民力이 지탱하지 못한다면 여지없이 무너지는 禍患을 예측할 수 없을 것입니다.

버리는 것이 비록 불행이기는 하지만, 버리는 것은 원래의 地界 이외에 쓸 수 없는 城입니다. 秦鳳의 사이는 兵士와 平民이 친숙하고 가까워서 지키기 쉬우며, 轉輸가 이르는 속도는 마치 枕席 위에 이르듯 빠를 것이니, 熙河와 蘭州에 비하면 어려움과 쉬움의 차이는 10배나 될 것이고, 변경을 지키는 수고는 있어도 腹心의 禍患이 없음은 平日과 다름이 없을 것입니다. 지키는 쪽의 다행함을 가지고 버리는 쪽의 불행함과 비교하면 이해관계가 이와 같습니다. 하물며 지키는 것이 꼭 다행한 것만은 아니고, 버리는 것이 꼭 불행한 것만은 아닌 것이 아닙니까?

또한 朝廷에서 천지 같은 넓은 아량으로 그들의 罪惡을 용서하고, 그들에게 침탈한 疆土를 돌려주고, 그들에게 매년 錢物을 주어오던 전례를 회복하고, 그들과 통상교역을 한다면 비록 豺狼의 野心이라 하더라도 부끄러워하지 않을 수 있겠습니까? 설령 부락의 酋長들이 속으로 불순한 마음을 품는다 하더라도 國恩이 深厚하므로 그 백성을 激怒하는 일이 없을 것입니다. 臣이 헤아리옵건대 1~2년 사이에는 형세상 반드시 거동하지 못할 것입니다. 만일 그렇게 하지 못하신다면 中國의 인사들로 하여금 朝廷

은 이미 얻은 땅을 버려가면서까지 백성을 위하여 恥辱을 꾹 참고, 西戎은 은혜를 배반하니, 저들은 부당하고 우리는 정당하다는 것을 알게 하소서. 사람이 이런 마음을 품으면 용기가 스스로 백 배나 생겨서 공격하면 취하게 되고, 지키면 견고하게 되니, 천지도 오히려 순응하거늘, 하물며 사람이야 말할 것이 있겠습니까?

1) 虜略 : 虜掠과 같다.
2) 烽候 : 烽堠로, 곧 적군을 엿보기 위하여 설치한 烽臺를 말한다.
3) 兵難一交 : 전쟁의 재난이 한판 일어남을 가리킨다.
4) 本界 : 원래의 地界이다.
5) 轉輸所至 如枕席之上 : 運輸하는 일이 몹시 빠름을 비유한다.
6) 腹心之患 : 배와 심장은 신체의 중요한 부분이므로 이를 빌어 막중한 禍患을 비유한다.
7) 歲賜 : 여기서는 宋朝에서 매년 西夏에게 輸納하는 錢物을 가리킨다.
8) 和市 : 여기서는 西夏와의 通商交易을 가리킨다.
9) 酋豪 : 여기서는 部落의 酋長을 가리킨다.
10) 含垢爲民 : 백성을 위하여 恥辱을 참음을 이른다.
11) 百 : 저본에는 '自'로 되어 있는데, ≪欒城集≫에 의하여 '百'으로 바꾸었다.
12) 天地且猶順之 : 하늘과 사람은 서로 감응하는 것이니, 사람이 하늘의 이치에 順應하면 하늘이 장차 사람의 뜻에 순응한다는 말이다.

故로 臣願 朝廷決計棄此하고 然後에 愼擇名將하여 以守熙河하고 厚養屬國[1]하며 多置弓箭手於熙蘭往還要路하여 爲一大城이면 度可屯二三千人하여 以塞其入寇之道리이다 於秦鳳以來로 多置番休之兵[2]하여 以爲熙河緩急救應之備니이다 明敕將佐하고 繕完守備하며 常若寇至하고 先爲不可勝[3]하여 以待敵之至면 庶幾可以無後患也리이다 臣自聞西使復來로 謹采衆議하고 以三事參較利害하며 反覆詳究하니 理無可疑니이다 是以로 輒獻狂言하니 惟陛下裁擇하시면 幸甚이리이다

그러므로 臣은 원하옵건대 朝廷에서 결정하여 그곳을 버리고 그런 다음에 신중하게 名將을 골라서 熙河를 지키고 屬國을 후하게 대우하며, 弓箭手를 熙河와 蘭州의 왕래하는 要路에 많이 배치하여 하나의 큰 城을 만들면 2, 3천 명을 주둔시켜 그들의 침입

로를 막을 수 있을 것입니다. 秦鳳에서부터 番休兵을 많이 배치하여 熙河의 위급함을 구원할 대비를 할 것입니다. 將佐를 분명히 경계하고 방어설비를 修繕하며 항상 적이 이를 것처럼 생각하고 먼저 적이 승리할 수 없도록 완벽하게 준비해놓고 적이 이르기를 기다리면 거의 후환을 없앨 수 있을 것입니다. 臣은 西夏의 사신이 다시 왔다는 소식을 들은 뒤로 신중하게 여러 사람들의 의론을 채취하고, 세 가지 일로써 이해관계를 참고 비교하며 반복해서 자세히 고찰하니 이치에 의심할 만한 것이 없습니다. 이 때문에 문득 狂言을 바치오니, 陛下께서 취택하시면 매우 다행이겠습니다.

1) 厚養屬國 : 臣屬한 藩國을 후한 예우로 대함을 이른다.
2) 番休之兵 : 돌아가면서 번을 들며 휴식하는 군사로, 곧 戍更하는 兵士를 가리킨다.
3) 不可勝 : 잘 준비해서 적이 승리할 수 없게 함을 가리킨다.

05. 再論蘭州等地狀* 蘭州 等地를 두 번째 논한 狀文

* 본 狀文은 元祐 2년(1087) 7월에 쓴 것이다.

老成持重 典刑之言이니라

노련하고 진중한 전형적인 말이다.

右臣近於六月二十八日에 奏以西使入界면 恐必有講[1]和請地之議리니 乞因此時擧蘭州及安疆米脂等五寨地棄而與之하여 安邊息民이 爲社稷之計언마는 見今西使已到로되 竊聞 執政大臣棄守之論이 尙未堅決이라하나이다

臣이 최근 6월 28일에 "西夏 사신이 地界에 들어오면 반드시 講和를 요구하고 침탈한 땅을 돌려달라고 청하는 의논이 있을 것이니, 바라옵건대 이때에 蘭州 및 安疆·米脂 등 5寨의 땅을 포기하여 그들에게 줌으로써 변경을 안정시키고 인민을 휴식할 수 있게 하는 것이 社稷을 위하는 계책입니다."라고 아뢰었사온데, 현재 西夏 사신이 이미 이르렀건만 가만히 듣자옵건대 執政大臣의 포기해야 할 것인지, 지켜야 할 것인지에 대한 논의가 아직도 결정되지 못했다고 합니다.

1) 講 : 저본에는 '請'으로 되어 있는데, ≪欒城集≫에 의하여 '講'으로 바꾸었다.

臣竊見 皇帝陛下登極以來로 夏國雖屢遣使[1)]나 而疆埸之事를 初不自言[2)]하니 度其狡心컨대 蓋知朝廷厭兵이라 是以로 確然不請하고 欲使此議發自朝廷하여 得以爲重이니이다 朝廷深覺其意하고 忍而不與하니 情得勢窮하여 始來請命이니이다 今若又不許하면 遣其來使徒手而歸리니 一失此機면 必爲後悔리이다 彼若點集兵馬하여 屯聚境上에 許之則畏兵而與니 不復爲恩이요 不許則邊釁一開하여 禍難無已리이다 間不容髮[3)]이 正在此時니 不可失也니이다

臣이 가만히 보옵건대, 皇帝陛下께서 登極하신 이래로 夏國이 비록 여러 차례 사신을 보내왔지만, 疆埸의 일에 대해서는 처음부터 자발적으로 말하지 않았으니, 그들의 교활한 마음을 헤아려보옵건대, 대개 그들은 朝廷에서 전쟁을 싫어한다는 것을 눈치챘기 때문에 강한 자세를 유지하기 위하여 스스로 청하지 않고, 그 의논이 조정으로부터 나오게 해서 이것으로 일의 무게를 높이려는 심산이었습니다. 그러나 조정에서는 그들의 의도를 깊이 파악하고는 꾹 참고 돌려주지 않았으니, 그들은 결국 사정이 급박하고 형세가 궁해지자 비로소 와서 침탈당한 땅을 돌려달라고 청한 것입니다.

지금 만일 또 허락하지 않는다면 보내온 사신이 빈손으로 돌아갈 것이니, 이 기회를 한번 잃으면 반드시 후회가 될 것입니다. 저들이 만일 兵丁과 馬匹을 불러 모아 境上에 屯聚시킬 때에 가서 허락한다면 전쟁이 두려워서 돌려주는 꼴이니, 다시 조정의 은혜를 보일 수 없고, 허락하지 않는다면 변경의 爭端이 한번 열려서 禍難이 그치지 않을 것입니다. 일의 대단히 위급함이 바로 이때에 있으니, 절대로 이 기회를 놓쳐서는 아니 됩니다.

1) 夏國雖屢遣使 : 元豐 8년(1085)에는 山陵을 돕기 위해 사신을 보내왔고, 元祐 원년(1086)에는 坤成節을 축하하기 위해 사신을 보내왔고, 元祐 2년에는 宋 哲宗의 登極을 축하하기 위하여 사신을 보내왔다.

2) 初不自言 : 夏國이 먼저 전쟁에서 침탈한 땅 문제를 꺼내지 않는다는 말이다.

3) 間不容髮 : 머리털 하나 들어갈 틈도 없다는 말로, 곧 일이 대단히 위급함을 이른다.

臣又聞 昔日取蘭州及五寨地는 本非先帝[1]聖意라하나이다 先帝始議取靈武나 內臣李憲畏懦하여 不敢前去하고 遂以兵取蘭州니이다 先帝始議取橫山이나 帥臣沈括种諤之徒 不能遵奉聖略하고 遂以兵取五寨니이다 此二者는 皆由將吏不職하여 意欲邀功免罪요 而先帝之意本則不然이니이다 其後元豐六年에 夏國遣使請罪하니 先帝嘉其恭順하사 爲敕邊吏하여 禁止侵掠[2]이시니이다 旣又遣使謝恩하고 請復疆土[3]니이다 先帝仍爲指揮保安軍與宥州하여 議立疆界나 因循未定하고 而先帝奄棄萬國하시니 遂以至今이니이다 由此言之컨대 蘭州五寨를 取之則非先帝本心이요 棄之則出先帝遺意니이다 今議者不深究本末하고 妄立堅守之議[4]하여 苟避棄地之名하며 不度民力하고 不爲國計하니 其意止欲私己自便이요 非社稷之利也니이다

臣이 또 듣자옵건대 "옛날 蘭州와 5寨의 땅을 취한 것은 본래 先帝의 뜻이 아니었다." 합니다. 先帝께서 비로소 靈武를 취할 것을 의결하였지만, 內臣 李憲이 畏懦하여 감히 앞으로 나아가지 못하고 결국 병력으로 蘭州를 취하였습니다. 先帝께서 비로소 橫山을 취할 것을 의결하였지만, 帥臣 沈括·种諤의 무리가 先帝의 聖略을 받들지 않고 결국 병력으로 5寨를 취하였습니다. 이 두 가지는 모두 將吏가 직무를 제대로 수행하지 못함으로 말미암아 공로를 구하여 죄를 면하려는 의도에서 나온 것이고, 先帝의 뜻은 그렇지 않았습니다.

그 뒤 元豐 6년에 夏國이 사신을 보내와 죄를 청하니, 先帝께서 그의 공순함을 가상히 여기고는 邊吏에게 명하여 侵掠을 금지시켰습니다. 뒤에 그들은 또 사신을 보내와 謝恩하고 옛 疆土를 돌려줄 것을 청하였습니다. 先帝께서는 이내 保安軍과 宥州에 지휘하여 疆界를 定立할 것을 의논하게 하였으나 내키지 않아 머뭇거리다가 정립하지 못하고 先帝께서 갑자기 세상을 떠나셨으니, 결국 그 문제가 오늘에 이르렀습니다. 이로 말미암아 말한다면, 蘭州와 5寨를 취한 것은 先帝의 本心이 아니고, 버리는 것은 先帝의 遺意에서 나온 것입니다. 지금 의논하는 자들은 사정의 본말은 깊이 고찰하지 않고 망령되이 굳게 지킬 의논을 확립하여 구차스럽게 땅을 포기한다는 이름을 피하며, 백성의 힘을 헤아리지 않고 나라를 위하는 계책을 하지 않으니, 그 뜻은 자기만 편안하려고 할 뿐이고 社稷의 이익을 위한 것이 아닙니다.

1) 先帝 : 여기서는 宋 神宗 趙頊을 가리킨다.
2) 其後元豐六年……禁止侵掠 : ≪宋史≫ 〈外國 夏國〉에 의하면 "元豐 6년(1083) 6월에 夏主 秉常이 表文과 함께 사신을 보내와 다시 공물을 바치기를 청하니, 조정의 詔書에 대략 '지금 사신을 보내오니 그 공순한 禮貌가 가상하다. 따라서 듣건대 國政이 모두 옛 모습을 회복하였다 하니, 더욱 嘉納하겠노라. 이미 邊吏에게 명하여 군사를 출동하지 말도록 하였으니, 너희도 先盟을 지키라.'고 하고 드디어 陝西·河東의 經略使에게 詔書를 내려서 군사를 출동하지 못하게 하였다."고 한다.
3) 旣又遣使謝恩 請復疆土 : ≪宋史≫ 〈神宗本紀〉에 의하면 "元豐 6년 10월에 夏王 秉常이 다시 사신을 보내와 表를 올려 다시 職貢을 닦을 것을 청하고 옛 疆土를 돌려줄 것을 요구하였다."고 한다.
4) 妄立堅守之議 : 아무런 근거 없이 구차스럽게 蘭州와 5寨를 굳게 지킬 의견을 주장한다는 말이다.

臣又聞 議者或謂棄守皆不免用兵이니 棄則用兵必遲하고 守則用兵必速이니 遲速之間에 利害不遠이니라 若遂以地與之면 恐非得計라하나이다 臣聞 聖人應變之機는 正在遲速之際라하니 但使事變稍緩이면 則吾得算已多리이다 昔漢文景之世에 吳王濞 內懷不軌[1]하여 稱病不朝하고 積財養士하여 謀亂天下니이다 文帝專務含養하여 置而不問하고 加賜几杖하여 恩禮日隆이니이다 濞雖包藏禍心이나 而仁澤浸漬하니 終不能發[2]이니이다 及景帝用鼂錯之謀하여 欲因其有罪削其郡縣하되 以爲削之亦反이요 不削亦反이나 削之則反疾而禍小하고 不削則反遲而禍大라하나이다 削書一下에 七國盡反[3]하여 至使景帝發天下之兵하고 遣三十六將하여 僅而破之[4]니이다 議者若不究利害之淺深하고 較禍福之輕重이면 則文帝隱忍不決은 近於柔仁하고 景帝剛斷必行은 近於彊毅니이다 然而如文帝之計인댄 禍發旣遲니 可以徐爲備禦요 稍經歲月이면 變故自生이나 以漸制之면 勢無不可니 雖有十濞라도 亦何能爲리잇가 如景帝之計인댄 禍發旣速이니 未及旋踵에 已至交兵이리이다 鋒刃旣接에 勝負難保하여 社稷之命이 決於一日이리니 雖食鼂錯之肉[5]이나 何益於事리잇가 今者에 欲棄之策은 與文帝同하고 而欲守之謀는 與景帝類니이다

臣이 또 듣자옵건대, 의논하는 자들 중에 어떤 이는 "포기하거나 지키거나 모두 用兵을 면치 못하니, 포기할 경우는 用兵이 반드시 더디어지고, 지킬 경우는 用兵이 반드시 빨라지니, 더디고 빠른 사이에 利害관계가 그리 멀지 않다. 만일 땅을 그들에게 돌려준다면 그것은 온당한 계책이 아닌 듯하다."고 합니다. 臣은 듣건대 "聖人이 사변을 대응하는 관건은 바로 더디고 빠른 데에 있다."고 하니, 다만 사변을 조금 완화시킨다면 우리는 계책의 성과를 얻음이 이미 많을 것입니다.

옛날 漢나라 文帝와 景帝의 세대에 吳王 劉濞가 마음속에 모반할 생각을 품고 병을 핑계로 조회하러 오지 않고, 재물을 쌓아 군사를 양성해서 반란을 모의하여 천하를 어지럽혔습니다. 그러나 文帝는 오로지 포용하고 양육하는 일에만 힘써 그를 놓아두고 문책하지 않았으며, 게다가 几杖까지 하사하여 恩禮가 날로 융숭하였습니다. 劉濞는 비록 禍心을 품었지만 仁澤이 스며들었으므로 끝내 發作하지 않았습니다. 景帝 때에 와서야 鼂錯(晁錯)의 꾀를 써서 죄가 있음으로 인하여 그 郡縣을 깎아내려고 하되 "깎아내도 모반하고 깎아내지 않아도 모반할 것이지만, 깎아내면 모반이 빨라져서 禍가 작게 발생하고, 깎아내지 않으면 모반이 더디어져서 禍가 크게 발생한다."고 하였는데, 削書가 한번 내려가자 7國이 모두 모반하여 결국 景帝로 하여금 天下의 군사를 발동하고 36명의 장수를 보내어 겨우 깨뜨리게 하였습니다.

의논하는 자들이 만일 利害의 淺深을 궁구하지 않고 禍福의 輕重을 비교하지 않는다면 文帝가 꾹 참고 결단하지 않은 것은 柔仁에 가깝고, 景帝가 剛斷으로 반드시 결행한 것은 彊毅에 가깝습니다. 그러나 文帝의 계략과 같이한다면 禍의 발생속도가 더디니 서서히 방비할 수 있고, 약간의 세월이 지나면 變故가 스스로 발생하나 점차 제어한다면 사세상 불가할 것이 없으니, 비록 10명의 劉濞가 있다 하더라도 어떻게 할 수 있겠습니까? 景帝의 계략과 같이한다면 禍의 발생이 빠르니, 미처 발꿈치를 돌려 돌아서기도 전에 이미 교전이 벌어집니다. 칼날이 이미 교접하면 勝負를 보장하기 어려워 社稷의 운명이 하루 사이에 결단날 것이니, 비록 鼂錯의 육신을 씹어 먹는다 하더라도 일에 무슨 도움이 있겠습니까? 현재 포기하려고 하는 계책은 文帝와 같은 것이고, 지키려고 하는 계책은 景帝와 같은 것입니다.

1) 內懷不軌 : 여기서는 마음속에 모반할 계획을 품은 것을 가리킨다.

2) 吳王濞……終不能發 : ≪史記≫ 〈吳王濞列傳〉에 의하면 "吳王 劉濞가 병을 핑계로

조회하러 오지 않자, 文帝는 吳國의 使者를 문책하고 그 使者가 吳國으로 돌아갈 때에 吳王에게 几杖을 하사하여 吳王이 정말 老病으로 조회하러 오지 못한 것임을 표시하였다. 그래서 劉濞는 40년 동안 모반하지 않고 藩臣의 예절을 잃지 않았다."고 하고, 또한 "劉濞는 漢 高祖의 형인 劉仲의 아들로 吳王에 봉해졌는데, 그의 아들이 文帝의 아들에게 피살됨으로 인하여 모반의 뜻을 가졌으나, 文帝 때에는 꾹 참고 있다가 景帝 때에 와서 晁錯(鼂錯)를 誅討한다는 명분으로 7國을 연합하여 반란을 일으켰다가 군사가 패배하자 亂軍에게 피살되었다."고 한다.

3) 及景帝用鼂錯之謀……七國盡反 : ≪史記≫ 〈吳王濞列傳〉에 의하면 "晁錯는 太子家令이 되어 太子에게 총애를 받았다. 그래서 그는 자주 吳의 땅이 너무 큰 것을 걱정하며 깎아낼 것을 조용히 말했다. 그리고 자주 글을 올려 文帝를 설득하였으나 文帝가 관용을 베풀고 차마 처벌하지 못하니, 이로부터 吳王은 더욱 專橫하였다. 景帝가 즉위하자 晁錯는 御史大夫가 되어 景帝를 설득하기를 '지금 吳王이 전에 태자와 틈이 있는 관계로 거짓 병을 핑계하고 조회하지 않았으니 법에 비추어 응당 誅斬해야 할 것인데, 文帝께서 차마 誅斬하지 않고 따라서 几杖을 하사하였으니, 마땅히 改過遷善했어야 할 터인데, 더욱 교만하여 돈을 鑄造하고 소금을 제조하여 천하의 도망한 사람들을 꾀어 作亂을 도모하였습니다. 지금 그 땅을 깎아내도 모반하고, 깎아내지 않아도 모반할 것이나, 깎아내면 그 모반이 빨라져서 禍가 작고, 깎아내지 않으면 모반이 더디어져서 禍가 클 것입니다.'라고 했다." 한다.

4) 至使景帝發天下之兵……僅而破之 : ≪史記≫ 〈吳王濞列傳〉에 의하면 "7國이 모반했다는 소식이 천자에게 전해지자, 천자는 곧 太尉條侯 周亞夫에게 36장군을 거느리고 가서 吳楚를 치게 하고, 曲周侯 酈寄를 보내 趙나라를 치게 하였고, 將軍 欒布는 齊나라를 치고, 大將軍 竇嬰은 滎陽에 주둔하여 齊나라와 趙나라의 군사를 감시하였다."고 한다. 그때 7國은 정월에 군사를 일으켰다가 3월에 모두 파괴되었는데, 유독 趙나라만은 포위한 지 10개월 만에 겨우 공격해서 이겼던 것이다.

5) 雖食鼂錯之肉 : 憤怒한 심정을 형용한 말이다.

臣乞宣諭執政하소서 欲棄者는 理直而禍緩하고 欲守者는 理曲而禍速이니이다 曲直遲速이 孰爲利害[1)]잇가 況今日之事는 主上妙年하고 母后聽斷하며 將帥吏士 恩情未接[2)]하니

兵交之日에 誰使效命이리잇가 若其羽書沓至면 勝負紛然[3)]이리니 臨機決斷이면 誰任其責이리잇가 惟乞聖慈는 以此反覆深慮하여 早賜裁斷하사 無使西戎으로 別致猖狂하여 棄守之議 皆不得其便[4)]이면 則天下幸甚이리이다

臣은 비옵건대 執政에게 宣諭하옵소서. 포기하려고 할 경우에는 이유가 공정해서 禍가 더디게 발생하고, 지키려고 할 경우에는 이유가 불공정해서 禍가 빠르게 발생합니다. 曲直과 遲速이 어떤 것이 이익이 되고 어떤 것이 해가 됩니까? 하물며 오늘의 일은 主上께서는 妙年이시고 母后께서는 수렴청정하여 결단하시며, 將帥와 吏士들에게는 恩情이 아직 두루 미치지 못했는데, 접전하는 날에 누가 목숨을 바쳐 전과를 올리겠습니까? 만일 羽書(檄文)가 沓至하면 勝負가 일정하지 않을 것인데, 미리 정하지 않고 그때그때 가서 결단한다면 누가 그 책임을 맡겠습니까? 오직 비옵건대, 聖慈께서는 이것을 반복해 깊이 고려하사 일찍이 결단을 내리시어, 西戎으로 하여금 다시 猖狂을 일으킴으로써 포기하느냐 지키느냐에 대한 조정의 의론이 모두 현실성이 없게 만들지 않으신다면, 천하가 매우 다행이겠습니다.

1) 曲直遲速 孰爲利害 : '이유의 공정함과 불공정함, 禍의 더딤과 빠름이 어떤 것에 이로움이 있고 어떤 것에 해로움이 있는가?'라는 말이다.
2) 恩情未接 : 恩仁이 아직 두루 미치지 못함을 가리킨다.
3) 勝負紛然 : 어떤 때는 이기고 어떤 때는 지는 것이 일정하지 않음을 가리킨다.
4) 無使西戎……皆不得其便 : 西夏로 하여금 다시 狂虐을 일으켜 변경을 침입하게 함으로써, 포기할 것인가 지킬 것인가에 대한 조정의 의론이 모두 현실성 없게 만들지 말라는 뜻이다.

06. 乞招河北保甲充役以消盜賊狀* 河北의 保甲을 불러다가 軍役에 편입시켜서 盜賊을 소탕하기를 요청한 狀文

* 본 장문은 元祐 원년(1086) 2월에 썼다. '充役'이 ≪欒城集≫에는 充軍으로 되어 있다.

子瞻嘗請於徐州籍勇悍之夫하여 督捕盜賊하니 卽此意니라

蘇子瞻(蘇軾)이 일찍이 勇悍한 사람을 徐州에 入籍하여 盜賊 잡는 일을 감독시키자고 청하였으니, 바로 이런 뜻이다.

右臣聞 薄賦斂[1)]하고 **散蓄聚**[2)]면 **若以致貧**이나 **而民安其生**[3)]하고 **盜賊不作**하며 **縣官食租衣稅**[4)]하되 **廩有餘粟**하고 **帑有餘布**하니 **久而不勝其富也**요 **厚賦斂**하고 **奪民利**면 **若以致富**나 **而所入有限**하고 **所害無窮**하여 **大者亡國**하고 **小者致寇**하니 **寇盜一起**면 **盡所得之利**라도 **不償所費之十一**이니 **久而不勝其貧也**라하나이다

臣이 듣자옵건대 "賦斂을 적게 거두고 蓄聚된 곡식을 빈민에게 나누어준다면 나라가 가난해질 것 같지만, 백성은 생활을 편하게 누리고 盜賊은 일어나지 않으며, 縣官은 租稅로 생활하되 국가의 倉廩에는 남은 곡식이 있고 국가의 帑庫에는 남은 베가 있으니, 이렇게 오래가면 그 부유해짐은 이루 말할 수 없을 것이요, 賦斂을 많이 거두고 백성의 이익을 빼앗는다면 나라가 부유해질 것 같지만, 수입은 한정되어 있고 손실은 무궁하므로 큰 경우는 나라를 망치고 작은 경우는 도적을 초래하니, 도적이 한번 일어나면 소득의 이익을 다 내놓더라도 소비의 10분의 1도 보상하지 못하니, 이렇게 오래가면 그 가난해짐은 이루 말할 수 없을 것이다."라고 합니다.

1) 薄賦斂 : 田賦稅收를 경감함을 이른다.
2) 散蓄聚 : 나라의 축적된 곡식을 어려운 백성에게 나누어줌을 이른다.
3) 散蓄聚……而民安其生 : ≪孟子≫ 〈盡心 上〉에 "田疇(農地)를 잘 다스리며, 조세를 적게 거둔다면 백성들을 부유하게 할 수 있다.〔易其田疇 薄其稅斂 民可使富也〕"란 말이 보인다.
4) 縣官食租衣稅 : 縣官은 옛날 天子의 별칭이니, 곧 天子는 인민이 납입한 租稅로 생활함을 가리킨다. ≪史記≫ 〈平準書〉에 "縣官은 응당 租稅로 衣食을 해결할 뿐이다.〔縣官當食租衣稅而已〕"란 말이 보인다.

臣未敢遠引[1)]**陳勝吳廣龐勛黃巢之類**하고 **只如淳化中李順**과 **慶曆中張海等**과 **熙寧中廖恩**의 **此數火盜賊**이리이다 **計其燔燒官寺**와 **刦略倉庫**와 **以至發兵命將**과 **轉輸糧食**과 **耗失兵械**와 **募士賞功之費**면 **大率不下數百萬貫**이리이다 **但得事了**니 **豈敢言費**리잇가

然이나 方其未發에 有能建言乞捐數十萬貫以消其變이면 則上下爭執하여 如惜支體不肯割截리이다 此天下之大迷요 古今之通患也니이다 故로 臣願於元豐庫或內藏庫에 乞錢三十萬貫하여 上以爲先帝收恩於旣往하고 下以爲社稷消患於未萌이니이다 伏願 陛下는 權福禍之重輕하고 較得喪之多少하여 斷而行之하시되 毋使有司吝於出納하여 以害大計하소서

臣은 감히 오래 전의 陳勝·吳廣·龐勛·黃巢 따위를 인용하지 않고 다만 淳化 연간의 李順과 慶曆 연간의 張海 등과 熙寧 연간의 廖恩 같은 이 몇 명의 盜賊을 인용하겠습니다. 이들이 官署를 불태운 데서 생긴 손실과 창고를 약탈한 데서 생긴 손실과, 그리고 이들을 잡기 위하여 將兵을 출동시키고 양식을 운송하고 무기를 소모한 데 든 비용을 계산하면 대략 수백만 貫을 밑돌지 않을 것입니다. 다만 일이 잘되기를 바랄 뿐인데, 어찌 감히 비용을 말하겠습니까? 그러나 그 일이 아직 발생하기 전에 수십만 貫을 들여서 그 변고를 소멸시키자고 건의한 사람이 있었다면, 위아래에서 각각 논쟁을 벌이어 마치 肢體를 아끼어 떼어내지 못하는 것처럼 하였을 것입니다. 이것은 천하의 큰 미혹이요, 고금의 보편적인 병폐입니다. 그러므로 臣은 元豐庫나 혹은 內藏庫에서 돈 30만 貫을 빌어서 위로는 先帝(神宗)를 위하여 이미 지나간 날에 은혜를 베푸신 영예를 거두고, 아래로는 社稷을 위하여 아직 禍患이 싹트기 전에 소멸시키기를 원하옵니다. 삼가 원하옵건대, 陛下께서는 禍福의 輕重을 달아보고 得失의 多少를 비교하신 다음 결단을 내려서 시행하시되, 담당 관리로 하여금 出納에 인색하여 중대한 計略을 방해하지 말게 하옵소서.

1) 遠引 : 오래 전 일을 인용함을 이른다.

河北[1)]之民은 喜爲剽劫하니 所從來尙矣[2)]니이다 近歲創爲保甲하여 驅之使離南畝[3)]하고 敎之使習凶器[4)]니이다 一夫在官이면 一家資送[5)]하니 窮苦無聊하여 靡所不至니이다 椎埋[6)]爲姦이 十人而九니 號爲保甲이면 莫敢誰何[7)]니이다 若更一年不罷면 則勝廣之事를 可立而待也니이다 今雖已罷[8)]나 而弓刀之手는 不可以復執鋤요 酒肉之口는 不可以復茹蔬니이다 旣無所歸니 勢必爲盜니이다 今河北寇賊成群하니 訪聞皆是保甲餘黨이니이다

若因之以饑饉이면 **則變故之作**[9)]을 **不可復知**리이다

河北 백성들은 剽劫(搶劫)하는 일을 좋아하는데, 그 풍습이 성행한 지 이미 오래입니다. 近歲에 保甲法을 처음으로 만들어서 백성들을 내몰아 南畝에서 떠나게 하고 백성들을 가르쳐 凶器 사용법을 익히게 하였습니다. 한 사람이 官에 있으면 한 집안이 재물을 조달하였으니, 貧窮하여 의지할 데가 없어서 사방으로 헤맵니다. 살인을 하는 자가 10명에 9명이나 되었으니, 保甲이라 호칭하면 누구도 건드리지 못합니다. 만일 1년이 지나도록 파하지 않는다면 陳勝・吳廣의 일을 금방 보게 될 것입니다. 지금 비록 이미 파했다 하더라도 활과 칼을 다루던 손이 다시 호미를 잡을 수 없고, 술과 고기를 먹던 입이 다시 채소를 먹을 수 없을 것입니다. 이미 돌아갈 곳이 없으니, 형세상 반드시 도적이 될 것입니다. 지금 河北 寇賊이 무리를 이루는데, 탐문하니 모두 保甲의 餘黨이었습니다. 만일 여기에 饑饉까지 겹친다면 變故의 발작을 다시 알 수 없을 것입니다.

1) 河北 : 黃河 이북 지구를 범연하게 일컫는다.
2) 所從來尙矣 : 이런 풍습이 성행한 지 이미 오래되었다는 말이다.
3) 南畝 : 農田을 가리킨다.
4) 近歲創爲保甲……敎之使習凶器 : ≪宋史≫ 〈王安石傳〉에 "保甲法은 鄕村의 백성들을 편성하되 장정 두 명이 있는 집에서는 한 명을 취하였고, 10家로 保를 삼고 保丁에게는 모두 弓弩를 지급해서 戰陣을 가르쳤다."란 말이 보인다.
5) 資送 : 財物을 주어서 보냄을 이른다.
6) 椎埋 : 사람을 죽여서 묻는 일. 또는 살인을 범연하게 가리킨다.
7) 莫敢誰何 : 세력이 막강해서 누구도 감히 건드리지 못함을 이른다.
8) 今雖已罷 : 元豐 8년(1085) 3월에 宋 哲宗이 즉위하고, 7월에 조서를 내려서 保甲法을 파하였다.
9) 變故之作 : 뜻밖에 발생하는 변고. 곧 농민이 봉기하여 모반함을 가리킨다.

近歲富弼知靑州하니 **是時**에 **河北流民百萬**이 **轉徙京東**이니이다 **弼旣設方略**하여 **振活其老幼**하고 **而招其壯悍者爲軍**하되 **不待朝旨**[1)]하고 **皆刺指揮**[2)]**二字**러니 **其後**에 **皆爲勁兵**하고 **百萬之衆**이 **無一人爲盜者**[3)]니이다 **弼**은 **人臣**이로되 **便宜行事**[4)]를 **猶能若此**온 **況陛下**는 **富有四海**하고 **而元豐及內庫**[5)]**錢物山積**하여 **莫可計數**잇가 **只如近日內降**[6)]**睿**

思殿[7]**金銀一色**[8]**令別庫收貯者**도 **自約及百餘萬貫**이니 **皆是先帝多方收拾**하여 **以備緩急支用**하고 **不取於民**이니이다 **聖算**[9]**深遠**은 **非凡所及**이니이다 **若積而不用**이면 **則與東漢西園錢**[10]과 **唐之瓊林大盈**[11]**二庫**로 **何異**리잇가 **於先帝聖德**에 **不爲無損**이리이다

近歲에 富弼이 靑州知州가 되었는데, 이 당시 河北流民 백만 명이 京東으로 옮겨왔습니다. 그러자 富弼은 이미 方案을 세워서 노인과 어린이를 賑濟해 살리고, 그 중에서 勇壯하고 强悍한 자를 뽑아서 군인으로 삼되, 朝旨를 기다리지 않고 모두 '指揮'란 두 글자를 새겼는데, 뒤에 그들은 모두 精銳한 군대가 되었고, 백만 군중은 한 사람도 도적이 된 자가 없었습니다.

富弼은 일개 신하로서 편의대로 일을 행하기를 오히려 이와 같이 할 수 있었는데, 하물며 陛下께서는 富로는 四海(天下)를 가지셨고 元豐庫와 內庫에는 錢物이 山積하여 그 수를 계산할 수 없지 않습니까? 近日에 內降한 睿思殿의 金銀 1件을 別庫에 收藏하게 한 것만도 대충 백여만 貫이나 되는데, 이것은 모두 先帝께서 다방면으로 收拾하여 위급한 일이 발생할 때 쓰기 위해 준비하신 것이고 백성에게서 취한 것이 아니었으니, 聖算의 深遠함은 일반인이 따를 바가 아니었습니다. 그런데 만일 쌓아두기만 하고 쓰지 않는다면 東漢의 西園錢이나 唐의 瓊林庫·大盈庫와 무엇이 다르겠습니까? 先帝의 聖德에 손상이 없지 않을 것입니다.

1) 朝旨 : 朝廷의 聖旨를 이른다.

2) 指揮 : 軍隊의 編制單位이다.

3) 近歲富弼知靑州……無一人爲盜者 : ≪宋史≫ 〈富弼傳〉에 "皇祐 4년(1052)에 富弼이 靑州知州에 京東路安撫使를 겸하였다. 河朔의 홍수로 인해 백성들이 流離乞食하게 되자, 富弼이 管轄한 백성들에게 곡식을 내게 하고 거기에 官穀을 보태서 賑濟米를 마련하고, 公私廬舍 10여만 채를 얻어서 그 流民을 나누어 거처하게 하였다. …… 50여만 명이나 살렸고, 그 중에서 모집하여 군인으로 삼은 자가 만여 명이 되었다."란 내용이 보이고, ≪宋史≫ 〈廂兵〉에 "皇祐 연간에 河北의 水災로 인하여 京東에 流入한 農民이 30여만 명이었는데, 安撫使 富弼이 그들을 모집하여 군인으로 삼고 그 중에서 장정을 뽑아 9개 指揮를 편성하여 武技를 가르쳤다."란 내용이 보인다.

4) 便宜行事 : 規制나 條文에 구애받지 않고 情勢를 참작하여 스스로 처리함을 말

한다.

5) 內庫 : 여기서는 皇宮의 府庫를 가리킨다.

6) 內降 : 절차를 거치지 않고 宮內에서 직접 詔令을 내려 보냄을 가리킨다.

7) 睿思殿 : 宋 神宗 熙寧 8년(1075)에 세운 東京 皇宮의 전각 이름이다.

8) 一色 : 여기서는 1件과 같다.

9) 聖算 : 皇帝의 謀劃을 가리킨다.

10) 東漢西園錢 : 錢은 저본에 '殘'으로 되어 있는데, ≪欒城集≫에 의하여 바꾸었다. 西園은 上林園의 별명. 漢代에는 전적으로 上林三官을 시켜서 돈을 鑄造하게 하였다.

11) 唐之瓊林大盈 : 唐 德宗이 奉天에 있을 때 行在所의 夾廡에 瓊林庫와 大盈庫 두 창고를 설치하여 따로 貢物을 저장해놓고 개인적으로 썼다.

故로 臣願乞三十萬貫하여 爲招軍例物[1)]하고 選文武臣僚有才幹者一二人하여 分往河北하여 逐路於保甲中에서 招其強勇精悍者爲禁軍하고 隨其人才하여 以定軍分[2)]하되 本州無闕[3)]이면 則自近及遠하고 或押上京이 不過一二萬人이면 則河北豪傑略盡[4)]矣니 其間武藝絶倫하여 舊日以補班行者[5)]를 押赴闕試驗有實[6)]하면 卽以補內六班[7)]之闕하고 或以補本貫[8)]及隣近闕額軍員하소서 但當嚴賜指揮하고 候了日當遣人覆按하여 有不如法이면 重坐官吏[9)]하소서 臣聞 先帝本謂保甲可用이니 故로 欲隱兵於農하여 以漸消正兵[10)]이라 是以로 禁軍多有闕額이라하나이다 今保甲旣罷하니 正使無事라도 猶合補塡이온 況如前所陳者잇가 惟陛下深察하사 果斷而力行之하소서 今冬春大旱하여 二麥不熟이니이다 事勢如此하니 恐不可緩이니이다 謹錄奏聞하고 伏候勅旨하노이다

그러므로 臣은 원하옵건대, 30만 貫을 빌어서 군사를 招集하는 데 쓰일 例物로 삼고, 文武臣僚 중에서 才幹이 있는 사람 한두 명을 뽑아, 그들이 河北으로 나누어 가서 路(行政區域)마다 保甲 중에서 强勇하고 精悍한 자를 불러 禁軍으로 삼고 그 사람의 재능에 따라 軍分을 정하되, 本州에 闕額이 없을 경우는 가까운 곳에서 먼 곳에 이르기까지 대상지역을 정하게 하시고, 혹시 호송하여 京城에 올려 보낼 사람이 1, 2만 명에 불과하면 河北의 豪傑을 거의 다 거두어들인 것이니, 그 중에 武藝가 보통 사람보다 뛰어나서 옛날 班行에 보충한 자들을 대궐로 호송해 가서 考試한 결과 확실한

武藝가 있으면 곧 內六班의 闕額에 보충하고, 혹은 本貫 및 隣近의 闕額된 軍員에 보충하게 하소서. 단지 指揮만 엄격히 하시고 보충하는 일이 끝날 날을 기다려 사람을 보내 조사해서, 만일 법대로 考覈하지 않았으면 담당관리를 중벌에 처하소서.

臣은 듣자옵건대 "先帝께서 본래 保甲法을 쓸 만한 것으로 생각했기 때문에 군대를 농민 자체에 포함시켜서 점차로 정규부대를 삭감하려고 하셨다. 그래서 禁軍에 闕額이 많이 있었다."고 합니다. 현재는 保甲法을 이미 파하였으니, 설령 무사하다 하더라도 오히려 보충하는 것이 합당하온데, 더구나 앞에서 진술한 바와 같음에야 더 말할 나위가 있겠습니까? 오직 陛下께서는 깊이 살피시어 과감하게 결단하고 힘써 행하옵소서. 올해는 겨울과 봄이 크게 가물어서 大麥(보리)과 小麥(밀)이 익지 않았습니다. 事勢가 이와 같으니 늦추어서는 안될 듯싶습니다. 삼가 기록하여 奏聞하옵고 엎드려 勅旨를 기다리옵니다.

1) 例物 : 규정대로 지급하는 錢物을 이른다.
2) 軍分 : 軍中의 職務를 가리킨다.
3) 本州無闕 : 本州에 禁軍의 闕額이 없음을 가리킨다.
4) 豪傑略盡 : 武藝가 출중한 사람을 거의 다 거두어들임을 이른다.
5) 補班行者 : 班直隊伍에 보충한 사람을 가리킨다. 班直은 宋나라 때 御前에 배치하는 禁衛軍인데, 24班으로 나누었다.
6) 押赴闕試驗有實 : 押送하여 朝廷에 들여보내 考試를 거쳐 확실히 武藝가 있음을 증명함을 말한다.
7) 內六班 : 殿前指揮使를 左右 두 班으로 나누고, 內殿直을 前後左右 네 班으로 나눈 것을 가리킨다.
8) 本貫 : 本州縣을 가리킨다.
9) 有不如法 重坐官吏 : 만일 법대로 考覈하지 않으면 담당관리를 중벌에 처한다는 말이다.
10) 故欲隱兵於農 以漸消正兵 : 군대를 농민 속에 포함시켜 점차로 정규부대를 삭감한다는 말이다. 隱兵於農은 兵事를 農事에 포함시키는 것으로, 평상시에는 농민들에게 군사 훈련을 시키면서 농사에 종사하게 하다가 유사시에는 전투에 참여하게 하는 것이다.

宋大家蘇文定公文抄 卷5

書·啓

01. 上樞密韓太尉書* 樞密使 韓琦에게 올린 서찰

* 이 서찰은 嘉祐 2년(1057)에 쓴 것인데, 곧 蘇轍이 進士로 뽑힌 뒤에 당시 樞密使로 있는 韓琦에게 올린 것이다. 韓琦는 樞密直學士·樞密副使 등을 거쳐 魏國公에 봉해진 인물이다.

胸次가 博大하다

가슴속에 품은 생각이 대단히 방대하였다.

太尉執事께 轍은 生好爲文이라 思之至深에 以爲文者는 氣之所形이나 然이나 文不可以學而能이요 氣可以養而致니이다 孟子曰 我는 善養吾浩然之氣[1]라하시니 今觀其文章컨대 寬厚宏博하여 充乎天地之間이 稱其氣之小大[2]하며 太史公은 行天下하여 周覽四海名山大川하고 與燕趙間豪俊으로 交遊라 故로 其文이 疏蕩하여 頗有奇氣하니 此二子[3]者는 豈嘗執筆하여 學爲如此之文哉리잇가 其氣充乎其中而溢乎其貌하며 動乎其言而見乎其文이로되 而不自知也니이다

太尉 執事께 말씀드립니다.

저는 태어나면서부터 글짓기를 좋아하였는지라, 깊이 생각해볼 때에 '문장이란 것은 氣의 표현이지만, 문장은 배워서 능할 수 없고, 氣는 길러서 이룰 수 있다.'고 여겼습니다. 맹자는 말씀하기를 "나는 나의 浩然之氣를 잘 기른다."고 하셨는데, 지금 그 문장을 살펴보면 寬厚하고 宏博하여 천지 사이에 충만한 것이 그 氣의 크고 작음에 걸맞았으며, 太史公(司馬遷)은 천하를 돌아다니면서 온 천하의 名山과 大川을 두루 구경하고, 燕나라와 趙나라 지방의 才智가 뛰어난 사람들과 교유하였습니다. 그러므로 그

문장이 소통하고 호탕하여 자못 기이한 氣가 있었습니다.

이 두 분은 어찌 일찍이 붓을 쥐고 이와 같은 문장을 배웠겠습니까? 그 氣가 가슴속에 충만하여 용모에 넘쳐흐르고 말에 움직여 문장에 나타나는데도 그렇게 되는 까닭을 자신들도 몰랐던 것입니다.

1) 浩然之氣 : 자연에 있어서는 우주공간에 가득 차 있는 원기이고, 사람에게 있어서는 공명정대하여 조금도 부끄러울 바 없는 도덕적 용기. ≪孟子≫〈公孫丑上〉에 나온다.
2) 今觀其文章……稱其氣之小大 : 현재 맹자의 문장을 보면, 深沈渾厚하고 宏偉博大하여 가슴속에 간직한 局量이 곧 천지 사이에 꽉 찬 浩然之氣와 서로 부합된다는 말이다.
3) 二子 : 孟子와 司馬遷을 가리킨다.

轍은 生十有九年矣라 其居家所與游者는 不過其隣里鄕黨之人이요 所見은 不過數百里之間이라 無高山大野可登覽以自廣이요 百氏之書를 雖無所不讀이나 然이나 皆古人之陳迹이라 不足以激發其志氣이어늘 恐遂汨沒[1]이라 故로 決然捨去하고 求天下奇聞壯觀하여 以知天地之廣大하노이다

저는 태어난 지가 19년밖에 안 되었습니다. 그래서 집에 있으면서 더불어 교유한 대상은 이웃 마을과 주변 시골 마을의 사람들에 불과하였고, 눈으로 본 것도 수백 리 사이를 넘지 않았습니다. 그러므로 올라가서 바라보고 좁은 시야를 확 넓힐 만한 높은 산이나 큰 들도 없으며, 百家의 글을 비록 읽지 않은 것이 없으나 모두 옛사람들의 묵은 자취라 志氣를 激發시키기에 부족한데, 거기에 골몰할까 두려웠습니다. 그래서 決然히 시골을 버리고 천하의 奇聞과 壯觀을 구하여 천지의 廣大함을 알려고 하였습니다.

1) 汨沒 : 다른 생각은 일체 하지 않고 한 가지 일에만 정신을 쏟는 것을 이른다.

過秦漢之故都[1]하여 恣觀終南嵩華之高하고 北顧黃河之奔流[2]하여 慨然想見古之豪傑하며 至京師하여 仰觀天子宮闕之壯과 與倉廩府庫城池苑囿之富且大也하고 而後에 知天下之巨麗하고 見翰林歐陽公하여 聽其議論之宏辯하고 觀其容貌之秀偉하며 與其

門人賢士大夫游하고 **而後**에 **知天下之文章**이 **聚乎此也**니이다

秦나라와 漢나라의 옛 도읍지에 들러서 終南山・嵩山・華山의 높은 경관을 마음껏 구경하고, 북쪽으로 黃河의 줄기찬 흐름을 보고서 慨然히 옛사람의 호걸스러움을 상상해보며, 京師에 이르러 天子께서 거처하시는 궁궐의 장엄함과 倉廩・府庫・城池・苑囿의 풍성하고 거대함을 우러러보고 나서야 천하의 거대하고 화려함을 알았습니다.

그리고 翰林 歐陽公(歐陽修)을 만나서 그 의론의 굉장한 변설을 듣고 그 용모의 수려하고 위대함을 보며, 그의 문인 중에 어진 사대부들과 교유해본 뒤에야 천하의 문장이 모두 이곳에 모였다는 것을 알았습니다.

1) 秦漢之故都 : 秦은 咸陽에, 西漢은 長安에 도읍을 세웠는데, 그 유적지는 모두 지금의 陝西省에 있고, 東漢은 지금의 河南省인 洛陽에 도읍을 세웠다.
2) 北顧黃河之奔流 : 咸陽・長安・洛陽 및 終南山・嵩山・華山이 모두 黃河 이남에 있기 때문에 이렇게 말한 것이다.

太尉 以才略으로 **冠天下**하니 **天下之所恃以無憂**요 **四夷之所憚以不敢發**이며 **入則周公召公**[1]이요 **出則方叔召虎**[2]어늘 **而轍也 未之見焉**이로소이다 **且夫人之學也**에 **不志其大**면 **雖多**나 **而何爲**리잇가 **轍之來也**에 **於山**엔 **見終南嵩華之高**하고 **於水**엔 **見黃河之大且深**하고 **於人**엔 **見歐陽公**이로되 **而猶以爲未見太尉也**니이다 **故**로 **願得觀賢人之光耀**하여 **聞一言以自壯**하오니 **然後**에야 **可以盡天下之大觀而無憾矣**리이다

太尉께서는 재주와 지략으로 천하에 으뜸이 되셨으니, 천하 사람들은 태위를 믿어 근심 없이 살고 있고, 사방의 오랑캐들은 태위가 두려워서 감히 발동하지 못합니다. 태위께서는 조정에 들어오면 周公과 召公 같은 어진 재상이시고, 국경에 나가면 方叔과 召虎 같은 훌륭한 장수이신데, 저는 아직 뵙지 못하였습니다. 또한 사람이 학문을 함에 있어서 큰 것에 뜻을 두지 않는다면 아무리 학문이 많은들 어디에 쓰겠습니까? 제가 이곳에 올 때에 산에 있어서는 종남산・숭산・화산과 같은 높은 산을 보았고, 물에 있어서는 황하와 같은 크고 깊은 물을 보았고, 사람에 있어서는 구양공과 같은 훌륭한 인물을 보았으나 아직도 태위를 뵙지 못하였습니다. 그러므로 원컨대 어진 분의 빛나는 儀容을 뵙고 한 말씀 들음으로써 장대한 포부를 갖고자 하니, 그런 연후에야

천하의 壯觀을 유감없이 다 관찰했다고 할 수 있을 것입니다.

1) 周公召公 : 周나라의 武王과 成王을 보필한 어진 재상들이다.

2) 方叔召虎 : 周나라 宣王 때에 荊蠻과 淮夷를 토벌한 훌륭한 장수들이다.

轍은 年少하여 未能通習吏事니이다 嚮之來[1]는 非有取於斗升之祿이언마는 偶然得之하니 非其所樂이니이다 然이나 幸得賜歸待選하여 使得優游數年之間이면 將歸益治其文하고 且學爲政하리니 太尉 苟以爲可教而辱教之시면 又幸矣리이다[2]

저는 나이가 어려서 아직 관리의 사무에 숙달하지 못합니다. 전번에 京師에 온 것은 적은 祿을 취하기 위한 것이 아니었건만 우연히 녹을 얻게 되었는데, 즐거워하는 바는 아닙니다. 그러나 다행히 고향으로 돌아가서 후일 관리 선발의 기회를 기다리며 몇 년간 한가로이 지낼 수 있게 해주신다면, 장차 돌아가서 문장을 더욱 다듬고 또 정치하는 방법을 배울 것이니, 태위께서 진실로 저를 가르칠 만하다고 여기어 외람되이 가르쳐주신다면 또한 다행이겠습니다.

1) 嚮之來 : 전번에 京師에 왔음을 말한다.

2) 樓昉의 ≪崇古文訣≫에는 "가슴속의 담론과 문장의 기세는 司馬子長(司馬遷)의 自序 중에서 유래하여 歐陽公(歐陽修)으로부터 韓太尉(韓琦)의 신상에 이르기까지를 언급하였으니, 기이한 구문법이라고 할 만하다. 이때 子由의 나이 19세였으니, 어떤 사람은 '老泉(蘇洵)이 대신 지었다.'고 한다.〔胸臆之談 筆勢規摹 從司馬子長自敍中來 從歐陽公轉韓太尉身上 可謂奇險 子由時方十九歲 或云 老泉代作〕"라고 비평하고, 金聖歎의 ≪天下才子必讀書≫에서는 "'기이한 氣'라고 하였는데, 이 한 조각의 기이한 氣는 가장 얻기 어려운 것이다. 만일 붓을 휘두를 때에 쓰지 않았다면 곧 이 문장은 전편을 통하여 존재할 수 없다.〔奇氣 此一片奇氣 最難得 若落筆時 寫不得着 即此文通篇都無有〕"라고 비평하고, 吳楚材와 吳調侯의 ≪古文觀止≫에서는 "생각은 단지 太尉만을 만나보기 원했을 뿐이었건만, 天下의 大觀을 다 보아 그 志氣를 激發하였고, 문득 歐陽公을 만나본 것을 가지고 太尉를 만나보려는 마음을 일으켰고, 名山大川과 京華人物을 두루 본 것을 가지고 歐陽公을 만나보려는 마음을 일으켰고, 문장을 짓고 기를 기르는 것을 가지고 名山大川과 京華人物을 두루 보려는 마음을 일으켰다. 注意는 여기에

있고 立言은 저기에 있으니, 絶妙한 奇文이다.〔意只是欲求見太尉 以盡天下之大觀 以激發其志氣 却以得見歐陽公 引起求見太尉 以歷見名山大川京華人物 引起得見歐陽公 以作文養氣 引起歷見名山大川京華人物 注意在此 而立言在彼 絶妙奇文〕"라고 비평하고, 邊珙은 "'養氣' 두 글자가 한 편의 骨子가 되고, 이하 '名山大川를 구경했다.'는 것과 '賢豪·長者를 만나보기를 구했다.'라는 것은 모두 그 養氣를 돕는 부분이다. 山水로부터 歐公을 모셔 내고, 歐公으로 좇아 太尉를 모셔 내어 한 번 늦추고 한 번 죄는 문장 구사가 高奇하고 豪邁하니 분명 太史公을 모방한 부문이다. 그 意氣가 천하를 텅 비게 하여 안목이 한 세상에 높았으니, 少年이 아니라면 이와 같은 本色이 없을 것이다. 옛날 사람이 '老泉의 代作'이라고 의심한 것은 잘못이었다.〔養氣二字 爲一篇骨子 以下觀名山大川 及求見賢豪長者 皆是助其養氣處 從山水陪出歐公 從歐公陪出太尉 一過一束 高奇豪邁 的是規模史公處 其意氣自空天下 眼高一世 非少年 無此本色 昔人疑老泉代作 謬矣〕"라고 비평하였다.

02. 上兩制諸公書* 兩制諸公에게 올린 서찰

* 본 서찰은 嘉祐 5년(1060)에 쓴 것이다. 兩制는 內制와 外制를 合稱한 것인데, 內制는 翰林學士, 外制는 中書舍人을 가리킨다.

覽其文이면 **如廣陵之濤** 砰磕**洶悍而不可制**나 **然**이나 **其骨理少切**은 **譬之揮斤成風**이니 **特屬耀眼**이니라

그 문장을 보면 마치 廣陵의 물결이 사납게 요동을 쳐서 제어할 수 없는 것과 같지만, 문장의 짜임새는 비유하자면 도끼를 휘둘러서 잘 다듬어 놓은 것과 같으니, 눈부시게 찬란하다.

轍은 **讀書**하여 **至於諸子百家紛紜同異**[1]**之辯**과 **後世工巧組繡**[2]**鑽研離析**[3]**之學**이니이다 **蓋嘗**喟**然太息**하여 **以爲聖人之道**는 **譬如山海藪澤之奧**니 **人之入於其中者**는 **莫不皆得其所欲**[4]하되 **充足飽滿**[5]하여 **各自以爲有餘**하고 **而無慕乎其外**[6]니이다

轍은 글을 읽어 諸子百家의 紛紜同異한 言辯과 後世의 고묘하고 화려한 작품과 깊이

연찬하고 정밀하게 분석한 학설들까지 두루 섭렵하고 나서 개탄하기를 "聖人의 道는 비유하자면 山海와 藪澤의 심오함과 같으므로, 그 속에 들어간 사람들은 모두 원하는 것을 얻되 充足하고 飽滿하여 각자 有餘하다고 여기고 그 밖의 세계를 羨慕하지 않는구나."라고 하였습니다.

1) 紛紜同異 : 당시 流派紛爭으로 持論이 같지 않거나 대립하기 때문에 이렇게 말한 것이다.
2) 工巧組繡 : 詞藻가 화려하고 技巧가 뛰어난 작품을 가리킨다. 이를테면 漢賦・永明體詩歌・近體詩 같은 것을 여기에 해당시킬 수 있다.
3) 鑽研離析 : 깊이 연구하고 정밀하게 분석함을 가리킨다. 전국시대에 유행한 '堅白異同'의 詭辯學說을 여기에 해당시킬 수 있다.
4) 所欲 : 원하는 것은 바로 聖人의 思想임을 가리킨다.
5) 充足飽滿 : 聖人의 思想을 자기에게 충족시키는 것이다.
6) 其外 : 山海・藪澤의 바깥 세계를 가리킨다.

今夫班輸共工[1]이 旦而操斧斤하고 以遊其叢林하여 取其大者는 以爲楹하고 小者는 以爲桷하고 圓者는 以爲輪하고 挺者는 以爲軸하되 長者는 擾雲霓하고 短者는 蔽牛馬하며 大者는 擁丘陵하고 小者는 伏榛莽이어늘 芟夷蹶取[2]하여 皆自以爲盡山林之奇怪矣라하나이다 而獵夫漁師는 結網聚餌하고 左彊弓右毒矢하여 陸攻則斃象犀하고 水伐則執蛟鮀하니 熊羆虎豹之皮毛와 黿龜犀兕之骨革과 上盡飛鳥와 下及走獸昆蟲之類가 紛紛籍籍이 折翅捩足하고 鱗鬣委頓하여 縱橫滿前하며 肉登鼎俎하고 膏潤砧几하며 皮革齒骨은 披裂四出하여 被於器用이니이다 求珠之工은 隋侯夜光과 間以纇玭[3]가 磊落的皪하여 充滿其家니이다 求金之工은 輝赫晃蕩하고 鏗鏘交戛하여 遍爲天下冠冕佩帶飮食之飾이니이다 此數者는 皆自以爲能盡山海之珍이나 然이나 山海之藏은 終滿而莫見其盡이니이다

지금 班輸와 共工이 아침 일찍 도끼를 가지고 叢林 속으로 가서 큰 나무는 베어서 기둥을 만들고 작은 나무는 서까래를 만들며, 둥근 목재는 수레의 바퀴를 만들고 곧은 목재는 수레의 굴대를 만든다고 가정할 때, 긴 나무는 雲霓 위로 우뚝 치솟고, 짧은 나무는 牛馬에 가리워져 있으며, 큰 나무는 丘陵을 빙 둘러 서 있고 작은 나무는 떨기

를 이루고 있는 곳에서 斫伐하여 취사선택을 하면서 모두 '山林의 奇怪한 것들을 다 취했다.'고 생각합니다.

獵夫와 漁師(漁父)는 그물을 만들고 낚싯밥을 장만하며, 왼쪽에는 彊弓을 메고 오른쪽에는 毒矢를 꽂고서 육지에서 사냥을 할 경우에는 코끼리와 무소를 죽이고, 물에서 낚시질을 할 경우에는 교룡과 모래무지를 잡으니, 곰·범·표범의 가죽과 털과, 자라·거북·무소·들소의 뼈와 가죽과, 위로 나는 새에서부터 아래로 달리는 짐승과 昆蟲의 類에 이르기까지 엄청 많은 것들이 날개가 꺾이고 발이 부러지고 비늘과 갈기가 벗겨진 채 가로세로로 앞에 가득하여, 고기는 鼎俎에 오르고, 기름은 砧几를 윤기나게 하며, 짐승의 가죽과 이빨과 뼈는 쪼개지고 찢겨져서 사방으로 나아가 器用의 장식품으로 입혀집니다.

寶珠를 찾아 가공하는 工匠의 손을 거친 隋侯珠와 夜光珠는 물론, 결점 있는 珠玉과 蚌珠까지 번쩍번쩍 빛을 내며 그 집에 가득합니다. 金을 찾아 가공하는 工匠의 손을 거친 金은 찬란한 광채를 발하고 쟁그랑 소리를 내며 두루 천하의 冠冕·佩帶·飮食의 장식품이 됩니다. 이 몇 사람은 모두 스스로 '능히 山海의 珍貴를 다했다.'고 생각하지만, 山海의 寶藏은 끝내 가득하여 그것이 다하는 것을 보지 못합니다.

1) 班輸共工 : 班輸는 魯나라 巧匠인 公輸班을 가리킨다. 일설에는 班은 魯班, 輸는 公輸라고 한다. 共工은 古代의 工官이다.
2) 芟夷蹶取 : 여기서는 斫伐의 取舍選擇을 가리킨다.
3) 纇玭 : 결점이 있는 珠玉과 蚌珠를 이른다.

昔者에 夫子及其生而從之遊者가 蓋三千餘人[1]이니이다 是三千人者는 莫不皆有得[2]於其師니이다 是以로 從之周旋奔走하여 逐於宋魯하고 饑餓於陳蔡[3]하고 困厄而莫有去之者하니 是誠有得乎爾也니이다 蓋顔淵은 見於夫子하고 出而告人曰 吾能知之[4]라하고 子路子貢冉有는 出而告人하되 亦曰 吾知之라하나이다 下而至於邽巽孔忠公西輿公西箴此數子者는 門人之下第者也라 竊窺於道德之光華하고 而有聞於議論之末하여 皆以自得于一世[5]니이다 其後田子方段干木之徒는 講之不詳[6]하여 乃竊以爲虛無淡泊[7]之說하고 而吳起禽滑釐之類는 又以猖狂於戰國[8]이니이다 蓋夫子之道 分散四布[9]하니 後

之人得其遺波餘澤者 至於如此니이다 **而楊朱墨翟莊周鄒衍田駢愼到韓非申不害之徒**는 **又不見夫子之大道**하여 **皇皇惑亂**[10]하니 **譬如陷於大澤之陂**하여 **荊榛棘茨**로 **蹊隧滅絶**하니 **求以自致於通衢**나 **而不可得**하여 **乃妄冒蒺藜**하고 **蹈崖谷**하여 **崎嶇繚繞**[11]**而不能自止**니이다 **何者**오 **彼亦自以爲己之得之**[12]**也**니이다

옛날 夫子(孔子)께서 살아계실 때에 夫子를 따라 遊學하는 자들이 대개 3천여 명이나 되었습니다. 이 3천여 명은 모두 그 스승에게 배워서 얻은 것이 있었습니다. 이 때문에 부자를 따라 바삐 돌아다녀, 宋나라와 魯나라에서는 쫓겨나고, 陳나라와 蔡나라에서는 굶주림을 당하는 등 갖은 困厄을 겪었지만 부자의 곁을 떠나는 자가 없었으니, 이는 확실히 배워 얻은 바가 있었던 것입니다. 顔淵은 夫子를 뵙고 나와서 사람에게 告하기를 "나는 夫子의 사상을 잘 알았다."고 하였고, 子路·子貢·冉有는 나와서 사람에게 告하되 역시 "나는 夫子의 사상을 알았다."고 하였습니다. 아래로 邽巽·孔忠·公西輿·公西箴 등에 이르기까지 이 몇 사람은 門人의 하등에 속한 자들인지라, 道德의 光華를 가만히 엿보고 議論의 말단을 들은 것이 있어서, 모두 한 세대에 얻은 것이 있었습니다. 그 뒤에 田子方과 段干木의 무리는 부자의 학설을 연구한 것이 상세하지 못하여 슬그머니 虛無淡泊한 학설을 펼쳤고, 吳起와 禽滑釐의 무리는 또 독창적인 학설로 전국시대에 맹렬한 기세를 떨쳤습니다. 대개 夫子의 道가 사방으로 전파하니, 후세 사람 중에 그 遺波와 餘澤을 얻은 자가 이와 같은 지경에 이르렀습니다.

楊朱·墨翟·莊周·鄒衍·田駢·愼到·韓非·申不害의 무리는 또 夫子의 大道를 보지 못하여 허둥대고 迷惑하고 混亂하여 어쩔 줄을 몰랐으니, 비유하자면 大澤 가에 푹 빠졌는데, 荊榛과 棘茨가 우거져서 작은 길이 滅絶되었으니, 스스로 사통팔달한 거리에 이르기를 바라지만 그렇게 될 수가 없어서, 이에 가시덤불을 무릅쓰고 비탈과 계곡을 걷는데, 도로가 평탄하지 못하고 구불구불해서 걸음을 멈출 수가 없는 것과 같습니다. 왜냐하면, 저들 또한 자기들이 공자 학설의 정수에 도달하였다고 여겼기 때문입니다.

1) 昔者……蓋三千餘人 : ≪史記≫ 〈孔子世家〉에 "孔子가 詩·書·禮·樂으로 제자를 가르쳤는데, 그 수가 대개 3천 명이 되었다."란 말이 보인다.

2) 有得 : 배워 소득이 있음을 가리킨다.

3) 逐於宋魯 饑餓於陳蔡 : ≪史記≫ 〈孔子世家〉에 "(孔子가) 이윽고 魯나라를 떠났고, 齊나라에서 내쳐졌고, 宋나라와 衛나라에서 쫓겨났고, 陳나라와 蔡나라 사이에서 곤욕을 당했다."란 내용이 보인다.

4) 吾能知之 : 아래에 있는 '吾知之'와 같이 능히 공자의 사상을 이해하였음을 표시한 말이다.

5) 自得于一世 : 當世에 공자에게 수업함으로써 마음에 얻은 것이 있음을 가리킨다.

6) 講之不詳 : 공자의 학설에 대하여 연구한 것이 투철하지 못함을 가리킨다.

7) 虛無淡泊 : 淸虛하고 恬淡하여 바라는 바가 없다는 뜻으로 老莊의 학술을 가리킨다.

8) 猖狂於戰國 : 吳起와 禽滑釐의 학설이 전국시대에 꽤 영향력이 있었음을 말한다.

9) 分散四布 : 사방에 전파함을 가리킨다.

10) 皇皇惑亂 : 허둥대고 迷惑하고 混亂하여 어찌할 줄 모르는 모습을 가리킨다.

11) 崎嶇繚繞 : 도로가 평탄하지 못하고 또 이리저리 굽음을 가리킨다.

12) 已之得之 : 자기들이 공자 학설의 精髓에 도달함을 가리킨다.

轍嘗怪古之聖人은 **旣已知之矣**로되 **而不遂以明告天下**하고 **而著之六經**[1]이니이다 **六經之說**은 **皆微見其端**이니 **而非所以破天下之疑惑**하여 **使之一見而寤者**니이다 **是以**로 **世之君子 紛紛至此而不可執也**[2]니이다 **今夫易者**는 **聖人之所以盡天下剛柔喜怒之情**과 **勇敢畏懼之性**하여 **而寓之八物**[3]하고 **因八物之相遇吉凶得失之際**하여 **以敎天下之趨利避害**니 **蓋亦如是而已**니이다 **而世之說者**[4] **王氏韓氏**[5]는 **至以老子之虛無**하고 **京房焦貢**[6]은 **至以陰陽災異之數**니이다

轍은 일찍이, '옛날 聖人은 모든 이치를 환히 아셨을 텐데도 결국은 천하 사람들에게 밝게 알려주지 않고 그것을 六經에 나타내셨을까' 하고 괴상히 여겼습니다. 六經의 說은 모두 그 端倪를 은미하게 보이므로 천하 사람들의 疑惑을 깨뜨려 그들로 하여금 한 번 보고 금방 이해할 수 있게 하는 것이 아닙니다. 이 때문에 세상의 君子들이 분분하게 해석하여 한 가지를 고집할 수 없습니다.

지금 이른바 ≪易≫이란 것은 聖人이 천하에 있는 剛·柔·喜·怒의 感情과 勇·敢·畏·懼의 天性을 모두 가져다가 8종의 사물 속에 붙이고, 8종 사물이 서로 만나 吉凶·得失의 국면을 형성할 때를 틈타서 천하 사람들에게 財利를 추구하고 災難을 도피하는 방법

을 가르쳤으니, 대개 이와 같은 것에 불과하였을 뿐입니다. 그런데 세상에서 ≪易≫을 해설한 사람들 중에 王氏와 韓氏는 심지어 老子의 虛無를 가지고 해설하기까지 하고, 京房과 焦贛은 심지어 陰陽과 災異의 數를 가지고 해설하기까지 하였습니다.

1) 六經 : ≪詩≫ · ≪書≫ · ≪易≫ · ≪禮≫ · ≪樂≫ · ≪春秋≫을 가리킨다.
2) 紛紛至此而不可執也 : 六經을 읽을 때에 각각 다르게 해석하여 한 가지 방법을 고집할 수가 없음을 가리킨다.
3) 八物 : 雷 · 風 · 水 · 日 · 山 · 澤 · 天 · 地를 가리킨다.
4) 說者 : ≪易≫을 해설하는 사람을 이른다.
5) 王氏韓氏 : 중국 三國時代 魏나라 王弼과 晉나라 韓康伯을 가리킨다.
6) 京房焦贛 : 京房은 漢 元帝 때의 易學者로, 焦延壽에게 ≪易≫을 배워 易傳을 지었는데, 이를 ≪京氏易傳≫이라 한다. 焦贛(焦延壽)은 漢 昭帝 때의 易學者로, ≪易林≫을 지었다.

言詩者는 不言咏歌勤苦酒食燕樂之際에 極歡極慼而不違於道[1]하고 而言五際子午卯酉之事[2]니이다 言書者는 不言其君臣之歡吁兪[3]嗟嘆이 有以深感天下하고 而論其費誓[4]秦誓之不當作也[5]니이다 夫孔子豈不知後世之至此極[6]歟리잇가 其意以爲後之學者는 無所據依感發以自盡其才라 是以로 設爲六經而使之求之시니이다 蓋又欲其深思而得之也라 是以로 不爲明著其說하고 使天下各以其所長而求之시니이다 故曰 仁者見之[7]謂之仁이요 智者見之謂之智[8]라하나이다 而子貢亦曰 在人이라 賢者는 識其大者하고 不賢者는 識其小者[9]라하나이다 夫使仁者效其仁하고 智者效其智하며 大者推明其大하되 而不遺其小하고 小者樂致其小하여 以自附於大하고 各因其才而盡其力하여 以求其至微至密之地면 則天下將有終身於其說[10]而無倦者矣니이다 至於後世하여는 不明其意하고 患乎異說[11]之多而學者之難明也니이다 於是에 擧聖人之微言하여 而折之以一人之私意하니 而傳疏[12]之學이 橫放於天下니이다 由是로 學者愈怠하고 而聖人之說은 益以不明이니이다 今夫使天下之人으로 因說者之異同하여 得以縱觀博覽하여 而辨其是非하고 論其可否하고 推其精粗[13]하며 而後에 至於微密之際면 則講之當益深하고 守之[14]當益固리이다 孟子曰 君子深造[15]之以道는 欲其自得之也니 自得之면 則居之

安하고 **居之安**이면 **則資**[16]**之深**하고 **資之深**이면 **則取之左右**에 **逢其原**[17]이니 **故**로 **君子**는 **欲其自得之也**[18]니라하나이다

≪詩≫를 말하는 사람은 咏歌·勤苦·酒食·燕樂 등의 일이 있을 때에 마냥 즐기고 마냥 슬퍼하되 道를 어기지 않았던 것은 말하지 않고, 五際·子午卯酉의 일을 말하였습니다. ≪書≫를 말하는 사람은 君臣간의 화기애애한 토론이 천하 사람들을 감동시킴이 있었던 것은 말하지 않고, 〈費誓〉와 〈秦誓〉는 마땅히 지어지지 않아야 했음을 논하였습니다. 孔子께서 후세 사람들이 이와 같은 지경에 이를 줄을 어찌 몰랐겠습니까? 그 생각은 '후대의 학자가 의거해서 感發하여 스스로 그 재주를 다할 바가 없을 것'이라고 여겼습니다. 그래서 六經을 베풀어서 六經의 뜻을 탐구하게 하였습니다. 또 깊이 생각해서 그 뜻을 터득하게 하려고 하였습니다. 그래서 그 說을 명백하게 나타내지 않고 천하 사람들로 하여금 각각 그 장점에 따라 그 뜻을 탐구하게 하였습니다. 그러므로 "仁者는 이것을 보고 仁이라 이르고, 智者는 이것을 보고 智라 이른다."라고 하였습니다. 子貢 또한 "〈文王과 武王의 道가 아직도〉 인간 세상에 남아 있어서 현명한 이는 그 道의 대체 강령을 알고, 그렇지 못한 사람도 그 道의 작은 조목은 안다."라고 하였습니다. 대체로 仁者는 그 仁을 발휘하고 智者는 그 智를 발휘하며, 大者는 큰 것을 推明하되 작은 것을 빠뜨리지 않고 小者는 작은 것을 기꺼이 발휘하여 스스로 큰 것에 附着하고, 각각 재주에 따라 힘을 다하여 지극히 정미하고 지극히 주밀한 경지를 구하게 하면, 천하에 장차 평생 그 학설을 연구하고 게으름을 부리는 자가 없을 것입니다. 그런데 후세에 와서는 그 뜻은 밝히지 않고 異端邪說이 많아서 學者가 밝히기 어려울까 걱정하였습니다.

그래서 聖人의 은미한 말을 들어다가 한 사람의 사적인 뜻으로 분석하였으니, 傳疏의 學이 천하에 횡행하였습니다. 이로 인하여 學者는 더욱 나태해지고 聖人의 說은 더욱 밝지 못하게 되었습니다. 그러니 지금 천하 사람들로 하여금 說者의 異同으로 인하여 群書를 널리 섭렵하고서 그 是非를 분변하고 그 可否를 논하며, 그 精粗를 추구한 뒤에 정미하고 주밀한 경지에 이르게 한다면, 강구함은 더욱 깊어질 것이고 지킴은 더욱 견고할 것입니다. 孟子가 이르기를 "君子가 깊이 나아가기를 道, 곧 방법을 가지고 하는 것은 自得하고자 해서이다. 自得하면 居함에 편안하고 居함에 편안하면 資用함

이 깊고 資用함이 깊으면 左右에서 취함에 그 근원을 만나게 된다. 그러므로 君子는 自得하고자 하는 것이다."라고 하였습니다.

1) 極歡極慼而不違於道 : 孔子가 "〈關雎〉의 시상은 마냥 즐거우면서도 음탕하지 않고, 마냥 슬프면서도 상심하는 정도에 빠지지 않았다.〔關雎之詩 樂而不淫 哀而不傷〕"라고 칭찬한 것과 같은 바로 感情의 올바름을 얻은 詩를 가리킨다.
2) 言五際子午卯酉之事 : 漢初에 ≪詩≫에 齊·魯·韓 3家가 있었는데, ≪齊詩≫에서 學者 翼奉이 詩를 해설할 때에 陰陽·五行의 說을 附會하여 政治變化를 推論하되, 매번 卯·酉·午·戌·亥의 해에 당할 때마다 정치상에 반드시 중대한 변동이 발생한다고 하였다.
3) 吁兪 : 吁咈都兪의 약칭. ≪書經≫ 〈虞書 堯典〉에 "堯帝가 말하기를 '아! 너의 말이 옳지 않다.〔吁咈哉〕'고 했다."라고 보이고, 〈益稷〉에 "禹가 말하기를 '아! 훌륭합니다. 황제시여. 지위에 있음을 삼가소서.'라고 하니, 舜帝가 말하기를 '아! 너의 말이 옳다.〔禹曰 都 帝 愼乃在位 帝曰 兪〕'고 했다."라고 보이는데, 吁는 不同意를 표시하고, 咈은 反對를 표시하고, 都는 贊美를 표시하고, 兪는 同意를 표시한 것이다. 본래 堯·舜·禹가 政事를 토론할 때 發言한 語氣였는데, 뒤에 君臣간의 意氣投合을 贊美하는 말로 사용하게 되었다.
4) 費誓 : 저본에는 '魯誓'로 되어 있는데, ≪欒城集≫에 의하여 '費誓'로 바꾸었다.
5) 論其費誓秦誓之不當作也 : ≪書經≫ 중에 다른 편들은 모두 帝王의 일을 기술하였고, 〈費誓〉와 〈秦誓〉만이 侯國의 일을 기술했기 때문에 論者가 "마땅히 지어지지 않았어야 했다."라고 한 것이다.
6) 至此極 : 자기 생각에 근거하여 六經을 극단적으로 해석하는 것을 말한다.
7) 之 : 여기서는 道의 한 모서리를 가리킨다.
8) 仁者見之謂之仁 智者見之謂之智 : ≪周易≫ 〈繫辭上傳〉에 있는 말인데, 朱子의 本義에 "仁은 陽으로, 智는 陰으로 각각 이 道(一陰一陽之謂道란 道)를 얻었다. 그러므로 그 보는 바에 따라 지목하여 전체로 삼는다."라고 풀이하였다.
9) 在人……識其小者 : ≪論語≫ 〈子張〉에 "文王과 武王의 道가 땅에 완전히 떨어지진 않았으며 아직도 인간 세상에 남아 있어서 현명한 이는 그 道의 대체 강령을 알고, 그렇지 못한 사람도 그 道의 작은 조목은 안다. 그리하여 문왕·무왕의 道가 누구에게나 남아 있다."라고 보인다.
10) 終身於其說 : 평생 그 학설을 연구함을 가리킨다.

11) 異說 : 異端邪說을 가리킨다.

12) 傳疏 : 六經을 해석하는 文字를 이르는데 傳으로써 經文을 해석하고, 疏로써 傳의 뜻을 부연 설명한다.

13) 推其精粗 : 精華와 糟粕을 闡明하는 것이다.

14) 守之 : 자기의 관점을 굳게 가짐을 이른다.

15) 深造 : 끊임없이 전진하여 精深한 경지에 도달함을 가리킨다.

16) 資 : 資用에 이바지할 수 있는 학문을 이른다.

17) 左右逢其原 : 여기서는 학문 공부가 깊어서 닿는 곳마다 모두 그 이익을 얻음을 가리킨다.

18) 孟子曰……欲其自得之也 : ≪孟子≫ 〈離婁 下〉에 "대의는 곧 君子가 학문에 있어서 정확한 방법을 가지고 끊임없이 전진하는 목적은 自覺力을 얻고자 해서이다. 자각력을 얻으면 마음이 편안해진다. 마음이 편안해지면 날로 달로 축적되어 資用이 深廣해진다. 資用이 深廣하면 마음이 하고 싶은 바에 따라 아무리 취해 써도 바닥이 나지 않는다. 그러므로 군자는 자각하려고 한다."라고 보인다.

昔者 轍之始學也에 得一書하여 伏而讀之하되 不求其傳[1)]하고 而惟其書之知하고 求之而莫得이면 則反覆而思之하고 至於終日而莫見이면 而後에 退而求其傳[2)]이니이다 何者오 懼其入於心之易[3)]하고 而守之不堅也니이다 及既長에 乃觀百家之書하니 縱橫顚倒[4)]하여 可喜可愕[5)]이라 無所不讀이나 泛然無所適從이니이다 蓋晩而讀孟子하고 而後에 徧觀乎百家하니 而不亂也니이다 而世之言者曰 學者不可以讀天下之雜說[6)]이니라 不幸而見之면 則小道異術이 將乘間而入於其中이라하나이다 雖揚雄尙然하여 曰 吾不觀非聖之書라하며 以爲世之賢人 所以自養其心者는 如人之弱子幼弟不當出而置之於紛華雜擾之地라하니 此何其不思之甚也[7)]잇가 古之所謂知道者는 邪詞入之而不能蕩하고 詖詞[8)]犯之而不能詐하고 爵祿不能使之驕하고 貧賤不能使之辱이니이다 如使深居自閉於閨闥之中하여 兀然頹然而曰 知道라하면 知道云者는 此乃所謂腐儒者也니이다

전에 轍이 처음으로 글을 배울 때에 책 한 권을 얻어서 조용히 읽되 傳에서 뜻을 구하지 않고 오직 그 책만을 가지고 뜻을 알려고 하였으며, 뜻을 구하되 얻지 못하면 반복해서 생각하였고, 온종일 생각해도 뜻이 보이지 않은 뒤에 물러와서 傳에서 그 뜻

을 구했습니다. 왜냐하면, 마음에 쉽게 들어와서 지키는 것이 견고하지 못할까 두렵기 때문입니다. 이미 장성함에 미쳐서 百家의 책을 보니, 잡다하게 많은 것들이 흥취를 돋울 만도 하고 깜짝 놀라게 할 만도 하기에 읽어보지 않는 책이 없었지만 범연하여 따를 바가 없었습니다.

늦게야 ≪孟子≫를 읽고 난 뒤에 百家의 책들을 두루 보았더니 생각이 惑亂하지 않았습니다. 세상에서 말깨나 하는 자가 말하기를 "學者는 天下의 雜說을 읽어서는 안 된다. 불행하게도 그것을 본다면 小道·異術이 장차 그 틈을 타고서 그 속으로 들어갈 것이다."라고 합니다. 揚雄도 오히려 그런 생각을 하여 "나는 聖人의 책이 아니면 보지 않는다."고 하면서 '세상의 賢人으로서 스스로 그 마음을 수양하는 이는 마치 사람의 弱子와 幼弟를 내보내 紛華하고 雜擾한 지대에 두어서는 안 되는 것처럼 해야 한다.'고 여겼으니, 이는 어쩌면 그리도 생각하지 못함이 심하단 말입니까. 옛날 소위 '道를 안다.'는 자는 邪詞가 침입해도 방탕하게 할 수 없고, 詖詞가 침범해도 방사하게 할 수 없고, 爵祿도 그를 교만하게 할 수 없고, 貧賤도 그를 욕보이게 할 수 없었습니다. 만일 閨闥(內室) 속에 깊이 들어앉아 펑퍼짐한 자세로 말하기를 "나는 道를 아노라."라고 한다면 그 '道를 안다.'는 것은 바로 이른바 '腐儒'인 것입니다.

1) 傳 : 저본과 ≪欒城集≫에는 '博'으로 되어 있는데, 明代 賀復徵이 編한 ≪文章辨體彙選≫에 의하여 '傳'으로 바꾸었다.
2) 傳 : 저본에는 '博'으로, ≪欒城集≫에는 '得'으로 되어 있는데, ≪文章辨體彙選≫에 의하여 '傳'으로 바꾸었다.
3) 入於心之易 : 傳疏文字를 접하면 마음에 쉽게 들어온다는 말이다.
4) 縱橫顚倒 : 잡다하게 많음을 나타내는 말이다.
5) 可喜可愕 : 사람으로 하여금 기쁘게도 하고 놀라게도 한다는 말이다.
6) 雜說 : 여기서는 百家의 학설을 가리킨다.
7) 雖揚雄尙然……此何其不思之甚也 : 明代 蘇伯衡이 撰한 ≪蘇平仲文集≫ 〈洗心亭記〉에는 " '마음을 깨끗이 씻는다.'는 것은 어찌 참으로 깨끗이 씻는 것이겠으며, '물러나서 자취를 감춘다.'는 것 역시 어찌 올연히 그 몸을 엎드려서 전연 마음을 쓰는 바가 없는 것이겠는가? 저 揚雄이란 자는 '세상의 賢人으로서 스스로 그 마음을 수양하는 이는 마치 사람의 弱子와 幼弟를 내보내 紛華하고 雜擾한 지대에 두어서는 안 되는 것처럼 해야 한다.'고 여겼으니, 아! 또한 이미 생각

지 못한 것이로다.〔其洗心也 豈眞有以澡雪之 而其退藏也 亦豈兀然伏其身 頹然無所用其心哉 彼揚雄者 顧以爲世之賢人之所以自養其心者 如人之弱子幼弟不當出而寘之紛華轇轕之地 嗟乎亦已不思矣〕"라고 적고 있다.

8) 詖詞 : 偏私하고 부정한 언론을 이른다.

古者에 伯夷는 隘하고 柳下惠는 不恭하니 隘與不恭은 是君子之所不爲也[1]니이다 而孔子曰 伯夷叔齊는 不降其志하고 不辱其身하며 柳下惠少連은 降志而辱身이나 言中倫하고 行中慮하며 虞仲夷逸은 隱居放言하나 身中淸하고 廢中權이니라 而我則異於是하여 無可無不可[2]라하나이다 夫伯夷柳下惠는 是君子之所不爲나 而不棄於孔子[3]니이다 此孟子所謂孔子는 集大成者也[4]니이다 至於孟子하여는 惡鄕原[5]之敗俗[6]하고 而知於陵仲子之不可常也[7]니이다 美禹稷之汲汲於天下하고 而知顔氏之自樂之非固也[8]하며 知天下之諸侯其所取之爲盜하고 而知王者之不必盡誅也[9]하며 知賢者之不可召하고 而知召之役之爲義也[10]니이다 故로 士之言學者 皆曰 孔孟은 何者오 以其知道而已니이다

옛날에 伯夷는 마음이 좁았고, 柳下惠는 태도가 不恭하였으니, 마음이 좁음과 태도가 불공함은 군자가 하지 않는 것입니다. 孔子가 말하기를 "伯夷와 叔齊는 자기 뜻을 굽히지 않고 그 몸을 더럽히지 않았으며, 柳下惠와 少連은 비록 뜻을 굽히고 몸을 더럽혔으나 말이 도리에 맞고 행실이 사려에 맞았으며, 虞仲과 夷逸은 숨어 지내면서 호언장담하였으나 몸가짐이 청렴결백하고 세상을 버리는 행위도 때에 알맞았다. 나(孔子)는 그들과는 달라서 한 가지 원칙이나 지조에만 얽매이지 않는다."라고 하였습니다. 무릇 伯夷와 柳下惠의 행위는 바로 君子가 하지 않는 바이지만 孔子에게 버림받지 않았습니다. 이것이 孟子의 이른바 '孔子는 集大成하신 분'이라는 것입니다.

孟子에 이르러서는 鄕原이 풍속을 파괴하는 행동을 하는 것을 미워하였고, 於(오)陵仲子가 비정상적인 행동을 하는 것을 알았습니다. 그리고 禹王과 后稷이 천하를 구제하는 일에 급급했던 업적을 찬미하였고, 顔氏(顔回)가 스스로 즐거워한 일이 固陋하지 않았음을 알았으며, 천하의 諸侯들이 취한 바가 도둑질이었음을 알았고, 王者는 반드시 다 베어 죽이지 않을 것을 알았으며, 賢者는 부를 수 없음을 알았고, 불러서 부역을 시키는 것이 義가 됨을 알았습니다. 그러므로 선비가 學者들에게 말할 때 모두

孔孟을 칭하는 것은 무엇 때문이겠습니까? 바로 그 道를 알았기 때문입니다.

1) 伯夷……是君子之所不爲也 : ≪孟子≫ 〈公孫丑 上〉에 보이는데, 대의는 "伯夷는 心胸이 너무 狹隘하고, 柳下惠는 태도가 너무 불공하였으니, 협애함과 불공함은 군자가 하지 않는다."는 것이다. 여기서는 '是君子之所不爲也'라고 하였으나 ≪孟子≫에는 '君子不由也'로 되어 있다.

2) 孔子曰……無可無不可 : ≪論語≫ 〈微子〉에 보이는데, 대의는 "伯夷와 叔齊는 몸을 곧게 가져 반란을 일으킨 사람을 섬기지 않고 首陽山에서 굶어죽었다. 그러므로 '자기 뜻을 굽히지 않고 그 몸을 더럽히지 않았다.'라고 하였고, 柳下惠와 少連은 亂朝에서 祿을 먹으며 道를 행하지 못하였다. 그러므로 '비록 뜻을 굽히고 몸을 더럽혔으나 말이 도리에 맞고 행실이 사려에 맞았다.'라고 하였고, 虞仲과 夷逸은 숨어 지내면서 호언장담하여 塵埃 밖에 超然하였다. 그러므로 '몸가짐이 청렴결백하였고, 세상을 버리는 행위도 때에 알맞았다.'라고 하고, 이어서 '나(孔子)는 그들과는 달라서 한 가지 원칙이나 지조에만 얽매이지 않는다.'라고 했다."는 것이다.

3) 不棄於孔子 : 孔子가 逸者의 행위에 대하여 각각 취한 바가 있음을 가리킨다.

4) 此孟子所謂孔子 集大成者也 : ≪孟子≫ 〈萬章 下〉에 "孟子가 말하기를 '伯夷는 聖의 淸한 자요, 伊尹은 聖의 自任한 자요, 柳下惠는 聖의 和한 자요, 孔子는 聖의 時中인 자이시다. 孔子를 集大成이라 이른다.'고 했다."는 내용이 보인다.

5) 鄕原 : 鄕里에서 겉모습은 謹厚한 것처럼 보이나 실제로는 流俗과 영합하는 僞善者를 가리킨다. 原은 愿과 같다.

6) 至於孟子 惡鄕原之敗俗 : ≪孟子≫ 〈盡心 下〉에 "孔子가 '鄕原은 德의 賊.'이라고 했다."는 내용이 보이는데, 孟子가 이를 해석하기를 "비난하려고 해도 뚜렷이 들 것이 없고, 풍자하려고 해도 뚜렷이 풍자할 것이 없으며, 流俗과 동화하고 汚世와 영합하면서 居함에 忠信한 사람과 같고 行함에 청렴결백한 사람과 같아서, 여러 사람들이 모두 좋아하거든 스스로 옳다고 여기되 堯舜의 道에 들어갈 수는 없다. 그러므로 '德의 賊'이라 하신 것이다."라고 하였다.

7) 知於陵仲子之不可常也 : ≪孟子≫ 〈滕文公 下〉에 "孟子가 말하기를 '齊國의 선비 중에서 나는 반드시 仲子를 巨擘으로 여긴다. 그러나 仲子가 어찌 청렴할 수 있겠는가? 仲子의 지조를 그대로 채우려면 지렁이가 된 뒤에야 가할 것이다. 지렁이는 위로 마른 흙을 먹고 아래로 누런 물을 마시나니, 仲子가 거처하는 집은

伯夷가 지은 것인가? 아니면 盜跖이 지은 것인가? 먹는 곡식은 伯夷가 심은 것인가? 아니면 盜跖이 심은 것인가? 이것을 알 수 없구나.'라고 했다."는 등 於(오)陵仲子의 비정상적인 행동에 대한 내용이 자세하게 보인다.

8) 美禹稷之汲汲於天下 而知顔氏之自樂之非固也 : ≪孟子≫ 〈離婁 下〉에 "孟子가 말하기를 '禹王과 后稷과 顔回는 道가 같다. 禹王은 천하에 물에 빠진 사람이 있으면 마치 자기가 그 사람을 빠뜨린 것처럼 생각하고, 后稷은 천하에 굶주리는 사람이 있으면 마치 자기가 그 사람을 굶주리게 한 것처럼 생각하였으니, 이 때문에 이와 같이 급하게 구제하신 것이다. 禹王과 后稷과 顔回가 처지를 바꾸면 다 그렇게 하셨을 것이다.'라고 했다."는 등 이 세 사람에 대한 업적이 자세하게 소개되었다. 그리고 顔回의 일은 ≪論語≫ 〈雍也〉에 "孔子가 말하기를 '어질도다, 回여! 한 도시락의 밥과 한 표주박의 물을 먹으면서 누추한 시골에서 사는 것을 다른 사람들은 괴롭게 여겨 견디지 못하는데, 회는 그 즐거움을 변경하지 않았으니, 어질도다. 회여!'라고 했다."는 내용이 보인다.

9) 知天下之諸侯其所取之爲盜 而知王者之不必盡誅也 : ≪孟子≫ 〈萬章 下〉에 "萬章이 묻기를 '지금의 諸侯들이 백성들에게 취함이 강도질하는 것과 같거늘, 〈만일 그 禮와 交際를 잘하면 이는 君子도 받는다.〉고 하시니, 감히 묻겠습니다. 무슨 말씀입니까?'라고 하니, 孟子가 답하기를 '자네가 생각하기에 王者가 나온다면 장차 지금의 諸侯들을 모조리 몰아서 죽이겠는가? 가르쳐도 고치지 않은 뒤에 죽이겠는가? 자기의 소유가 아닌 것을 취하는 자를 도둑이라 이르는 것은 종류를 채워서 義의 지극함에 이른 것이다.'라고 했다."는 말이 보인다.

10) 知賢者之不可召 而知召之役之爲義也 : ≪孟子≫ 〈公孫丑 下〉에 "그러므로 장차 훌륭한 일을 할 수 있는 군주는 반드시 함부로 부르지 못하는 신하가 있다. 그리하여 상의할 일이 있으면 찾아갔다."란 내용이 보이고, ≪孟子≫ 〈萬章 下〉에 "萬章이 묻기를 '庶人이 군주가 자기를 불러 賦役을 시키면 가서 賦役을 하고, 군주가 그를 만나보고자 하여 그를 부르면 가서 보지 않는 것은 어째서입니까?'라고 하니, 孟子가 답하기를 '가서 賦役하는 것은 義요, 가서 만나보는 것은 義가 아니기 때문이다.'라고 했다."는 등의 내용이 보인다.

今轍山林之匹夫니 其才術技藝가 無以大過於中人이어늘 而何敢自附於孟子리잇가 然이나 其所以泛觀天下之異說은 三代以來 興亡治亂之際에 而皎然其有以折之者니 蓋其

學出於孟子而不可誣也니이다 今年[1)]春에 天子將求直言之士요 而轍適來調官京師니이다 舍人楊公[2)]이 不知其不肖하고 取其鄙野之文五十篇而薦之하여 俾與明詔之末[3)]이니이다 伏惟 執事는 方今之偉人이요 而朝之名卿也니이다 其德業之所服과 聲華之所耀를 孰不欲一見하여 以效薄技於左右리잇가 夫其五十篇之文은 從中而下는 則執事亦旣見之矣니이다 是以로 不敢復以爲獻하고 姑述其所以爲學之道하니 而執事試觀焉하소서[4)]

현재 轍은 山林의 匹夫이므로 才術과 技藝가 일반인과 크게 다를 것이 없는데, 어떻게 감히 孟子에게 소속시키겠습니까? 그러나 널리 보아온 천하의 異說은 三代 이래 興亡治亂의 즈음에 대하여 명백하게 분석한 것이 있으니, 대개 그 학문이 孟子에게서 나온 것이어서 속일 수가 없습니다.

금년 봄에 天子께서 直言하는 인사를 구하였는데, 轍이 마침 와서 관직에 조용되어 京師에 있었습니다. 舍人 楊公은 저를 제대로 알지 못하면서 제 鄙野한 글 50편을 가져가 추천하여 直言科에 응시할 인원의 말미에 끼워 넣었습니다. 삼가 생각하건대, 執事는 오늘날의 偉人이요 朝廷의 名卿이십니다. 그 德業의 복종할 바와 聲華의 빛나는 바를 그 누구인들 한 번 뵙고 하찮은 技藝를 보여드리고 싶어 하지 않겠습니까? 50편의 글은 중간 이하는 執事께서도 이미 보신 것입니다. 그래서 다시 드리지 않고, 우선 학문을 해온 방법을 기술하였으니, 執事께서는 시험삼아 보옵소서.

1) 今年 : 嘉祐 5년(1060)이다.
2) 舍人楊公 : 中書舍人 楊畋을 가리킨다.
3) 俾與明詔之末 : 聖明의 詔令으로 치르는 直言科에 응시할 인원의 말미에 자기를 끼워 넣었다는 말이다.
4) 孫琮의 ≪山曉閣選宋大家蘇潁濱全集≫에는 "이 편은 순전히 자기의 학문에 대한 것만 차례로 서술하고, 한 글자도 聖道의 高深에 대해서는 언급한 것이 없다. 대개 글을 잘 읽은 사람은 처음에 반드시 먼저 널리 보아야 바야흐로 깊이 생각하여 자득할 수가 있다. 그런 연후에 聖人의 道를 飽食할 수 있으니, 이것이 바로 학문을 하는 순서인 것이다. 그런데 지금 子由의 이 글은 반대로 得效處로부터 거꾸로 써 내려가서 用工處에 도달하였다. 그러므로 前幅에서는 聖人의 道를 사람들과 각각 포식한 것을 말한 다음, 그 아래에서 工匠 등 여러 사람을 이끌어서 그 이치를 비유하고, 顔淵 등 여러 사람을 이끌어서 그 일을 사실화하여 自己

또한 일찍이 聖人의 道를 한 번 거쳐왔음을 보였다. 中幅에서는 聖人의 道는 천하 사람들에게 밝게 알릴 수 없으니, 聖人의 道는 비록 사람들과 각각 포식하는 것이지만, 學者는 반드시 모름지기 깊이 탐구해서 自得해야 함을 말하여 自己 또한 일찍이 한 번 깊이 탐구했음을 보였다. 後幅에서는 聖人의 은미한 말이 異說에 파괴되었으니, 學者가 깊이 생각하여 자득하기를 구하려고 하면 반드시 먼저 널리 群言을 보아야 함을 말하여 自己 또한 일찍이 한 번 널리 보았음을 보였다. 通篇文字는 곳곳마다 학문과정의 즐거운 점과 괴로운 점을 서술하였으니, 이 道 속의 사람이 아니라면 어떻게 이처럼 역력히 말할 수 있겠는가?〔此篇 純是歷敍己學 幷無一筆寫到聖道高深 蓋善讀書人 其始必先博覽縱觀其旣 方可深思自得其終 然後能飽足乎聖人之道 此爲學之序也 今子由此書 反從得效處 倒寫到用工處 故前幅 說聖人之道 與人各 下引工匠等人 以喩其理 引顔淵諸人 以實其事 見得自己 亦曾有得聖道一番過來 中幅說聖人之道 不明告天下 見得聖道 雖與人以各足 然學者必須深求自得 以見自己 亦曾深求一番過來 後幅說聖人之微言 散壞于異說 見得學者 欲深思求得 必先博綜群言 以見自己 亦嘗博綜一番過來 通篇文字 處處自敍爲學甘苦 非此道中人 何能歷歷言之〕"라고 비평하였다.

03. 上劉長安書* 劉長安에게 올린 서찰

* 嘉祐 年間에 유씨 성을 가지고 장안에서 벼슬한 사람은 劉敞 하나뿐이었으니, 유장안은 劉敞으로 보아야 할 것이다. 유창(1019~1068)은 자는 原父, 호는 公是로서 嘉祐 5년(1060) 9월부터 8년(1063) 8월까지 永興軍을 맡아 다스렸는데, 영흥군의 소재지가 장안에 있었다. 옛날 사람들은 언제나 官地를 가지고 일컬었기 때문에 유장안이 곧 유창이었음은 의심할 나위가 없다. 유창은 학문이 해박하였기 때문에 歐陽修가 매번 의문이 있을 때마다 그에게 물어서 해결했다고 한다.

氣岸自別하니 **劉長安**은 **恐不得不斂衽自謝**리라

〈문장의 내용상〉 意氣가 유별나니, 劉長安이 부득불 옷깃을 여미고 사죄하였을 듯싶다.

轍은 聞之호니 物之所受於天者異면 則其自處必高하고 自處旣高면 則必趯然有所不合於世俗이라하나이다 蓋猛虎處於深山하여 向風長鳴하면 則百獸震恐而不敢出하고 松栢生於高岡하여 散柯布葉하면 而草木爲之不殖하나니 非吾[1)]則爾[2)]拒요 而爾則不吾抗也니이다 故로 夫才不同이면 則無朋이요 而勢遠絶이면 則失衆이니 才高者는 身之累也요 勢異者는 衆之棄也니이다

저는 들으니 "하늘로부터 특이한 재질을 타고난 사람은 반드시 자신의 처지를 높이려고 하고, 자신의 처지가 이미 높아지고 나면 반드시 세속과 합하지 않는 바가 있다." 고 합니다. 대개 사나운 범이 깊은 산에 있으면서 바람결을 따라 길게 울어대면 온갖 짐승들은 벌벌 떨며 감히 나오지 못하고, 소나무와 잣나무가 높은 산에서 자라 가지와 잎을 펼치면 그 밑에 있는 풀과 나무는 번식하지 못하니, 이 경우는 범과 소나무와 잣나무가 뭇짐승과 풀과 나무를 항거하는 것이 아니고, 뭇짐승과 풀과 나무가 범과 소나무와 잣나무를 항거하지 못하는 것입니다.

그러므로 재주가 월등하면 동류가 없고, 위세가 당당하면 대중을 잃으니, 재주가 높은 것은 몸에 누가 되고, 위세가 특수한 것은 여러 사람들에게 버림을 받게 되는 것입니다.

1) 吾 : 특이한 재질을 타고난 사람에 비유한 猛虎・松栢을 가리킨다.

2) 爾 : 俗人에 비유한 百獸・草木을 가리킨다.

昔者에 伯夷叔齊가 已嘗試之矣니이다 與其鄕人立에 以其冠之不正也로 舍而去之[1)]하니 夫以其冠之不正也로 舍之而去면 則天下에 無乃無可與共處者耶잇가 擧天下而無可與共處면 則是其勢豈可以久也리잇가 苟其勢不可以久면 則吾無乃亦將病之리잇가 與其病而後反也은 不若其素與之之爲善也니이다 伯夷叔齊는 惟其往而不反이라 是以로 爲天下之棄人也니이다 以伯夷之不吾屑而棄伯夷者는 是固天下之罪矣요 而以吾之潔淸而不屑天下는 是伯夷亦有過耳니이다

옛날에 伯夷와 叔齊가 이미 시험해본 일입니다. 백이와 숙제는 시골 사람과 함께 섰을 때에 시골 사람이 쓴 갓이 단정하지 못하다는 이유로 시골 사람을 버리고 가버렸으

니, 그 갓이 단정하지 못한 이유로 버리고 가버린다면 천하에 함께 있을 수 있는 사람이 어디 있겠습니까? 온 천하에 함께 있을 수 있는 사람이 없다면 그 위세가 오래갈 수 있겠습니까? 그 위세가 오래갈 수 없다면 내가 또한 장차 두려워하지 않을 수 있겠습니까? 두려움을 겪고 나서 원상태로 돌아오는 것이 애초에 여러 사람들과 잘 어울리는 것만 못할 것입니다.

백이와 숙제는 자신의 깨끗함을 지키기 위하여 멀리 떠나가버리고 여러 사람들과 서로 어울리는 위치로 되돌아오지 않았습니다. 이 때문에 천하 사람들에게 버림받는 사람이 되었습니다. 백이가 자신과 어울리지 않는다고 해서 백이를 버리는 사람은 본시 천하의 죄인이거니와, 자신이 깨끗하다고 해서 천하의 여러 사람들과 어울리지 않는 백이에게도 역시 허물이 있는 것입니다.

1) 昔者……舍而去之 : ≪孟子≫ 〈公孫丑 上〉의 "악을 미워하는 마음을 미루어 시골 사람과 섰을 때에 시골 사람이 쓴 갓이 단정하지 못하면 뒤도 돌아보지 않은 채 그 자리를 떠나가 마치 자신을 더럽힐 듯이 생각했다.〔推惡惡之心 思與鄉人立 其冠不正 望望然去之 若將浼焉〕"에서 온 문장이다.

古語[1]에 **有之**하니 **曰 大辯**은 **若訥**하고 **大巧**는 **若拙**이라하나이다 **何者**오 **懼天下之以吾辯而以辯乘我**하고 **以吾巧而以巧困我**니이다 **故**로 **以拙養巧**하고 **以訥養辯**이니 **此又非獨善保身也**라 **亦將以使天下之不吾忌**하여 **而其道**[2]**可長久也**니이다 **今夫天下之士**를 **轍**은 **已略觀之矣**니이다 **於此**에 **有所不足**이면 **則於彼**에 **有所長**이요 **於此**에 **有所蔽**면 **則於彼**에 **有所見**이니 **其勢然矣**니이다 **仄聞執事之風**컨대 **明俊雄辯**은 **天下無有敵者**요 **而高亮剛果**하여 **士之進於前者 莫不振慄而自失**이요 **退而仰望才業之輝光**하고 **莫不逡巡而自愧**라하나이다 **蓋天下之士 已大服矣**니 **而轍**은 **願執事 有以少下之**하여 **使天下樂進於前而無恐**이요 **而轍**도 **亦得進見左右**하여 **以聽議論之末**이면 **幸甚幸甚**이리이다[3]

옛말에 "최고의 웅변은 마치 말더듬이 같고, 최대의 기교는 마치 졸렬한 것 같다."라는 말이 있으니, 그것은 무엇을 뜻함인가 하면, 천하 사람들이 나를 웅변가라고 해서 웅변으로 나를 올라타고, 나를 기교한 사람이라 해서 기교로 나를 곤욕스럽게 하는 것을 두려워하는 것입니다. 그러므로 졸렬함으로써 기교를 기르고, 말더듬이로써 웅변을 기를 것이니, 이것은 또 나의 몸만 잘 단속해서 명석하게 몸을 보전하기 위함이 아니라, 또한 장차 천하 사람들로 하여금 나를 질투하지 못하게 해서 나의 몸을 깨끗이 하는 道理가 장구히 유지될 수 있게 하기 위한 것입니다.

지금 천하의 선비들을 저는 대충 살펴보았습니다. 여기에 부족한 점이 있으면 저기에 장점이 있고, 여기에 가리워지는 바가 있으면 저기에 나타나는 바가 있으니, 그 형세가 자연 그러한 것입니다.

執事에 대한 풍문을 적이 듣건대, 그 명석하고 준수함과 날카로운 언변은 천하에 대적할 자가 없고, 또한 坦率하고 爽朗하며 剛毅하고 과단성이 있으므로 집사 앞에 나아간 선비들은 벌벌 떨어 정신을 잃지 않은 자가 없고, 집사의 곁에서 물러가서 집사의 재예와 학업의 찬란한 광채를 우러러보고는 주저주저하며 스스로 부끄러워하지 않는 자가 없다고 합니다. 아마 천하의 선비들은 집사에 대하여 이미 크게 심복을 한 모양이니, 저는 원컨대, 집사께서는 몸을 낮추어 천하 사람들로 하여금 즐겁게 집사의 앞에 나아가 두려움이 없게 하는 동시에, 저도 집사를 가서 뵙고 훌륭한 의론을 들을 수 있게 해주신다면 몹시 다행이겠습니다.

1) 古語 : ≪老子≫를 가리킨다.

2) 其道 : 몸을 깨끗이 하는 道理를 가리킨다.

3) 張伯行의 ≪唐宋八家文鈔≫에서 "文氣가 峭勁하고 筆鋒이 銳利하다. 다만 拙로써 巧를 기르고 訥로써 辯을 길러 또 權術法門에 들어갔으니, 讀者는 그것을 몰라서는 안 된다.〔文氣峭勁 筆鋒犀利 但以拙養巧 以訥養辯 又入權術法門矣 讀者不可不知〕"라고 비평하였다.

04. 上昭文富丞相書* 昭文 富丞相에게 올린 서찰

* 본 서찰은 嘉祐 6년(1061)에 쓴 것이다. 宋나라는 唐나라 제도를 이어받아 丞相으로 昭文館大學士·監修國史를 삼았기 때문에 '昭文 富丞相'이라고 한 것인데, 富丞相은 당시 丞相으로 있던 富弼을 가리킨다.

子由所托諷富公處는 全在任人與篇末萬全之過四字하다

子由가 富公을 풍자한 부분은 모두 '任人'과 篇末의 '萬全之過'란 네 글자에 있다.

轍은 **西蜀之人**으로 **行年**[1] **二十有二**에 **幸得天子一命**[2] **之爵**하니 **饑寒窮困之憂**가 **不至於心**이니이다 **其身又無力役勞苦之患**[3]하고 **其所任職**은 **不過簿書米鹽之間**하여 **而且未獲從事以得自盡**이니 **方其閒居**에 **不勝思慮之多**이니이다 **不忍自棄**하여 **以爲天子寬惠與天下無所忌諱**[4]라하니 **而轍**이 **不於其强壯閒暇之時**에 **早有所發明**[5]하여 **以自致其志**면 **而復何事**잇가 **恭惟天子設制策之科**[6]하여 **將以待天下豪俊魁壘**[7] **之人**이시니 **是以**로 **轍不自量**하고 **而自與於此**니이다

轍은 西蜀 사람으로서 行年 22세에 다행히 天子의 一命 官爵을 얻었으니, 饑寒과 窮困의 걱정이 마음에 이르지 않습니다. 몸에도 또한 力役 勞苦의 걱정이 없고, 맡은 직무는 簿書와 米鹽을 관리하는 일에 불과하여, 힘을 써서 재능을 다할 길이 없으니, 한가하게 있음에 수많은 思慮가 떠오름을 금할 수 없었습니다. 이에 차마 포기할 수 없어 생각하기를 '天子께서 寬惠한 마음으로 천하 사람들이 기탄없이 바른말을 하게 하신다는데, 轍이 强壯하고 閒暇할 때에 일찍이 건의하여 스스로 그 뜻을 전달하지 않는다면 다시 무슨 일을 하겠는가'라고 여겼습니다. 삼가 생각하옵건대 天子께서 制策科를 설시하여 天下의 豪俊하고 魁壘한 사람들을 기다리고 계시니, 이 때문에 轍은 역량을 헤아리지 않고 스스로 여기에 참여하였습니다.

1) 行年 : 먹은 나이. 蘇轍은 寶元 2년(1039)에 출생하여 嘉祐 6년(1061)에 이르렀으니 당시 나이 22세였다.
2) 一命 : 周代의 官階가 1命에서 9命에 이르렀으니, 1命은 가장 낮은 官階였다. 후세에 와서는 범연하게 가장 낮은 벼슬을 가리켜 '1命'이라 하였다. ≪北史≫ 〈周紀 上〉에 의하면 "제1品을 9命으로 삼고 제9品을 1命으로 삼았다."고 한다. 蘇轍은 이 당시 河南府 澠池縣主簿를 제수받았으니, 品級이 종9품이었다.
3) 其身又無力役勞苦之患 : 宋初의 規定에 官戶는 三大戶의 役을 제하고는 일체 免役이었다.
4) 天子寬惠 與天下無所忌諱 : 宋 仁宗은 寬厚慈惠한 마음으로 나라를 다스렸기 때

문에 仁恕하다고 일컬어졌고, 당시 여러 차례 詔令으로 直言을 구하였으므로 范仲淹과 范鎭 같은 直臣이 조정에 가득하였다. 그리고 嘉祐 6년(1061)에 天子가 賢良方正能直言極諫科를 시험 보인 일이 있었다.

5) 發明 : 여기서는 建白 또는 建議와 陳述을 가리킨다.

6) 制策之科 : 唐代에 처음으로 설시한 과거제도의 한 가지. 地方貢擧를 제외하고 황제가 스스로 시사 문제를 내어 殿庭에서 선비에게 시험 보게 하고 선비가 이에 대답하였으니, 이를 制擧科라 하며, 制擧 또는 制科라고 略稱하기도 한다. 宋代에도 이를 인습하였다.

7) 魁礨 : 저본에는 '魁壘'로 되어 있는데, ≪欒城集≫에 의하여 '魁礨'로 바꾸었다.

蓋天下之事[1]는 上自三王[2]以來로 以至於今世히 其所論述[3]이 亦已略備矣나 而猶有所不釋於心이니이다 夫古之帝王은 豈必多才而自爲之잇가 爲之有要하고 而居之有道[4]니이다 是故로 以漢高皇帝[5]之恢廓慢易로 而足以呑項氏之彊하고 漢文皇帝[6]之寬厚長者로 而足以服天下之姦詐니이다 何者오 任人而人爲之用也[7]니이다 是以로 不勞而功成이니이다 至於武帝하여는 材[8]力有餘하고 聰明睿智 過於高文이나 然而施之天下에 時有所折而不遂니이다 何者오 不委之人而自爲用也일새이니다 由此觀之컨대 則夫天子之責은 亦在任人而已니이다

帝王이 天下를 다스리는 일은, 위로 三王으로부터 今世에 이르기까지 그에 대한 論述이 이미 약간은 구비되어 있지만, 오히려 마음이 놓이지 않는 것이 있습니다. 옛날의 帝王은 어찌 꼭 재주가 많아서 스스로 나라를 다스렸겠습니까? 다스림에는 요령이 있고, 왕위에 있으면 나라를 다스리는 방법이 있는 것입니다. 이 때문에 漢나라 高皇帝의 寬弘大量과 輕慢無禮로 項氏(項籍)처럼 강한 자를 집어삼키기에 충분하였고, 漢나라 文皇帝의 仁德慈惠와 寬厚長者로 天下의 姦詐한 자들을 복종시키기에 충분하였습니다. 왜 그랬는가 하면, 능력 있는 인재를 임용하고 그 인재는 즐거운 마음으로 임용에 응해주었기 때문입니다. 이 때문에 힘들이지 않고 공이 이루어졌습니다. 武帝에 이르러서는 材力이 남아돌고 聰明·睿智가 高皇帝와 文皇帝보다 훨씬 나았습니다. 그러나 〈그런 雄才와 大略을 가지고〉 천하를 다스렸지만 항상 좌절을 당해 공을 이룰 수 없었습니다. 왜 그랬는가 하면, 賢能한 인재에게 맡기지 않고 자기 생각대로 다스

렸기 때문입니다. 이것으로 본다면 天子의 책임 역시 賢能한 인재를 임용하는 데 달려 있을 뿐입니다.

1) 天下之事 : 여기서는 帝王의 治國을 가리킨다.
2) 三王 : 여기서는 범연하게 夏·商·周 三代의 임금을 가리킨다.
3) 論述 : 三王의 治理와 方略에 대한 서술과 분석을 이른다.
4) 居之有道 : 王位에 있으면 治國策이 있다는 뜻이다.
5) 漢高皇帝 : 漢 高祖 劉邦을 가리킨다.
6) 漢文皇帝 : 漢 文帝 劉恒을 가리킨다.
7) 任人而人爲之用也 : 漢 高祖와 漢 文帝가 인재를 골라서 임용하니, 천하의 賢才들이 즐거운 마음으로 임용에 응하였다.
8) 材 : 저본에는 '才'로 되어 있는데, ≪欒城集≫에 의하여 '材'로 바꾸었다.

竊惟 當今天下之人에 **其所謂有才而可大用者**는 **非明公**[1]**而誰**잇가 **推之公卿之間而最爲有功**하고 **列之士民之上而最爲有德**[2]하고 **播之夷狄之域而最爲有勇**[3]하니 **是三者**는 **亦非明公而誰**잇가 **而明公實爲宰相**이니 **則夫吾君之所以爲君之事**를 **蓋已畢矣**[4]시니이다 **古之聖人**은 **高拱無爲**[5]로되 **而望夫百世之後**에 **以爲明主賢君者**는 **蓋亦如是而可也**니이다 **然而天下之未治**니 **則果誰耶**잇가 **下而求之郡縣之吏**면 **則曰 非我能**이라하고 **上而求之朝廷百官**이면 **則曰 非我責**이라하나이다 **明公之立於此**[6]**也**에 **其又將何辭**리잇가 **嗟夫**로소이다

가만히 생각하건대, 지금 천하 사람 중에 이른바 '재능이 있어서 重用할 수 있는 분'은 明公이 아니고 누구이겠습니까? 公卿 중에 있어서는 최고로 功을 세웠고, 士民 위에 있을 때에는 최고로 德을 쌓았고, 名聲이 夷狄의 지역에 전파될 정도로 최고로 용기가 있었으니, 이 세 가지 역시 明公이 아니면 누가 하겠습니까? 明公이 실제로 宰相이 되셨으니, 우리 임금님은 임금이 할 일을 이미 다하신 것입니다. 옛날 聖人은 두 손을 마주잡고 아무 하는 일이 없었지만, 百世 뒤에 明主賢君이 되기를 희망하는 분은 역시 이와 같이 해야 되는 것입니다. 그런데 天下가 아직 다스려지지 못하고 있으니, 과연 누구의 책임입니까? 아래로 郡縣의 관리에게 추구하면 "우리는 능력이 없다."라

고 하고, 위로 朝廷百官에게 추구하면 "우리 책임이 아니다."라고 합니다. 明公은 지금 宰相의 자리에 계시는데, 그 책임을 장차 어떻게 피하시겠습니까? 아! 애석합니다.

1) 明公 : 명망과 지위가 있는 사람에 대한 존칭이다.
2) 列之士民之上而最爲有德 : 河朔에 洪水 피해가 났을 때에 富弼은 靑州知州로서 流民 50여만 명을 賑濟한 일이 있었다.
3) 播之夷狄之域而最爲有勇 : 문법에 관계없이 순하게 풀이하면 '최고로 용기가 있어서 명성이 이적의 나라에 전파되었다.'는 뜻이다.
4) 夫吾君之所以爲君之事 蓋已畢矣 : 우리 聖上은 君主가 되셔서 인재를 임용하는 일을 아름답게 마쳤다는 말이다.
5) 高拱無爲 : 두 손을 마주잡고 아무 하는 일이 없어도 천하가 크게 다스려진다는 뜻이다.
6) 此 : 여기서는 宰相의 자리를 가리킨다.

蓋亦嘗有以秦越人[1]之事로 說明公者歟잇가 昔者에 秦越人이 以醫聞天下하니 天下之人은 皆以越人爲命이니이다 越人不在면 則有病而死者는 莫不自以爲吾病之非眞病이요 而死之非眞死也니이다 他日에 有病者焉하여 遇越人而屬之曰 吾捐身以予子하리니 子自爲子之才治之하고 而無爲我治之也하라하니 越人曰 嗟夫라 難哉로다 夫子之病은 雖不至於死나 而難以愈니라 急治之면 則傷子之四肢하고 而緩治之면 則勞苦而不肯去니라 吾非不能去也라 而畏是二者[2]니라 夫傷子之四肢而後에 可以除子之病이면 則天下以我爲不工하고 而病之不去면 則天下以我爲非醫리라 此二者 所以交戰於吾心而不釋也니라하나이다 旣而오 見其人하니 其人曰 夫子則知醫之醫하고 而未知非醫之醫歟[3]인저 今夫非醫之醫者는 有所冒行而不顧라 是以로 能應變於無窮이니라 今子는 守法密微而用意於萬全者니 則是子猶知醫之醫而已니라하나이다

또한 일찍이 秦越人의 일로 明公에게 설명한 자가 있었습니까? 옛날에 秦越人이 의술이 고명하다고 이름이 天下에 알려지니, 天下 사람들은 모두 越人으로 생명을 삼았습니다. 越人이 없으면 病에 걸려 죽은 자가 '나의 병은 진짜 병이 아니고 나의 죽음은 진짜 죽음이 아니다.'라고 여기지 않는 자가 없었습니다. 후일에 병이 있는 자가

越人을 만나서 부탁하기를 "내 몸을 자네에게 바칠 것이니 자네는 자네의 재능을 가지고 병을 다스리고, 나를 위해서 병을 다스리지 말게나."라고 하니, 越人이 말하기를 "아! 어려운 일이로다. 당신의 병은 비록 죽을 지경에 이르지는 않았지만 낫게 하기가 어렵다. 급하게 다스리면 당신의 四肢를 손상하고 느슨하게 다스리면 공연히 수고만 하지 병은 잘 제거되지 않는다. 내가 病을 제거할 수 없는 것이 아니라, 이 두 가지를 두려워한다. 당신의 四肢를 손상시킨 뒤에 당신의 病을 제거한다면 천하 사람들이 나를 정교하지 못하다고 할 것이고, 病이 제거되지 않는다면 天下 사람들이 나를 의원이 아니라고 할 것이다. 이 두 가지가 나의 마음에서 교전을 벌여 해결이 나지 않는다."고 하였습니다.

얼마 후에 그 사람을 만나보았더니, 그 사람이 말하기를 "당신은 醫道에 정통한 정식 醫員만 알고, 정식 醫員이 아닌 醫員은 알지 못하는군. 지금 정식 醫員이 아닌 醫員은 이것저것 고려하지 않고 모험을 해가며 병을 다스린다. 이 때문에 무한한 변화에 대응할 수 있다. 그런데 지금 자네는 법을 면밀하게 지키고 萬全을 기하니, 자네는 醫道에 정통한 醫員만 알 뿐이다."라고 하였습니다.

1) 秦越人 : 秦은 성, 越人은 이름. 곧 戰國時代의 名醫인 扁鵲을 가리킨다.
2) 二者 : 아래에서 말한 不工과 非醫를 가리킨다.
3) 知醫之醫 而未知非醫之醫歟 : 이 문단은 寓言法을 써서 은연히 천하를 통치하는 방법을 가리키고 있다.

天下之事는 急之則喪하고 緩之則得이나 而過緩則無及이니이다 孔子曰 道之難行也를 我知之矣로니 知者[1]는 過之하고 不肖者는 不及也[2]일새니라하시니이다 夫天下患[3]於不知요 而又有知而過之者하니 則是道之果難行也니이다 昔者엔 世之賢人이 患夫世之愛其爵祿하되 而不忍以其身으로 嘗試於艱難也[4]니이다 故로 其上之人[5]은 奮不顧身하고 以搏天下之公利而忘其私[6]니이다 在下者[7]도 亦不敢自愛하고 叫號紛呶하여 以攻訐其上之短이니이다 是二者는 可謂賢於天下之士矣로되 而猶未免爲不知니이다 何者오 不知自安其身之爲安天下之人이요 自重其發之爲重君子[8]之勢하고 而輕用之於尋常之事니 則是猶匹夫之亮耳니이다

天下의 모든 일은 급하면 상실하게 되고 느슨하면 얻게 되나, 지나치게 느슨하면 한 가지 일도 이루지 못합니다. 孔子가 말하기를 "道가 행해지기 어려운 이유를 내가 아노니, 아는 사람은 지나치고 어질지 못한 사람은 미치지 못하기 때문이다."라고 하였습니다. 대체로 天下 사람들은 알지 못하는 것을 병폐로 여기고, 또 알면서 지나친 자가 있으니, 이래서 道가 종시 행하기 어려운 것입니다.

옛날에는 세상의 賢人이 세상에서 爵祿을 애호하되 차마 자기 몸으로 艱難을 겪지 않는 것을 병폐로 여겼습니다. 그러므로 위에 있는 사람은 奮然히 일어나 자신을 顧惜하지 않은 채 천하의 公利를 취하고 자신의 이익은 잊었습니다. 아래에 있는 사람도 감히 자신을 아끼지 않은 채 큰소리치며 윗사람의 단점을 들추었습니다. 이 두 사람은 천하의 선비보다 낫다고 할 수 있겠으나 오히려 알지 못한 것을 면치 못하였습니다. 왜냐하면, 자신을 편안하게 하는 것이 바로 천하 사람을 편안하게 하는 것이고, 자신의 행동을 자중하는 것이 바로 군자의 처신을 신중하게 하는 것임을 알지 못하고 가벼이 사소한 일에 신경을 썼으니, 이는 무식한 사람이나 인정할 일입니다.

1) 知者 : ≪中庸≫에는 '지혜로운 사람'으로 보았는데, 蘇轍은 '아는 사람'으로 본 것 같다.
2) 孔子曰……不及也 : ≪中庸≫에는 "道가 행해지지 않는 이유를 내가 아노니 지혜로운 자는 지나치고 어리석은 자는 미치지 못하기 때문이다. 道가 밝아지지 않는 이유를 내가 아노니, 지혜로운 자는 지나치고 어리석은 자는 미치지 못하기 때문이다.〔道之不行也 我知之矣 知者過之 愚者不及也 道之不明也 我知之矣 賢者過之 不肖者不及也〕"라고 되어 있다.
3) 患 : 여기서는 병폐, 또는 폐단을 가리킨다.
4) 不忍以其身 嘗試於艱難也 : 자신은 艱難을 겪는 생활을 원치 않는다는 말이다.
5) 其上之人 : 여기서는 君主를 가리킨다.
6) 奮不顧身 以搏天下之公利而忘其私 : 奮然히 일어나서 자신을 顧惜하지 않고 천하의 公利를 취하고, 자신의 이익은 완전히 잊는다는 말이다.
7) 在下者 : 여기서는 大臣을 가리킨다.
8) 君子 : 여기서는 臣下를 가리킨다.

伏自明公執政이 於今五年이언마는 天下不聞慷慨激烈之名하고 而日聞敦厚之聲이니이

다 意者컨대 明公其知之矣리니 而猶有越人之病[1)]也니이다 轍讀三國志에 嘗見曹公이 與袁紹相持久而不決하고 以問賈詡하니 詡曰 公은 明勝紹하고 勇勝紹하고 用人勝紹하고 決機勝紹니이다 紹兵이 百倍於公이로되 公畫地而與之相守半年이나 而紹不得戰하니 則公之勝形을 已可見矣언마는 而久不決하니 意者컨대 顧萬全之過耳[2)]니이다하나이다 夫事有不同이나 而其意相似니이다 今天下之所以仰首而望明公者도 豈亦此之故歟잇가 明公이 其略思其說하면 當有以解天下之望者리이다 不宣하노이다[3)]

삼가 생각하건대, 明公께서 執政하신 지 지금 5년이 되었건만, 天下에 慷慨하고 激烈하시다는 소문은 들리지 않고, 날마다 敦厚하고 寬大하시다는 명성만 들립니다. 생각건대, 明公께서도 그것을 아실 것이니, 오히려 越人의 병폐가 있는 것입니다. 轍이 ≪三國志≫를 읽을 때에 다음과 같은 일을 본 적이 있습니다.

曹公(曹操)이 袁紹와 서로 버티면서 판가름이 나지 않으므로 그 대책을 賈詡(가후)에게 물으니, 賈詡가 말하기를 "公은 총명도 袁紹보다 낫고, 용맹도 袁紹보다 낫고, 인재등용도 袁紹보다 낫고, 기회포착도 袁紹보다 낫습니다. 袁紹의 군사가 公보다 백 배나 되는데도 公이 땅을 그어 경계를 정하고 서로 지킨 지 반년이나 되었건만 袁紹는 싸움을 하지 않으니, 公의 勝形을 이미 볼 수 있습니다. 그런데도 오래도록 판가름이 나지 않으니, 생각건대, 만전을 원하는 탓입니다."라고 하였습니다. 무릇 일은 같지 않으나 그 뜻은 서로 같습니다. 지금 천하 사람들이 머리를 들고 明公을 바라보는 것도 어찌 또한 이 같은 때문이 아니겠습니까? 明公께서 그 말뜻을 대충 생각하시면 응당 天下 사람들의 간절한 소망을 풀어줄 수 있을 것입니다. 일일이 말씀드리지 않겠습니다.

1) 越人之病 : 앞에서 말한 '守法密微而用意於萬全者'라는 것을 가리킨다.

2) 轍讀三國志……顧萬全之過耳 : ≪三國志≫ 〈魏書 賈詡傳〉에 "袁紹가 太祖(曹操)를 官渡에서 포위했을 때에 太祖는 군량이 떨어지는 것을 보고, 賈詡에게 대책을 물으니, 賈詡가 말하기를 '公은 총명도 袁紹보다 낫고, 용맹도 袁紹보다 낫고, 인재등용도 袁紹보다 낫고, 기회포착도 袁紹보다 낫습니다. 이 네 가지의 장점을 가졌는데도 반년 동안이나 평정하지 못한 것은 단지 萬全만을 원하기 때문입니다. 반드시 그 기회를 결정하면 금방 평정할 것입니다.'라고 했다."는 말이 보인다.

3) 孫琮의 ≪山曉閣選宋大家蘇潁濱全集≫에서 "富公에게 올린 서찰 한 통은 그 本意가 단지 行事를 너무 느리게 해서 과도하게 萬全을 구하는 것만을 풍자했을 뿐이다. 그런데 이 글귀로 인하여 곧장 말하지 않았다. 그러므로 越人의 한 비유를 가지고 반복 설명하였으니, 비유한 뜻이 투명하게 설명되면 正意는 자연 대충 설명해도 해로울 것이 없다. 孔子 이하 1段은 '급하면 상실한다.'는 것을 상세하게 말하였다. 그러므로 먼저 이 뜻으로 앞에서 반복 설명하였다. 全幅은 '任人'으로부터 말을 일으켰으니, 이 '人'자는 곧 富公을 가리킨 것이다.〔富公一書 本意 只是刺其行事太緩 過求萬全耳 今因此句不便直說 故將越人一喩反復說透 喩意說得透 則正意自不妨說得略 孔子以下一段 詳言急之則喪 故先將此意 反說于前 全幅 從任人說起 此人字 卽指富公〕"라고 비평하였다.

05. 上曾參政書* 曾參政에게 올린 서찰

* 본 서찰은 嘉祐 6년(1061)에 쓴 것이다. 曾參政은 曾公亮(998~1078)을 가리킨다. 자는 仲明. 參政은 參知政事의 약칭. 參知政事는 宰相의 다음 직위에 해당한다.

轍은 聞之하니 士不更變이면 不可與圖遠이요 新勝之家[1)]는 知得而不知喪하고 知存而不知亡하며 始若可喜而終不可久라하나이다 昔者에 轍讀書至秦誓[2)]而得之曰 番番(皤皤)良士 旅力旣愆은 我尙有之하고 仡仡勇夫 射御不違는 我尙不欲이라하나이다 夫昔之爲此言者[3)]는 蓋亦已知之矣[4)]니이다 孟明視西乞術白乙丙 此三人者는 秦之豪俊有決之士요 而百里奚蹇叔子는 此秦之所謂老耄而不武者也니이다 穆公이 欲襲鄭한대 孟明은 以爲可하고 而蹇叔은 以爲不可하니 則蹇叔之說이 無乃遠於事情而近於怯哉리잇가 然而要其成敗得失之終하여 而責其思慮之長短이면 則蹇叔不可謂迂요 而孟明不可謂是也니이다 故曰 如有一个臣이 斷斷猗無他技나 其心이 休休焉其如有容이라 人之有技를 若己有之하며 人之彦聖을 其心好之하되 不啻如自其口出하면 是能容之라 以保我子孫黎民이니 亦職有利哉인저하나이다 嗟夫라 穆公至此而後에 知蹇叔之非庸人歟인저 今夫立於百官之上하여 而宰天下之事者 亦何以其他技爲哉리잇가 溫良博愛하여 而能

容天下之士하면 斯可矣니이다

轍은 들으니 "선비가 更張하지 않으면 그와 더불어 원대한 일을 도모할 수 없고, 新勝家는 얻는 것만 알고 상실하는 것은 알지 못하며, 있는 것만 알고 없는 것은 알지 못하며, 처음에는 志氣가 충만하여 기뻐하는 듯하지만 나중에는 오래 지속하지 못한다."고 하였습니다. 전에 轍이 글을 읽다가 〈秦誓〉에 이르러 명언을 발견하였으니, "皤皤(늙은 모양)한 어진 선비로 旅力이 이미 쇠한 자는 내 부디 소유하고, 仡仡(용맹한 모양)한 장부로 활쏘기와 말타기에 실수가 없는 자는 내 부디 등용하고자 하지 않는다."라는 말이었는데, 옛날에 이 말을 한 사람은 아마 그 뜻을 이미 알았던 모양입니다.

孟明視・西乞術・白乙丙 이 세 사람은 秦나라에서 재능이 걸출하고 결단력이 있는 武士였으며, 百里奚와 蹇叔子는 秦나라에서 이른바 '衰老하고 武力이 없는 사람'이었습니다. 穆公이 鄭나라를 습격하려고 하자, 孟明은 '옳은 일'로 여겼고 蹇叔은 '불가한 일'로 여겼으니, 蹇叔의 말이 事情에 오활하고 겁쟁이에 가까운 것이 아니었겠습니까? 그러나 그 成敗와 得失의 결과를 살펴 思慮의 長短을 책망한다면 蹇叔을 오활하다고 할 수 없고 孟明을 옳다고 할 수 없습니다. 그러므로 "만일 한 신하가 斷斷(정성스럽고 한결같은 모양)하고 다른 技藝가 없으나 그 마음이 곱고 포용력이 있는 듯하여, 남이 가지고 있는 技藝를 자신이 소유한 것처럼 여기며, 남의 훌륭하고 聖스러움을 마음속으로 좋아하되 입에서 나오는 칭찬보다도 더 좋아한다면 이는 남을 포용할 수 있는 것이어서 나의 子孫과 黎民을 보호할 것이니, 또한 전적으로 이로움이 있을진저."라고 하였습니다. 아! 슬픕니다. 여기에 이른 뒤에야 穆公은 蹇叔이 보통 사람이 아니었다는 것을 알았을 것입니다. 지금 관직이 百官의 위에 놓여 天下의 일을 주재하는 자 또한 어찌 다른 기예를 요하겠습니까? 溫良하고 博愛하여 능히 天下의 선비들을 포용하면 그것으로 되는 것입니다.

1) 新勝之家 : 갓 성취한 사람을 가리킨다.

2) 秦誓 : ≪書經≫ 〈周書〉의 편명인데, ≪春秋左傳≫에 의하면 "杞子가 秦나라에 알리기를 '鄭나라에서 나에게 北門의 열쇠를 관리하도록 하였으니, 만일 군사를 은밀히 출동하면 鄭나라를 획득할 수 있다.'라고 하였다. 秦 穆公이 이것을 百里奚와 蹇叔에게 묻자, 그들은 불가한 일이라고 하였으나 穆公은 거절하고 孟明

視·西乞術·白乙丙으로 하여금 鄭나라를 치게 하였는데, 晉 襄公이 직접 군사를 거느리고 秦나라 군사를 殽 땅에서 패배시키고 세 장수를 가두었다. 3년 뒤에 穆公은 晉나라를 깨뜨려 殽 땅에서 패배당한 일을 보복하였다. 穆公이 殽 땅에 이르러서 秦나라 군사의 시체를 매장하고 나서 자신의 과오를 뉘우쳐 軍中에 맹세하였다. 史官이 이 맹세를 기록하였으니, 이것이 바로 〈秦誓〉이다."라고 한다.

3) 昔之爲此言者 : 秦 穆公을 가리킨다.

4) 已知之矣 : '士不更變 不可與圖遠' 등의 도리를 이미 알았다는 말이다.

往者에 轍之東遊[1]而明公適爲京兆시니 當此之時에 明公之聲이 上震於朝廷하고 而下慴於閭里[2]니이다 行道之人은 爲之不敢妄視[3]하고 盜賊은 屛息而不作[4]하니 可謂才有餘矣니이다 然이나 至於參決大政하여는 而日韜其光[5]하고 務爲敦厚하여 不欲以才蓋天下시니이다 上承二公[6]하고 下拊百官하며 周旋揖讓하니 而士大夫 莫不雍容和穆以相與也니이다 嗟夫라 明公은 何以及此哉리잇가

왕년에 轍이 東遊할 때 明公은 마침 京兆尹으로 계셨는데, 이때에 明公의 名聲이 위로는 朝廷에 진동하고 아래로는 閭里에 위엄을 보였습니다. 길에 다니는 사람은 감히 함부로 보지 못하고, 盜賊은 숨을 죽이고 발작하지 못했으니, 재능이 충분하다고 할 수 있었습니다. 그러나 국가의 정무에 참여하여 정책을 결정하는 일에 있어서는 마치 태양이 빛을 감추듯이 재능을 드러내지 않고 敦厚하고 寬大한 행위만을 힘써 재능으로 天下를 덮으려고 하지 않으셨습니다. 위로는 二公을 받들고 아래로는 百官을 어루만졌으며, 예절에 맞게 행동을 하시니, 士大夫들이 거기에 맞추어 조용하고 화목한 모습으로 서로 대하였습니다. 아! 明公은 어떻게 해서 이렇게 되실 수 있었습니까?

1) 轍之東遊 : 蘇轍은 嘉祐 원년(1056)과 嘉祐 4년(1059) 두 차례 京師에 간 일이 있었는데, 蘇轍은 바로 西蜀 사람이기 때문에 '東遊'라고 한 것이다.

2) 慴於閭里 : 백성들이 曾公亮의 위엄에 감복함을 말한다.

3) 不敢妄視 : 감히 함부로 보지 못함. 여기서는 곧 曾公亮의 엄중함을 극도로 표현한 것이다.

4) 明公之聲……屛息而不作 : ≪宋史≫ 〈曾公亮傳〉에 의하면 "(曾公亮이) 端明殿學士로 지방에 내려가 鄭州를 맡아 다스릴 때에 유능하다는 명성을 떨쳤으므로 도

적이 모두 다른 지경으로 떠나서 밤에도 대문을 닫지 않았다."고 한다.

5) 日韜其光 : 才能을 드러내지 않음을 비유한다.

6) 二公 : 여기서는 同中書門下平章事와 樞密使를 가리킨다. 이 둘은 官品이 모두 參知政事의 위에 있었다.

轍은 西蜀之匹夫로 往年에 偶以進士로 得與一命之爵이라 今將爲吏崤黽之間하여 閒居無事러니 聞天子擧直言之士에 而世之君子는 以其山林朴野之人으로 不知朝廷之忌諱하여 其中無所隱蔽라 故로 以應詔라하나이다 而轍也는 復不自度量하고 而言當世之事나 亦不敢爲鹵莽不詳[1]之說이니이다 其言語文章은 雖無以過人이나 而其所論說은 乃有矯拂切直之過니이다 竊獨悲古者深言之人이 遭時之不祥[2]하여 一有所觸[3]이면 而其言不復見錄於世니이다 方今群公在朝하여 以君子長者自處하고 而優容天下彦聖有技之士하니 士之有言者 可以安意肆志而無患然後에 知士之生於今者之爲幸이요 而轍亦幸者之一人也니이다 素所爲文은 家貧不能盡致하고 有歷代論十二篇은 上自三王[4]而下至於五代[5]하니 治亂興衰之際를 可以概見於此리이다 觀其略可也니이다

轍은 西蜀의 匹夫로서 往年에 우연히 進士로서 一命의 官爵을 얻었는지라, 지금 곧 崤山과 黽池의 사이에서 관리가 되어 일없이 한가히 지내는데, 듣건대 "天子께서 直言하는 선비를 뽑음에 세상의 君子들은 山林의 소박한 사람으로서 朝廷의 忌諱를 알지 못하여 마음속에 隱蔽하는 바가 없기 때문에 詔令에 응하였다." 합니다. 轍은 다시 능력을 헤아리지 않고 當世의 일을 말하였으나 또한 감히 鹵莽不詳한 말은 하지 못하였습니다. 그 言語와 文章은 비록 남보다 나은 것이 없으나 그 論說에는 世情에 맞지 않게 바른말을 한 과실이 있으니, 유독 옛날 솔직하게 말하는 사람이 좋지 못한 시대를 만나 한번 통치계급의 忌諱에 저촉되면 그 말이 다시는 세상에 기록되지 않았던 것을 슬퍼합니다.

지금 諸公들이 조정에 있어 君子와 長者로 自處하며 天下의 훌륭하고 성스럽고 技藝가 있는 선비들을 너그럽게 포용하니, 직언을 하는 선비가 마음대로 말하더라도 후환이 없은 연후에야 선비가 지금 태어난 것이 다행임을 알 것이요, 轍도 또한 다행한 사람 중에 한 사람일 것입니다. 본래 지어놓은 글들은 집이 가난해서 전부 수집하지 못

했고, 〈歷代論〉 12편은 위로 三王에서부터 아래로 五代에 이르렀으니, 각 王朝 사이에 있었던 治亂·興衰의 상황을 여기에서 대충 엿볼 수 있을 것입니다. 대략적인 것만을 살펴보시면 좋겠습니다.

1) 鹵莽不詳 : 粗疏하고 周密하지 않음을 이른다.
2) 時之不祥 : 정치가 깨끗하지 못한 시대를 이른다.
3) 一有所觸 : 통치계급의 忌諱에 저촉됨을 가리킨다.
4) 三王 : 夏·商·周 三代의 君主를 가리킨다.
5) 五代 : 後梁·後唐·後晉·後漢·後周를 가리킨다.

06. 答黃庭堅書* 黃庭堅에게 답한 서찰

* 黃庭堅에게 답한 서찰로, 어느 때에 쓴 것인지 미상이다. 黃庭堅은 자는 魯直, 호는 山谷道人, 또는 涪翁. 蘇軾과 交遊하였으며, 蘇門 四學士의 한 사람이다.

雅致하다
우아한 풍치가 있다.

轍之不肖가 何足以求交於魯直이리오 然이나 家兄子瞻이 與魯直往還甚久[1)]하고 轍與魯直舅氏公擇[2)]과 相知不疏하니 讀君之文하며 誦其詩하고 願一見者久矣니이다 性拙且懶하여 終不能奉咫尺之書하여 致慇懃於左右하고 乃使魯直以書先之하니 其爲愧恨을 可量也로다 自廢棄[3)]以來로 頹然自放하여 頑鄙愈甚하니 見者往往嗤笑로되 而魯直은 猶有以取之니이다 觀魯直之書하니 所以見愛者 與轍之愛魯直으로 無異也니이다 然則書之先後는 不君則我니 未足以爲恨也니이다 比聞魯直吏事之餘에 獨居而蔬食하고 陶然自得이라하나이다

不肖한 轍이 어떻게 족히 魯直에게 交遊를 청할 수 있겠습니까? 그러나 家兄인 子瞻(蘇軾의 字)이 魯直과 往還(交遊)한 지 매우 오래이고, 轍은 魯直의 舅氏인 公擇과 서로 疏遠한 관계가 아니니, 그대의 詩文을 誦讀하고 한번 만나보기를 원한 지 오래였습

니다. 그런데 天性이 拙懶하여 끝내 書信을 魯直에게 보내지 못하고 魯直이 먼저 書信을 轍에게 보내오게 하였으니, 그에 대한 愧恨을 가히 헤아릴 수 있을 것입니다. 轍은 廢棄된 뒤로 나른해져 떨치지 못하여 愚頑하고 鄙陋함이 더욱 전보다 심하니, 이를 지켜보는 사람들이 이따금 嘲笑를 보내는데, 魯直은 오히려 취택해주시는구려. 魯直의 書信을 읽어보니, 轍을 아껴주는 것이 轍이 魯直을 아끼는 것과 다른 점이 없습니다. 그렇다면 書信의 선후문제는 그대가 보내지 않으면 내가 보낼 것이니, 족히 恨될 것이 없습니다. 요즘 들으니, 魯直은 公務가 끝나면 홀로 한가히 지내며 채소반찬으로 밥을 먹고 마냥 기쁘게 지낸다고 하더군요.

1) 家兄子瞻 與魯直往還甚久 : ≪宋史≫ 〈黃庭堅傳〉에 의하면 "黃庭堅은 張耒·晁補之·秦觀과 함께 蘇門에서 交遊하였으므로 '四學士'라고 칭하였고, 黃庭堅은 詩에 더욱 뛰어났다. 蜀과 江西의 君子들이 黃庭堅을 蘇軾에게 配享했기 때문에 '蘇黃'이라고 칭한다. 蘇軾이 侍從이 되었을 때 그를 천거하여 자기를 대신하게 하였다."고 한다.

2) 公擇 : 蘇軾과 蘇轍의 친구인 李常의 字이다.

3) 廢棄 : 廢黜罷免됨을 말한다.

蓋古之君子는 不用於世면 必寄於物以自遣하니 阮籍以酒하고 嵇康以琴이니이다 阮無酒하고 嵇無琴이면 則其食草木而友麋鹿에 有不安者矣리이다 獨顏氏子는 飮水啜菽하고 居於陋巷하여 無假於外[1]하고 而不改其樂[2]하니 此孔子所以嘆其不可及也니이다 今魯直은 目不求色하고 口不求味[3]하니 此其中所有過人遠矣로되 而猶以問人[4]은 何也오 聞魯直喜與禪僧語하니 蓋聊以是探其有無耶[5]아 漸寒比日에 起居甚安고 惟以時自重하소서[6]

대개 예전의 君子들은 세상에 쓰이지 않으면 반드시 사물에 의탁해서 시름을 달랬으니, 阮籍은 술로 하고, 嵇康은 거문고로 하였습니다. 만일 阮籍에게 술이 없었고 嵇康에게 거문고가 없었다면 그들은 나물을 먹고 사슴과 벗하는 일에 불안함이 있었을 것입니다. 오직 顏氏의 아들(顏回)만은 물마시고 나물 먹고 누추한 시골에서 살면서 外物의 힘을 빌리지 않고도 그 즐거움을 변경하지 않았으니, 이래서 孔子께서 그를 따를 수 없다고 찬탄하신 것입니다.

지금 魯直은 눈으로는 화려한 볼거리를 추구하지 않고 입으로는 맛있는 음식을 추구하지 않으니, 마음속에 소유한 것이 일반 사람보다 월등하건만, 오히려 安貧樂道의 문제를 남에게 묻는 것은 무엇 때문이오? 듣건대, 魯直은 기꺼이 禪僧과 酬酢한다고 하니, 安貧樂道에 대한 문제를 좀 알아보았소? 점점 추워가는 이때에 起居가 매우 편안합니까? 오직 때에 따라 自愛自重하기만을 바랍니다.

1) 無假於外 : 外物의 힘을 빌려서 쾌락을 누리지 않음을 가리킨다.
2) 獨顔氏子……而不改其樂 : 이 내용은 ≪論語≫ 〈雍也〉에 보인다.
3) 目不求色 口不求味 : 빈한한 생활을 편안하게 여김을 가리킨다.
4) 猶以問人 : 安貧樂道의 문제를 남에게 물어서 가르침을 받으려고 한다는 말이다.
5) 蓋聊以是探其有無耶 : 安貧樂道하는 문제에 대하여 佛學의 관점에서 그 정확성 여부를 탐구해보았느냐는 말이다.
6) 張伯行의 ≪唐宋八家文鈔≫에서 "尺牘이 매우 아름다우니, 또한 山谷의 風韻이 높은 곳을 상상해볼 수 있겠다.〔尺牘甚佳 亦可想見山谷風韻高處〕"라고 비평하였다.

07. 賀文太師致仕啓* 文太師의 致仕를 축하하는 啓奏

* 본 啓奏는 元豐 7년(1084)에 쓴 것이다. 文太師는 文彦博(1006~1097)을 가리킨다. 이때 文彦博은 年老하여 太師로 致仕하였다. 致仕는 나이가 많아서 벼슬을 사양하고 물러남을 말한다. 文彦博은 자는 寬夫, 벼슬은 同中書門下平章事에 이르고, 潞國公에 봉해졌다.

文有典刑하고 且多風致니라

문장은 典刑이 있고 또 風致가 많다.

右某[1]는 啓하나이다 伏審得謝中朝[2]하고 歸老西洛이니이다 位極師保하고 望隆古今이니이다 止足之風[3]은 中外[4]所嘆이니이다 伏惟致政[5]太師하니 躬夔皐[6]之偉業하고 兼方召[7]之壯猷[8]니이다 翼亮三朝[9]하되 始終一節이니이다 百辟共傳於遺事하고 四夷想聞於風聲[10]

이니이다 民恃以安하고 士思爲用이니이다 尙父[11]雖老나 而鷹揚[12]未衰하고 猛虎在山이나 而藜藿不採니이다 況復坐而論道[13]엔 本無黃髮之嫌하고 出以濟時엔 何負赤松之約[14]이리잇가 而能去如脫屣하여 名重太山이니 近世以來로 一人而已니이다 方將翺翔嵩少[15]之下하고 泝回伊洛[16]之間이니이다 身寄白雲하고 堂開綠野[17]니이다 釋鼎鍾之重負하고 收竹帛之餘光[18]이니이다 雖使圖之丹靑하고 奉以尸祝[19]이나 衆之所願이어늘 誰復間然이리잇가 某蚤以空疏로 誤辱知奬[20]이니이다 嘗欲借潤於河海[21]하고 庶幾自效於錙銖니이다 而蹇拙多艱하여 漂流歷歲니이다 誓將歸掃墳墓[22]하여 絶意功名이니이다 罪籍得除하니 或成過洛之幸이요 舊恩未棄하니 尙許登門之遊리이다 一聽話言이면 永畢微願이니이다 猶能作爲歌頌하여 傳示無窮이니이다 俯慰平生하고 仰答恩遇니이다 瞻望台屛하니 不勝區區니이다 謹奉啓하여 陳賀하노이다[23]

某는 啓奏를 올리옵니다. 삼가 살피옵건대, 中朝에서 辭職하고 西洛으로 돌아가 노년을 보내십니다. 官位는 師保에 이르고 名望은 古今에 높으셨으며 止足의 風度는 中外가 찬탄한 바입니다. 삼가 생각하옵건대, 太師로서 致仕하시니 夔와 皐陶의 위대한 업적을 몸소 이루고 方叔과 召虎의 방대한 謀略을 겸하셨습니다. 세 조정을 보좌하되 시종여일 節操를 지키셨습니다. 百辟(百官)은 남긴 功業을 함께 傳誦하고, 四夷는 名聲을 우러러 사모하였습니다. 백성들은 公을 의지해 안심하게 되었고, 선비들은 公을 사모하여 힘을 바쳤습니다. 尙父는 비록 늙었지만 武勇은 쇠하지 않았고, 猛虎는 山에 있지만 藜藿을 캐먹지 않는 지조를 가졌습니다. 더구나 임금을 모시고 앉아 정사를 의논하는 자리에선 노인임을 아랑곳하지 않았고, 나아가 세상을 구제하고 나서는 赤松子를 따라가 놀려는 약속을 어찌 저버리겠습니까? 벼슬을 헌신짝 버리듯이 하여, 이름이 태산보다 무거웠으니, 近世 이래로 오직 한 사람뿐이었습니다.

장차 嵩山과 少室山의 아래에서 한가히 노닐고, 伊水와 洛水의 사이에서 마냥 오르내리실 것입니다. 몸은 白雲처럼 떠다니고, 綠野에 堂을 개설하실 것입니다. 鼎鍾의 무거운 짐을 벗어버리고 竹帛(史冊)의 남은 빛을 거두실 것입니다. 비록 丹靑에 그려지고 尸祝으로 받들게 하더라도, 민중이 원하는 바거늘 누가 흠잡을 수 있겠습니까?

某는 일찍이 空疏한 자질로 그릇되게 公의 推奬을 받았습니다. 일찍이 河海 같은 힘을 빌려 조금이나마 국가에 공헌을 하려고 하였습니다. 그런데 어려운 일들이 많아 몇 년을 漂流하였습니다. 장차 고향으로 돌아가 조상의 墳墓를 보살피며 功名을 단념하려고 맹세하였습니다. 罪籍에서 이름이 제거되었으니 혹 洛陽을 들러 拜謁하고픈 소원이 이루어질 것이요, 예전에 입은 은혜를 아직도 간직하고 있으니 門下에 찾아가는 것을 허락하실 것입니다. 한 번 公의 말씀을 듣는다면 오래 끌어온 소원을 마칠 것입니다. 이에 歌頌을 지어서 무궁히 전해 보일 것입니다. 굽어 평생을 위로하고 우러러 恩遇에 답하옵니다. 台屛을 바라보니 설레는 마음 견딜 수가 없습니다. 삼가 啓奏를 올려 축하하옵니다.

1) 右某 : 오른쪽에 관직과 성명을 적으니 '오른쪽에 적힌 아무개'란 뜻이다. 예를 들어 오른쪽에 '翰林學士 蘇轍'이라 적었으면 '오른쪽에 적힌 蘇轍'이라고 하는 식이다. 여기서는 '某'라고 적었지만 실제로는 '右蘇轍' 또는 '右轍'이라고 적는다.
2) 中朝 : 漢代에서 武帝 이후에 朝官을 中朝와 外朝로 나누었으니, 中朝는 곧 內朝로서 官位와 品級이 비교적 높았다.
3) 止足之風 : 그칠 줄 알고 만족할 줄 아는 風度를 이른다.
4) 中外 : 여기서는 중앙과 지방을 가리킨다.
5) 致政 : 致仕와 같은 말로, 벼슬을 임금에 되돌려줌을 가리킨다.
6) 夔皐 : 夔는 舜帝 때의 樂官이고, 皐는 皐陶인데 舜帝 때의 刑官이다. 이 두 사람은 벼슬에 있을 때 政績이 있었으므로 후세에 그들을 빌어 賢明하게 보필한 大臣을 가리킨다.
7) 方召 : 方叔과 召虎로, 이 두 사람은 西周 때 宣王을 도와 中興시킨 賢臣이다.
8) 躬夔皐之偉業 兼方召之壯猷 : 이를 빌어 文彦博의 文武兼全를 가리킨다.
9) 翼亮三朝 : 文彦博이 仁宗・英宗・神宗의 세 조정을 내리 보좌한 일을 가리킨다.
10) 四夷想聞於風聲 : ≪宋史≫ 〈文彦博傳〉에 의하면, 元祐 연간에 契丹의 耶律永昌과 劉霄가 宋나라에 사신으로 왔을 때 蘇軾이 그들을 맞이하였다. 그들은 황제를 뵈러 대궐로 들어가다가 殿門 밖에서 文彦博을 보더니 그 자리에 서서 엄숙한 태도를 지으며 '이분이 바로 潞公이시오?'라고 묻는 등 문언박을 깍듯이 대하였고, 文彦博이 洛陽으로 돌아온 뒤에는 西羌首領 溫溪心이 名馬를 문언박에게 선물로 주고 싶어 하는 등 문언박을 무척 사모했다고 한다.
11) 尙父 : 周나라 초기의 정치가 太公望을 가리킨다. 俗稱은 姜太公. 武王을 도와 殷나라를 멸하고 천하를 평정한 공으로 齊나라에 봉해졌고, 兵書 ≪六韜≫는 그

의 저서라고 전한다.

12) 鷹揚 : 武勇을 떨침을 가리킨다.

13) 坐而論道 : 大臣이 帝王을 모시고 앉아서 정사를 의론하는 일을 가리킨다.

14) 赤松之約 : 벼슬을 내놓고 돌아가 林泉에서 노닐 것을 기약함을 말한다. ≪史記≫ 〈留侯世家〉에, 張良이 말하기를 "인간의 일을 버리고 赤松子를 따라 놀려고 한다."는 말이 있기 때문에 이렇게 인용한 것이다.

15) 嵩少 : 嵩山과 少室山. 洛陽 부근에 있다.

16) 伊洛 : 伊水와 洛水. 두 물은 洛陽을 경유한다.

17) 堂開綠野 : 唐나라 裴度의 綠野堂이란 별장이 洛陽에 있었다. 裴度는 바로 唐 憲宗 때의 宰相. 그는 藩鎭의 叛亂을 평정하여 공을 세우고 만년에 벼슬을 내놓고 洛陽으로 물러가 살았다. 이 대문에서는 裴度의 綠野堂에 대한 典故를 인용해서 은연히 문언박을 배도에 비유하였다.

18) 釋鼎鍾之重負 收竹帛之餘光 : 功勳이 鼎鍾에 새겨지고 竹帛에 쓰이어 오래 전해지리라는 뜻을 담고 있다.

19) 圖之丹靑 奉以尸祝 : 초상화가 그려지고 神主로 모셔져서 사람들의 崇拜 대상이 되리라는 뜻이다.

20) 某蚤以空疏 誤辱知獎 : 熙寧 원년(1073)에 文彦博이 蘇轍을 불러 學官으로 삼은 일을 가리킨다.

21) 借潤於河海 : 河海에서 물을 빌려 사물을 윤택하게 한다는 말. 곧 文彦博의 힘을 입어 국가에 공헌하였다는 뜻이다.

22) 歸掃墳墓 : 고향에 돌아가 조상의 묘소를 보살피겠다는 말. 곧 고향에 돌아가 은거하겠다는 뜻을 담고 있다.

23) 張伯行의 ≪唐宋八家文鈔≫에서 "'尙父는 비록 늙었지만 武勇은 쇠하지 않았고, 猛虎는 山에 있지만 藜藿을 캐먹지 않았다.'고 한 것은 확실히 이 文潞公(文彦博)의 氣概이다. 疏宕한 중에 蘊藉한 맛이 넉넉히 있으니, 짤막한 啓奏 중에 매우 아름다운 것이다.〔尙父雖老而鷹揚未衰猛虎在山 而藜藿不採 確是文潞公氣概 疏宕之中 饒有蘊藉 小啓之絶佳者〕"라고 비평하였다.

08. 賀歐陽少師致仕啓* 歐陽少師의 致仕를 축하한 啓奏

* 본 啓奏는 熙寧 4년(1071)에 쓴 것이다. 歐陽少師는 곧 歐陽修(1007~1072)를 가리킨다. 자는 永叔, 호는 醉翁・六一居士이다. 歐陽修는 熙寧 원년(1068)부터 무려 다섯 차례나 사직서를 올려서 熙寧 4년에 太子少師로 致仕하였다.

伏審累章得謝[1)]하여 故邑榮歸니이다 位冠東宮하고 寵兼舊職[2)]이니이다 高風所振에 淸議愈隆이니이다 伏惟致政觀文少師[3)]하니 道德在人하고 術學蓋世니이다 早遊侍從하니 蔚爲議論之宗[4)]이요 晩入廟堂하니 隱然衆庶之望[5)]이니이다 屬三朝[6)]之終始하여 更萬變之勤勞니이다 臨事而安하니 莫測弛張之用이요 釋位旣久니 始知鎭靜之功[7)]이니이다 仰成績之不刊하고 信後來之難繼니이다 薦[8)]歷三鎭[9)]하되 始終一心이니이다 知無不言하니 曾中外而易意[10)]요 老而彌壯하니 信賢達之過人이니이다 衆皆以力事君이나 公獨以道自任이니이다 仕以其力者는 力衰而後去나 進以其道者는 道高則難留니이다 故로 七十致仕[11)]는 在禮則然이니이다 而六一自名[12)]하니 此志久矣니이다 築室淸穎하니 琴書足以忘憂요 遺名四方하니 珪組[13)]蓋已外物이니이다 誰與[14)]治國이리잇가 能就問以質疑니이다 惟是門人[15)]은 尙不拒其來學이니이다 轍以官守[16)]로 不獲躬詣門屛이니 謹奉啓하여 陳賀하노이다[17)]

삼가 살피옵건대, 여러 번 사직서를 올려서 사직을 허락받아 고향으로 영화롭게 돌아가셨습니다. 職位는 東宮에서 으뜸이고 恩寵이 더해져 이전 관직을 겸하셨습니다. 높은 風範이 떨치는 바에 맑은 의론이 더욱 높았습니다. 삼가 생각하옵건대, 觀文殿學士와 太子少師로 致仕하셨으니, 道德은 인품에 충만하고 學術은 세상에서 짝할 사람이 없습니다.

일찍이 侍從에 종사하였으니 성대하게 議論의 宗主가 되셨고, 만년에 廟堂에 들어가니 隱然히 백성들의 信望이 되셨습니다. 三朝에서 시종 관직을 맡아 각종 변화에 응하는 노고를 겪으셨습니다. 일을 만나면 조용히 처리하니 그 施政에 있어서 관대함과 엄중함을 병용하는 방법은 남들이 헤아리지 못하였습니다. 관직을 내놓은 지 이미 오래돼서야 나라를 진정시킨 공을 사람들이 알았습니다. 영원히 남긴 업적을 우러러 보고, 후세에서 그 공적을 계승하기 어려울 것을 믿습니다. 세 조정에서 내리 관직을 맡으시되 처음부터 끝까지 한 마음이었습니다. 아는 일이면 말하지 않는 적이 없으니 일찍이 중앙에서나 지방에서나 의지를 바꾸지 않으셨고, 연로할수록 더욱 건장하니 賢達이 남보다 뛰어남을 믿습니다. 여러 사람은 모두 힘으로써 임금을 섬겼지만, 公은 홀로 道로써 스스로 책임지셨습니다. 힘으로써 벼슬하는 자는 힘이 쇠한 뒤에 물러가지만, 道로써 진출하는 자는 道가 높으면 머물러 있기 어렵습니다. 그러므로 70세에 致仕하니 禮에 있어서 그렇게 하는 것이었습니다.

'六一'로 스스로 명명하였으니, 이 뜻을 지킨 지 오래였습니다. 清楚한 潁州에 집을 지었으니, 거문고와 책으로 걱정을 잊기에 족합니다. 이름을 사방에 드날렸으니, 官職은 이미 身外의 물건이 되었습니다. 누구와 더불어 나라를 다스리겠습니까? 公에게 가서 의심스런 일을 물을 것입니다. 오직 執事께서는 부디 배우러 오는 사람을 거절하지 마십시오. 轍은 官守 때문에 직접 門屏에 갈 수 없으므로 삼가 啓奏를 올려 축하드리옵니다.

1) 累章得謝 : 여러 번 사직서를 올려서 사직을 허락받았음을 가리킨다.
2) 舊職 : 宋代에는 官・職・差遣이 각각 있어서 이따금 官은 떨어져도 職은 그대로 유지되었다.
3) 致政觀文少師 : 歐陽修가 致仕하기 전에 觀文殿學士가 되었다.
4) 早遊侍從 蔚爲議論之宗 : 宋代에는 翰林學士・給事中・六尚書・侍郎을 侍從이라고 하였으니, 歐陽修가 일찍이 知諫院・翰林學士 등을 역임하였기 때문에 이렇게 칭한 것이다.
5) 晩入廟堂 隱然衆庶之望 : 歐陽修가 嘉祐 5년(1060)에는 入朝하여 樞密副使가 되고, 嘉祐 6년에는 參知政事가 되어 지위가 副相에 이르렀기 때문에 이렇게 말한 것이다.
6) 三朝 : 여기서는 宋代의 仁宗・英宗・神宗의 3朝를 가리킨다.
7) 釋位既久 始知鎭靜之功 : 歐陽修가 治平 4년(1067)에 亳州知州로 나간 뒤로는 줄곧 外職만 역임하였기 때문에 여기서 말한 '釋位'는 參知政事의 자리를 내놓는 것을 가리킨다.
8) 薦 : 저본에는 '荐'으로 되어 있는데, ≪欒城集≫에 의하여 '薦'으로 바꾸었다.
9) 薦歷三鎭 : 歐陽修가 外職으로 나가 맡은 三鎭 지방은 다 나라의 重鎭이었는데,

곧 青州・潁昌・蔡州 같은 고을은 모두 京畿나 혹은 京城 부근에 있었다.

10) 知無不言 曾中外而易意 : ≪宋史≫ 〈歐陽修傳〉에 의하면 "歐陽修가 翰林에 있는 8년 동안 아는 일이면 말하지 않은 적이 없었으며, 歐陽修는 평생 동안 남과 말할 때에는 다 말하고 숨기는 일이 없었다."고 한다.

11) 七十致仕 : ≪禮記≫ 〈王制〉에 "50세가 되면 大夫의 爵을 받고, 60세가 되면 〈제자의 예를 갖출 수 없기 때문에〉 친히 배우지 않으며, 70세가 되면 〈직임의 노고를 감당할 수 없기 때문에〉 관직에서 물러난다."고 하였다.

12) 六一自名 : 歐陽修가 지은 〈六一居士傳〉에 "우리 집에는 1만 권의 책을 저장하고, 三代 이래 金石遺文 1천 권을 集錄하고, 거문고 1張과 바둑 1局을 마련해두고, 항상 술 한 병을 비치하고 …… 내 한 늙은이가 이 다섯 물건 사이에서 늙으니, 이것이 어찌 '六一'이 아니겠는가?"라고 하였다.

13) 珪組 : 珪玉과 印組. 곧 官爵을 가리킨다.

14) 저본에는 '歟'로 되어 있는데, 四庫全書 ≪唐宋八大家文抄≫에 의하여 '與'로 바꾸었다.

15) 門人 : 守門人이니, 곧 상대방을 존경하는 뜻에서 상대방을 직접 칭하지 않고 간접적으로 執事者를 칭한 것이다.

16) 官守 : 관리의 직책을 가리킨다.

17) 張伯行의 ≪唐宋八家文鈔≫에서 "그 流宕한 곳은 東坡에게 미치지 못하지만, 문장 가운데 '여러 사람은 모두 힘으로써 임금을 섬겼지만 公은 홀로 道로써 스스로 책임졌다.'는 대문은 歐陽公의 身分에 대한 설명이 너무도 뛰어났다.〔其流宕處 不及東坡 中云衆皆以力事君 公獨以道自任 說得歐陽身分高〕"라고 비평하였다.

09. 除中書舍人謝執政啓* 中書舍人을 제수받고 執政에게 사직하는 啓奏

* 본 啓奏는 元祐 원년(1086)에 쓴 것이다. 蘇轍은 起居郎에서 中書舍人으로 발탁되었다.

某는 啓하노이다 近蒙聖恩除前件官[1)]하고 仍改賜章服者니이다 謫宦江湖에 歲月已久[2)]하고 置身臺省에 志氣未安이온데 繼登翰墨之場하여 勉出絲綸之語[3)]니이다 辭而不獲[4)]하니

處之益驚이니이다 凡物之生은 小大異稱하고 惟人所處는 閒劇有宜니이다 狙猿은 無事於冠裳하고 爰居는 不樂於鐘鼓니 操之則慄하고 舍之則安이니이다 是以로 造物者는 聽其自然하고 而用人者는 貴於因任[5]이니이다 然後에 才得其適하고 性無所傷이니이다 某少而讀書하고 中頗喜事니이다 旣挾策以干世하고 誠妄意於濟時니이다 奏牘之多는 旣比狂於方朔[6]이어니와 流涕之切도 亦效直於賈生[7]이니이다 比困幽憂하여 始聞大道[8]니이다 汎若虛舟之獨往하고 寂如死灰之不然[9]이니이다 久於索居하니 遂以無用이니이다 以謂良冶之砥石은 不能發無刃之金하고 大匠之斧斤은 不能器不才之木이니이다 自放而已니 蓋將終焉이니이다 豈意大明之繼升[10]하여 廣取諸賢以自助[11]리잇가 驥騄之乘에 而罷駑與焉[12]하고 楩柟之林에 而樗櫟在是[13]니이다 橫蒙見錄하니 漫不自知니이다 此蓋伏遇某官하니 道大難名이요 才高不器니이다 深念格天之業은 本由得士之功이니이다 致二老[14]於幽遐[15]하고 罄九官[16]之汲引[17]이니이다 下逮微陋도 或蒙甄收니이다 曾是放棄之餘에 輒參侍從之列이니이다 朝衣肉食[18]하니 雖懷歸而末由하고 濡足纓冠[19]이니 顧所居之當爾니이다 冀斯民之大定하고 幸四國之無虞니이다 碌碌何功이리오마는 猶或一書於竹帛이요 堂堂偉績은 尙能悉載於聲詩[20]리이다 過此以還은 未知所措니이다[21]

某는 啓奏하노이다. 최근에 聖恩을 입어 中書舍人을 제수받고, 따라서 章服도 다시 하사받았습니다. 貶官되어 줄곧 江湖에 있었던 사람으로서, 臺省에 몸을 두게 되니 마음이 편안하지 못한데 이어서 翰墨을 다루는 자리(中書舍人)에 올라 詔勅의 글을 열심히 지어내게 하셨습니다. 中書舍人의 사면을 청했지만 허락받지 못하니, 그 자리에 있는 것이 더욱 불안합니다. 무릇 生物은 크고 작음에 따라 칭호가 다르기 마련이고, 사람은 천성이 같지 않으므로 처한 자리가 한가한 것이 알맞은 사람도 있고, 분답한 것이 알맞은 사람도 있습니다. 원숭이는 옷을 입고 모자를 쓰는 것을 좋아하지 않고, 爰居란 새는 음악을 듣는 것을 좋아하지 않습니다. 그러므로 그것들은 그런 것을 갖는 것이 두렵고 그런 것을 버리는 것이 편합니다. 이 때문에 造物主는 自然의 이치를 따르게 해주고, 사람을 쓰는 이는 재능에 따라 임용하는 것이 제일입니다. 그런 뒤에야 재능이 알맞게 쓰이게 되고, 천성이 손상되는 바가 없습니다.

某는 소시에는 글을 읽고 중년에는 꽤 時事에 대해 의논하기를 좋아하였습니다. 계책으로 세상일을 간섭하고, 세상 사람을 구제하려는 망령스런 생각을 가졌습니다. 많은 奏牘을 쓴 것은 狂的인 것을 이미 東方朔에게 비교할 수 있거니와, 슬피 눈물을 흘린 것 또한 賈生처럼 忠心을 다한 것입니다. 요즘 과도한 걱정으로 시달린 끝에 비로소 자연법칙의 至理를 들었습니다. 빈 배가 가볍게 떠서 자유로이 오가는 것처럼 마음을 텅 비우고, 사그라진 재가 불타지 않는 것처럼 생각을 고요히 가지는 것입니다. 오랫동안 고독하게 있었으니 쓸 수 있는 재능이 없습니다. 그러므로 製鍊에 뛰어난 匠人의 숫돌은 무딘 쇠를 날카롭게 만들 수 없고, 技藝가 뛰어난 木工의 도끼는 재목을 이루지 못한 나무를 기구로 만들 수 없습니다. 단속을 받지 않고 방종할 따름이니, 그대로 끝날 것이었습니다.

그런데 태양이 계속 떠오르듯 恩德을 꾸준히 베푸시어 여러 현인을 널리 취해서 治政을 돕게 하실 줄 어찌 생각하였겠습니까? 驥騄 속에 罷駑가 끼어 있고, 楩柟 속에 樗櫟이 섞여 있는 것과 같습니다. 뜻밖에 錄用되었으니 錄用된 이유를 전연 알 수가 없습니다. 어떤 직위가 높은 高官을 만났는데, 그는 道가 너무 커서 무어라 형언하기 어렵고 재주가 높아서 무슨 일이든 할 수 있었습니다. 깊이 생각하옵건대 하늘을 감격시킬 만한 큰 功業을 성취시키는 것은 본래 賢能한 선비를 등용했기 때문입니다. 二老 같은 隱者를 幽遐한 林泉에서 돌아오게 하고, 九官이 천거한 유능한 인재를 다 임용하였습니다. 아래로 미천하고 비루한 사람에 이르기까지도 더러 錄用하였습니다. 일찍이 流放·廢棄된 끝에 갑자기 侍從의 반열에 참여되었습니다. 朝衣에 肉食을 할 처지가 되었으니, 비록 돌아갈 생각을 한다 하더라도 돌아갈 길이 없고, 빨리 서둘러 구제해야 할 위급한 상황이니, 처해진 상황의 적당 여부만을 살펴볼 뿐입니다. 백성들이 크게 안정되기를 희망하고, 온 천하가 태평무사하기를 바랍니다. 무능한 것이 무슨 공을 세우리오마는 혹시 한 번이라도 竹帛(史冊)에 쓰일 수 있을 것이고, 堂堂한 偉績은 말할 것도 없이 모두 聲詩에 실릴 것입니다. 이것을 제외한 이외의 것은 더 말씀드릴 바를 알지 못하겠습니다.

1) 前件官 : 여기서는 中書舍人을 가리킨다.

2) 謫宦江湖 歲月已久 : 蘇轍은 元豐 2년(1079)에 蘇軾이 新政을 비방한 일로 인하여 筠州로 左遷되고, 元豐 7년에는 績溪縣令이 되는 등 줄곧 外職에 있다가 元豐 8년에 哲宗이 즉위하고 나서야 비로소 그를 朝官으로 불러들였다.

3) 繼登翰墨之場 勉出絲綸之語：中書舍人은 皇帝의 명령을 받아 制書를 작성하는 일을 담당하였다. 絲綸은 詔勅의 글을 가리킨다.

4) 辭而不獲：蘇轍은 中書舍人을 제수받은 뒤에 辭免狀으로 두 번, 謝表로 두 번이나 사직을 청하였으나 허락받지 못하였다.

5) 因任：才能에 따라 임용함을 이른다.

6) 奏牘之多 旣比狂於方朔：奏牘은 황제에게 진언하는 문서이고, 方朔은 漢 武帝 때의 東方朔이니, 곧 자기가 쓴 많은 奏疏는 狂人 東方朔과 서로 비교할 수 있다는 말. ≪史記≫ 〈滑稽列傳〉에 의하면 "東方朔이 처음 長安에 들어왔을 때 올린 公車文字(上疏文)는 두 사람이 함께 들어야 겨우 들 수 있을 정도로 많았으므로 황제의 곁에 있는 사람들이 그를 '狂人'이라 했다."고 한다.

7) 流涕之切 亦效直於賈生：效直은 忠心을 다하는 일이고, 賈生은 漢 文帝 때의 賈誼이니, 곧 슬피 눈물을 흘린 것은 賈生처럼 忠心을 다한 것이란 말. ≪史記≫ 〈屈原賈生列傳〉에 "漢 文帝 때 賈誼를 梁懷王의 太傅로 삼았더니, 몇 년 후에 懷王이 말을 타다가 말에서 떨어져 죽었다. 그러자 賈生은 太傅의 도리를 다하지 못한 것을 마음 아파하고 일 년 내내 哭泣하다가 또한 죽었다."고 한다.

8) 大道：여기서는 자연법칙의 至理를 가리킨다.

9) 汎若虛舟之獨往 寂如死灰之不然：빈 배가 가볍게 떠서 자유로이 오가는 것처럼 허심탄회하고, 사그라진 재가 불타지 않는 것처럼 생각을 잠재우는 말. 虛舟는 胸懷가 恬淡하고 曠達함을 비유한 것이고, 然은 燃의 古字이다.

10) 大明之繼升：태양이 지속적으로 떠오른다는 말이니, 곧 帝王의 恩德이 쇠하지 않음을 비유한 것이다.

11) 廣取諸賢以自助：널리 賢能한 사람을 선택해서 자기를 도와 大業을 성취하게 함을 가리킨다.

12) 驥騄之乘 而罷駑與焉：驥騄은 周 穆王이 소유한 八駿馬의 하나로 재능이 걸출한 사람을 비유하고, 罷駑는 低劣한 말로 재능이 低下한 사람을 비유하니, 곧 低劣한 말이 良馬 속에 끼어 있다는 말로, 재능이 저하한 자가 賢能한 자들 속에 끼어 있음을 비유한 것이다.

13) 楩柟之林 而樗櫟在是：楩木과 柟木은 모두 棟梁의 재목이 될 만한 큰 나무로 재능이 걸출한 사람을 비유하고, 樗櫟은 굽고 옹종한 나무로 재능이 저하한 사람을 비유하니, 곧 楩柟 속에 樗櫟이 섞여 있다는 말로, 재능이 저하한 사람이

현능한 사람 속에 섞여 있음을 비유한 것이다.

14) 二老 : 伯夷와 呂望을 가리킨다.

15) 致二老於幽遐 : 伯夷와 呂望처럼 명망이 있는 隱者를 深幽하고 僻遠한 林泉으로부터 돌아오게 한다는 말이다.

16) 九官 : 九卿을 가리킨다.

17) 罄九官之汲引 : 宋代에 選擧에서 실행하는 保任法은 高官이 천거해야 관직을 맡길 수 있었기 때문에 이렇게 말한 것이다.

18) 朝衣肉食 : 朝衣는 조정에 나아갈 때 입는 禮服을 가리키고, 肉食은 高官의 厚祿을 가리킨다.

19) 濡足纓冠 : 濡足은 발을 물에 젖게 하여 더럽히는 일이고, 纓冠은 갓끈만 매는 일이니 곧 위급할 때를 가리킨다. ≪後漢書≫ 〈崔駰傳〉에 "유사시에는 하의를 걷어붙이고 발을 물에 더럽힌다.〔與其有事 則褰裳濡足〕"란 말이 보이고, ≪孟子≫ 〈離婁 下〉에 "한 집에 싸우는 사람이 있으면 이를 말리되, 비록 머리를 풀어 흩뜨리고 갓끈만 맨 채 가서 말리더라도 가하다.〔今有同室之人鬪者 救之 雖被髮纓冠而救之 可也〕"란 말이 보인다.

20) 聲詩 : 樂歌로, 곧 功을 노래하고 德을 칭송하는 廟堂의 樂章을 이른다.

21) 張伯行의 ≪唐宋八家文鈔≫에서 "씌어 있는 뜻과 단련된 말은 애써 공을 들인 것이나, 美麗한 면에는 손상을 주지 않았다.〔寫意煉辭 工致而不傷于紆麗〕"라고 비평하였다.

宋大家蘇文定公文抄 卷6

論

01. 夏論* 夏에 대한 論

* 夏는 禹가 舜으로부터 禪讓을 받아서 세운 나라 이름. 도읍은 安邑에 세웠다. 暴君 桀이 商湯에게 멸망될 때까지 17世, 439년간을 누렸다. 이 〈夏論〉에서부터 〈五代論〉에 이르기까지는 모두 嘉祐 6년(1061) 전에 쓴 것인데, 아마 소싯적에 科文으로 지은 것으로 보인다. 蘇轍이 嘉祐 6년에 쓴 〈上曾參政書〉에 "〈歷代論〉 12편은 위로 三王에서부터 아래로 五代에 이르렀으니, 각 王朝 사이에 있었던 治亂·興衰의 상황을 여기에서 대충 엿볼 수 있을 것이다."란 말이 보인다.

文甚佳니라 至於虞之所以宗堯와 夏之宗鯀은 亦古今典禮一大疑處니라

文章은 매우 아름답다. 虞가 堯를 祖宗으로 하게 된 것과 夏가 鯀을 祖宗으로 하게 된 것으로 말하면 또한 古今 典禮상 하나의 커다란 의문점이다.

聖人之道는 苟可以安天下요 不求爲異也니라 堯舜傳之賢하고 而禹傳之子니라 後世엔 以爲禹無聖人而傳之而後에 授之其子孫이니 此以好異期聖人也라하니라 夫聖人之於天下에 不從其所安而爲之하고 而求異夫天下之人하니 何其用心之淺耶아

聖人이 治國하는 법칙은 天下를 편안하게 하고, 특이한 일을 구하지 않는다. 堯와 舜은 王位를 어진 사람에게 전하였고, 禹는 王位를 아들에게 전하였다. 그러므로 後世에서는 '禹는 왕위를 전할 만한 聖人이 없은 뒤에 그 자손에게 넘겨주었으니, 이것은 특이한 일을 좋아함으로써 聖人에게 기대한 것이다.'라고 생각한다. 聖人이 天下에 대하여 편안하게 하는 법칙을 따라서 하지 않고 天下 사람에게 특이한 일을 구하였으니, 어찌 그리도 마음 씀이 천박하였을까?

昔者에 湯有伊尹하고 武王有周公하니 而周公은 又武王之弟也니라 湯之太甲과 武之成王은 皆可以爲天下니 而湯不以予其臣하고 武王不以予其弟는 誠以爲其子之才가 不至於亂天下者니 則無事乎授之他人이라하여 而以爲異也어늘 而天下之人은 何獨疑夫禹哉아 今夫人之愛其子는 是天下之通義也니라 有得焉而以予其子孫은 人情之所皆然也[1]니라 聖人以是爲不可易이라 故로 因而聽之[2]하여 使之父子相繼而無相亂이니라 以至於堯하여는 堯擧天下而授之舜하고 舜得堯之天下而又授之禹하니라 擧天下而授之人하니 此聖人之所以大過人이요 而天下後世之所不能也니라 天下後世之所不能이요 而聖人獨爲之어늘 豈以爲異哉아

옛날 湯에게는 伊尹이 있었고, 武王에게는 周公이 있었는데, 周公은 또 武王의 아우였다. 湯의 손자인 太甲과 武王의 아들인 成王은 모두 天下를 다스릴 수 있는 능력을 가졌으니, 湯이 그 신하에게 왕위를 주지 않고, 武王이 그 아우에게 왕위를 주지 않은 것은 확실히 그 아들의 재능이 天下를 어지럽히는 지경에 이르지 않았으니, 다른 사람에게 왕위를 넘겨줄 필요가 없다고 여기어 특이한 일을 한 것인데, 天下 사람은 어찌 유독 禹만을 의심하는가?

사람이 자식을 사랑하는 것은 바로 天下의 보편적인 도리이다. 얻은 것이 있어서 그 자손에게 전해주는 것은 人情이 다 그러한 것이다. 聖人은 이것을 바꿀 수 없는 법칙으로 여겼다. 그러므로 그 보편적인 도리를 따라서 父子가 서로 계승하여 서로 어지럽힘이 없게 한 것이다. 堯에 와서는 堯가 天下를 전부 舜에게 넘겨주었고, 舜은 堯의 天下를 얻어서 또 禹에게 넘겨주었다. 天下를 남에게 넘겨주었으니, 이것은 바로 聖人이 일반 사람보다 크게 초월한 것이고, 天下 後世는 이런 경지에 도달할 수 없는 것이다. 天下 後世는 도달할 수 없는 바이고, 聖人만이 홀로 할 수 있는 일이거늘, 어찌 이상한 일이라고 할 수 있겠는가?

1) 人情之所皆然也 : 人之常情이란 뜻이다.

2) 因而聽之 : 사람이 얻은 바가 있으면 곧 그 자손에게 넘겨주는 보편적인 도리를 따른다는 말이다.

天下之人은 **不能皆賢而有異人**[1]**焉**하니 **爲異而震之**면 **則天下皆將喜其名而失其眞**이니라 **故**로 **夫堯舜之傳賢者**는 **是不得已而然也**[2]니라 **使堯之丹朱**와 **舜之商均**이면 **僅可以守天下**어늘 **而堯肯傳之舜**하고 **舜肯傳之禹**하여 **以爲異而疑天下哉**[3]아 **然則禹之不以天下授益**은 **非以益爲不足受也**니라 **使天下復有禹**라도 **予知禹之不以天下授之矣**니라 **何者**오 **啓足以爲天下故也**니라 **啓爲天下而益爲之佐**면 **是益不失爲伊尹周公**이니 **其功猶可以及天下也**니라 **聖人之不喜異也如此**니라

天下 사람은 다 어질 수가 없다. 그래서 일반 사람과 다른 일을 하는 경우가 있으니, 일반 사람과 다른 일을 하여 천하 사람을 놀라게 하면 天下 사람은 모두 장차 禪位의 명목만 추구하고 그 禪讓의 실상은 보지 못하게 될 것이다. 그러므로 堯와 舜이 어진 사람에게 왕위를 전한 것은 바로 부득이해서 그렇게 했던 것이다. 가사 堯의 아들 丹朱와 舜의 아들 商均을 왕위에 앉혔다면 근근이 天下를 지킬 수 있었을 터인데, 堯는 왕위를 舜에게 전하고 舜은 왕위를 禹에 전함으로써 일반 사람과 다른 일을 하여 天下를 의아하게 하였을까? 그렇다면 禹가 天下를 益에게 넘겨주지 않은 것은 益을 왕위를 받기에 부족한 사람으로 여긴 것은 아니었다. 가사 天下에 다시 禹가 있다 해도 禹가 天下를 益에게 넘겨주지 않을 것임을 나는 안다. 왜냐하면 그의 아들 啓가 족히 天下를 다스릴 수 있을 것이라고 여겼기 때문이다. 啓가 天下를 다스리고 益이 보좌가 되면 益은 伊尹과 周公이 되는 것을 부끄러워하지 않을 것이니 그의 功이 오히려 天下에 미칠 수 있기 때문이다. 聖人이 일반 사람과 다른 일을 하는 것을 기뻐하지 않는 것이 이와 같다.

1) 異人 : 일반 사람과 다른 일을 한다는 말이다.
2) 是不得已而然也 : 아들이 어질지 못해서 어진 사람에게 왕위를 전한 것을 가리킨다.
3) 以爲異而疑天下哉 : 일반 사람과 같지 않은 일(禪位)을 하여 천하 사람으로 하여금 의심을 일으키게 한다는 말이다.

魯人之法은 **贖人**[1]**者受金於府**니라 **子貢贖人而不受賞**하니 **夫子嘆曰 嗟夫**라 **使魯之不復贖人者**는 **賜也**[2]라하시니라 **夫贖人而不以爲功**은 **此君子之所以異於衆人者**나 **而**

其弊乃至於不贖이니라 是故로 聖人不喜爲[3)]異는 以其有時而窮也일새니라 閔子終三年之喪하고 見於夫子할새 援琴而歌하되 戚戚而不樂하고 作而曰 先王制禮하니 弗敢過也라하고 子夏終三年之喪하고 見於爲子할새 取琴而鼓之하되 其樂侃侃然하고 作而曰 先王制禮하니 不敢不及也라하니 而夫子皆以爲賢[4)]이시니라

魯나라의 法은 贖錢을 내고 사람을 찾아오는 자는 府에서 돈을 받는 것으로 되어 있다. 그런데 子貢은 贖錢을 내고 사람을 찾아왔으나 賞金을 받지 않았다. 그러자 夫子(孔子)가 탄식하며 말씀하기를 "아! 슬프다. 魯나라에서 다시는 贖錢을 내고 사람을 찾아오는 자가 없게 만든 것은 賜(子貢의 이름)로구나."라고 하셨다. 무릇 贖錢을 내고 사람을 찾아왔으면서 그것을 功으로 여기지 않는 것은 바로 군자가 보통 사람과 다르게 행동하는 점이지만, 그 폐단은 곧 魯나라 사람이 贖錢을 내지 않게 만든다. 이 때문에 聖人이 일반 사람과 다른 일을 하는 것을 기뻐하지 않는 것은 결국은 폐단이 생길 때가 있기 때문이다.

閔子는 三年喪을 마치고 나서 夫子를 뵙고는 거문고를 당겨 노래하되 걱정하는 빛을 띠고 즐거워하지 않는 모습으로 일어나서 말하기를 "先王이 제정한 禮라서 감히 더할 수 없었습니다."라고 하였고, 子夏는 三年喪을 마치고 나서 夫子를 뵙고는 거문고를 당겨 타되 화평하고 쾌락한 모습으로 일어나서 말하기를 "先王이 제정한 禮라서 감히 미치지 않을 수 없었습니다."라고 하니, 夫子께서는 둘 다 어질게 여기셨다.

1) 贖人 : 여기서는 諸侯에게 臣妾으로 가 있는 魯國 사람을 贖錢을 내고 찾아오는 것을 가리킨다.

2) 魯人之法……賜也 : ≪呂氏春秋≫ 〈先識覽 察微〉에 다음과 같은 내용이 보인다. "魯나라의 法은 魯나라 사람으로서 諸侯에게 臣妾으로 가 있는 자를 贖錢을 내고 찾아오는 자가 있으면 그 돈을 府에서 받는 것으로 되어 있다. 그런데 子貢은 諸侯에게 贖錢을 내고 魯나라 사람을 찾아오고도 사양하고 그 돈을 받지 않았다. 그러자 공자께서 말씀하기를 '賜는 실수하였다. 이후로는 魯나라 사람이 贖錢을 내고 사람을 찾아오지 않을 것이다. 그 돈을 받으면 행실에 손해될 것이 없고, -덕행에 손해될 바가 없음을 말한다.- 그 돈을 받지 않으면 다시 贖錢을 내고 사람을 찾아오지 않을 것이다.' 하였다. -≪淮南記≫에 '子貢은 사양함으로써 義를 망실했다.'는 것은 바로 이것을 이른 것이다.- 〔魯國之法 魯人爲人臣妾

於諸侯 有能贖之者 取其金於府 子貢贖魯人於諸侯來 而讓不取其金 孔子曰 賜失之矣 自今以往 魯人不贖人矣 取其金 則無損於行-言無所損於德行也- 不取其金 則不復贖人矣-淮南記曰 子貢讓而亡義 此之謂也-〕"

3) 爲 : 저본에는 '夫'로 되어 있는데, ≪欒城集≫에 의하여 '爲'로 바꾸었다.

4) 閔子終三年之喪……而夫子皆以爲賢 : ≪毛詩注疏≫ 〈羔裘〉章의 素冠에 대한 傳에 "子夏가 三年喪을 마치고 나서 夫子를 뵙고는 거문고를 끌어안고 타되 화평하고 쾌락한 모습으로 일어나서 말하기를 '先王이 제정한 禮라서 감히 미치지 않을 수 없었습니다.'라고 하니, 夫子께서 '君子로구나.'라고 하셨고, 閔子騫이 三年喪을 마치고 나서 夫子를 뵙고는 거문고를 끌어안고 타되 걱정하는 빛을 띠고 즐거워하지 않는 모습으로 일어나서 말하기를 '先王이 제정한 禮라서 감히 더할 수 없었습니다.'라고 하니, 夫子께서는 '君子로구나.'라고 하셨다. 그러자 子路가 말하기를 '감히 묻자옵니다. 무엇을 말씀하신 것입니까?'라고 하니, 夫子께서 말씀하기를 '子夏는 슬픔이 이미 다했으나 능히 끌어서 禮에 미쳤기 때문에 군자라고 한 것이고, 閔子騫은 슬픔이 다하지 않았으나 능히 스스로 禮로써 선을 그었기 때문에 군자라고 한 것이다. 삼년상은 賢者의 경우는 가볍게 여기는 바요, 不肖者의 경우는 힘쓰는 바이다.'라고 했다.〔子夏三年之喪畢 見於夫子 援琴而絃 衎衎而樂 作而曰 先王制禮 不敢不及 夫子曰 君子也 閔子騫三年之喪畢 見於夫子 援琴而絃 切切而哀 作而曰 先王制禮 不敢過也 夫子曰 君子也 子路曰 敢問何謂也 夫子曰 子夏哀已盡 能引而致之於禮 故曰君子也 閔子騫哀未盡 能自割以禮 故曰君子也 夫三年之喪 賢者之所輕 不肖者之所勉〕"란 말이 보인다.

由此觀之면 **禹益之事**는 **傳者之過也**니라 **記有之曰 有虞氏**[1]는 **禘黃帝而郊嚳**하고 **祖顓頊而宗**[2]**堯**하며 **夏后氏**[3]는 **禘黃帝而郊鯀**하고 **祖顓頊而宗禹**[4]라하니라 **舜禹皆有所從受天下者**[5]니 **其所從受天下者**는 **不可忘也**니라 **故**로 **舜宗堯而置瞽瞍**하니 **此天下之大義也**니라 **至禹**엔 **不獨廢堯而且忘舜**하고 **鯀雖得罪**[6]나 **以父故**로 **得祭於郊**니라 **從舜之義**면 **則禹爲忘其君**[7]이요 **從禹之義**면 **則舜爲忘其親**[8]이니라 **二者**[9]는 **皆聖人之所不爲也**니라

이것으로 본다면 禹와 益의 일은 傳하는 사람의 잘못이다. ≪禮記≫에 다음과 같은

말이 있으니, 곧 "有虞氏는 黃帝에게 禘祭를 지내고 帝嚳에게 郊祭를 지내며, 顓頊을 始祖로 모시고 堯를 宗으로 하였다. 夏后氏는 黃帝에게 禘祭를 지내고 鯀에게 郊祭를 지내며, 顓頊을 始祖로 모시고 禹를 宗으로 하였다."고 한다. 舜과 禹는 모두 他姓人으로부터 天下를 받은 바가 있었으니, 他姓人으로부터 天下를 받은 경우는 天下를 준 사람을 잊을 수가 없다. 그러므로 舜은 堯를 宗으로 하고 瞽瞍를 방치하였으니, 이는 天下의 大義인 것이다. 禹에 와서는 堯만 폐기한 것이 아니라 또한 舜도 잊었고, 鯀은 비록 죄를 지었으나 아버지이기 때문에 郊에 제사를 지냈다. 舜의 義를 따른다면 禹는 그 임금을 잊은 것이 문제가 되고, 禹의 義를 따른다면 舜은 그 아버지를 잊은 것이 문제가 된다. 이 두 가지는 모두 聖人이 하지 않을 바이다.

1) 有虞氏 : 여기서는 舜의 후손을 가리킨다.
2) 宗 : 덕이 있어서 존경함을 가리킨다.
3) 夏后氏 : 여기서는 禹의 후손을 가리킨다.
4) 記有之曰……祖顓頊而宗禹 : ≪禮記≫ 〈祭法〉에 "제사 지내는 법에 有虞氏는 黃帝에게 禘祭를 지내고 帝嚳에게 郊祭를 지내며, 顓頊을 始祖로 모시고 堯를 宗으로 삼았다. 夏后氏는 또한 黃帝에게 禘祭를 지내고 鯀에게 郊祭를 지내며, 顓頊을 始祖로 모시고 禹를 宗으로 삼았다. 殷나라 사람은 帝嚳에게 禘祭를 지내고 冥에게 郊祭를 지내며 契을 시조로 모시고 湯을 宗으로 삼았다. 周나라 사람은 帝嚳에게 禘祭를 지내고 稷에게 郊祭를 지내며 文王을 시조로 모시고 무왕을 宗으로 삼았다.〔祭法 有虞氏 禘黃帝而郊嚳 祖顓頊而宗堯 夏后氏 亦禘黃帝而郊鯀 祖顓頊而宗禹 殷人禘嚳而郊冥 祖契而宗湯 周人禘嚳而郊稷 祖文王而宗武王〕"란 말이 보인다.
5) 有所從受天下者 : 他姓人으로부터 禪位를 받아 天下를 얻었다는 말이다.
6) 鯀雖得罪 : ≪史記≫ 〈夏本紀〉에 의하면 "堯가 鯀을 시켜 治水하게 하였는데 9년이 되어도 공을 이루지 못하였다. 舜이 天子의 政事를 攝行하자 鯀을 羽山에 가두어 죽였다."고 한다.
7) 從舜之義 則禹爲忘其君 : 舜의 道理를 따른다면 禹의 제사에서 禪位받은 君主인 堯와 舜을 잊은 것이 문제라는 말. 夏禹氏는 禹와 鯀을 제사 지냈으니, 이들은 그 친족이고, 그 임금이 아니었다.
8) 從禹之義 則舜爲忘其親 : 禹의 道理를 따른다면 舜의 제사에서 자기의 아버지를

잊은 것이 문제라는 말. 有虞氏는 帝嚳과 堯를 제사 지냈으니, 모두 그 임금이고, 그 친족이 아니었다.

9) 二者 : 임금을 잊은 것과 아버지를 잊은 것을 가리킨다.

予聞之하니 **禮之所行**은 **義之所許也**[1]라하니라 **故**로 **禮雖先王未之有**나 **可以義起也**니라 **舜禹之有天下**는 **則先王之所未有也**[2]니라 **故**로 **堯雖非父**[3]나 **而其德載於後世**니 **不可以不宗**이요 **瞽雖其親**이나 **而無功於人**이니 **不可以私享**[4]이니라 **二者**는 **皆義也**니라 **至夏后氏**하여는 **郊鯀而宗禹**하니 **此禹之子孫之禮也**니라 **孰謂禹之不宗舜哉**아 **柳下惠稱有虞氏**는 **郊堯而宗舜**[5]이라하니 **先儒**[6]**以爲此虞氏子孫之禮也**라하니라 **以虞推禹**면 **則禹其有不宗舜**[7]**乎**아 **雖然**이나 **夏之子孫**이 **所以不宗舜者**는 **以有鯀也**니라 **鯀雖得罪於舜**이나 **而從事於水者九年**이니 **非瞽瞍之比也**니라 **故**로 **卒爲夏郊**요 **而三代祀之**니라 **三代猶以其功祀之**어늘 **而其子孫**이 **顧可以他人廢之乎**아 **故**로 **夫虞夏之祀**는 **皆義之所予**[8]**也**니라

나는 들으니 "禮儀를 시행하는 것은 반드시 大義가 허락하는 범위 안에서 해야 한다."고 하였다. 그러므로 禮가 비록 先王 때에 있지 않았지만, 大義에 비추어서 제정할 수가 있었다. 舜과 禹가 禪讓을 받아 天下를 가진 것은 先王 때에는 없었던 일이다. 그러므로 堯가 비록 舜의 아버지는 아니었지만, 그 德이 後世에 기록되었으니 宗으로 하지 않을 수가 없고, 瞽瞍는 비록 그 부친이었지만, 사람에게 공이 없었으니 私享을 할 수가 없었다. 이 두 가지는 모두 義인 것이다.

夏后氏에 와서는 鯀에게 郊祭를 지내고 禹를 宗으로 하였으니 이는 禹의 子孫이 행한 禮였다. 禹가 舜을 宗으로 하지 않았다고 누가 말할 수 있겠는가? 柳下惠는 칭하기를 "有虞氏는 堯에게 郊祭를 지내고 舜을 宗으로 하였다."고 하니, 이에 대하여 先儒는 "이는 虞氏의 子孫이 행한 禮였다."고 하였다. 虞나라를 가지고 禹를 추구한다면 禹가 舜을 宗으로 하지 않을 수 있었겠는가? 비록 그렇기는 하나 夏나라의 子孫이 舜을 宗으로 하지 않은 까닭은 鯀이 있었기 때문이다. 鯀이 비록 舜에게 죄를 얻었으나 治水에 종사한 지 9년이나 되었으니, 瞽瞍에 비할 바가 아니었다. 그러므로 끝내는 夏나라의 郊祭 대상이 되고 三代가 이를 제사 지냈다. 三代도 오히려 그 공로 때문에 그를 제사 지냈거늘, 그 子孫이 다른 사람 때문에 그것을 폐지할 수 있겠는가? 그러므로

虞나라와 夏나라에서 지낸 제사는 모두 義가 허락하는 범위 안에서 한 것이었다.

1) 禮之所行 義之所許也 : 禮儀를 시행하는 것은 반드시 大義가 허락하는 범위 안에서 해야 한다는 말이다.
2) 舜禹之有天下 則先王之所未有也 : 舜과 禹는 禪讓을 받아서 天下를 획득하였지만, 先代의 君主들은 모두 그런 방식으로 天下를 획득하지 않았다는 말이다.
3) 堯雖非父 : '堯는 비록 舜의 아버지가 아니었지만'이란 말이다.
4) 私享 : 친족을 위해 제사 지냄을 이른다.
5) 柳下惠稱有虞氏 郊堯而宗舜 : 柳下惠는 춘추시대 魯나라 大夫인 展禽을 가리킨다. 食邑이 柳下요, 시호가 惠이기 때문에 '柳下惠'라 칭한다. ≪國語≫ 〈魯語上〉에 展禽이 말하기를 "그러므로 有虞氏는 黃帝에게 禘祭를 지내고 顓頊을 시조로 모시며 堯에게 郊祭를 지내고 舜을 宗으로 삼았다.〔故有虞氏 禘黃帝而祖顓頊 郊堯而宗舜〕" 하였고, 이에 대하여 東漢의 賈逵는 "有虞氏는 舜의 후손인데, 夏·殷에 있어서는 두 王의 後裔가 되기 때문에 郊·禘·宗·祖의 禮가 있었다."라고 註를 달았는데, 곧 舜이 있을 때에는 堯를 宗으로 하고, 舜이 서거한 뒤에는 그 후손이 舜을 宗으로 하였다는 것이다.
6) 先儒 : 여기서는 賈逵를 가리킨다.
7) 有不宗舜 : 여기서는 舜에게 제사 지내지 않은 혐의가 있음을 말한다.
8) 所予 : 허락한 범위를 가리킨다. ≪欒城集≫에는 "……夫子皆以爲賢" 뒤에 바로 "이것으로 본다면, 성인의 행함은 어찌 천하 사람보다 낫기를 구했겠는가? 또한 지키는 바가 있을 뿐이다.〔由此觀之 聖人之行 豈求勝夫天下之人哉 亦有所守而已矣〕"란 말로 마무리를 하였고, 저본에 보인 "禹益之事……."란 말은 없다.

02. 商論* 商에 대한 論

* 이 〈商論〉 또한 소식적 작품일 것인데, ≪欒城集≫에 실려 있는 商論과 출입이 비교적 크다.

此文은 **如天馬行空**이요 **而識見**도 **亦深到**니라

이 문장은 마치 天馬가 공중을 날아다니는 것과 같고, 識見 또한 깊이

도달하였다.

商之有天下者 三十世[1)]요 而周之世三十有七[2)]이며 商之旣衰而復興者는 五王[3)]이요 而周之旣衰而復興者는 宣王一人而已[4)]니라 夫商之多賢君하니 宜若其世之過於周니라 周之賢君이 不如商之多언마는 而其久於商者 乃數百歲[5)]니 其故何也오

商나라가 天下를 보유한 기간은 30世요, 周나라가 天下를 보유한 기간은 37世이며, 商나라가 이미 衰落한 뒤에 다시 일으킨 임금은 다섯 명이었고, 周나라가 이미 衰落한 뒤에 다시 일으킨 임금은 宣王 한 사람뿐이었다. 商나라는 어진 임금이 많았으니 마땅히 나라를 누리는 世代 수가 周나라를 넘었어야 했다. 周나라의 어진 임금이 商나라의 많은 것만 못하였는데도 商나라보다 오래 누린 기간이 수백 년이 되었으니 그 까닭은 무엇인가?

1) 商之有天下者 三十世：成湯이 夏나라를 멸하고 나서 국호를 '商'이라 하고 亳에 도읍을 세웠다. 盤庚이 도읍을 殷으로 옮기고 국호를 '殷'이라 하였다. 成湯으로부터 시작되고 紂에 이르러 周 武王에게 멸망되었는데, 30世에 걸쳐 나라를 보유하였고, 통치한 君主는 총 30명이었다.
2) 周之世三十有七：周나라를 세운 武王으로부터 마지막 임금인 赧王에 이르기까지 37명의 君主가 周나라를 통치하였다.
3) 商之旣衰而復興者 五王：≪史記≫〈殷本紀〉에 의하면, 殷나라는 雍己 때에 衰落한 것을 太戊가 다시 일으켰고, 河亶甲 때에 쇠락한 것을 祖乙이 다시 일으켰고, 陽甲 때에 쇠락한 것을 盤庚이 다시 일으켰고, 小辛과 小乙 때에 쇠락한 것을 武丁과 祖庚이 다시 일으켰다.
4) 周之旣衰而復興者 宣王一人而已：≪史記≫〈周本紀〉에 의하면, 周나라는 懿王 때부터 쇠락하기 시작하여 孝王·夷王·厲王을 거치는 동안에 더욱 衰敗하였는데, 宣王이 召公과 周公의 도움을 받아 다시 일으켰다.
5) 乃數百歲：商나라가 지속된 역년은 645년, 周나라가 지속된 역년은 820년이니, 後者가 165년 더 많다.

蓋周公之治天下[1)]엔 務以[2)]文章[3)]繁縟之禮[4)]하고 和柔馴擾剛强之民하니라 故로 其道

本於尊尊而親親[5)]하고 **貴老而慈幼**[6)]하여 **使民之父子相愛**하고 **兄弟相悅**하여 **以無犯上難制之氣**하고 **行其至柔之道**하여 **以揉天下之戾心**하고 **而去其剛毅果敢之志**니라 **故**로 **其享天下至久**언마는 **而諸侯內侵**[7)]하고 **京師不振**[8)]하여 **卒於廢爲至弱之國**[9)]하니 **何者**오 **優柔和易**는 **可以爲久**나 **而不可以爲强也**일새니라

周公이 天下를 다스릴 적에는 文章과 번다한 禮를 제정하는 일을 힘쓰고, 억센 백성을 부드럽게 길들였다. 그러므로 그의 나라를 다스리는 법칙은 尊者를 높이고, 親者를 친애하고, 노인을 귀하게 여기고, 어린이를 사랑함으로써 백성들의 父子가 서로 사랑하고, 兄弟가 서로 화목하여 윗사람을 침범해 제어하기 어려운 기풍이 없게 하고, 지극히 부드러운 도리를 행함으로써 天下의 불순한 인심을 순하게 하고, 剛毅하고 果敢한 民志를 제거하는 데에 근본을 두었다. 그러므로 나라를 누린 지 지극히 오래였건만, 〈周 王室이 쇠약해지자〉 諸侯가 內地를 침범하고 周 王室의 군대가 진작되지 못하여 결국은 피폐해서 지극히 약한 나라가 되었으니, 그 원인이 무엇인가? 寬厚하고 溫和하고 平易한 治國의 법칙은 오래 지속시킬 수는 있으나 强하게 할 수는 없기 때문이었다.

1) 蓋周公之治天下 : 周公은 周 武王의 아우로서 武王을 도와 周나라를 세웠고, 武王이 죽고 成王이 어리자 攝政하였다.

2) 以 : ≪欒城集≫에는 '爲'로 되어 있다.

3) 文章 : 여기서는 禮樂制度 등을 가리킨다.

4) 務以文章繁縟之禮 : 繁多한 禮樂制度를 제정한 일을 가리킨다. 周公이 ≪周禮≫를 지었다고 전한다.

5) 尊尊而親親 : ≪禮記≫ 〈喪服小記〉에 "親者(父母)를 親愛하고 尊者(祖宗)를 높이며, 웃어른들(兄과 旁親)을 어른으로 받들고, 남녀의 분별을 두는 것은 사람으로서 지켜야 할 도리 중에 큰 것이다.〔親親 尊尊 長長 男女之有別 人道之大者〕"라고 보이니, 곧 이 구절은 친족의 질서관계를 가리킨 것이다.

6) 貴老而慈幼 : ≪禮記≫ 〈祭義〉에 "先王이 天下를 다스리는 법칙에는 다섯 가지가 있다. 덕이 있는 자를 귀하게 여기고, 귀한 자를 귀하게 여기고, 노인을 귀하게 여기고, 어른을 공경하고, 어린이를 사랑하는 것이다. 이 다섯 가지는 先王이 天下를 정하는 법칙이다.〔先王之所以治天下者五 貴有德 貴貴 貴老 敬長 慈幼 此五

者 先王之所以定天下〕"라고 보이니, 곧 이 구절은 사회도덕을 가리킨 것이다.

7) 諸侯內侵 : ≪史記≫ 〈周本紀〉에 의하면, 平王 때부터 周 王室이 衰微하기 시작하여 楚·秦·梁 등 諸侯國이 선후로 周나라를 攻伐하였다.

8) 京師不振 : 京師는 王師이니, 곧 周 王室의 군대가 振作하지 못함을 가리킨다.

9) 至弱之國 : 周나라의 후기에는 諸侯國의 攻伐에 대하여 조금도 저항능력이 없는 지극히 약한 王室로 전락하였다.

若夫商人之所以爲天下者는 不可復見矣니라 嘗試求之詩書컨대 詩之寬緩而和柔와 書之委曲而繁重者는 擧皆周也니라 而商人之詩는 駿發而嚴厲하고 其書는 簡潔而明肅하니 以爲商人之風俗이 蓋在乎此矣니라 夫惟天下有剛强不屈之俗也라 故로 其後世에 有以自振於衰微니라 然이나 至其敗也엔 一散而不可復止니라 蓋物之强者는 易以折이요 而柔忍者는 可以久存이니라 柔者는 可以久存이나 而常困於不勝[1)]하고 强者는 易以折이나 而其末也엔 乃可以有所立이니라 此商之所以不長이요 而周之所以不振也니라

商나라 사람이 어떻게 天下를 다스렸는지에 대해서는 다시 볼 수가 없다. 시험 삼아 ≪詩經≫과 ≪書經≫에서 찾아보았더니, 詩 중에 寬緩하고 和柔한 것과 書 중에 委曲하고 繁重한 것들은 전부 周朝의 詩歌와 文獻이었다. 商나라 사람들의 詩는 駿發하면서 嚴厲하고 書는 簡潔하면서 明肅하였으니, 商나라 사람들의 風俗이 대개 이것과 상관이 있었던 것이다. 天下에 굴하지 않는 剛强한 습속이 있었기 때문에 後世에 자력으로 衰微 중에서 진작하였다. 그러나 敗할 때에 접어들어서는 한번 발산하면 다시는 수습할 수가 없었다. 대개 사물의 强한 것은 쉽게 꺾어지고, 柔한 것은 오래 존재할 수가 있다. 반면에 柔한 것은 오래 존재할 수 있지만 항상 이기지 못할 강자에게 곤욕을 치러야 하고, 强한 것은 쉽게 꺾어지지만 최후에는 자립할 수 있는 것이다. 이래서 商나라는 장구하지 못하고, 周나라는 진작하지 못했던 것이다.

1) 不勝 : 弱이 强을 이길 수 없음을 가리킨다.

嗚呼라 聖人之慮天下는 亦有所就而已요 不能使之無弊也니라 使之能久而不能强이요 能以自振而不能以及遠이니 此二者는 存乎其後世之賢與不賢矣니라 太公封于齊에

尊賢而尙功하니 **周公曰 後世必有簒弑之臣**이리라하고 **周公治魯**에 **親親而尊尊**하니 **太公曰 後世寢衰矣**[1]리라하니라 **夫尊賢尙功**은 **則近于强**하고 **親親尊尊**은 **則近于弱**이니라 **終之齊有田氏之禍**[2]하고 **而魯人困於盟主之令**[3]이니라 **蓋商之政**은 **近於齊**하고 **而周公之所以治周者**는 **其所以治魯也**니라 **故**로 **齊强而魯弱**하고 **魯未亡而齊亡也**니라[4]

아! 聖人이 天下를 염려함에 있어서는 또한 천하가 좋은 쪽으로 나아가게 했을 따름이고, 폐단이 없게 하지는 못하였다. 오래 지속하게 할 수는 있어도 강하게 할 수는 없었으며, 자력으로 진작하게 할 수는 있어도 장원하게 미쳐가게 할 수는 없었으니, 이 두 가지는 후세 君主가 어질고 어질지 못한 것에 달려 있을 뿐이다.

太公이 齊나라에 봉해졌을 때 어진 사람을 존중하고 武功을 숭상하니, 周公이 "後世에 반드시 簒弑할 신하가 있을 것이다."라고 하였고, 周公이 魯나라를 다스릴 때에 親者를 친애하고 尊者를 존중하니, 太公이 "後世에 점점 쇠약해질 것이다."라고 하였다. 대개 어진 이를 존중하고 武功을 숭상하는 것은 强에 가깝고, 親者를 친애하고 尊者를 존중하는 것은 弱에 가깝다. 결국에 齊나라에는 田氏의 禍가 있었고, 魯나라 사람들은 盟主의 명령에 시달렸다. 대개 商나라의 정치는 齊나라에 가깝고, 周公이 周나라를 다스린 방법은 바로 魯나라를 다스린 방법이었다. 그러므로 齊나라는 强하고 魯나라는 弱하였으며, 魯나라는 亡하지 않고 齊나라는 亡하게 된 것이다.

1) 太公封于齊……後世寢衰矣 : ≪漢書≫ 〈地理志〉에 "옛날 太公이 처음 齊나라에 봉해지자, 周公이 '어떻게 齊나라를 다스리는고?'라고 물으니, 太公이 '어진 사람을 존중하고 武功을 숭상한다.'라고 하자, 周公이 '후세에 반드시 簒弑할 신하가 있을 것이다.'라고 하였는데, 과연 그 뒤 29世 만에 强臣 田和에게 멸망되었다. 周公이 처음 魯나라에 봉해지자, 太公이 '어떻게 魯나라를 다스리는고?'라고 하자, 周公이 '尊者를 존중하고 親者를 친애한다.'라고 하니, 太公이 '후세에 점점 쇠약해질 것이다.'라고 하였는데, 과연 魯나라는 文公 이후로 정권이 公室을 떠나 大夫에게로 넘어가서, 季氏가 昭公을 쫓아냈으며, 公室은 점점 미약해져서 34世 만에 楚나라에게 멸망되었다."라고 하였다.

2) 田氏之禍 : 춘추시대 陳나라 공자 陳完이 齊나라에 망명하여 桓公 밑에서 벼슬하면서 陳氏를 田氏로 바꾸었는데, 그의 후손이 점점 장성해져서 卿大夫가 되었고, 그의 9세손인 田和에 이르러서는 끝내 姜氏의 齊나라를 차지하였다.

3) 魯人困於盟主之令 : 춘추시대에 齊나라가 자주 魯나라를 攻伐하였다. 齊나라가 諸侯의 군사를 會盟할 때에는 항상 盟主가 되었으니, 곧 魯나라 사람들이 항상 齊나라의 명령에 시달림당한 것을 가리킨다.

4) 孫琮의 ≪山曉閣選宋大家蘇潁濱全集≫에는 "'强한 것은 꺾이기 쉽고 柔한 것은 오래 존재한다.'는 말은 物理에 입각해서 國祚를 단정한 것이니, 또한 다 맞지 않는 말인 것 같지만, 바로 子由가 한 말이니, 반드시 맞는 말이라고 믿어야 할 것이다. '商나라는 賢君이 많았지만 世代가 짧았고, 周나라는 賢君이 적었지만 曆年이 길었다.'는 것으로 말을 일으켰고, 이하에서는 '周나라는 和柔로써 나라를 다스렸다.'는 말로 나라를 長久히 누린 이유를 보였으며, 자연스럽게 商나라를 끌어냈고, 商나라의 풍속은 ≪詩≫와 ≪書≫에서 보여주었다. 또한 편리한 쪽으로 의론을 전개해 나가 物理上에 이르러서 商나라가 장구하지 못한 까닭과 周나라가 진작하지 못한 까닭을 분해하였고, 후면에서는 단지 治齊와 治魯의 强弱·久近을 가지고 끝을 맺었다. 篇中에서 ≪詩≫와 ≪書≫를 추구한 一段은 바로 實論이다. 商나라 전후는 모두 客을 끌어와서 서로 비추었고, 客을 끌어온 곳의 意思는 곧 商나라에 집중시켰으니, 이 때문에 다른 의론으로 옮겨갈 수가 없었다.〔强者易折 柔者久存 就物理以斷國祚 似亦有未盡然者 乃自子由說來 則可信以爲必然 起言商之賢君多而世促 周之賢君少而曆長 以下將周以和柔爲治 見得長久之由 順勢帶出商來而商之風俗 則于詩書見之 又就便推開到物上 分解商之不長周之不振之故 後面只以治齊 治魯之强弱久近 閑閑收煞 篇中惟求之詩書一段 是實論 商前后 都是引客來相形 其引客處意思 却注着商上 所以移作他論不得〕"라고 비평하였다.

子由謂商之治尙嚴이라 故로 其享國不及周之八百이라하니라 予竊疑컨대 商書曰 代虐以寬[1]이라하니 則商之政은 未必一於猛也니라 按禮記컨대 雖有商人先刑罰而後에 爵祿之言이나 要之多雜於漢儒附會之言이니 而未必聖人之至者니라 且周自平王以後로 一變而爲春秋요 再變而爲戰國이나 而周天子 特懸空名於上者 五百餘年이니라 蓋其列國이 各擅土地甲兵而不能相一이나 而其所不敢屠周者는 斯則文武禮敎之遺澤이 在焉耳니라 商之六百은 未嘗不以天子臨諸侯也라 故로 商之曆이 雖不及周나 而其

實過之니라 **然**이나 **以齊魯譬之**는 **其迹**은 **若近**이나 **而其情**은 **不可考矣**니라

子由는 "商나라의 정치 방법은 嚴重함을 숭상하였다. 그러므로 나라를 누린 것이 周나라의 800년에 미치지 못했다."라고 하였다. 나는 의심컨대, 〈商書〉에 "사나움을 대신하되 너그러움으로 했다."라고 하였으니, 商나라의 정치는 반드시 猛虐으로 일관하지 않았다. ≪禮記≫를 상고하면, 비록 "商나라 사람은 刑罰을 먼저 베푼 뒤에 爵祿을 행했다."라는 말이 있지만, 결국은 漢儒의 附會한 말이 많이 섞여 있으니, 반드시 聖人의 지극한 논지가 못 된다. 또 周나라는 平王 이후로 한 번 변하여 春秋시대가 되고 두 번 변하여 戰國시대가 되었지만, 周나라 天子는 다만 空名만을 위에 달아둔 지 500여 년이 되었다. 대개 列國이 각각 土地와 甲兵을 마음대로 하여 서로 통일할 수 없었으나, 그들이 감히 周나라를 무찌르지 못한 것은 바로 文王과 武王이 베푼 禮教의 遺澤이 있었기 때문이다. 商나라의 역년 600년은 일찍이 天子의 자격으로 諸侯에 임하지 않은 적이 없었다. 그러므로 商나라의 역년은 비록 周나라에 미치지 못했지만, 그 실적은 周나라를 앞섰다. 그러나 齊나라와 魯나라를 가지고 비유한 것은 그 형적은 가까운 것 같지만, 그 실정은 상고할 수 없다.

1) 代虐以寬 : ≪書經≫ 〈尙書 伊訓〉에 "우리 商王이 聖武를 펴서 드러내어 사나움을 대신하되 너그러움으로 하니, 백성들이 믿고 그리워하였다.〔惟我商王 布昭聖武 代虐以寬 兆民允懷〕"라고 보인다.

03. 周論* 周에 대한 論

* 이 〈周論〉도 소년시절에 지은 것이다. 武王이 殷나라를 멸하고 나서 周나라를 세우고 鎬京에 도읍을 정한 뒤로부터, 幽王에 이르기까지는 '西周'라고 칭하고, 平王에 이르러 도읍을 洛邑으로 옮긴 이후는 '東周'라고 칭한다.

獨見之論이니라

독창적으로 발견한 논리이다.

傳曰 夏之政은 **尙忠**하고 **商之政**은 **尙質**하고 **周之政**은 **尙文**[1)]이라하고 **而仲尼亦云 周監於二代**니 **郁郁乎文哉**라 **吾從周**[2)]하리라하시니라 **予讀詩書**에 **歷觀唐虞**하고 **至於夏商**하여 **以爲自生民以來**로 **天下未嘗一日而不趨於文**[3)]**也**니라 **文之爲言**은 **猶曰 萬物各得其理云爾**니라 **父子君臣之間**과 **兄弟夫婦之際**에 **此文之所由起也**니라

傳에 이르기를 "夏나라의 정치풍조는 忠(忠厚)을 숭상하고, 商나라의 정치풍조는 質(質實)을 숭상하고, 周나라의 정치풍조는 文(禮樂制度)을 숭상했다."고 하였다. 仲尼(孔子) 또한 "周나라는 두 王朝(夏・殷)의 제도를 참작하였으니, 그 문물제도가 찬란하구나! 나는 周나라 제도를 따르겠다."고 하셨다. 나는 ≪詩經≫과 ≪書經≫을 읽을 때에 唐虞시대를 대대로 살펴보고 夏商시대에 이르러서 '인류가 탄생한 이후로 온 천하가 하루도 文으로 향하지 않음이 없었다.'고 생각하였다. '文'이란 것은 "萬物이 각각 그 이치를 얻은 것이다."라고 말한 것과 같다. 父子・君臣의 사이와 兄弟・夫婦의 사이에서 이 文이 말미암아 일어난다.

1) 傳曰……尙文 : ≪史記≫ 〈高祖本紀〉에 '夏之政忠'이라고 보이고, ≪漢書≫ 〈杜欽傳〉에 "殷은 夏를 인습하여 質을 숭상하고, 周는 殷을 인습하여 文을 숭상하였다.〔殷因于夏尙質 周因于殷尙文〕"라고 보인다.
2) 周監於二代……吾從周 : 이 내용은 ≪論語≫ 〈八佾〉에 보이는데, 곧 周나라는 夏나라와 商나라 두 王朝의 文物制度에 대하여 단점은 버리고 장점은 그대로 둔 뒤에 더 발전시켜 가장 文明하게 만들었기 때문에 나는 그 文明을 따르겠다는 뜻이다.
3) 趨於文 : 점점 禮樂制度를 중시한다는 뜻이다.

昔者生民之初엔 **父子無義**하고 **君臣無禮**하며 **兄弟不相愛**하고 **夫婦不相保**하니 **天下紛然而淆亂**하고 **忿鬪而相苦**하니라 **文理不著而人倫不明**하여 **生不相養而死不相葬**하니 **天下之人**이 **擧皆戚然**하여 **不寧於中**이니라 **然後**에 **反而求其所安**하여 **屬其父子而列其君臣**하고 **聯其兄弟而正其夫婦**하니라

이전에 인류가 탄생하던 초기에는 父子간에 情分이 없고, 君臣간에 禮法을 지키지

않으며, 兄弟간에 서로 우애하지 않고, 夫婦간에 서로 보호하지 아니하니, 天下가 혼란하여 무질서하고 忿鬪하여 서로 고통을 안겨주었다. 文理(禮儀)가 顯揚되지 않고 人倫이 밝지 아니하여 살아 있는 어른을 봉양하지 않고 죽은 사람을 매장하지 아니하니, 온 천하 사람들이 모두 걱정하여 마음이 편치 못하였다. 그런 뒤에 반성해서 마음을 편하게 할 수 있는 禮儀를 추구하여 父子는 정분을 가지게 하고, 君臣은 각각 지위를 지키게 하고, 兄弟는 서로 우애하게 하고, 夫婦는 내외관계를 바르게 하였다.

至于虞夏之世에 乃益去其鄙野之制니라 然이나 猶以天子之尊으로 飯土塯하고 啜土鉶하며 土階三尺하고 茅茨不翦[1]이러니 至於周而後에 大備하니라 其粗始於父子之際하고 其精布於萬物[2]하니 其用甚廣而無窮이니라 蓋其當時엔 莫不自謂文於前世[3]나 而後之人은 乃更以爲質也니라 是故로 祭祀之禮엔 陳其籩豆하고 列其鼎俎하고 備其醪醴하여 俯伏以薦하고 思其飮食醉飽之樂而不可見也라 於是에 灌用鬱鬯하고 藉用白茅하니라 旣沃而莫之見이면 以爲神之縮之也니라 體魄降於地하고 魂氣升於天하여 恍惚誕謾而不知其所由處하니 聲音氣臭之類가 恐不能得當也[4]니라 於是에 終祭[5]於屋漏[6]하고 繹祭[7]於祊[8]하여 以爲人子之心이 無所不至也니라 薦之以滋味하고 重之以膾炙하되 恐鬼神之不屑也하고 薦之以血毛[9]하고 重之以體薦[10]하되 恐父祖之不吾安也니라 於是에 先黍稷而後[11]稻粱하고 先大羹[12]而後[13]庶羞[14]하여 以爲不敢忘禮하고 亦不敢忘愛也니라 丁寧反復하고 優游而不忍去하여 以爲可以盡人子之心하고 而人子之心도 亦可以少安矣니라 故로 凡世之所謂文者는 皆所以安夫人之所不安이요 而人之所安者는 事之所當然也[15]니라

虞나라와 夏나라 시대에 와서 그 鄙野한 제도를 더욱 제거하였다. 그러나 오히려 天子의 至尊으로서 瓦器에 밥을 담아 먹고 土器에 국을 담아 먹었으며, 居室은 土階가 석 자 높이이고 지붕을 띠풀로 이고서 그 끝을 가지런히 자르지 않는 등 간소하고 누추한 생활을 하였다. 그러다가 周나라에 와서 禮樂이 크게 갖추어졌다. 禮樂의 대략적인 것은 父子의 사이에서 시작되고, 禮樂의 精華는 萬物의 전반에 걸쳐 베풀어졌으니

그 작용의 범위가 너무도 넓어 무궁무진하였다. 그래서 대개 그 당시에는 前代보다 文明하다고 생각하지 않는 자가 없었으나, 후세 사람은 도리어 그 文明이 質朴하다고 생각하였다. 이 때문에 祭祀 지내는 禮式에 있어서 대그릇과 나무그릇을 진열하고, 솥과 도마를 진열하고, 막걸리와 단술을 준비한 다음, 고개를 숙이고 엎드려서 崇敬하는 마음으로 祭需를 올리고서 조상의 靈魂이 그 음식을 흐뭇한 마음으로 배불리 잡수실 것이라 생각하였으나 그 靈魂을 뵐 수가 없었다. 그래서 鬱鬯酒를 잔에 따라 茅沙 위에 부어 神의 降臨을 구하고, 깨끗한 흰 띠를 땅에 깔아서 祭品을 진열하였다. 이미 鬱鬯酒를 茅沙 위에 부어서 술이 그 속으로 스며들어 보이지 않으면 靈魂이 흠향한 것으로 생각하였다.

死者의 體魄은 땅속으로 들어가고 靈魂은 하늘로 올라가므로 恍惚하고 散漫하여 靈魂이 경유하는 곳을 알지 못하니, 자손의 聲音과 氣味 같은 것이 행여 조상의 靈魂이 오르내릴 때에 도움을 주지 못할까 염려하였다. 그래서 屋漏에서 終祭를 지내고 祊(팽)에서 繹祭를 지내어 人子의 마음이 도달되지 않는 곳이 없음을 표시하였다. 맛있는 음식을 올리고 다시 膾炙를 올리되 행여 鬼神이 달갑게 여기지 않을까 염려하였고, 犧牲의 피와 털을 올리고 다시 반쯤 解體한 犧牲을 올리되 행여 父祖께서 우리를 돕지 않을까 염려하였다. 그래서 먼저 黍稷을 올리고 뒤에 稻粱을 올리며, 먼저 大羹을 올리고 뒤에 庶羞를 올림으로써 감히 禮儀를 잊지 않음을 표시하고 또한 감히 조상의 遺愛를 잊지 않음을 표시하였다. 여러 차례 반복해서 조상의 神靈에게 고하고 배회하며 차마 물러가지 못함으로써 人子의 마음을 다하고, 人子의 마음이 또한 조금 편할 수 있음을 표시하였다. 그러므로 세상 사람이 이른바 '文'이란 것은 모두 사람의 불안한 마음을 편안하게 하는 것이고, 사람의 마음이 편안할 수 있는 것은 사물의 필연적인 이치에 순응하기 때문이다.

1) 至于虞夏之世……茅茨不翦 : ≪墨子≫ 〈節用〉에 "瓦器에 밥을 담아 먹고, 土器에 국을 담아 먹었다.〔飯於土塯 啜於土硎〕"라고 보이고, ≪史記≫ 〈太史公自序〉에 "土階는 세 계단이고, 지붕을 띠풀로 이고서 그 끝을 가지런히 자르지 않고, 서까래를 다듬지 않고, 질그릇에 밥을 담아 먹고, 土器에 국을 담아 먹었으며, 기장밥과 아욱국이었다.〔土階三等 茅茨不剪 采椽不刮 食土簋 啜土刑 糲粱之食 藜藿之羹〕"라고 보이고, ≪漢書≫ 〈司馬遷傳〉에 "堂의 높이는 3尺이고, 土階는 세

계단이고, 지붕을 띠풀로 이고서 그 끝을 가지런히 자르지 않고, 서까래를 다듬지 않고, 질그릇에 밥을 담아 먹고, 토기에 국을 담아 먹었으며, 기장밥과 아욱국이었다.〔堂高三尺 土階三等 茅茨不翦 桜椽不斲 飯土簋 歠土刑 糲粱之食 藜藿之羹〕"라고 보인다. '土階三尺'은 居室이 簡陋함을 나타내고, '茅茨不翦'은 陋醜함을 극도로 나타낸 것이다.

2) 其精布於萬物 : 父子의 관계에서 禮樂의 대략을 볼 수 있고, 萬物의 관계에서 禮樂의 精華를 볼 수 있다는 말이다.

3) 文於前世 : 前代에 비하여 문명함을 가리킨다.

4) 聲音氣臭之類 恐不能得當也 : 자손의 聲音과 氣味 같은 것이 행여 조상의 영혼이 하늘로 올라갈 때나 혹은 땅으로 내려올 때에 도움을 주지 못할까 염려한다는 말이다.

5) 終祭 : 正祭. 三年喪을 마치고 처음 室內에서 지내는 제사 이름이다.

6) 屋漏 : 室內의 서북쪽 구석을 이른다.

7) 繹祭 : 正祭 다음날 이어서 지내는 제사 이름이다.

8) 祊(팽) : 宗廟의 門. 또는 사당 문 안 제사를 지내는 곳을 가리킨다.

9) 血毛 : 여기서는 犧牲의 피와 털을 가리킨다. ≪禮記≫ 〈禮器〉에 "犧牲을 잡으면 피와 털을 가져다가 室內에서 神에게 告由한다.〔血毛詔於室〕"란 말이 보인다.

10) 體薦 : 반쯤 解體한 犧牲을 올리는 것을 이른다.

11) 後 : 저본에는 '飯'으로 되어 있는데, ≪欒城集≫에 의하여 '後'로 바꾸었다.

12) 大羹 : 양념을 하지 않고 맹물로 끓인 순수한 고깃국을 말한다.

13) 後 : 저본에는 '飽'로 되어 있는데, ≪欒城集≫에 의하여 '後'로 바꾸었다.

14) 庶羞 : 여러 가지 맛있는 음식을 말한다.

15) 凡世之所謂文者……事之所當然也 : 세상 사람이 이른바 '文明'이란 것은 사람의 불안한 마음을 편안할 수 있게 하는 것이고, 사람의 마음이 편안할 수 있는 것은 사물의 필연적인 이치에 순응하기 때문이란 말이다.

仲尼區區於衰周之末하여 收先王之遺文하고 而與曾子推論禮之所難處하여 至於毫釐纖悉하되 蓋以爲王道之盛은 其文理當極於此焉耳[1)]니라 及周之亡하여는 天下大壞하여

强凌弱하고 衆暴寡하니 而後世乃以爲用文之弊니라 夫自唐虞以至於商은 漸而入於文하고 至周而文極於天下니라 當唐虞夏商之世엔 蓋將求周之文이나 而其勢有所未至[2]하니 非有所謂質與忠也니라 自周而下는 天下習於文이라 非文則無以安天下之所不足이니 此其勢然也니라 今夫冠婚喪祭而不爲之禮하고 墓祭而不廟하고 室祭而無所하니 仁人君子有所不安於其中而曰 不文하여 以從唐虞夏商之質이니라하나 夫唐虞夏商之質은 蓋將以求周之文而未至者니 非所以爲法也니라[3]

仲尼께서는 王室이 衰微한 周나라의 말기에 바삐 다니시면서 먼저 先王(周나라 君主)의 遺文을 수집하시고 曾子와 함께 禮의 어려운 곳을 推論하여 아주 세밀하고 자상하게 하되, 대개 王道의 隆盛은 그 文物制度가 禮에 있어서 가장 完美한 경지에 도달하였기 때문이라고 여겼다. 周나라가 망함에 이르러서는 天下가 크게 무너져서 强者는 弱者를 능멸하고 多數는 少數를 억압하였으니, 後世에는 바로 文物制度를 施用한 폐단이라 여겼다. 唐虞로부터 商나라에 이르기까지는 점차로 文明의 단계에 들어갔고, 周나라에 이르러서는 文明이 天下에서 최고의 경지에 도달하였다. 唐・虞・夏・商의 세대에는 아마 周나라의 禮樂制度를 구하려고 해도 형세가 禮樂制度를 구비할 단계에 도달하지 못하였으니, 이른바 '質과 忠'을 소유하지 못했기 때문이다. 周나라 이후는 天下가 禮樂制度를 익혔으므로 禮樂制度가 아니면 천하의 부족한 점을 편안하게 할 수가 없었으니, 이것은 그 형세가 그렇게 하도록 한 것이다.

지금 사람들은 加冠・婚姻・喪葬・祭祀 때에 儀式을 거행하지 않는가 하면, 묘소에서는 제사 지내되 사당에서는 제사 지내지 않고, 실내에서 제사 지내되 제사 지낼 처소가 제대로 없으니, 仁人 君子가 마음속에 불안한 바가 있어서 말하기를 "文明하지 아니함으로써 唐・虞・夏・商의 質朴을 따를 것이다."라고 하나 무릇 唐・虞・夏・商의 質朴은 아마 周나라의 禮樂制度를 구하려고 해도 형세가 禮樂制度를 구비할 단계에 도달하지 못해서이니, 본받을 바가 아니다.

1) 蓋以爲王道之盛 其文理當極於此焉耳 : 대개 先王의 仁政이 隆盛한 것은 그 文物制度가 禮에 있어서 가장 完美한 경지에 도달하였기 때문이라고 여겼다는 말이다.

2) 勢有所未至 : 형세가 禮樂制度를 구비할 단계에 도달하지 못했다는 말이다.

3) 呂留良의 ≪晩村先生八家古文精選≫에는 "한번 主意를 이끌어낸 다음 거듭거듭

結束하였으니 문장이 매우 단단하고 치밀하다. '文이란 것은 萬物이 각각 그 이치를 얻은 것이다.'라고 하기까지 하였으니 見解가 더욱 높다. 潁濱의 經術이 그 父兄보다 훨씬 낫다.〔一起提出主意 以後重重結束 文極堅緻 至謂文者 萬物各得其理云爾 見解尤高 潁濱經術 過其父兄〕"라고 비평하였다.

愚竊謂忠質文三字는 **以之名三代之治則可**어니와 **以之論三代之相救**하고 **而又謂若循環然則不可**니라 **當其風氣之日開**하여 **而聖人以漸爲之經緯其間**하고 **至周而文始大備**니라 **及周之衰而苟有王者起**라도 **亦不過循文武成康之遺爾**니 **豈得又推文而之忠與質乎哉**리오 **不然**이면 **湯何以纘禹舊服而武王之克商也**리오 **亦特曰 政由舊故**라하나 **愚獨謂夏未嘗尙忠**이요 **商未嘗尙質**이요 **周亦未嘗尙文**이니라 **此皆後世之所以仰觀三王之典禮**와 **與其風俗之可見者而强名之爾**니라 **孔子曰 周監於二代**하니 **郁郁乎文哉**라하니 **頌美之也**시니라 **假令如後世儒相救之說**이면 **孔子於此**에 **必深言之矣**시리라 **何以獨遺此一段大議**리오

나는 가만히 생각하건대, 忠·質·文 세 글자는 三代의 다스림에 대하여 이름을 매기는 것은 가하거니와, 三代가 서로 구제함을 논하고 또 마치 순환한 것처럼 말하는 것은 불가하다. 그 風氣가 날로 열릴 때를 당하여 聖人이 점차로 그 사이에서 발전시켰고, 周나라에 이르러서 文物制度가 비로소 크게 구비되었다. 周나라가 쇠할 때에 와서 참으로 王者가 일어났다 하더라도 또한 文王·武王·成王·康王의 遺風을 따르는 것에 불과했을 뿐인데, 어찌 또 文을 미루어 忠과 質로 갈 수 있겠는가? 그렇지 않으면 湯은 어찌하여 禹의 옛일을 계승하고 武王은 商을 쳤겠는가? 또한 다만 "정치는 옛것을 따를 뿐이다."라고 하지만, 나만은 '夏나라는 일찍이 忠을 숭상하지 않았고, 商나라는 일찍이 質을 숭상하지 않았고, 周나라 또한 일찍이 文을 숭상하지 않았다.'고 생각한다. 이것은 모두 後世 사람들이 三王의 典禮와 그 風俗 중에 볼 수 있는 것을 우러러보고 억지로 이름을 붙였을 뿐이다. 孔子가 말씀하기를 "周나라는 두 王朝(夏·殷)의 제도를 참작하였으니, 그 문물제도가 찬란하구나!"라고 하셨으니, 아름다움을 칭송하신 것이다. 가령 후세의 儒者가 서로 구제한 말처럼 하였다면 孔子께서는 이에 대해 반드시 심도 있게 말씀하셨을 것이다. 무엇 때문에 유독 이 같은 한

문단의 大議만 남기었겠는가?

04. 六國論* 六國에 대한 論

＊ 이 〈六國論〉 역시 소식적 작품인데, 요지는 六國의 멸망은 책략상의 착오에 있었음을 부각시키고 있다. 즉, 齊·楚·燕·趙는 응당 秦과 접경하고 있는 韓·魏를 지원해서 그들로 하여금 秦을 견제하게 했어야 한다는 것이다. 그런데 이들 네 나라는 사소한 이익만 탐하고 韓·魏의 도움을 방치하였으며, 심지어는 자기들끼리 쟁투를 벌여 결국 멸망을 초래하게 되었다는 것이다.

識見大하고 而行文亦妙니라

識見이 크고 行文(글을 지음) 또한 妙하다.

嘗讀六國世家하고 竊怪天下之諸侯 以五倍之地와 十倍之衆으로 發憤西向[1)]하여 以攻山西千里之秦하되 而不免於滅亡하니라 常爲之深思遠慮하니 以爲必有可以自安之計니라 蓋未嘗不咎其當時之士 慮患之疏而見利之淺하고 且不知天下之勢也니라

일찍이 六國의 世家를 읽고서 天下의 諸侯들이 秦보다 5倍나 되는 땅과 10倍나 되는 민중을 가지고, 분발하여 서쪽을 향해서 山西 천리의 秦을 공격하다가 결국 멸망을 면치 못한 것을 못내 괴상히 여겼다. 항상 六國을 대신해서 깊이 생각해볼 때 반드시 스스로 보전할 수 있는 계책이 있었다고 여겨진다. 그러니 그 당시 유식한 策士가 禍患에 대한 생각이 천단한데다 사소한 이익만 보고, 또한 천하의 대세를 이해하지 못했던 것을 책망하지 않을 수 없다.

1) 以五倍之地……發憤西向 : 秦나라가 처음 봉해진 시기는 周 平王 때였다. 平王이 秦 襄公을 諸侯로 봉하여 岐山 이서의 땅을 떼어 주었으니, 秦의 封地가 天下의 약 6분의 1이었다. 그러므로 '5倍'라고 한 것이다.

夫秦之所與諸侯爭天下者는 不在齊楚燕趙也요 而在韓魏之郊며 諸侯之所與秦爭天下者는 不在齊楚燕趙也요 而在韓魏之野니라 秦之有韓魏는 譬如人之有腹心之疾[1)]

也니라 **韓魏**는 **塞秦之衝**[2)]하고 **而蔽山東之諸侯**라 **故**로 **夫天下之所重者**는 **莫如韓魏也**니라 **昔者**에 **范雎用於秦而收韓**[3)]하고 **商鞅用於秦而收魏**[4)]하니라 **昭王未得韓魏之心**하고 **而出兵以攻齊之剛**[5)]**壽**하니 **而范雎以爲憂**[6)]하니라 **然則秦之所忌者**를 **可以見矣**니라 **秦之用兵於燕趙**는 **秦之危事也**니라 **越韓過魏而攻人之國都**면 **燕趙拒之於前**하고 **而韓魏乘之於後**하리니 **此危道也**니라 **而秦之攻燕趙**에 **未嘗有韓魏之憂**니 **則韓魏之附秦故也**니라

秦이 諸侯들과 天下를 다툰 목적은 齊・楚・燕・趙에 있는 것이 아니고 韓・魏의 들판에 있었으며, 諸侯가 秦과 天下를 다툰 목적도 齊・楚・燕・趙에 있는 것이 아니고 韓・魏의 들판에 있었다. 秦에게는 韓・魏가 있는 것이 마치 사람의 腹心에 질병이 있는 것과 같았다. 韓・魏는 秦의 要衝을 막고 山東의 諸侯를 차단하였다. 그러므로 天下에 소중한 것은 韓・魏만 한 것이 없었다.

옛날 范雎는 秦에 등용되어 韓을 거두어들이자고 하였고, 商鞅은 秦에 등용되어 魏를 거두어들이자고 하였다. 昭王이 韓・魏의 마음을 얻지(호감을 사지) 못한 채 군사를 내어 齊의 剛・壽 땅을 치니, 范雎가 걱정을 하였다. 그렇다면 秦이 꺼린 바를 알 수가 있을 것이다. 秦이 군사를 동원하여 燕・趙를 치는 것은 秦에게 위험한 일이다. 韓을 넘고 魏를 지나가서 남의 國都를 공격하면 燕・趙가 앞에서 막고 韓・魏가 뒤에서 틈을 탈 것이니 이것은 위험한 계책이었다. 그런데 秦이 燕・趙를 공격할 때에 韓・魏에 대한 걱정이 없었으니, 이것은 韓・魏가 秦에 依附하였기 때문이다.

1) 腹心之疾 : 要害 부분에 생긴 疾病으로, 여기서는 위험한 禍患을 비유한다.

2) 韓魏 塞秦之衝 : 韓의 영토는 魏・秦・楚의 사이에 있으므로 魏에 의거해서 秦과 地界를 접하였고, 魏는 서쪽 地界가 秦과 서로 접하였다.

3) 昔者 范雎用於秦而收韓 : ≪史記≫ 〈范雎蔡澤列傳〉에 "客卿 范雎가 다시 秦 昭王을 달래기를 '秦과 韓의 地形은 마치 수를 놓은 것처럼 서로 교차되었습니다. 秦에게 韓이 있는 것은 마치 나무에 해충이 있는 것이나 사람에게 心腹의 질병이 있는 것과 같으니, 천하에 변란이 없으면 그만이거니와 천하에 변란이 있다면 秦에 우환이 되는 것은 韓보다 더 큰 것이 있겠습니까? 王은 韓을 거두어들이는 것만 못합니다.'라고 했다."는 말이 보인다. 范雎가 이와 같이 건의하여 昭王이

韓을 거두어들이려고 하였으나 되지 않았다. 范雎는 秦 昭王 때 丞相이 되고 應侯에 봉해져서 韓・魏의 군사를 여러 번 패배시켰다.

4) 商鞅用於秦而收魏 : ≪史記≫ 〈秦本紀〉에 "衛鞅(商鞅)이 大良造가 되어 군사를 거느리고 魏의 安邑을 포위하여 항복시켰다."고 하였고, 또 "衛鞅이 魏를 공격하여 公子卬을 사로잡았다."고도 하였다. 商鞅은 秦 昭王에게 등용되어 '變法强國'을 주장하였다.

5) 剛 : 저본에는 '綱'으로 되어 있는데, ≪欒城集≫에 의하여 '剛'으로 바꾸었다.

6) 昭王未得韓魏之心……而范雎以爲憂 : ≪史記≫ 〈范雎蔡澤列傳〉에 "秦 昭王의 舅氏인 穰侯가 秦將이 되어 韓을 넘어가서 齊나라 剛・壽 땅을 치려고 하자, 范雎가 昭王에게 말하기를 '穰侯가 韓・魏를 넘어가서 齊나라 剛・壽 땅을 치려고 하니 올바른 계책이 아닙니다. …… 남의 나라를 넘어가서 공격하는 것이 옳은 일입니까?'라고 했다."는 말이 보인다.

夫韓魏는 **諸侯之障**이어늘 **而使秦人得出入於其間**하니 **此豈知天下之勢邪**아 **委區區之韓魏**하여 **以當强虎狼之秦**하니 **彼安得不折而入於秦哉**아 **韓魏折而入於秦然後**에 **秦人得通其兵於東諸侯**하여 **而使天下徧受其禍**니라 **夫韓魏不能獨當秦**이니 **而天下之諸侯**는 **藉之以蔽其西**니라 **故**로 **莫如厚韓親魏以擯秦**이니라 **秦人不敢逾韓魏**하여 **以窺齊楚燕趙之國**하고 **而齊楚燕趙之國**은 **因得以自完於其間矣**리라 **以四無事之國**으로 **佐當寇之韓魏**하고 **使韓魏無東顧**[1]**之憂**하여 **而爲天下出身**[2]**以當秦兵**하며 **以二國委秦**하고 **而四國休息**[3]**於內**하여 **以陰助其急**[4]이니라 **若此可以應夫無窮**이면 **彼秦者 將何爲哉**아 **不知出此**하고 **而乃貪疆埸尺寸之利**하여 **背盟敗約**[5]하고 **以自相屠滅**이니라 **秦兵未出**에 **而天下諸侯 已自困矣**라 **至使秦人得伺其隙**하여 **以取其國**하니 **可不悲哉**아[6]

대개 韓・魏는 諸侯의 屛障 역할을 하였거늘, 秦나라 사람이 그 사이를 드나들게 하였으니, 이것이 어찌 天下의 형세를 아는 처사인가? 미약한 韓・魏에게 맡겨서 虎狼처럼 억센 秦을 당해내게 하였으니, 그들이 어떻게 꺾이어 秦에 依附하지 않을 수 있었겠는가? 韓・魏가 꺾이어 秦에 依附한 연후에 秦나라 사람은 군사를 동쪽 諸侯들에게 출동시켜 天下가 두루 그 禍를 받게 할 수 있었다.

대개 韓・魏는 단독으로 秦에 저항할 수 없으니, 天下의 諸侯들은 韓・魏를 도와서 그 서쪽을 막아야 했다. 그러므로 韓을 후하게 대하고 魏를 친하게 대해서 秦을 물리치는 것만 못했다. 그렇게 되면 秦나라 사람은 감히 韓・魏를 넘어서 齊・楚・燕・趙의 나라를 엿보지 못했을 것이고, 따라서 齊・楚・燕・趙의 나라는 그 사이에서 스스로 보전할 수 있었을 것이다. 태평무사한 네 나라로써 적국을 대하고 있는 韓・魏를 도와서, 韓・魏가 동쪽 諸侯들과 교전할 염려를 놓고 오로지 天下를 위하여 전면에서 秦의 군사를 당해내게 하며, 韓・魏 두 나라를 秦에 붙여주고 네 나라는 안에서 休息을 취하면서 韓・魏에 위급한 일이 있을 때는 암암리에 도와주는 것이다. 이처럼 끝없이 응해갔다면 저 秦은 장차 어떻게 할 수 있었겠는가? 그런데 이와 같은 꾀를 내지 않고 변경의 사소한 땅을 탐하여 盟約을 저버리고 자기들끼리 서로 屠滅하였다. 秦나라의 군사가 출동하기 전에 天下의 諸侯들은 이미 스스로 곤경에 빠져서, 심지어 秦나라 사람이 그 틈을 엿보아 그 나라들을 취하게까지 하였으니, 슬프지 않을 수 있겠는가?

1) 東顧 : 여기서는 동쪽에 있는 諸侯들과 交戰하는 일을 가리킨다.
2) 出身 : 여기서는 전면에서 적의 충돌을 막는 일을 가리킨다.
3) 休息 : 여기서는 休養生息으로 民力과 經濟를 회복시키는 일을 가리킨다.
4) 陰助其急 : 韓・魏에 위급한 일이 있으면 암암리에 서로 도와줌을 가리킨다.
5) 背盟敗約 : 六國이 상호간의 約誓를 違背하고 파기한 일을 가리킨다.
6) 金聖歎의 《天下才子必讀書》에는 "소견이 투철하고, 글솜씨도 쾌활하며, 글을 써내려가는 붓은 마치 駿馬가 비탈길을 내려가듯, 구름이 피어오르고 회오리바람이 부는 듯하였다. 이 문장은 阿兄의 수중에 있어서도 오히려 得意한 작품이었으니, '三蘇'란 호칭이 어찌 빈말이라 할 수 있겠는가?〔看得透 寫得快 筆如駿馬下坂 雲騰風卷而下 此文在阿兄手中 猶是得意之作 三蘇之稱 豈曰虛語〕"라고 비평하였다.

唐荊川曰 此文은 **深得天下之勢**니라

唐荊川(唐順之)은 "이 문장은 天下의 형세를 깊이 터득한 것이다." 하고 비평하였다.

05. 秦論* 一 秦에 대한 論 1

* 이 〈秦論〉도 소식적 작품이다. 秦은 秦 襄公이 봉해진 나라 이름이다.

此篇은 過秦失所以取天下니라

이 篇에서는 秦이 天下를 취하는 방법을 잃었던 점을 나무랐다.

秦人은 居諸侯之地하여 而有萬乘[1)]之志러니 侵辱六國하고 斬伐天下하여 不數十年之間에 而得志[2)]於海內[3)]니라 至其後世하여 再傳[4)]而遂亡하니라 劉季起於匹夫[5)]하여 斬刈豪傑[6)]하고 蹶秦誅楚하여 以有天下하고 而其傳子孫하여 數十世而不絶하니라 蓋秦漢之事는 其所以起者는 不同이나 而其所以取之者는 無以相遠也니라

秦나라 사람은 諸侯의 地位에 처하여 天子의 자리를 넘볼 마음을 가지고 있었는데, 六國을 侵辱하고 天下를 斬伐(征伐)하여 채 수십 년이 못 되어 海內에서 天子의 자리를 차지하려는 소원을 이루었다. 그러나 그 後世에 이르러서 두 번 전하고는 드디어 망하였다. 劉季는 匹夫의 신분으로 군사를 일으켜서 豪傑들을 斬殺하고 秦나라와 楚나라를 敗滅하여 天下를 차지하고 그 자리를 子孫에게 전하여 수십 代가 가도록 끊어지지 않았다. 대개 秦·漢의 일은, 그 군사를 일으킨 방법은 같지 않으나 天下를 얻은 방식은 서로 가까웠다.

1) 萬乘 : 周代의 制度에서 天子의 영토는 사방 천리로서 兵車 萬乘(만 대)을 내놓을 수 있었기 때문에 萬乘은 天子나 天子의 地位를 가리킨다.
2) 得志 : 소원을 성취함을 이른다.
3) 不數十年之間 而得志於海內 : 秦나라는 孝公 때까지 雍州에 치우쳐 있어 夷狄 대접을 받아오다가 孝公 7년(서기 전 335)에 바야흐로 中原 諸侯와 交戰하여 周赧王 58년(서기 전 257)경에 천자의 자리를 차지하였기 때문에 이렇게 말한 것이다.
4) 再傳 : 2代를 전함. 곧 嬴政이 비로소 始皇이라 칭하고서 첫 번째로 胡亥에게 전해지고 두 번째로 扶蘇의 아들 子嬰에게 전해졌는데, 子嬰이 즉위하던 해에 劉邦에게 항복하였다.

5) 劉季起於匹夫 : 劉季는 곧 劉邦을 가리킨다. 그의 자가 季였기 때문이다. 匹夫는 범연하게 平民을 가리킨다. 劉邦이 군사를 일으키기 전에는 泗上亭長이었다.
6) 豪傑 : 여기서는 재능이 출중한 項羽와 韓信 같은 사람을 가리킨다.

然이나 劉項은 奮臂於閭閻之中하여 率天下蜂起之兵하고 西嚮以攻秦이니라 無一成之聚와 一夫之衆하고 驅罷𢿱謫戍[1]之人하여 以求所非望하니 得之則生이요 失之則死라 以匹夫而圖天下는 其勢不得不疾戰以趨利[2]니라 是以로 冒萬死求一生而不顧니라 今秦은 擁千里之地하고 而乘累世之業[3]이니 雖閉關而守之[4]하여 畜威養兵하고 拊循士卒이라도 而諸侯誰敢謀秦이리오 觀天下之釁而後에 出兵以乘其弊[5]라도 天下夫誰敢抗이리오마는 而惠文武昭之君은 乃以萬乘之資로 而用匹夫 所以圖天下之勢하여 疾戰而不顧其後[6]하니 此宜其能以取天下나 而亦能以亡之也니라

그러나 劉邦과 項籍은 閭閻(民間)에서 팔을 걷어붙이고 大事를 일으켜 天下에서 蜂起한 군사들을 거느리고 서쪽을 향하여 秦을 공격하였다. 조그마한 村落이나 한 명의 인민도 확보한 地盤이 없는 상태에서 謫罰로 괴롭게 변방에서 수자리하는 사람들을 몰아서 분수 밖의 소원을 구하였으니, 天下를 얻으면 생존하고 전투에서 패전하면 사망하기 마련이므로 匹夫로서 天下를 도모하는 것은 그 형세에 있어서 부득불 빨리 서둘러 싸워서 생존하기를 구해야만 했다. 그렇기 때문에 만 번 죽음을 무릅쓰고 한 번 생존하기를 구하여 다른 것을 돌아볼 겨를이 없었다.

당시 秦은 천리나 되는 땅을 점유하고, 여러 세대의 功業을 빙자하였으니, 비록 函谷關만 지키며 군사의 위용과 사기를 기르고 士卒(軍民)들을 편하게 어루만진다 하더라도 諸侯 중에 그 누가 감히 秦을 도모하겠는가? 天下에 전란이 발생하는 것을 관망하고 나서 서서히 군사를 출동하여 諸侯들이 피곤에 지친 틈을 타 공격한다 하더라도 천하에 누가 감히 저항하겠는가? 그런데 惠文王·悼武王·昭王 같은 君主는 帝王의 자격으로 匹夫가 天下를 도모하기 위하여 뒤도 돌아보지 않은 채 빨리 서둘러 전쟁을 하는 방법을 취하였으니, 이 방법은 天下를 취득할 수도 있지만 또한 망하게 할 수도 있는 것이다.

1) 謫戍 : 謫罰로 변방에서 수자리하는 일이다.

2) 趨利 : 이익을 추구하는 일을 가리키나 여기서는 생존을 구하는 일을 가리킨다.

3) 乘累世之業 : 여러 세대의 功業을 빙자하는 일. 秦나라는 襄公・文公・穆公・惠王・昭王이 모두 功業을 남긴 君主였다.

4) 閉關而守之 : 函谷關 이내만을 지키며 諸侯와 交戰하지 않음을 가리킨다.

5) 觀天下之釁而後 出兵以乘其弊 : 天下에 전란이 발생하는 것을 관망하고 나서 서서히 군사를 출동하여 諸侯들이 피곤에 지친 틈을 타 공격한다는 말이다.

6) 乃以萬乘之資……疾戰而不顧其後 : 결국 帝王의 자격으로 匹夫가 天下를 도모하기 위하여 뒤도 돌아보지 않은 채 빨리 서둘러 싸우는 방법을 취택하였다는 말이다.

夫劉項之勢는 **天下皆非吾有**니 **起於草莽**[1]**之中**하여 **因亂而爭之**니라 **故**로 **雖驅天下之人**하여 **以爭一旦之命**[2]이나 **而民猶有待於戡定**[3]하여 **以息肩於此**니라 **故**로 **以疾戰定天下**하니 **天下旣安**에 **而下無背叛之志**니라 **若夫六國之際**는 **諸侯各有分地**[4]어늘 **而秦乃欲以力征**하여 **强服四海**하고 **不愛先王之遺黎**[5]하며 **以爲子孫之謀而竭其力**하여 **以爭隣國之利**하니 **六國雖滅**이나 **而秦民之心**은 **已散**[6]**矣**니라 **故**로 **秦之所以謀天下者**는 **匹夫特起**[7]**之勢**요 **而非所以承祖宗之業**하여 **以求其不失者也**니라

劉邦과 項籍의 처지로 말하면, 天下가 자기들의 소유가 아니니, 민간에서 일어나서 亂을 이용하여 천하를 다투었다. 그러므로 비록 天下의 사람들을 몰아 목숨을 걸고 싸웠지만, 백성들은 오히려 平定되면 편해지리라 기대하였다. 그러므로 빨리 싸워서 天下를 평정하였으며 天下가 이미 안정되자 아래에 배반할 생각을 가진 사람이 없었다.

六國 시대와 같은 경우는 諸侯들이 각각 封地를 가지고 있었거늘, 秦이 힘으로 정벌하여 강제로 四海를 복종시키고 先王의 遺民을 아끼지 않았으며, 子孫에 대한 대책을 세우려고 힘을 다하여 이웃 나라의 이익을 쟁탈하였으니, 六國이 비록 멸망했으나 秦의 民心은 이미 흩어졌다. 그러므로 秦이 天下를 도모한 것은 匹夫가 崛起한 형세이지, 祖宗의 功業을 계승하여 영원히 잃지 않는 방법을 구한 것은 결코 아니었다.

1) 草莽 : 草野로, 곧 民間을 가리킨다.

2) 以爭一旦之命 : 앞 文段의 '冒萬死求一生'과 같은 뜻으로 쓴 것이다.

3) 戡定 : 平定과 같은 말이다.

4) 分地 : 諸侯의 封地를 가리킨다.
5) 遺黎 : 후세의 백성을 가리킨다.
6) 散 : 歸附하지 않고 흩어짐을 가리킨다.
7) 匹夫特起 : 平民이 벌떡 일어섬을 가리킨다.

昔者에 **嘗聞之**하니 **周人之興 數百年而後**에 **至於文武**[1]하고 **文武之際**에 **三分天下而有二**[2]니라 **然**이나 **商之諸侯 猶有所未服**이니 **紂之衆**을 **未可以不擊而自解也**니라 **故**로 **以文武之賢**으로 **退而修德**하여 **以待其自潰**니라 **誠以爲后稷公劉太王王季 勤勞不懈而後**에 **能至於此**니라 **故**로 **其發之不可輕**이요 **而用之有時也**[3]니라 **嗟夫**라 **秦人擧累世之資**하여 **一用而不復惜**하고 **其先王之澤**이 **已竭於取天下**하되 **而尙欲求以爲國**하니 **亦已惑矣**니라[4]

예전에 듣건대, 周나라가 일어난 지 수백 년 만에 文王과 武王에 이르렀고, 文王과 武王 때에 天下의 3분의 2를 차지하였다. 그러나 商나라의 諸侯 중에는 오히려 복종하지 않는 자가 있었으니, 紂王의 민중을 공격하지 않고서 스스로 패멸되게 할 수가 없었다. 그러므로 文王과 武王의 어짊으로써 물러와서 德을 닦아 그들이 스스로 潰滅되기를 기다린 것이다. 진실로 后稷·公劉·太王·王季가 태만하지 않고 열심히 노력한 뒤에야 이에 이를 수 있었다. 그러므로 경솔하게 군사를 일으켜 商나라를 토벌하지 않고, 꼭 군사를 부려야 할 때에 부득이 군사를 부린 것이다.

아! 秦나라 사람은 여러 세대에 걸쳐 쌓아온 資材를 아끼지 않고 한 번에 써버렸고, 그 先王의 遺澤이 天下를 취하는 데에 이미 고갈되었는데도 오히려 구하여 나라를 만들려고 하였으니, 또한 이미 미혹된 것이다.

1) 周人之興……至於文武 : 周나라는 后稷으로부터 시작하여 14대를 지나 文王·武王에 이르렀기 때문에 이렇게 말한 것이다.
2) 文武之際 三分天下而有二 : ≪史記≫ 〈齊太公世家〉에 "天下의 3분의 2가 周나라로 돌아온 것은 太公의 모사가 많이 작용하였다."라고 보이고, ≪論語≫ 〈泰伯〉에 "周나라가 天下의 3분의 2를 가졌으면서도 殷나라에 신하 노릇을 하였으니, 周나라의 德이야말로 지극하다고 할 수 있다."라고 보인다.
3) 其發之不可輕 而用之有時也 : 경솔하게 군사를 일으켜 商나라를 토벌하지 않고,

꼭 군사를 부려야 할 때에 부득이 군사를 부렸다는 말이다.

4) 康熙의 ≪御選古文淵鑑≫에서 "嬴秦의 國勢의 終始에 대해 다루었는데, 立論의 高卓이 예상 밖에서 나왔다.〔撥度嬴秦國勢終始 竪議高卓 迥出意表〕"라고 비평하였다.

06. 秦論二 秦에 대한 論 2

此篇은 **正言秦之所以取天下**는 **當以此**요 **不以彼**니 **兩篇合一篇**이니라

이 篇에서는 秦이 天下를 취하는 방법은 응당 이와 같이 해야 되고 저와 같이 해서는 안 된다는 것을 분명하게 말하였으니, 두 篇을 한 篇으로 합해야 한다.

三代聖人이 **以道御天下**하되 **動容貌**하고 **出辭氣**[1]하며 **逡巡廟堂之上**이언만 **而諸侯承德**하고 **四夷向風**하니 **何其盛哉**아 **至其後世稍衰**하니 **桓文迭興而維持之**하여 **要之以盟會**하고 **齊之以征伐**[2]하니라 **旣已畢矣**나 **然**이나 **春秋之後**에 **吳越放恣**[3]하고 **繼之以田常三晉之亂**[4]하여 **天下遂爲戰國**이니라 **君臣**[5]**之間**에 **非詐不言**하고 **非力不用**하며 **相與爲盜跖之行**하되 **猶恐不勝**이니라 **雖桓文之事**도 **且不試矣**온 **而況於文武成康之舊歟**아

三代(夏・商・周)의 聖人(聖君)은 道(仁政)로써 天下를 통치하되 몸을 움직이고 말소리를 내며 廟堂을 맴돌았지만, 諸侯들은 天子의 德을 받들고 사방 오랑캐들은 中華의 풍속을 흠모하였으니, 어찌 그리도 興盛했을까? 그 後世에 와서 周나라 王室이 점점 衰微해지니, 齊 桓公과 晉 文公이 번갈아 일어나 周나라 王室을 옹호해 維持시키면서 諸侯들을 맞이하여 會盟하고 諸侯들을 征伐로써 지배하였다. 이렇게 해서 聖君의 시대는 이미 끝났으나 春秋시대 이후에 吳王 闔閭와 越王 句踐이 방자하게 굴고, 이어서 田常의 亂과 三晉의 亂이 일어나서 天下가 드디어 戰國시대가 되었다. 君臣의 사이에 詐僞가 아니면 말을 못하고 힘이 아니면 쓰지를 못하며, 서로 더불어 盜跖의 행동을 하되 오히려 다하지 못할까 염려하였다. 이 시대는 齊 桓公과 晉 文公의 일도 시험할 수 없었거늘, 하물며 文王・武王・成王・康王의 옛 仁政이야 엄두나 낼 수 있었겠는가?

1) 動容貌 出辭氣 : ≪論語≫ 〈泰伯〉에 "군자가 소중히 여겨야 할 도리가 셋이 있으니, 몸을 움직일 때에는 거칠고 태만한 태도를 멀리하며, 얼굴빛을 바르게 할 때에는 성실함에 가깝게 하며, 말소리를 낼 때에는 비루하고 이치에 어긋나는 것을 멀리해야 한다.〔君子所貴乎道者三 動容貌 斯遠暴慢矣 正顔色 斯近信矣 出辭氣 斯遠鄙倍矣〕"는 말이 보인다.

2) 要之以盟會 齊之以征伐 : 춘추시대에 齊 桓公이나 晉 文公과 같은 霸主가 諸侯들을 맞이하여 會盟하고, 아울러 諸侯들의 군사를 거느리고 다른 나라를 征討하였으니, 이를테면 齊 桓公이 諸侯들을 맞이하여 葵丘에서 會盟하고 諸侯들의 군사를 가지고 蔡나라와 楚나라를 친 것이 그 例이다.

3) 春秋之後 吳越放恣 : 춘추시대에 吳王 闔閭와 越王 句踐이 각각 五霸(齊 桓公·晉 文公·楚 莊王·吳 闔閭·越 句踐)의 하나가 되어 방자하게 굴었다. 춘추시대는 周 平王이 東遷한 뒤로부터 韓·趙·魏 3家가 晉나라를 나누어 가질 때까지의 시기를 말한다.

4) 田常三晉之亂 : 田常의 亂은 田常이 齊 簡公을 弑害하고 스스로 즉위한 일을 가리키고, 三晉의 亂은 춘추시대의 말엽 周 威烈王 23년에 晉의 三卿인 魏斯·趙籍·韓虔이 晉나라를 나누어 가진 일을 가리킨다.

5) 君臣 : 여기서는 周 王室과 諸侯를 가리킨다.

秦起於西陲하여 **與戎狄雜居**나 **本以强兵富國爲上**[1]이니라 **其先襄公最賢**하니 **詩人**[2]**稱之**니라 **然**이나 **其所以爲國者**도 **亦猶是耳**니라 **詩曰 蒹葭蒼蒼**하니 **白露爲霜**이로다 **所謂伊人**이 **在水一方**이로다하니라 **夫蒹葭之方盛也 蒼蒼**하니 **其强勁而不適於用**하고 **至於白露凝戾爲霜然後**에 **堅成可施於人**이니라 **今夫襄公**은 **以耕戰自力**[3]이나 **而不知以禮義終成之**[4]니 **豈不蒼然盛哉**아 **然而君子以爲未成**이니라 **故**로 **其後世狃於爲利而不知義**니라

秦나라는 서쪽 변두리 지역에서 일어나 戎狄과 섞여 살았지만, 본래는 富國强兵의 정책을 최상으로 삼았다. 그 先代인 襄公이 가장 어질었으니, 詩人이 그를 칭찬하였다. 그러나 그가 나라를 다스리는 방식 또한 이와 같았을 뿐이다. 詩에 이르기를 "갈대가 푸르고 푸르니, 흰 이슬이 서리가 되었도다. 이른바 저분이 저 물가의 한쪽에 있도다."라고 하였다. 갈대는 바야흐로 성할 때에 새파랗게 우거지는데, 그때는 强勁해서

쓰기에 적합하지 않고, 흰 이슬이 맺혀 서리가 된 뒤에야 성숙해져서 사람에게 쓰일 수 있는 것이다. 襄公은 자력으로 농업과 군사를 발전시켰으나 禮義로 성취할 줄을 몰랐으니, 어찌 새파랗게 무성하지 않겠는가? 그러나 君子는 그가 성취하지 못했다고 여겼다. 그러므로 그 後世가 이익을 챙기는 데 집착하여 의리를 알지 못하였다.

1) 本以强兵富國爲上 : 본래는 兵力을 강하게 하고 국가를 부유하게 하는 정책을 시행하였다는 말이다.
2) 詩人 : 여기서는 ≪詩經≫ 〈秦風 蒹葭〉의 작자를 가리킨다. 〈蒹葭〉는 毛序에 의하면 "秦 襄公을 풍자한 詩인데, 周나라 禮法을 쓰지 않았기 때문에 그 나라를 견고하게 할 수가 없었다."고 한다.
3) 耕戰自力 : 자기의 역량에 의하여 농업과 군사를 발전시킴을 가리킨다.
4) 不知以禮義終成之 : 국력을 발전시키는 동시에 禮義를 시행할 줄은 몰랐다는 말이다.

至於商君하여 厲之以法[1)]하니 風俗日惡하고 鄙詐猛暴가 甚於六國[2)]하여 卒以此勝天下니라 秦之君臣은 以爲非是면 無足以服人矣니라 當是時[3)]에 諸侯大者는 連地數千里하고 帶甲[4)]數十萬이니 雖使齊桓[5)]晉文假仁義挾天子以令之라도 其勢將不能行이니라 惟得至誠之君子가 自修而不爭을 如商周之先君[6)]이라야 庶幾可以服之니라 孟子遊於齊梁에 以此干其君하니 皆不能信이니라 以爲詐謀奇計之所不能下하고 長戟勁弩之所不能克이어늘 區區之仁義가 何足以致此[7)]리오 然이나 魏文侯[8)]는 當時之弱國也요 君王后[9)]는 齊之一婦人也니라 魏文侯는 行仁義하고 禮下賢者하며 用卜子夏田子方段干木하니 而秦人不敢加兵이니라 君王后는 用齊四十餘年에 事秦謹하고 與諸侯信하니 而齊亦未嘗受兵이온 而況於力行仁義하고 中心惨怛[10)]하여 終身不懈而有不能勝者哉아

商君에 와서 法律로써 국가를 정돈하니, 風俗이 날로 사나워지고 鄙詐와 猛暴가 六國보다 심하여 최후에는 이것으로써 天下를 정복하였다. 그래서 秦나라 君臣은 이것이 아니면 인민을 복종시킬 수 없다고 여겼다. 이때에 諸侯 중에 큰 나라는 연이어진 땅이 수천 리나 되고 군대가 수십만이나 되었으니, 비록 齊 桓公과 晉 文公이 仁義와 天子(周室)의 명의를 빌어 諸侯들에게 명령한다 하더라도 그 사세상 장차 시행될 수

가 없었다. 오직 지극히 진실하고 仁義의 마음을 가진 君子가 스스로 德을 닦고 秦나라와 전쟁하지 않기를 마치 商나라와 周나라의 先君처럼 했어야만 거의 諸侯들을 복종시킬 수 있었을 것이다.

孟子가 齊와 梁에 가서 仁義로써 그 임금들을 설득하였지만, 齊·梁의 임금은 오활하다 하고 모두 믿지 않았다. 그것은 詐謀와 奇計도 그들의 콧대를 낮출 수 없고, 長戟과 勁弩도 그들을 이길 수 없거늘, 하찮은 仁義가 어떻게 족히 天子가 되려는 목적에 도달시킬 수 있겠는가라고 생각했기 때문이다. 그러나 魏 文侯(魏斯)는 當時의 弱國이었고, 君王后는 齊나라의 일개 婦人이었다. 魏 文侯는 仁義를 행하고 禮를 갖추어 賢者에게 몸을 낮추고, 卜子夏·田子方·段干木 같은 어진 인재들을 등용하니, 秦나라 사람이 감히 침략하지 못하였다. 君王后가 齊나라에 쓰인 40여 년 동안 秦나라를 謹實히 섬기고 諸侯들과 신의를 유지하니, 齊나라 또한 諸侯들의 침략을 받지 않았다. 그런데 하물며 힘써 仁義의 정치를 행하고 마음속에 항상 백성들에 대해 측은한 생각을 가지고 종신토록 태만하지 않아서, 그 누구도 이길 수 없는 자야말로 더할 나위가 있겠는가.

1) 至於商君 厲之以法 : 商君 곧 商鞅에 이르러 法律로써 國家를 정돈한 일을 가리킨다.

2) 風俗日惡……甚於六國 : ≪史記≫ 〈商君列傳〉에 의하면, 商鞅의 法을 따라 富國强兵의 정책을 펼친 결과 秦나라가 크게 다스려져서 길에서는 남의 물건을 줍는 사람이 없고, 산에는 도적이 없을 정도로 당시 백성들이 평온한 생활을 누렸다. 그런데 司馬遷은 앞에서 이미 '天資가 刻薄한 사람'으로 商鞅을 卑下하였고, 蘇轍은 뒤에서 다시 '그는 正道가 아닌 霸道로 孝公을 설득하였고, 겨우 强國의 술책으로 孝公을 설득하여 秦나라의 習慣과 風氣가 날로 점점 敗壞하게 만들고, 軍功을 숭상하여 貪鄙·詐僞·凶殘·暴戾한 風氣를 형성하게 했다.'고 商鞅을 질타하였다.

3) 是時 : 전국시대를 가리킨다.

4) 帶甲 : 갑옷을 입은 將士로, 곧 군대를 가리킨다.

5) 齊桓 : ≪朱子全書≫, ≪西山讀書記≫ 등에서 齊 桓公을 齊 威公으로 적고 있는데, 이는 宋 欽宗의 이름인 桓을 피하기 위한 것이다. 원문의 威도 송대 학자가 바꾸었는데 ≪欒城集≫에 의해 桓으로 환원하였다. 이하에서도 桓이 威로 바뀐

것은 모두 환원하였다.

6) 商周之先君 : 商나라 成湯이 德을 닦으니 諸侯들이 모두 歸附하였고, 周나라 文王은 天下의 3분의 2를 소유하였으나 그대로 殷紂의 諸侯 노릇을 하였다.

7) 致此 : 諸侯들을 정복하고 天子의 자리를 차지하려는 목적에 도달함을 가리킨다.

8) 魏文侯 : 전국시대에 魏나라를 세운 魏斯를 가리킨다. 그는 賢能한 인재들을 임용해서 弱國인 魏나라를 强國으로 만들었다.

9) 君王后 : 齊 襄王의 后妃이다. 齊나라 太史 敫(교)의 딸인 그녀는 襄王이 죽고 아들 建이 齊王이 되었을 때에 秦나라를 謹實히 섬기고 諸侯들과 신의를 유지하였다. 그 때문에 建이 齊王으로 있는 40여 년 동안은 諸侯들의 침략을 받지 않았다. ≪史記≫ 〈田敬仲世家〉에 "湣王의 아들 法章이 變姓名하고 莒 太史 敫의 집에 은신하고 있었는데, 敫의 딸이 法章의 용모가 비상한 것을 보고 항상 의복과 음식을 몰래 공급하고 그와 私通하였다. 莒 사람들이 함께 法章을 왕으로 세웠으니 이가 바로 襄王이고, 太史氏의 딸을 王后로 삼았으니, 이가 바로 君王后이다."라고 하였다.

10) 中心慘怛 : 굶주림에 시달린 백성들을 항상 측은하게 여기는 마음을 가짐을 가리킨다.

夫衣冠佩玉은 **可以化强暴**요 **深居簡出**[1]은 **可以却猛獸**요 **虛心寡欲**[2]은 **可以懷鬼神**[3]이니라 **孟子曰 仁不可以爲衆**[4]이라하니라 **誠因秦之地**하여 **用秦之民**하고 **按兵自守**[5]하고 **修德以來天下**면 **彼將襁負其子而至**[6]리니 **而誰與共亡**[7]이리오 **惜乎其明不足以知之**하고 **竭力以勝敵**이니라 **敵勝之後**에 **二世而亡**하니 **其數有以取之矣**[8]니라[9]

무릇 衣冠과 佩玉으로 禮貌를 갖추는 것은 强暴함을 和解시킬 수 있고, 깊은 곳에 처하여 외출을 적게 하는 것은 猛獸를 물리칠 수 있고, 마음을 비우고 욕심을 적게 하는 것은 鬼神이 돕게 할 수 있다. ≪孟子≫에서 "〈공자가 말씀하기를〉 仁者 앞에서는 〈아무리 숫자가 많아도 무력해져서〉 많은 무리가 될 수 없다."고 하였다. 진실로 秦의 땅을 가지고 秦의 백성을 쓰고, 군사를 한 곳에 주둔시켜 스스로 지키고 德을 닦아 천하의 백성들을 불러온다면 백성들이 장차 어린 자식을 포대기로 싸서 업고 몰려올 터인데, 누가 秦나라를 멸망시킬 수 있겠는가? 그런데 애석하게도 밝은 지혜가 족히 이런 것을 알지 못하고 힘을 다해 敵을 쳐서 승리하였다. 그러나 敵을 쳐서 승리한 뒤에 불과 二世 만에 亡하였으니, 그 나라를 다스리는 策略에 취할 만한 교훈이 들어 있는 것이다.

1) 深居簡出 : 은밀한 곳에 처하여 외출을 적게 함을 가리킨다.
2) 虛心寡欲 : 淸心寡慾과 같은 말로, 곧 마음을 깨끗이 하고 욕심을 적게 하는 것을 가리킨다.
3) 懷鬼神 : 귀신으로 하여금 돕게 함을 가리킨다.
4) 孟子曰 仁不可以爲衆 : ≪孟子≫ 〈離婁 上〉에 "孔子께서 말씀하기를 '仁者 앞에서는 〈아무리 숫자가 많아도 무력해져서〉 많은 무리가 될 수 없다.'고 했다."란 말이 보이는데, 맹자는 이와 같은 공자의 말씀을 인용하여 '임금이 仁德을 좋아하면 천하에 대적할 자가 없다.'는 것을 뒷받침하였다.
5) 按兵自守 : 군사를 한곳에 머물러두고 움직이지 않는 것으로, 곧 關門을 닫고 스스로 지키고 諸侯들에게 武力을 쓰지 않음을 가리킨다.
6) 彼將襁負其子而至 : ≪論語≫ 〈子路〉에 樊遲가 농사짓는 방법을 배우기를 청하자, 공자께서 말씀하기를 "소견 좁은 細民이로구나, 樊須(樊遲)는. 윗자리에 있는 사람이 예의를 좋아하면 백성들이 감히 존경하지 않을 수 없고, 윗자리에 있는 사람이 의리를 좋아하면 백성들이 감히 복종하지 않을 수 없으며, 윗자리에 있는 사람이 신의를 좋아하면 백성들이 감히 성실하지 않을 수 없으니, 이렇게 된다면 사방에 있는 백성들이 어린 자식을 포대기에 싸서 업고 몰려올 터인데, 어찌 자신이 직접 농사를 지을 필요가 있겠는가?〔小人哉 樊須也 上好禮則民莫敢不敬 上好義則民莫敢不服 上好信則民莫敢不用情 夫如是則四方之民 襁負其子而至矣 焉用稼〕"라고 했다는 내용이 보이는데, 여기서는 천하의 민심이 돌아옴을 형용한 것이다.
7) 誰與共亡 : "가령 秦나라가 仁政을 베풀었다면 누가 秦나라를 멸망시키겠는가?"란 말이다.
8) 其數有以取之矣 : 治國하는 策略에 취할 만한 교훈이 있음을 가리킨다.
9) 康熙의 ≪御選古文淵鑑≫에서 "앞에서는 雄駿을 논하고 여기서는 平正을 논하였으니, 앞의 논설은 權謀에 가깝고 여기의 논설은 王道에 가깝다.〔前論雄駿 此論平正 前論猶近于權謀 此則庶幾王道矣〕"라고 비평하였다.

07. 始皇論* 秦始皇에 대한 論

* 이 〈始皇論〉도 응당 소식적 작품일 것이다. 秦나라가 六國을 멸하고 郡縣을 설치한 것은 바로 대세의 흐름이었고, 秦나라가 멸망한 이유는 세력을 얻고 德을 닦지 않은 데에 있다는 것이 본문의 요지이다.

蘇氏兄弟의 **論罷侯置守處**는 **竝祖柳宗元之論而附益之**요 **而子由此論**은 **却亦跌宕**하니 **可以補柳子之不足**이니라

蘇氏 兄弟가 諸侯를 없애고 郡守를 둔 것을 논한 부분은 모두 柳宗元의 論을 祖宗으로 하여 덧붙인 것인데, 子由의 이 〈始皇論〉은 또한 문장이 격식에 얽매이지 않고 자유분방하니, 柳子의 부족한 점을 보완할 만하다.

諸侯之興은 **自生民始矣**[1]니라 **至始皇滅六國**이나 **而五帝**[2]**三代之諸侯 掃地無復遺者**는 **非秦能滅諸侯**요 **而勢之隆汚 極於此矣**니라 **昔禹會諸侯於塗山**하니 **執玉帛者萬國**[3]이니라 **傳商及周文武之間**에 **止千七百餘國**이니라 **夫人之必爭**이요 **强弱之必相呑滅**은 **此勢之必至者也**니라 **彼非諸侯獨能自存**이요 **聖賢之君**이 **時出而齊之**니라 **是以**로 **强者不敢肆**하고 **弱者有以自立**이니라

諸侯 제도가 생긴 것은 인류사회가 탄생할 때부터 시작되었다. 秦 始皇에 와서 六國을 멸하였으나 五帝와 三代의 諸侯가 땅을 쓸어버린 듯 하나도 남지 않은 것은 秦나라가 諸侯를 멸한 것이 아니고 형세의 盛衰가 여기에서 극에 달한 것이다. 옛날 禹가 諸侯들을 塗山에 집합시키니 玉帛을 가진 자가 萬國이나 되었다. 그런데 商 및 周의 文王・武王으로 전해지는 사이에 諸侯가 줄어서 1천 7백여 國에 불과하였다. 무릇 사람은 반드시 다투기 마련이고, 强과 弱은 반드시 서로 삼켜 없애기 마련이니, 이것은 형세상 반드시 닥치는 일이다. 저 諸侯들이 독자적인 역량에 의하여 보전되는 것이 아니고, 聖賢한 임금이 때에 따라 나와서 정비를 하니, 이러므로 强者는 감히 放肆하지 못하고 弱者는 自立할 수 있게 되었다.

1) 諸侯之興 自生民始矣 : 인류사회가 있은 이후로 諸侯의 제도가 있었다는 말이다.
2) 五帝 : 皇帝 軒轅·顓頊 高陽·帝嚳 高辛·唐堯·虞舜을 가리킨다.
3) 昔禹會諸侯於塗山 執玉帛者萬國 : ≪淮南子≫ 〈原道訓〉에 "禹는 천하가 배반할 것을 알고, 이에 城을 헐고 隍池를 메우고 財物을 분산하고 武器를 불태우고 나서 德을 베푸니, 해외에서 찾아오고 四夷가 공물을 바쳤다. 그래서 諸侯를 塗山에 집합시키니 玉帛을 가진 자가 萬國이었다."고 하였다.

蓋自禹五世而得少康[1)]하고 **自少康十二世而得湯**하고 **自湯八世而得太戊**[2)]하고 **自太戊十三世而得武丁**[3)]하고 **自武丁八世而得周文武**하니 **當是時**[4)]하여 **雖有强暴諸侯**나 **不得以力加小弱**[5)]이니라 **然**이나 **虞夏**[6)]**諸侯亡者 已十八九矣**니라 **自文武成康**[7)]**以來**로 **三十有三世**에 **獨一宣王**[8)]이 **能紀綱諸夏**니라 **幽平**[9)]**以後**로 **諸侯放恣**하니라 **春秋之際**에 **存者百七十餘國而已**니라 **雖齊桓晉文迭興**하여 **以會盟征伐持之**라도 **而道德不足**하여 **其身所攻滅**이 **蓋已多矣**[10)]니라 **陵遲至於六國**하여 **獨有宋衛中山泗上諸侯在耳**[11)]니라 **地大兵强**은 **皆務以詐力相傾**이니라 **雖使桓文復生**이라도 **號令將有所不行**이니 **非有盛德之君**이면 **不足以懷之矣**니라 **是以**로 **至於蕩滅無餘而後止**니 **秦雖欲復立諸侯**나 **豈可得哉**아 **而議者 乃追咎李斯不師古**라가 **始使秦孤立無援**하여 **二世而亡**하니 **蓋未之思**[12)]**歟**아

禹로부터 5世를 내려와 少康을 만나고, 少康으로부터 12世를 내려와 湯을 만나고, 湯으로부터 8世를 내려와 太戊를 만나고, 太戊로부터 13世를 내려와 武丁을 만나고, 武丁으로부터 8世를 내려와 周의 文王과 武王을 만났으니, 이때에는 비록 强暴한 諸侯가 있다 하더라도 武力으로 弱小國을 정벌할 수 없었다. 그러나 虞·夏의 諸侯로서 멸망한 자가 이미 10에 8, 9나 되었다. 文王·武王·成王·康王 이후로 33世를 내려와서는 오직 宣王만이 中原의 諸侯들을 잘 다스렸다. 幽王·平王 이후로는 諸侯들이 放恣하였다. 春秋시대에는 남아 있는 나라가 170여 國뿐이었으니, 비록 齊 桓公과 晉 文公이 번갈아 일어나 會盟과 征伐로써 유지시켰다 하더라도 道德이 不足하여 齊 桓公과 晉 文公이 몸소 攻滅한 諸侯國이 이미 많았다.

점점 쇠퇴하여 六國에 이르러서는 宋·衛·中山과 泗上諸侯만이 남아 있었을 뿐이

다. 땅이 크고 군사가 강한 諸侯는 모두 힘을 다해 詐欺와 武力을 써서 서로 傾軋하였다. 비록 齊 桓公과 晉 文公이 다시 태어난다 하더라도 號令이 장차 행해지지 않는 바가 있을 것이니, 성대한 美德을 가진 임금이 아니고는 족히 懷柔할 수 없을 것이다. 이 때문에 남김없이 멸망하고야 말았으니, 秦이 비록 다시 諸侯를 세우려고 한들 어찌 그렇게 될 수 있겠는가? 이 일을 평론하는 사람은 "李斯가 古代에 諸侯를 分封하던 제도를 본받지 않았다가 비로소 秦으로 하여금 고립무원의 처지에서 겨우 2世를 전하고 망하게 하였다."고 나무랐으니, 대개 諸侯의 勢가 이미 다한 정황을 고려하지 않은 것이다.

1) 少康 : 夏王 相의 아들이자 禹의 7대손이다. 相이 寒浞의 庶子인 澆에게 피살되었는데, 少康이 舊臣 靡와 합력하여 寒浞을 멸하고 夏王朝를 회복시켰다.
2) 太戊 : 太庚의 아들. 당시 商이 衰微하여 諸侯가 더러 조회하러 오지 않았는데, 太戊가 왕위에 올라 伊陟과 巫咸 등을 등용하니 商이 다시 일어났다.
3) 武丁 : 盤庚의 아우인 小乙의 아들. 殷(商)은 盤庚이 죽은 뒤로 國勢가 衰落하였다. 武丁이 왕위에 올라 傅說을 정승으로 앉히고 열심히 政事를 돌보니 殷이 다시 强盛하였다. 죽은 뒤에 高宗이라 칭하였다.
4) 是時 : 聖王이 代마다 세상에 나오던 때를 가리킨다.
5) 以力加小弱 : 武力으로 弱小國을 정벌하는 일을 가리킨다.
6) 虞夏 : 有虞氏의 세대와 夏禹氏의 세대를 가리킨다.
7) 成康 : 周의 成王과 康王. 史家는 成王과 康王에 대하여 "成康의 시대에는 범죄가 없어서 40여 년 동안 형벌을 사용하지 않으니, '成康之治'라 칭했다."라고 적고 있다.
8) 宣王 : 周 厲王의 아들. 그가 在位했을 때에 북쪽으로는 玁狁을 정벌하고 남쪽으로는 荊蠻·淮夷·西戎을 정벌하였으니, 周의 中興主로 일컬어졌다.
9) 幽平 : 幽王과 平王. 幽王은 周 宣王의 아들. 그는 애첩 褒姒를 총애하고 본처인 申后와 太子인 宜臼를 폐하였다. 이에 申侯가 원한을 품고 犬戎과 연합하여 周를 쳐서 幽王을 죽이니, 이른바 '西周'가 망하였다. 平王은 幽王의 아들인 宜臼로서 왕위에 오른 뒤에 犬戎을 피하기 위하여 도읍을 동쪽 洛邑으로 옮겼으니 이를 史家들이 '東周'라고 칭하였다.
10) 其身所攻滅 蓋已多矣 : 齊 桓公과 晉 文公이 몸소 攻滅한 諸侯國이 이미 많았다

는 말이다.

11) 獨有宋衛中山泗上諸侯在耳 : 宋은 춘추시대 諸侯國의 하나였는데 전국시대에 와서 齊에게 멸망되고, 衛는 周 武王의 아우인 康叔의 封地였는데 秦에게 멸망되고, 中山은 周 諸侯國의 이름으로 전국시대에 中山國이었는데 趙 武靈王에게 멸망되었다. 泗上은 泗水 가를 가리킨다. 泗上諸侯는 宋·魯·郲·莒 등 나라를 가리킨다.

12) 蓋未之思 : 대개 諸侯의 勢가 이미 다한 정황을 고려하지 않은 점을 가리킨다.

夫商周之初에 **雖封建**[1)]**功臣子弟**나 **而上古**[2)]**諸侯 棊布天下**하여 **植根深固**[3)]니라 **是以**로 **新故相維**[4)]하여 **勢如犬牙**[5)]하니 **數世之後**에 **皆爲故國**[6)]하여 **不可復動**이니라 **今秦已削平諸侯**하여 **蕩然無復立錐之國**하니 **雖使立建子弟**나 **而君民不親**이니라 **譬如措舟滄海之上**하여 **大風一作**이면 **漂卷而去**니 **與秦之郡縣何異**리오 **且獨不見漢高晉武之事乎**[7)]아 **割裂海內以封諸子**하니 **大者**는 **連城數十**이니라 **擧無根之人**하여 **寄之萬民之上**하니 **十數年**[8)]**之間**에 **隨卽散滅**하여 **不獲其用**[9)]이니라 **豈非惑於其名**[10)]**而未察其勢也哉**아

商·周의 초기에 비록 功臣과 子弟를 封建하였으나, 上古시대의 諸侯들이 天下에 바둑처럼 펼쳐져 있어서 이미 박힌 뿌리가 깊고 견고하였다. 이 때문에 새로 봉해진 諸侯와 원래 봉해진 諸侯가 서로 유지하여 그 형세가 마치 犬牙와 같았으니, 몇 世 뒤에는 모두 故國이 되어 다시 움직일 수 없었다. 이제 秦이 이미 諸侯를 평정하여 다시 송곳을 꽂을 만한 나라도 없었으니, 비록 子弟를 封建한다 하더라도 君과 民이 서로 친숙하지 못할 것이다. 비유하자면, 선박을 滄海 위에 두어 大風이 한번 일어나면 휩쓸어 가는 것과 같은 격이니, 秦의 郡縣과 무엇이 다르겠는가? 漢 高祖와 晉 武帝의 일을 보지 못하였는가? 海內의 땅을 분할하여 여러 자제를 봉하니, 큰 것은 수십 개의 城을 연하였으나, 근본 없는 사람을 들어다가 만백성의 위에 앉혔기 때문에, 몇십 년 뒤에는 곧 소멸하여 작용할 수 없게 되었다. 이것은 어찌 그 名義에 미혹되어 그 형세를 살피지 못한 탓이 아니겠는가?

1) 封建 : 封地建國의 약칭. 封建制度는 黃帝 때 시작되고 周代에 와서 구비되었다고 한다.

2) 上古 : 여기서는 五帝의 시기를 가리킨다.

3) 植根深固 : 分封制度의 유래가 이미 오래되어서 견고하여 쪼갤 수 없음을 비유한 말이다.

4) 新故相維 : 원래 봉해진 諸侯와 새로 봉해진 諸侯가 서로 유지함을 가리킨다.

5) 勢如犬牙 : 형세가 마치 개 이빨처럼 엇물려서 서로 견제함을 비유한 말이다.

6) 故國 : 비교적 역사가 오래된 나라를 이른다.

7) 且獨不見漢高晉武之事乎 : ≪史記≫ 〈漢興以來諸侯王年表〉에 의하면 "漢 高祖의 同姓 子弟가 봉해진 나라는 곧 楚·齊·荊·淮南·燕·趙·梁·淮陽·代 등 9개국이고, 長沙王만이 他姓이었다. 封地가 큰 경우는 5, 6郡에 수십 개의 城을 연하였다. 景帝 때에 와서 諸侯王이 세력을 割據하여 점점 강대해지자, 景帝가 晁錯의 계책을 써서 諸侯王의 封地를 깎았다. 뒤에 吳王 劉濞가 楚·趙·淄川·濟南 등과 함께 반란을 일으켰다."고 하였다. ≪晉書≫ 〈武帝紀〉에 의하면 "武帝 즉위 초에 宗室을 27개국에 크게 봉하였다."고 하였고, ≪晉書≫ 〈惠帝紀〉와 〈懷帝紀〉에 의하면 "惠帝가 즉위하자, 汝南王 司馬亮이 太宰가 되어 권력을 휘둘렀고, 그 뒤 楚王 瑋·趙王 倫·齊王 冏·河間王 顒·成都王 穎·長沙王 義·東海王 越이 전후로 군사를 일으켜 권력을 쟁탈하였다."고 하였다.

8) 十數年 : 수십 년과 같은 말로, 漢 高祖와 晉 武帝가 分封한 宗室은 모두 몇십 년 후에 반란을 일으켰다.

9) 不獲其用 : 宗室을 分封한 목적은 王室을 강화하기 위해서였는데, 결과적으로는 작용할 수 없게 되었다는 말이다.

10) 惑於其名 : 宗室을 分封하여 王室을 강화한다는 名義에 迷惑되었다는 말이다.

古之聖人이 立法以御天下엔 必觀其勢하고 勢之所去엔 不可以强反[1]이니라 今秦之郡縣은 豈非勢之自至[2]也歟아 然이나 秦得其勢하고 而不免於滅亡이니 蓋治天下는 在德不在勢니라 誠能因勢以立法하고 務德以扶勢면 未有不安且治者也니라 使秦旣一天下면 與民休息하고 寬徭賦하고 省刑罰하고 黜奢淫하고 崇儉約하고 選任忠良하고 放遠法吏하고 而以郡縣治之면 雖與三代比隆이라도 可也니라[3]

옛날 聖人이 法을 세워 天下를 통치할 때에는 반드시 그 勢를 관찰하였고, 勢가 떠나는 마당에는 억지로 인력을 가지고 회복하려 하지 않았다. 이제 秦의 郡縣은 어찌

勢가 스스로 이른 것이 아니겠는가? 그러나 秦은 그 勢를 얻고도 滅亡을 면치 못하였으니, 대개 天下를 다스리는 법은 德에 달려 있고 勢에 달려 있는 것이 아니다. 진실로 형세를 살펴 법령을 제정하고 덕을 함양하여 대세를 부지한다면 천하를 안정시키고 또 다스리지 못할 자가 없다. 가사 秦이 이미 天下를 통일하였으면 백성과 함께 休息을 취하고, 徭賦를 너그럽게 하고, 刑罰을 경감하고, 奢淫을 퇴출하고, 儉約을 숭상하고, 忠良한 사람을 선임하고, 법을 무겁게 쓰는 酷吏를 멀리 추방하고, 郡縣의 제도로 다스렸다면 비록 三代와 隆盛을 비교하더라도 괜찮았을 것이다.

1) 强反 : 강제로 인력을 써서 회복하는 것이다.
2) 勢之自至 : 반드시 郡縣을 건립해야 할 형세가 자연히 도달함을 이른다.
3) 呂留良의 ≪晩村先生八家古文精選≫에는 "柳州(柳宗元)의 〈封建論〉과 서로 表裏가 된다. 다같이 '勢' 한 자에 주안점을 두었으나 潁濱은 '後世에는 封建制度를 두려고 해도 둘 수 없다.'고 하였고, 柳州는 '先王은 封建制度를 폐지하려고 해도 폐지할 수 없었다.'고 하였으니, 純과 駁이 크게 서로 엇갈렸다.〔與柳州封建論相表裏 同主一勢字 然潁濱謂後世欲存封建而不得 柳州謂先王欲廢封建而不能 則純駁大相徑庭矣〕"라고 비평하였고, 孫琮의 ≪山曉閣選宋大家蘇潁濱全集≫에는 "篇中에 '勢'자로 立論하였으니 역시 卓見이다. 중간에 賢君이 있고 賢君이 없는 것으로 두 가지 뜻을 暢發하였으니, 또한 깊이 꿰뚫어본 것이다.〔篇中以勢字立論 亦是卓見 中以有賢君無賢君 暢發二義 又爲深透〕"라고 비평하였다.

08. 三國論* 三國에 대한 論

* 이 〈三國論〉도 응당 소싯적 작품일 것이다. 三國은 東漢 뒤에 출현한 魏·蜀·吳를 가리킨다.

論三國而獨挈劉備하니 **亦堪輿家取窩之說**이니라

三國을 논하되 劉備만을 거론하였으니, 또한 堪輿家(풍수지리가)가 窩穴(묏자리)을 취하는 식의 논설이다.

天下皆怯而獨勇이면 **則勇者勝**이요 **皆闇而獨智**면 **則智者勝**이니라 **勇而遇勇**이면 **則勇**

者不足恃也요 智而遇智면 則智者不足用也니라 夫唯智勇之不足以定天下니 是以로 天下之難이 蜂起而難平이니라 蓋嘗聞之컨대 古者에 英雄之君은 其遇智勇也에 以不智不勇而後에 眞智大勇을 乃可得而見也[1)]니라하니라

天下 사람들이 모두 겁쟁이고 혼자만이 용맹을 가졌다면 용맹을 가진 자가 이기고, 천하 사람들이 모두 혼암하고 혼자만이 지혜를 가졌다면 지혜를 가진 자가 이긴다. 그러나 용맹을 가진 자가 용맹을 가진 자를 만나면 그 용기는 족히 믿을 것이 못 되고, 지혜를 가진 자가 지혜를 가진 자를 만나면 그 지혜는 족히 쓸 것이 못 된다. 지혜와 용맹은 족히 天下를 안정시킬 수 있는 것이 못 되니, 이러므로 天下의 難이 벌처럼 일어나서 평정하기 어렵다. 일찍이 듣건대 "옛날 英雄다운 임금은 지혜를 가진 사람과 용맹을 가진 사람을 만남에 지혜롭지 못하고 용맹스럽지 못한 태도로 대한 연후에 진정한 지혜와 큰 용맹을 발휘해 보인다."고 한다.

1) 古者……乃可得而見也 : 才能과 武勇이 남보다 뛰어난 君王은 지혜롭지 못하고 용맹스럽지 못한 방법으로 지혜가 있고 용맹이 있는 사람을 대한다. 그런 연후에 재능을 표현하여 진정한 지혜와 뛰어난 용맹을 발휘해 보인다는 말이다.

悲夫라 世之英雄은 其處於世에 亦有幸不幸耶로다 漢高祖唐太宗은 是以智勇獨過天下而得之者也요 曹公孫劉는 是以智勇相遇而失之者也니 以智攻智하고 以勇擊勇이니라 此譬如兩虎相捽[1)]에 齒牙氣力이 無以相勝이니 其勢足以相擾요 而不足以相斃니라 當此之時하여 惜乎無有以漢高帝之事로 制之者也니라

아! 슬프다. 역대 英雄들은 세상에 처하여 행복을 누린 자도 있었고, 불행을 겪은 자도 있었도다. 漢 高祖와 唐 太宗은 바로 지혜와 용맹이 홀로 천하에 뛰어나서 천하를 얻은 자들이고, 曹操・孫權・劉備는 바로 지혜와 용맹을 가진 자가 서로 만나서 천하를 잃은 자들이니, 지혜로써 지혜를 공격하고 용맹으로써 용맹을 공격하였기 때문이다. 이것은 비유하자면, 두 마리의 범이 서로 겨룸에 齒牙와 氣力이 서로 이길 수가 없으니, 그 형세는 서로 소란만 피우기에 족하고 서로 죽이기엔 부족한 것과 같다. 이 때에 漢 高帝의 일로써 제재하는 자가 없었던 것이 애석하다.

1) 相捽 : 서로 격투를 벌이는 것이다.

昔者에 項籍이 乘百戰百勝之威하여 而執諸侯之柄하고 咄嗟叱咤하여 奮其暴怒하고 西向以逆高祖[1]하니 其勢飄忽震蕩하여 如風雨之至니라 天下之人은 以爲遂無漢矣니라 然이나 高帝以其不智不勇之身으로 橫塞其衝하고 徘徊而不得進하니 其頑鈍椎魯는 足以爲笑於天下나 而卒能摧折項氏而待其死[2]하니 此其故何也오 夫人之勇力은 用而不已면 則必有所耗竭이요 而其智慮久而無成이면 則亦必有所倦怠而不擧니라 彼欲用其所長以制我於一時하고 而我閉門而拒之하여 使之失其所求하고 逡巡求去而不能去하니 而項籍固已憊矣니라

옛날 項籍은 百戰百勝의 威力을 타고 諸侯의 權柄을 거머쥐고는 큰 소리로 꾸짖으며 그 暴躁한 성격을 드러내고 서쪽을 향해 高祖를 맞아 공격하니, 그 기세가 신속하고 맹렬하기가 마치 飄風·驟雨와 같았다. 이 당시 天下 사람들은 결국 漢이 없어지리라고 여겼다. 그러나 漢 高帝는 지혜롭지 못하고 용맹스럽지 못한 몸으로 그 요충지를 막고 머뭇거리며 앞으로 나아가지 않았으니, 그 頑鈍하고 椎魯함이 족히 天下에 비웃음을 살만 하였으나 결국은 項氏를 꺾어 그의 죽음을 기다렸으니, 그 까닭은 무엇인가?

사람의 勇力은 계속 쓰면 반드시 고갈되고, 智慮는 오래도록 성취함이 없으면 또한 반드시 倦怠할 때가 있어서 그 智慮를 쓰지 못하는 법이다. 상대방은 그의 장점을 써서 나를 일시에 제재하려고 하고, 나는 성문을 닫고 그를 막아서 그가 구하는 바를 잃게 하고, 슬슬 물러가기를 구하나 물러갈 수 없게 하였으니, 項籍이 이미 피곤에 지친 것이다.

1) 昔者……西向以逆高祖 : 項籍(項羽)은 몸소 70여 차례 전쟁을 하였다. 닥치면 반드시 깨뜨리고 공격하면 반드시 굴복시켰으며 패배한 적이 한 번도 없었다. 項籍은 關中에 들어간 뒤에 여러 장수들을 分封하고 자기는 西楚霸王이 되기까지 하였다. 그가 처음 군사를 일으킬 때에 秦의 장수 章邯과 아홉 번 싸워서 다 이기니, 諸侯들이 그를 보면 설설 기고 감히 우러러보지 못하였으며, 또한 諸侯上將軍이 되자, 諸侯들이 모두 歸附하였다. 그의 힘은 큰 솥을 들 수 있고, 기운

은 세상을 덮었다. 漢 高祖 劉邦은 당시 項籍이 봉해준 漢王이 되어 巴蜀漢中에 있었기 때문에 여기서 '서쪽을 향해 漢 高祖를 맞아 공격했다.'라고 한 것이다.

2) 高帝以其不智不勇之身……而卒能摧折項氏而待其死 : 漢 高帝 劉邦은 자기가 전략을 세우지도 못하고 싸우면 패배한 적도 많았으나 項籍이 서쪽으로 진출하는 길목을 막았다. 劉邦은 이기면 동쪽으로 진출하고 패하면 성벽을 굳게 지키는 등 어리석은 듯한 지혜를 표현하였으나 결국은 項籍을 꺾고 垓下에서 포위하여 그를 죽게 하였다.

今夫曹公孫權劉備 此三人者는 **皆知以其才相取**하고 **而未知以不才取人也**니라 **世之言者曰 孫不如曹**요 **而劉不如孫**이니라 **劉備唯智短而勇不足**이라 **故**로 **有所不若於二人者**나 **而不知因其所不足以求勝**이니 **則亦已惑矣**니라 **蓋劉備之才**는 **近似於高祖**나 **而不知所以用之之術**이니라 **昔高祖之所以自用其才者**는 **其道有三焉耳**니라 **先據勢勝之地**하여 **以示天下之形**[1]하고 **廣收信越出奇之將**하여 **以自輔其所不逮**하고 **有果銳剛猛之氣而不用**하여 **以深折項籍猖狂之勢**[2]니라

曹操・孫權・劉備 이 세 사람은 모두 그 재능으로써 서로 취할 줄만 알고, 재능이 아닌 것으로써 사람을 취할 줄은 몰랐다. 세상에서 말깨나 하는 자들은 '孫權은 曹操만 못하고 劉備는 孫權만 못했다.'라고 한다. 劉備는 지혜가 짧고 용맹이 부족하였다. 그러므로 두 사람만 못한 점이 있었으나 그 부족한 점을 이용하여 승리를 구한 줄은 몰랐으니, 또한 이미 미혹된 것이다. 대개 劉備의 재능은 高祖와 근사하였으나 운용하는 방법을 몰랐던 것이다.

옛날 高祖가 그 재능을 운용하는 데에는 그 방법이 세 가지가 있었을 뿐이다. 첫째는 형세상 우세한 곳을 먼저 점거하여 천하의 형세를 과시한 것이고, 둘째는 韓信・彭越 같은 출중한 장수를 널리 수용하여 자기의 부족한 점을 보충한 것이고, 셋째는 果銳하고 剛猛한 氣를 가졌으면서도 쓰지 않고 項籍의 猖狂한 기세를 호되게 꺾은 것이다.

1) 先據勢勝之地 以示天下之形 : 동쪽으로 章邯 등을 치고 먼저 關中에 들어간 일을 가리킨다.

2) 有果銳剛猛之氣而不用 以深折項籍猖狂之勢 : 項籍과 전투를 하지 않고 그 銳鋒을 피하면서 결국 項籍의 猛烈한 氣勢를 호되게 꺾은 일을 가리킨다.

此三事者는 **三國之君**이 **其才皆無有能行之者**요 **獨有一劉備近之而未至**하고 **其中猶有翹然自喜**[1]**之心**하니 **欲爲椎魯而不能純**하고 **欲爲果銳而不能達**이니라 **二者交戰於中**하여 **而未有所定**이니라 **是故**로 **所爲而不成**하고 **所欲而不遂**니라 **棄天下而入巴蜀**이니 **則非地**[2]**也**요 **用諸葛孔明治國之才**하여 **而當紛紜征伐之衝**하니 **則非將也**요 **不忍忿忿之心**하여 **犯其所短**[3]**而自將以攻人**하니 **則是其氣不足尙也**[4]니라 **嗟夫**라 **方其奔走於二袁**[5]**之間**하고 **困於呂布**[6]하고 **而狼狽於荊州**[7]하며 **百敗而其志不折**하니 **不可謂無高祖之風矣**[8]나 **而終不知所以自用之方**이니라 **夫古之英雄**은 **唯漢高帝爲不可及也夫**인저[9]

이 세 가지 일은 三國의 임금이 그 재능을 모두 행할 수 있는 자가 없었고, 오직 劉備 한 사람만이 그에 접근했지만 도달하지는 못하였고 그 중에 오히려 흐뭇해하는 마음을 가졌으니, 노둔하려고 해도 순진할 수가 없고, 果銳하려고 해도 달할 수가 없다. 이 두 가지가 마음속에서 교전을 벌여 평정되지 못했다. 이 때문에 무슨 일을 해도 이루지 못하고, 무슨 일을 하려고 해도 성취하지 못하였다. 그래서 결국 天下를 버리고 巴蜀으로 들어갔으니 전략상 알맞은 땅이 아니었고, 諸葛孔明의 나라 다스리는 재능을 이용해서 어지럽게 征伐하는 충돌을 당해냈으니 올바른 장수가 아니었고, 분한 마음을 참지 못하여 그 단점을 가지고 스스로 장수가 되어 남을 공격하였으니 이 意氣는 족히 숭상할 것이 못 된다.

아! 슬프다. 袁紹와 袁術의 사이에서 분주할 때, 呂布에게 곤욕을 치렀고, 荊州에서 낭패를 당하였다. 그러나 劉備는 백 번 패했어도 그 뜻이 꺾이지 않았으니, 高祖의 기풍이 없다고 할 수는 없다. 그렇지만 끝내 스스로 운용하는 방법은 알지 못하였으니, 옛날의 英雄은 오직 漢 高帝만이 따를 수 없는 분이었다.

1) 翹然自喜 : 자기가 일반 사람과 다른 점을 흐뭇해함을 가리킨다.

2) 非地 : 전략상 요지가 아니라는 말이다.

3) 犯其所短 : 자기의 지혜롭지 못하고 용맹스럽지 못한 단점을 사용한다는 말이다.

4) 不忍忿忿之心……則是其氣不足尙也 : ≪三國志≫ 〈蜀書 先主傳〉에 "처음에 先主

가 孫權이 關羽를 습격한 것에 분노하여 장차 동쪽을 정벌하려고 했는데, 7월에 드디어 여러 군사를 거느리고 吳나라를 쳤다. 孫權이 편지를 보내 和親을 청하였으나 先主는 너무도 화가 나서 허락하지 않았다."란 내용이 보인다.

5) 二袁 : 袁紹와 袁術을 가리킨다.

6) 方其奔走於二袁之間 困於呂布 : ≪三國志≫ 〈蜀書 先主傳〉에 "劉備가 徐州에 있을 때 袁術이 와서 공격하였다. 劉備가 袁術과 서로 버티고 있는 동안에 呂布가 그 허점을 타서 下邳를 습격하고 劉備의 妻子를 사로잡아 갔는데, 劉備는 呂布에게 和親을 청해서 그 妻子를 돌려받았다. 劉備는 뒤에 또 袁紹와 和親하여 함께 曹操를 공격하였다. 뒤에 또 劉備는 袁紹와 헤어졌다."란 내용이 보인다.

7) 狼狽於荊州 : 劉備가 荊州에 들어갔을 때 曹操의 공격을 받아 長坂坡에서 대패하여 처자를 버리고 도망한 일을 가리킨다.

8) 百敗而其志不折 不可謂無高祖之風矣 : ≪三國志≫ 〈蜀書 先主傳〉에서 陳壽는 劉備에 대하여 "先主의 弘毅하고 寬厚한 아량은 선비를 대우할 줄 알았으니, 대개 高祖의 기풍과 영웅의 기량이 있었다."라고 평하였다.

9) 呂祖謙의 ≪古文關鍵≫에는 "이 편은 開闔·抑揚法을 보여주었다.〔此篇 要看開闔抑揚法〕"라고 비평하였다.

09. 晉論* 晉에 대한 論

* 이 〈晉論〉 역시 소식적 작품일 것이다. 晉은 司馬炎이 三國의 魏를 이어서 세운 나라인데, 西晉과 東晉으로 나눈다. 西晉은 洛陽에 도읍하였고, 東晉은 江南의 땅을 보유하여 建康에 도읍하였다.

晉之士는 患在不習事라 故로 無以經略當世니라 子由議之未當이나 而行文自佳니라

晉의 선비는 일을 익히지 않는 데에 문제가 있었다. 그러므로 當世를 經略할 수가 없었다. 子由의 의론은 타당하지 못하나 문장은 아름답다.

御天下有道하니 休之以安하고 動之以勞하여 使之安居而能勤하고 逸處而能憂니라 其

君子는 周旋揖讓에 不失其節하고 而能耕田射御하여 以自致其力하고 平居習爲勉强하여 而去其惰傲하고 厲精而日堅하고 勞苦而日强이니라 冠冕佩玉[1)]之人은 而不憚執天下之大勞니라 夫是以로 天下之事는 擧皆無足爲者요 而天下之匹夫는 亦無以求勝其上이니라 何者오 天下之亂은 蓋常起於上之所憚而不敢爲니 天下之小人이 知其上之有所憚而不敢爲면 則有以乘其間而致其上之所難이니라

天下를 통치하는 데에는 일정한 법칙이 있으니, 휴식할 때에는 편안하게 하고 부릴 때에는 수고롭게 하여 백성들로 하여금 편안하게 살면서도 勤勉하게 하고 안일하게 처하면서도 우려하는 마음을 갖게 한다. 君子가 周旋하고 揖讓함에 그 節度를 잃지 않으면서 밭도 갈고 활도 쏘고 말도 타고 하여 그 힘을 다하고, 평소에 勤勉을 익히어 그 태만과 오만을 제거하고, 정신을 가다듬어 날로 튼튼하게 하고 노력하고 고생하여 날로 강해지게 하면 冠冕과 佩玉 차림을 한 高官이라도 天下의 큰 노역을 하는 것을 꺼리지 않는다. 이 때문에 天下의 일은 거개가 족히 하잘것없고, 天下의 匹夫도 그 윗사람을 이기기를 구하지 않으니, 왜냐하면 天下의 亂은 항상 위에서 꺼려서 감히 하지 않는 데서 일어나고, 天下의 小人은 윗사람이 꺼려서 감히 하지 못하는 것이 있음을 알면 그 기회를 이용해서 윗사람이 어려워하는 바를 하기 때문이다.

1) 冠冕佩玉 : 벼슬아치의 服飾이다.

夫其上之所難者는 豈非死傷戰鬪之患으로 匹夫之所輕이나 而士大夫之所不忍以其身試之者耶아 彼以死傷戰鬪之患邀我면 而我不能應이니 則無怪乎天下之至於亂也니라 故로 夫君子之於天下에 不見其所畏하고 求使其所畏之不見이니라 是故로 事有所不辭하고 而勞苦有所不憚이니라

대개 윗사람이 어렵게 여기는 것은 어찌 死傷·戰鬪의 禍患으로서 匹夫는 가볍게 여기지만 士大夫는 차마 몸으로 체험하지 못하는 것이 아니겠는가? 윗사람이 死傷·戰鬪의 禍患으로 나를 맞이하면 나는 응하지 않기 마련이니, 天下가 亂에 이르는 것을 괴상하게 여길 것이 없다. 그러므로 君子는 天下에 있어서 두려워하는 바를 나타내지 않고, 두려워하는 바가 나타나지 않게 노력한다. 이 때문에 일에는 사양하지 않는 바

가 있고, 노역에는 꺼리지 않는 바가 있다.

昔者에 晉室之敗는 非天下之無君子也니라 其君子皆有好善之心하여 高談揖讓하고 泊然冲虛[1)]하여 而無慷慨感激之操하고 大言無當[2)]하여 不適於用하고 而畏兵革[3)]之事니라 天下之英雄은 知其所忌而竊乘之니라 是以로 顚沛隕越하여 而不能以自存이니라 且夫劉聰石勒王敦祖約은 此其姦詐雄武요 亦一世之豪也니라 譬如山林之人이 生於草木之間하여 大風烈日之所咻하고 而雪霜饑饉之所勞苦하여 其筋力骨節之所嘗試者亦已至矣니라 而使王衍王導之倫으로 淸談[4)]而當其衝하니 此譬如千金之家 居於高堂之上하여 食肉飮酒하고 不習寒暑之勞어늘 而欲以之捍禦山林之勇夫하여 而求其成功하니 此固姦雄之所樂攻而無難者也니라 是以로 雖有賢人君子之才나 而無益於世요 雖有盡忠致命之意나 而不救於患難이니라 此其病이 起於自處太高하여 而不習天下之辱事[5)]니라 故로 富而不能勞하고 貴而不能治니라

옛날 晉室이 敗한 원인은 天下에 君子가 없기 때문이 아니었다. 그 君子들이 모두 善을 좋아하는 마음이 있어서 高談峻論과 揖讓進退나 하고 恬淡하고 淸靜하여 慷慨하고 感激해하는 志操가 없고, 당치도 않는 과대한 말을 하여 실용에 맞지 않고, 전쟁하는 일을 무서워하였다. 天下의 英雄은 그 君子들이 꺼리는 바를 알아서 몰래 그 기회를 이용하니, 이 때문에 晉室이 여지없이 무너져 스스로 존재할 수 없었다. 劉聰·石勒·王敦·祖約은 姦詐한 雄武요, 또한 한 세대의 호걸이었다. 비유하자면, 山林(草野)의 사람이 草木 사이에서 태어나서 폭풍과 뙤약볕에 시달리고 雪霜과 饑饉에 고초를 겪어 그 筋力과 骨節이 다져질 대로 다져진 것과 같다. 그런데 王衍과 王導의 무리로 하여금 淸談이나 하면서 그들의 충돌을 맡게 하였으니, 이것은 비유하자면, 千金의 부유한 집 아들이 高堂의 위에 거하여 고기나 먹고 술이나 마시고 추위와 더위에 고생을 한 적이 없거늘, 이들을 써서 山林의 勇夫를 막아 그 成功하기를 구하는 것과 같으니, 이는 본시 姦雄이 마음 놓고 공격하여 어려울 것이 없었다. 이 때문에 비록 賢人·君子의 재능이 있다 하더라도 세상에 이익이 될 것이 없고, 비록 충성을 다해 목숨을 바칠 생각이 있다 하더라도 患難을 구제할 수 없었다. 이는 그 병통이 자기의 처지를 너무 높이어 天下의 궂은 일을 익히지 않는 데서 기인된 것이다. 그러므로 富하면서

노역하지 못하고 貴하면서 다스리지 못한 것이다.

1) 泊然沖虛：恬淡淸靜하여 욕망이 없음을 가리킨다.
2) 大言無當：말이 과대해서 실용적이지 못함을 가리킨다.
3) 兵革：武器. 곧 전쟁을 가리킨다.
4) 淸談：실속 없이 玄理(玄妙한 이치. 곧 老莊의 道)를 이야기함. 魏·晉 시대에는 老莊의 玄理에 대한 淸談을 숭상하였다.
5) 辱事：하등에 속한 궂은 일을 가리킨다.

蓋古之君子는 **其治天下**에 **爲其甚勞而不失其高**하고 **食其甚美而不棄其糲**니라 **使匹夫小人**으로 **不知所以用其勇**하고 **而其上不失爲君子**니라 **至於後世**엔 **爲其甚勞而不知以自復**하여 **而爲秦之强**하고 **食其甚美而無以自實**하여 **而爲晉之敗**니라 **夫甚勞者**는 **固非所以爲安**이요 **而甚美者**는 **亦非所以自固**니라 **此其所以喪天下之故也哉**인저[1)]

대개 옛날의 君子는 天下를 다스릴 때에 심한 노역을 하였으나 그 높은 지위를 잃지 않았고, 매우 맛있는 음식을 먹었으나 그 거친 곡식을 버리지 않았다. 그리하여 匹夫와 小人은 용맹을 쓸 바를 알지 못하게 하고 윗사람은 君子의 지위를 잃지 않게 하였다. 그런데 後世에 와서는 심한 노역을 하면서도 스스로 실천할 줄 몰라서 秦의 强盛을 가져오게 되었고, 매우 맛있는 음식을 먹으면서도 실속 없는 일을 하여 晉의 敗國을 가져오게 되었다. 심한 노역을 하는 것은 본시 편안하기 위한 것이 아니고, 매우 맛난 음식을 먹는 것 또한 튼튼하기 위한 것이 아니다. 이는 天下를 상실하게 한 원인일 것이다.

1) 康熙의 ≪御選古文淵鑑≫에는 "잘못을 세밀하게 따지고 들었으니, 淸虛한 이치를 담론한 자는 그 高尙을 뽐낼 수 없을 것이다.〔推勘入細 談虛者 不得矜其高尙〕"라고 비평하였으며, 王志堅은 "자신의 처지를 너무 높이는 폐단은 晉나라 사람의 淸談이 그럴 뿐만 아니라, 後世의 道學·文章·氣節이 다 그 모양이었다.〔自處太高之弊 不獨晉人淸談爲然 凡後世道學文章氣節 皆是也〕"라고 비평하였다.

晉之亡은 **患在大封同姓**하여 **而假之以兵不戢**이니 **則逆節生**하여 **而中朝**

無以爲居重馭輕之勢니라 內以淸虛相高하고 外以胡虜衡亂하여 而天下之權이 無所歸矣니라 故로 遂以不振하고 而偏安江左하여 以至於移祚하니 悲夫라

晉이 망한 원인은 同姓을 크게 봉하여 그들에게 兵權을 빌려주고 거두어들이지 않자 역적이 발생하여, 中朝(內朝)가 중앙에서 지방을 통솔할 세력이 없는 데에 있었다. 안에서는 淸虛한 기풍을 서로 숭상하고 밖에서는 胡虜가 亂을 일으켜 天下의 권한이 귀착될 바가 없었다. 그러므로 결국 떨치지 못하고 江左에 치우쳐 있다가 國運이 옮겨가게 되었으니, 아! 슬프다.

譯者 略歷

1942년 全北 任實 三溪 출생
剛齋 李起完 선생과 秋淵 權龍鉉 선생에게 修學
國史編纂委員會 校書室 근무
民族文化推進會 國譯研修院 수료
民族文化推進會 專門委員・國譯委員
韓國精神文化研究員 專門委員
傳統文化研究會 國譯委員(現)

論著 및 譯書

〈磻溪遺集의 復元에 대하여〉
≪설화문학총서≫ ≪금강산유람기≫ ≪달마대사의 건강비법≫
≪高麗名臣傳≫ ≪城南金石文大觀≫ ≪益齋集≫ ≪象村集≫
≪退溪集≫ ≪栗谷全書≫ ≪宋子大全≫ ≪順菴集≫
≪星湖僿說≫ ≪燕行錄選集≫ ≪海行摠載≫ ≪大東野乘≫
≪藏書閣圖書韓國本解題輯(軍事類)≫ ≪龜峯集(太極問答)≫
≪牧民心書(吏典・戶典)≫ ≪東國李相國集(白雲小說)≫
≪靑莊館全書(士小節)≫ ≪林下筆記(7・8)≫ 등 다수

東洋古典譯註叢書 59
譯註 唐宋八大家文抄 蘇轍 1

2010년 12월 30일 초판 발행
2010년 8월 20일 초판 2쇄

譯 註 金東柱
編 輯 古典國譯編輯委員會
發行人 李啓晃
發行處 社團法人 傳統文化研究會
서울시 종로구 낙원동 284-6 낙원빌딩 411호
전화 : (02)762-8401 전송 : (02)747-0083
전자우편 : juntong@juntong.or.kr
홈페이지 : juntong.or.kr
사이버書堂 : cyberseodang.or.kr
등록 : 1989. 7. 3. 제1-936호
인쇄처 : 한국법령정보주식회사(02-462-3860)

ISBN 978-89-91720-45-9 94910
89-85395-71-8(세트)

정가 20,000원